어떻게 그럴 수가 있지?

어떻게 단 하루라도 우리 세대의 가장 위대한 변화를 활용하지 않고 그냥 보낼 수가 있지?

세상이 이렇게 리마커블해지기 쉽게 된 마당에 어떻게 그 정도로 만족할 수 있지?

어디 두고 보자

이 책에 실린 글을 열 개 이상 무작위로 읽어 본 후에도 당신이 여전히 현실에 안주할 수 있을까?

더는 '현상 유지'와 '꽤 괜찮군', '그럭저럭', '밤샘 근무' 같은 것을 묵묵히 받아들일 필요가 없는데도?

SMALL
IS THE NEW
BIG

Small Is the New Big and 183 Other Riffs, Rants, and Remarkable Business Ideas
Copyright © Do You Zoom, Inc., 2006
Korean Translation Copyright © Jane Books, 2009

All rights reserved including the right of reproduction in whole or in part in any form. This edition published by arrangement with Portfolio, a member of Penguin Group (USA) Inc. through Shinwon Agency Co.

이 책의 한국어판 저작권은 신원 에이전시를 통해 저작권자와의 독점 계약으로 재인 출판사에 있습니다. 저작권법에 의해 한국 내에서 보호를 받는 저작물이므로 무단 전재와 무단 복제를 금합니다.

이제는 작은 것이 큰 것이다

초판 1쇄 펴낸 날 2009년 8월 20일 **2쇄 펴낸 날** 2009년 9월 16일
지은이 세스 고딘 **옮긴이** 안진환 **펴낸이** 박설림 **펴낸곳** 도서출판 재인 **디자인** 오필민디자인
등록 2003. 7. 2 제300-2003-119 **주소** 서울시 강남구 도곡동 467-6 대림아크로텔 1812호
전화 02-571-6858 **팩스** 02-571-6857

ISBN 978-89-90982-33-9 03320   Copyright © 재인, 2009 Printed in Korea.

책값은 뒤표지에 있습니다. 잘못된 책은 바꿔 드립니다.

세스 고딘

이제는
작은 것이
큰 것이다

안진환 옮김

재인

WARNING
경고

절대로 단숨에 읽어 버리지 말 것!

  쓰는 데 자그마치 8년이나 걸린 책이다. 그러니 앉은자리에서 단숨에 읽어 치운다면 두통에 시달리게 될 것이다.

  에버렛 M. 로저스 Everett M. Rogers가 쓴 『개혁의 확산 Diffusion of Innovations』이라는 책은 450쪽이 넘는다. 내가 요즘 이 책을 읽고 있는데, 좋은 책이다. 비즈니스 서적들이 다 그렇듯, 이 책 역시 특정 지식을 얻고자 하는 사람들을 위해 씌어졌다. 한번 시작된 이야기가 끝까지 간다. 일단 주장을 펼치고, 그것이 옳다는 것을 풍부한 연구 자료와 증거로써 뒷받침한다.

  『이제는 작은 것이 큰 것이다』는 그런 종류의 책이 아니다. 만일 당신이 풍부한 설명이나 연구 결과를 원한다면, 번지수가 틀렸다. 얼른 이 책을 집어 던지고 다른 것을 찾아 보시길.

  하지만, 장담컨대, 아마도 당신에게는 그런 난해한 책이 필요 없을 것이다. 더는 증명도 필요 없다. 지금 당신에게 필요한 것은 약간의 자극, 아니 어쩌면 좀 더 강력한 한 방이다. 당신이 내 블로그를 방문하거나 내 이야기를 들으러 오는 다른 이들과 비슷하다면, 당신은 아마도 자신의 열정에 불을 붙이고 자신이 이미 깨달은 것을 실현하도록 만들어 줄 불꽃을 찾고 있을 것이다.

데릭 시버스Derek Sivers는 내 책 중 한 권을 읽고 이렇게 썼다.

"이 책은 나를 고무시킨다. 그저 '따스한 기분을 느끼게' 해 주는 것이 아니라 '즉시 행동하도록' 만든다."

따뜻한 걸 원한다면 욕조에 몸이나 담그시길. 나는 당신이 오늘 당장 무언가를 실행하도록 만들려고 한다.

이 책의 사용 방법은 이렇다.

우선 몇 쪽을 읽어 본다. 그러고 나서 당신에게 필요한 것을 찾는다. 동료들에게 복사해서 나눠 준다. 며칠 간격으로 이를 반복한다. 그다음에는 아직 우리만큼은 곤경에 빠지지 않은, 이 책으로 진정한 성장을 이룰 수 있는 당신의 아이들에게 건네주기 바란다.

작지만 모든 것을 변화시킬 수 있는 아이디어를 찾으러 왔다면, 제대로 왔다.

그럼, 즐거운 시간 보내시길.

세스 고딘 seth@sethgodin.com

새로운 규칙, 새로운 승자

이제는 작은 것이 큰 것이다. 사물이 만들어지고 회자되는 방식에 일어나고 있는 최근의 변화는 크다는 것이 더는 장점이 아니라는 사실을 일깨워 준다. 사실, 그 반대다. 크게 되고 싶다면 작게 행동하라.

소비자의 힘은 그 어느 때보다 강하다.
그들을 무시하는 방식은 통하지 않는다.

정보가 다양한 경로로 소통된다는 사실은
거짓되게 사는 것이 거의 불가능하다는 것을 의미한다.
진정한 스토리만이 널리 퍼져 나가고 살아남는다.

빠르게 변화하는 능력은
빠르게 변화하는 세상에서 가질 수 있는
최고이자 유일의 자산이다.

블로그가 중요하다.
성장하고 싶다면,

블로그를 읽는(그리고 쓰기도 하는), 정보에 목마른
아이디어 공유자들과 접촉하라.

부작용이란 없다. 작용이 있을 뿐.
오래 머물지 않을 저들의 관심을 붙들라.

어리사*가 옳았다. 존중이야말로 사람과의 관계에서 성공하는 비
밀이다.

중요한 것을 하라. Do something that matters.

---

* 미국의 유명한 솔 가수 어리사 프랭클린을 유명하게 만든 히트 곡명이 'Respect'임을 빗대
어 한 말-옮긴이

| 차 례 |

- 경고 4
- 새로운 규칙, 새로운 승자 6

- 들어가는 글 : 당신은 그들이 생각하는 것보다 똑똑하다 15

- AAA 자동차 부품점   19
- 벤치마킹, 평범함의 또 다른 이름   20
- 광고판이 변했어요   22
- 바흐 밖에서 생각하기   23
- 누구?   27
- 책임지기   28
- 병든 도토리   32
- 어느 예술가 이야기   34
- 본 조비와 해적   36
- 브랜드와 브랜딩   37
- 힘들고 고된 일의 간략한 역사   39
- 버거빌   42
- 캠프, 폴 매카트니, 그리고 당신의 마케팅 문제   43
- 칼리는 이길 수 없었다   45
- CEO와 블로그   45

- 줌(zoom)! 46
- 로스앤젤레스 타임스의 이류 속임수 52
- 중국 차(車) 54
- 크리스마스카드 스팸 56
- 깨끗한 소방차 57
- 절벽 사업 58
- 다직업성 61
- 당신은 광대인가 65
- 70년 고객을 대하는 법 69
- 곤경에 처한 CMO 71
- 톱니바퀴가 될 것인가 72
- 유능함은 변화의 적 73
- 당신이 비싼 쿠키를 사는 이유는? 79
- 비판이 두렵다고? 79
- 혁신을 방해하는 비판 82
- 커프스 버튼 87
- 필기체 89
- 고객 서비스에 대한 겸손한 제언 90
- 일광 절약 시간제 92
- 디제라티와 정보 격차 95
- 땡! 98
- 미안하다고 말하기 99
- 적게, 더 적게 101
- 신개념 경영대학원 104
- 래디언트 교회와 크리스피크림 도넛 111
- 성장의 두 가지 방식 111
- 자기중심적인 블로거 112
- 오타쿠는 무슨 선물을 좋아할까? 113
- 상실에 대한 두려움, 이득에 대한 열망 116
- 피드백을 어떻게 구할 것인가 117

- 피드백을 어떻게 줄 것인가　　　　　　　　118
- 50개 주, 화염 방사기, 그리고 끈질긴 관습　　121
- 홍보 담당자들의 삽질　　　　　　　　　　122
- 깔때기 뒤집기　　　　　　　　　　　　　　123
- 플러퍼너터　　　　　　　　　　　　　　　141
- 포그 시티 뉴스　　　　　　　　　　　　　142
- 공짜 선물에 관한 열네 가지 정의　　　　　142
- 간섭과 상호 작용　　　　　　　　　　　　143
- 미래 비전　　　　　　　　　　　　　　　　144
- 지메일　　　　　　　　　　　　　　　　　148
- 인터넷 기업이 번영할 수밖에 없는 열 가지 이유　149
- 잔디밭 마케팅　　　　　　　　　　　　　　152
- 단두대와 고문대　　　　　　　　　　　　　153
- 하인라인　　　　　　　　　　　　　　　　156
- 허시 파크　　　　　　　　　　　　　　　　157
- W호텔의 포천 쿠키　　　　　　　　　　　161
- 나는 어제 마음을 바꿨다　　　　　　　　　162
- 제트블루　　　　　　　　　　　　　　　　168
- 보랏빛 소를 위한 일자리　　　　　　　　　169
- 당신을 패배자로 만드는 구직 전략　　　　　170
- 저스틴과 애슐리　　　　　　　　　　　　　172
- 단기 고점을 벗어나는 방법　　　　　　　　172
- 진정한 최고점을 향하여　　　　　　　　　　176
- 맥도널드와 브랜드 칵테일파티　　　　　　　177
- 맥잡(McJob)　　　　　　　　　　　　　　180
- 현상 유지를 합리화하는 거짓말　　　　　　181
- 핫박스　　　　　　　　　　　　　　　　　182
- '배지 달기' 프로젝트 관리법　　　　　　　187
- 평가는 시스템을 진화시킨다　　　　　　　　189
- 사훈　　　　　　　　　　　　　　　　　　192

- 희소성의 종말　　　　　　　　　　　　　　193
- 쥐 맛 고양이 사료　　　　　　　　　　　　196
- 신화　　　　　　　　　　　　　　　　　　197
- 그들은 '스타벅스'라도 싫어했을 것이다　　197
- 작명의 규칙　　　　　　　　　　　　　　　199
- 주삿바늘 마케팅과 딸랑이 마케팅　　　　　204
- 보랏빛 소를 만들 수 있는 참신한 방법　　 206
- 당신의 No!는?　　　　　　　　　　　　　 207
- 부작용이란 없다　　　　　　　　　　　　　207
- 유일함　　　　　　　　　　　　　　　　　208
- 작게 시작하기　　　　　　　　　　　　　　209
- 오프라 윈프리 쇼에 출연하려면 얼마를 내야 할까?　210
- 낙관주의　　　　　　　　　　　　　　　　212
- 옵트인　　　　　　　　　　　　　　　　　212
- 모순 어법　　　　　　　　　　　　　　　　213
- 소매업자 마인드　　　　　　　　　　　　　214
- 파슬리는 어디로 갔을까?　　　　　　　　　216
- 이메일 주소를 알아내는 법　　　　　　　　217
- 페즈와 리투아니아 어 음반　　　　　　　　218
- 미신을 믿는 비둘기　　　　　　　　　　　　219
- 플라시보 효과　　　　　　　　　　　　　　222
- 너무 부끄러워요　　　　　　　　　　　　　224
- 내가 포드캐스트를 만들지 않는 이유　　　　225
- 푸알란을 추모하며　　　　　　　　　　　　227
- 폴카가 흐르는 엘리베이터　　　　　　　　　228
- RPB　　　　　　　　　　　　　　　　　　229
- 아마존의 금색 상자　　　　　　　　　　　　231
- 매춘　　　　　　　　　　　　　　　　　　　232
- 프로빈스타운의 헬멧 이론　　　　　　　　　234
- 근접 효과　　　　　　　　　　　　　　　　236

- 보랏빛에 관한 몇 가지 Q&A 237
- CD가 18달러인 이유 241
- 친절한 티백 242
- 유능한 마케터가 알고 있는 것들 242
- 회사를 성공으로 이끈 여섯 가지 결정 245
- 고객 존중과 풀러브러시맨 252
- WWWD 256
- 링톤 매거진 262
- RSS 262
- 규칙을 바꾸는 자가 승리한다 264
- 안전한 것은 위험하다 265
- 야후!의 세일즈맨은 어떻게 할까? 266
- 최고의 거짓말은 진실이다 268
- 새틴 쿠션을 상상해 봐! 269
- 희소성과 가치 270
- 인터넷에서 성공하는 비결 273
- 이기적인 와이파이와 할로윈의 면도날 276
- 건초더미에서 바늘 찾기 278
- 지름길 280
- 짧을수록 좋은 것 281
- 이제는 작은 것이 큰 것이다 282
- 이제는 작은 것이 큰 것이라니까! 284
- 리틀미스매치닷컴 287
- 으깬 감자 맛 탄산음료 288
- 소이 럭 클럽 288
- 지금 당장 시작하라, 서둘러! 289
- 회원 가입 295
- 농담입니다 297
- 테크노라티 298
- 익숙해진, 너무나 익숙해진 299

- 그들은 신경 쓰지 않으며, 그럴 필요도 없다 　300
- 성화 봉송 주자 　302
- 그놈의 전통! 　306
- 신뢰와 존중, 용기와 리더십 　308
- 서비스업 성공의 두 가지 비밀 　310
- 앨 야가네 수프 　311
- 동사와 명사 　313
- 감시 카메라 　314
- 무엇이 아이디어를 바이러스로 만드는가 　316
- 모닝콜을 위한 모닝콜 　317
- 장벽, 절벽, 그리고 벽돌 　318
- 웹 디자이너 　320
- 당신은 2000년대에 무엇을 했는가 　322
- 기분 좋은 상상 　325
- 진짜와 가짜 구분하기 　326
- 왜라니? 　329
- 우트닷컴과 에지 　331
- 적절한 단어가 정책에 미치는 영향 　331
- 노동 계급 　332
- 포장 　333
- 야크털 깎기 　339
- 전자 발자국 　340
- 무한 채널의 시대 　343
- 추억의 페이머스 초콜릿 웨이퍼 　345

- 특별 보너스, 2개의 e-book! 　347
- 감사의 글 　396

들어가는 글
당신은 그들이 생각하는 것보다 똑똑하다

당신은 상사나 친구들, 회사가 생각하는 것보다 똑똑한 사람이다. 그리고 매일같이 당신에게 무언가를 팔려고 애쓰는 마케터들이 생각하는 것보다는 훨씬 똑똑한 사람이다. 정말이라니까.

나는 지난 10년을 한결같이 나의 독자들이 매우 똑똑하다는 쪽에 걸어 왔고, 그 예측은 언제나 적중했다.

그들은 너무도 모른다. 당신 말고 그들. 모르는 건 저쪽이다. 남을 속이고, 편법이나 쓰고, 엄청난 기회와 증거를 눈앞에 두고서도 변화하지 않으려는 사람들 말이다.

나는 가끔, 내 직업을 한마디로 어떻게 설명해야 할지 곤란을 느낄 때가 있다. 그런데 어느 날 파워포인트에 쓸 자료들을 훑어보다가, 그 문제를 깨끗이 해결해 줄 사진 한 장을 발견했다. 그로 인해 나는 내가 하루 종일 매달리는 일이 무엇인지를 이해하게 되었다.

그것은 캐나다에 있는 프로판 가스 충전소의 사진이었다. 사진 한가운데에는 멀리서도 눈에 띌 만한, 약 6미터 높이의 프로판 가스 저장 탱크가 서 있었는데, 그 밑에 "폭죽 팝니다."라는 표지판이 붙어 있는 게 아닌가.

그렇다. 그게 바로 내가 하는 일이다. 나는 폭죽 장수다.

내 책을 사거나 내 블로그를 읽거나 내게 강연을 요청하는 사람들은 자신들이 앞으로 해야 할 일에 대해 이미 잘 알고 있다. 조직을 키우고 사업 계획을 세우고 아이디어를 전파하는 일에 그들을 따를 자가 없을 정도다. 멋진 웹 사이트를 만드는 법이라든가 성공적으로 블로그 포스팅을 하는 방법도 꿰뚫고 있다. 그런데도 그들은 곤경에 빠져 있다.

그 이유는 사회가, 상사가, 배우자가, 혹은 동료가 그들의 신념대로 하도록 내버려 두지 않기 때문이다. 그들에게 지식과 열정은 가득한데, 그것을 발휘할 수가 없는 것이다.

바로 거기서 내가 등장한다. 나는 그들에게 폭죽을 가져다준다. 그 폭죽은 특별히 큰 소리를 내거나 폭발력이 강한 것은 아니지만 사람들의 이목을 집중시킬 정도는 되고, 더 중요한 것은 당신의 열정에 불을 붙일 수 있다는 점이다.

참, 내가 발견한 사실이 하나 있는데, 사람들은 메시지의 형태에 따라 각각 다른 반응을 보인다는 것이다.

어떤 사람들은 나의 여섯 시간짜리 세미나 덕분에 인생이 바뀌고 조직이 활기차졌다는 감사의 이메일을 보내온다(아, 정작 나는 지쳐서 쓰러져 있는데 말이지). 또 어떤 사람들은 내 블로그에 있는 단 두 줄의 글에서 불꽃을 얻었다고 한다. 두꺼운 양장본 책에서 확신을 얻어야만 내면의 천재성을 해방시킬 수 있다는 사람도 있는데 말이다.

내 블로그의 수많은 글 중 처음 몇 개를 올렸을 때, 나는 내가 그토록 애써 붙인 그 불꽃들이 그것을 원하는(그리고 필요로 하는) 사람들 모두에게 전달되지는 않는다는 사실을 깨달았다. 내 블로그의 독자들은 빵빵 터지는 인생을 살고 있는데, 블로그 말고 다른 형태의 자극을 원하는 사람들은 그 재미를 놓치고 있었다.

그래서 마련한 해결책이 바로 이것이다. 손에 쥘 수 있고 가지고 다닐 수 있으며 방수도 웬만큼 되는 책. 물론 100퍼센트 재활용할 수도 있다. 이것은 내가 지난 10년간 쓴 수많은 책과 칼럼과 블로그를 총결산하는 가장 폭발적이고 바이러스적이며 직관적이고 명료하고 전파력 강하며 인용 가치가 있는 아이디어들이다. 물론 그중 몇 가지는 당신에게 소용이 없을지도 모른다. 그렇지만 나는 적어도 당신이 이 짤막한 글들 속에서 그동안 늘 하고 싶었지만 마음 깊이 묻어만 두었던 일들을 발견하리라 확신한다.

일단 영감을 받고 나면 당신은 무슨 일이든 일어나게 할 수 있다.

세스 고딘...
이제는 작은 것이 큰 것이다

AAA 자동차 부품점

'AAA 자동차 부품점'은 당신의 생각과 달리 가게 주인 이름의 첫 글자를 딴 것이 아니다. 이 이름을 지을 때 창업자는 제프 베조스[Jeff Bezos]가 '아마존'이라는 이름을 지을 때와 똑같은 전략을 사용했다. 바로 전화번호부의 맨 첫머리에 올라가도록 하는 것이다.

가장 빠르게, 가장 크게! 누가 이런 전략에 시비를 걸 수 있을까?

참, 그런데 알파벳의 순서는 누가 정했을까? 어째서 M이 P보다 앞에 오는 거지?

그게 중요한 문제가 아니듯이, 요즘 같은 시대에 알파벳 순서상 몇 번째에 오느냐도 중요한 문제는 아닐 듯싶다. 웹 검색과 디지털 방식의 입소문, 낮은 진입 장벽, 놀라운 신제품 개발 속도 등이 공모하여 '가장 빠르고 가장 큰'을 구시대의 전략으로 만들고 있으니 말이다.

이 책의 대부분은 '가장 큰 것이 되지 않기'와 '고객이나 종업원, 주위 환경과 따로 떨어지지 않기'에 관한 내용이다. 전화번호부의 첫머리에 오르지 못해도, 시장에서 최초가 되지 못해도 걱정하지 말라. 아이디어만 뛰어나다면 사람들은 어떻게 해서든 당신을 찾아낼 것이다.

벤치마킹, 평범함의 또 다른 이름

나는 모든 것을 벤치마킹할 수 있다.

나는 내 아침 운동을 벤치마킹할 수 있다. 헬스클럽의 로잉머신(노젓기 운동 기구)은 내가 오늘 최고 기록을 세웠는지를 말해 준다. 심지어 나는 온라인을 통해 내 기록을 수천 명의 다른 사람 것과 비교해 볼 수도 있다.

출근길에는 자동차의 연비를 비교 검토할 수도 있다(내 기록은 1리터당 38킬로미터이다). 그뿐인가? 내 책과 아마존에서 영어로 출간된 다른 모든 서적의 판매 지수를 비교하거나, 정글스캔닷컴JungleScan.com에 가서 지난 90일 동안 내 책이 얼마나 판매되었는지를 확인할 수도 있다.

벤치마킹의 문제점은 계속해서 향상할 때에만 만족감이 든다는 사실이다. 앞으로 자기 자신의 로잉머신 기록을 깨뜨릴 수 없으리란 사실을 알고 싶은 사람이 어디 있겠는가? 자신이 새로 시작한 프랜차이즈 레스토랑의 평균 대기 시간이 우수 점포보다 20퍼센트나 뒤처지는데도 그걸 개선할 뚜렷한 방법이 없다는 사실을 받아들이고 싶은 사업가가 어디 있겠는가?

수백 개의 채널로 연결된 이 세상은 우리를 까다롭게 만든다. 우리는 저 남자처럼 키 크고, 이 남자처럼 돈 많으며, 내 처남처럼 성실한 남편을 원한다. 좋은 위치에 훌륭한 전망, 적당한 임대료를 갖춘 아파트를 찾아내고도 복도에 깔린 카펫이 옆 건물보다 못하다는 이유만으로 퇴짜를 놓을 수도 있다. 몬스터닷컴Monster.com에 들어가 구직 공고에 지원한 5천여 장의 이력서를 보면서, 이 남자만큼 교육 수준이 높고 저 여자만큼 경력을 쌓았으면서도 이 사람처럼 돈을 적게 받고 저 사람만큼 가까이에 사는 사람을 구할 수 있을 것이라 상상하기도 한다.

 옛날에는 정보를 얻기가 지금보다 훨씬 어려웠다. 누구도 모든 것에 대해 모든 것을 알 수는 없었다. 오늘날 프루글(Froogle, 구글의 상품 검색 엔진)에 널려 있고 이피니언스닷컴(Epinions.com, 구매 정보 사이트)에서 비교할 수 있는 그 모든 선택 사항이 그때는 없었다. 가수의 공연이나 결혼식 준비물을 꼼꼼하게 비교 분석하는 체험 프로그램도 없었다.

 그렇다, 벤치마킹은 멋지다. 지난 20년간 자동차 업계가 그토록 획기적인 발전을 이룩한 것도 모두 벤치마킹 덕분이었다. 벤치마킹에는 평범한 것을 그 이상의 것으로 탈바꿈하는 신기한 능력이 있다. 벤치마킹은 우리로 하여금 늘 우리 자신과 다른 사람들을 능가하게 해 준다.

 그러나 동시에 벤치마킹은 우리에게 스트레스를 안겨 준다. 벤치마킹된 서비스나 제품(혹은 심지어 벤치마킹된 인간관계까지도)은 언제나 무거운 압박을 받는다. 넘버원이 되기는 쉽지 않고, 그것은 비교 대상으로 삼은 세계가 방대할수록 더욱더 그렇다.

 베이비 붐 세대에 이르면 문제는 더욱 심각해진다. 우리 베이비 붐

세대는 늙어 가고 있다. 이제는 우리 자신의 시력과 운동 능력, 기억력, 심지어 즉시 훌륭한 아이디어를 내놓는 능력까지도 벤치마킹의 대상이 되었다. 그리고 그 결과는 우리를 의기소침하게 만든다. 모든 것이 그전만 못하다는 것을 인정할 수밖에 없기 때문이다.

이 세계를 벤치마킹하는 것은 스트레스를 불러일으킬 뿐 아니라, 우리를 평범하고 평균적이며 그저 누구나 하는 일을 똑같이 하는 사람이 되도록 만든다. 자동차 '미니Mini'나 '허머Hummer'를 발명한 사람들은 벤치마킹을 해서 최고에 이른 게 아니다. 만일 남과 비교하는 것을 일삼았다면 이 멋지고 독특한 자동차들은 태어나지 못했을 것이다. 진정으로 통하는 것은 사소한 모든 것을 평범한 기준에 맞추는 것이 아니라 제품과 서비스의 모든 요소를 평균 이상으로 끌어올리고, 그중 한두 가지는 놀랄 만한 수준에 이르도록 해야 한다.

그러므로, 이제 나도 벤치마킹에서 손을 뗄 것을 공개적으로 선언한다. 나의 최고 기록과 당신의 최고 기록, 모든 것의 최고 기록과 비교하는 일은 그만두겠다. 더는 아마존 사이트를 체크하지 않겠다. 모든 것을 벤치마킹하는 대신, 모든 일에 최선을 다하며 진정으로 리마커블한 무언가를 할 수 있는 용기를 찾을 때, 우리는 비로소 승리할 것이다.

광고 판이 변했어요

구글이 계속해서 지메일Gmail 용량을 늘리고 있다는 사실을 내게 알려 주는 이메일이 이제 열 통을 넘어섰다.

지메일 계정을 방문할 때마다 우리는 저장 공간이 늘어나 있음을 알아차리게 된다.

뉴욕 주 버펄로 시에는 내가 어린 시절에 살았던 집이 있는데, 그 근처 은행 건물 옥상에 있는 광고판에도 비슷한 일이 벌어졌었다. 이전에 수도 없이 그 광고판을 보아 왔건만, 차를 타고 지나갈 때면 그것을 또 쳐다볼 수밖에 없었다. 왜냐고? 거기에 표시된 시간과 온도가 늘 달라지니까! 뭐라고 적혀 있는지 뻔히 안다면 뭐하러 그걸 또 읽을까?

최고의 스토리는 시간에 따라 변하는 스토리이다. 그것도 좀 더 고객을 끌어당기도록, 너무 재미있어서 남들에게 이야기하고 싶도록 변하는 스토리이다.

박스 밖에서 생각하기

고딘 씨 귀하

저는 한 오케스트라의 음악 감독입니다. 인구 5만의 작은 도시에 소속된 우리 오케스트라가 이번에 여섯 번째 시즌을 맞이했습니다. 첫 시즌에 약 1만 5천 달러였던 예산이 이제는 거의 50만 달러가 되었습니다. 그동안 한 번도 적자를 낸 적이 없고, 이번 시즌(7월 1일에 끝납니다)에는 2만여 달러의 흑자를 볼 것으로 예상됩니다. 셀 수 없이 많은 오케스트라가 파산하거나 적자를 보는 이때에 말이죠. 이와 같은 우리의 성공에 가장 큰 역할을 한 사람은 바로 당신입니다.

오케스트라의 실패에 관한 여러 보고서를 읽은 후 저는 요즘 사람들이

한 종류의 음악만 듣는 것을 별로 좋아하지 않는다는 사실과(대개의 오케스트라가 주로 한 종류만 연주하죠, 클래식만요), 음악회에 시각적 요소가 없으면 청중이 지루해한다는 사실을 알게 되었습니다(계속 연주자들만 쳐다보면 무슨 재미가 있겠습니까).

이러한 상황에 대처하기 위해 우리가 한 일은 바로 보랏빛 소를 만드는 것이었습니다. 즉, 한 음악회에 베토벤과 비틀스를 함께 집어넣는 것이지요. 대개의 오케스트라는 심각한 음악만 연주하고, 가벼운 곡을 연주하는 팝 오케스트라는 따로 있지 않습니까. 그러나 우리는 모든 음악회를 다양한 음악 장르를 아우르는 주제로 구성하고, 때로는 스크린을 설치해 시각적 효과를 가미하기도 했습니다. 이를테면 '20년대 쇼'라는 제목으로, 쇼스타코비치가 1920년대에 작곡한 심도 있는 곡과 무성 영화에 사용된 음악들(우리가 그것을 연주하는 동안 청중은 무성 영화를 감상했습니다), 그리고 조지 거슈윈의 유명한 곡을 연달아 연주하는 식이었지요. 또한 블루그래스(bluegrass, 미국 남부의 백인 민속 음악에서 비롯된 컨트리 음악—옮긴이) 콘서트를 열어 블루그래스 밴드들이 즐겨 연주하는 코플랜드의 〈애팔래치아의 봄〉을 연주하는 한편, 새로운 곡을 작곡해 블루그래스 밴드와 협연하기도 했습니다.

이 모든 게 국가나 세계 차원에서 볼 때 얼마나 리마커블할지는 저도 모르겠지만, 적어도 켄터키 주 볼링 그린에서는 확실히 통하더군요. 첫 번째 시즌에는 백 명에 불과했던 청중이 지난 시즌에는 평균 8백 명까지 늘었으니까요(어떤 연주회는 표가 2천 장이나 팔렸습니다).

저는 방금 『마케터는 새빨간 거짓말쟁이 All Marketers Are Liars』라는 책을 다 읽었습니다. 저는 당신께 질문을 하나 하고 싶습니다. 지금 우리가 이야기하고 있는 스토리는 무엇이고, 앞으로 우리는 어떤 스토리를 이야기해야 할까요? 제 생각엔 우리가 꽤 여러 가지 스토리를 가진 것 같습니다. 이를테면 (1) 오케스트라가 꼭 지루하란 법은 없다(보편적 인식을 타파하는 스토리) (2) 우리는 바흐 밖에서 생각한다(Think outside the Bach. 고정관념을 깬다는 뜻의 'Think outside the box'의 패러디—옮긴이). 썰렁했다면 죄송.

사람들은 자신들이 여러 종류의 음악을 듣고 싶어 한다는 사실과, 클래식 음악이 지루하게 느껴진다고 해서 멍청이는 아니라는 것을 알게 되어 기분 좋아하는 것 같았습니다. 우리는 이제 모든 시즌의 테마를 다음과 같은 모토 아래 정하고 있습니다.

"무엇이든 좋다, 바흐 밖에서 생각하자, 블루그래스에서 바로크까지!"

제프 리드 씀

제프의 질문에 대한 답을 여기에 적어 보는 것도 재미있을 것 같다. 사실, 그는 이미 99퍼센트 옳은 길을 가고 있다.

교향악단은 대개 자신들이 하는 일의 '진실성'에 초점을 맞춘 사람들이 이끈다. 그들은 숙련된 기술과 열정으로 카논을 연주한다. 그들은 자신들이 줄 수 있는 최선의 것을 지역 사회에 제공하고, 지적이고 품위 있는 사람들이 그것을 인정해 주길 바란다. 그들의 관점에서 보면 사람들이 연주회에 오지 않는 것은 우리의 문화가 타락하고 있다는 증거일 뿐 자신들의 스토리 문제가 아니다.

물론 그들도 눈높이를 낮추어 자선 콘서트 같은 것을 열기도 한다. 또 팝 콘서트를 하거나 'PDQ 바흐(작곡가이며 패러디 음악 전문가인 피터 슈켈레의 음악 개그를 말한다. PDQ 바흐는 거기에 등장하는 가상의 작곡가 이름—옮긴이)' 같은 것을 연주하기도 한다. 문제는, 그들이 여전히 같은 사람들에게 같은 스토리를 전하고 있다는 사실이다. 그들에게 팝 콘서트는 가외의 일, 덜 중요한 일이기 때문에 그런 종류의 연주회를 훌륭하게 기획하기가 힘들다.

반면 제프는 상황을 완전히 다른 관점에서 보았다. 그의 새로운 비전은 사람들의 세계관을 이해하는 데서 시작된다. 볼링 그린에는 "나는 클래식 음악을 사랑해. 그러니 기꺼이 돈을 내고 연주회에 가겠어."라는 세계관을 가진 인구가 많지 않다. 따라서 그들에게 표를 파는 일은 쉽지가 않다.

하지만 이 세상에 "난 라이브 음악이 좋고 저녁때 외출하는 것도 좋아. 난 지루하거나 바보 같은 일 말고 뭔가 좀 재미있는 일을 하고 싶어."라는 세계관을 지닌 사람들은 아주 많다. 그들은 영화 비평을 읽거나 영화 광고를 보는 사람들과 같은 종류의 사람들이다. 즉, 해야 하는 일이 아니라 하고 싶은 일을 하는 사람들 말이다. 그들은 지역 신문의 엔터테인먼트 섹션을 건너뛰는 법이 절대 없다.

제프와 동료들은 간단하지만 매우 좋은 스토리를 만들어 냈다. "우리는 수준을 낮춘 것이 아닙니다. 여러분을 무시하지도 않습니다. 그저 여러분과 함께 즐기고 싶습니다."

독창적인 프로그램과 슬라이드 상영, 그리고 몇 가지 파격적인 기법을 활용함으로써 제프는 사람들이 원하는 쇼를 제공했다.

내가 보기에는 제프가 자신의 스토리를 전하는 데 내 도움이 필요할 것 같지 않다. 이제 그에게 남은 과제는 사람들이 그 스토리를 친구들에게 들려주도록 만드는 것뿐이다. 가령 나는 내 독자들이 내 이메일이나 뉴스레터를 받아들이게끔 허락받는 일에 열중하고 있다. 그래야만 그들에게 정기적으로 새로운 소식을 보내 내 아이디어를 잘 퍼뜨리도록 할 수 있기 때문이다. 나는 제프에게 '친구 초대의 밤'이나 할인 행사, 거리 공연 같은 것을 기획해 보도록 권유했다.

여기서 명심해야 할 점. 목표 청중이 당신의 스토리를 듣지 않으려고 한다면, 그것은 그들의 잘못이 아니라 당신의 잘못이다. 당신의 스토리가 통하지 않는다면 징징거리거나 목청 높여 소리 지르지 말고 당신이 하는 일을 바꿔라. 참 잘했어요, 제프.

누구?

오늘 슈퍼마켓에서 있었던 일이다. 어떤 여자가 내게 저 높은 선반에 놓인 앳킨스Atkins 사의 30그램짜리 크런치 칩 한 봉지를 집어 달라고 부탁했다. 한 봉지에 2달러쯤 하는 과자였다.

그녀는 봉지 앞면에 붙어 있는 "탄수화물 단 5g!"이라는 라벨을 보더니 나에게 제자리에 갖다 놔 달라고 부탁했다. 그러고는 미안하다면서 자신의 한계 허용치가 4g이라고 설명해 주었다.

와우.

불과 6개월 전만 해도 탄수화물이 뭔지도 몰랐으면서 앳킨스 박사의 저탄수화물 다이어트 아이디어에 꽂힌 후 심지어 앳킨스 브랜드 제품도 마음 놓고 먹을 수 없게 되어 버린 사람을 만난 것이다.

이는 광고 때문이 아니다. 아이디어의 힘이다.

책임지기

대기업과 웹 때문에 비즈니스에서 예의가 점점 사라져 간다. 당신은 어떤가? 책임을 기꺼이 받아들이고, 자신의 이름을 드러낼 준비가 되어 있는가?

나는 오늘 회사에 가는 길에 하마터면 죽을 뻔했다. 나를 아는 사람들은 내가 걸핏하면 '죽을 뻔했다'고 말한다는 사실 또한 알 것이다. 그런데 이번에는 정말 중요한 교훈을 하나 얻었다. 운전을 하고 있는데 갑자기 버라이즌(Verizon. 미국의 통신업체-옮긴이)의 고장 수리 차량이 내 차 앞으로 뛰어들더니 범퍼를 스칠 듯 아슬아슬하게 비껴 가 쏜살같이 달아나는 게 아닌가. 하지만 번호판을 읽지 못할 정도로 빠르진 않았다.

휴대 전화를 집어 들고는 책임자에게 전화해야겠다며 씩씩거렸다. 이건 단순히 버라이즌의 어느 직원이 짜증나게 운전한다는 차원의 문제가 아니라고. 난폭 운전도 어느 정도지. 내 생사가 왔다 갔다 했단 말이야! 아아, 하지만 나는 전화를 할 수가 없었다. 차에 씌어 있어야 할 "저희 회사 차량 때문에 불편하셨나요?"라는 문구가 보이지 않았기 때문이다. 내 말은, 어디로 전화를 해야 할지 알 수가 없었다는 얘기다.

혹시 '왜 내가 아는 사람들은 낯선 사람들과는 달리 내 차 앞으로 끼어들거나 내게 욕설을 퍼붓거나 내 주차 칸에 자기 차를 세워 두지 않을까?' 하고 생각해 본 적 없는가? 거기엔 다 이유가 있다. 익명성은 교양의 적이기 때문이다.

과연 그 버라이즌 트럭에 연락처가 적혀 있었더라도 운전자가 그런 식으로 행동했을지 참으로 궁금하다.

인구가 2백 명밖에 안 되는 마을에서는 나쁜 짓을 하고도 태연히 살아갈 수가 없다. 제아무리 못된 인간이라도 언젠가는 주위의 도움이 필요할 것이다. 그리고 제아무리 못된 인간이라도 나쁜 짓을 하면 아무도 자신을 도와주지 않는다는 것 정도는 안다. 이웃들은 효과적인 행동 수정 도구인 것이다. 아는 사람들 사이에서는 다르게 행동할 수밖에 없다.

만일 완벽한 프라이버시나 투명 인간 망토가 주어진다면 사람들의 행동은 거칠어질 것이다. 또한 이기적이 되고, 친구(혹은 비디오카메라)가 보고 있다면 절대로 하지 않을 행동을 거리낌 없이 할 것이다. 만일 실명을 입력해야 한다면 인터넷 포르노 채팅방은 텅텅 비게 될 것이다. 강에 PCB폴리염화비페닐를 쏟아 부은 사람은 그 사실을 반드시 이웃들 앞에서 고백해야 한다는 법이 있다면 허드슨 강은 지금보다 훨씬 깨끗해질 것이다.

조지 오웰의 망상에 사로잡힌 비평가들은 이제 우리가 그 어떤 비밀도 유지할 수 없으며, 마케터들에게 벌거숭이로 노출된 빅브러더의 시대로 진입하고 있다고 불평한다. 하지만 나는 오히려 익명성의 시대, 무엇이든 숨길 수 있는 시대에 접어들고 있다고 생각한다.

대기업은 그 원인 제공자 중 하나다. 큰 회사들은 이웃 간이라면 꿈도 꿀 수 없는 일들을 저지른다. 그 이유는 음성 메시지와 '회사 정책' 뒤로 몸을 숨길 수 있기 때문이다. 우리가 어떤 회사의 형편없는 서비스나 번번이 약속을 어기는 것에 정말로 화가 나는 이유도 대개는 익명의 낯선 사람이 우리의 삶을 불편하게 만들기 때문이다. 실망감이야 곧 극복되겠지만, 우리가 적어도 가해자를 눈앞에 놓고 확인할 자격 정도는 있지 않을까?

개인의 책임 의식을 흐리게 하는 또 다른 세력은 인터넷이다. 인터넷을 익명의 공간으로 만든 게 도대체 누구 책임인지는 모르겠지만 정말 멍청하기 짝이 없는 생각이다. 다음은 온라인 익명성의 그늘에 가린 어두운 뒷골목, 거기에 도사린 무책임함 때문에 피해를 입는 구체적인 사례들이다.

- 이베이eBay와 같은 온라인 경매 서비스는 익명제 환경하에서는 제대로 운영되기가 힘들다. 그동안 보아 왔듯이, 온갖 노력에도 불구하고 익명성은 사기와 거짓 입찰이라는 결과를 낳는다.
- 이메일의 명성에 금이 가고 있다. 가장 큰 이유는 스팸메일 때문이다. 우리의 메일함에 홍수처럼 쏟아져 들어오는 이 익명의 메시지들은, 발송자를 일일이 추적해서 비용을 청구할 수만 있다면 24시간 이내에 자취를 감출 것이다.
- 익명의 루머로 인해 정보 교환이 점점 위태로워지고 있다. 증권 정보에서 전쟁 개시 결정에 이르는 모든 정보가 그 정확한 출처를 알 수 없을 때에는 의심스러워질 수밖에 없다.
- 뉴스그룹(Newsgroup. 인터넷에서 관심이 같은 사람들끼리 특정 주제를 가지고 함께 토론하거나 최신 정보를 교환할 수 있는 게시판—옮긴이)이 무용지물이 되어 가고 있다. 누구든지 불쑥 나타나서 폭언을 하고 멋대로 지껄이며 유익한 대화를 방해해도 속수무책이기 때문이다. 누가 누구인지도 모를뿐더러, 아이디를 바꿔서 들어오면 막을 방법이 없다.

이 모든 것이 현실 세계에서 운영된다면, 또는 온라인상이더라도 실명으로 통용된다면 이런 일은 일어나지 않을 것이다.

모두가 가면을 쓰고 일하는 직장을 상상할 수 있을까? 그렇게 되면 마음대로 왔다 갔다 하고, 마음에 들면 아무것이나 가져가고, 아무 말이나 내뱉게 될 것이다. 그렇게 해서야 무슨 일이 되겠는가.

내가 보잘것없는 제안을 하나 하겠다. 신분 확인이 안 되면 입장할 수 없는 새로운 인터넷을 구축하자. 이 새로운 온라인 사회에 발을 들여놓고 싶으면 자신의 행동에 대해 반드시 책임을 지겠다고 약속하라고 요구하자.

당신이라면 어느 인터넷을 택하겠는가? 익명의 인터넷인가, 아니면 누구나 안전하게 접촉할 수 있는 곳인가.

익명성을 보장받지 못하면 프라이버시도 없다고?

익명성과 프라이버시는 다르다. 예전에는 익명성이 지금보다 훨씬 덜했지만, 더 나은 프라이버시를 누렸다. 거대 기업을 둘러싼 장막과 인터넷이 익명성을 확대했지만 그렇다고 프라이버시가 더 보장되는 것 같지도 않다. 그나저나 프라이버시라는 게 정말 그렇게 중요한 건가?

만약에 프라이버시가 전혀 없다면 어떻게 될까? 당신이 돈을 얼마나 버는지, 세금을 얼마나 내는지, 자선 단체에 무엇을 기부하는지, 개를 몇 마리나 키우는지 모든 사람이 다 알게 된다면? 여기에 두 가지 전제를 보태 보자. 첫째, 정부가 전복되어 푸른 헬멧의 군인들이 사상을 통제하고 새로운 세계 질서를 강요하는 일은 발생하지 않는다. 둘째, 모두가 똑같은 수준으로 외부에 노출된다. 익명성도 프라이버시도 없지만 누구나 마찬가지이며 예외가 없는 것이다.

자, 어떤 일이 벌어질까? 물론 내가 그런 세상을 바란다는 건 아니다. 하지만 한번쯤은 진지하게 논의해 볼 가치가 있다는 얘기다. 우리가 전에 언젠가, 프라이버시라는 작은 순환 논법에 선동된 광포한 익명성의 혼돈이 문명사회의 미래를 보장해 줄 최상의 방법이라고 결론지은 것은 아닌가 싶다. 하지만 내게 선택권이 있다면 나는 모든 사람이 내 이름을 아는 마을에서 살고 싶다.

최소한 모두들 운전만큼은 덜 험악하게 하겠지.

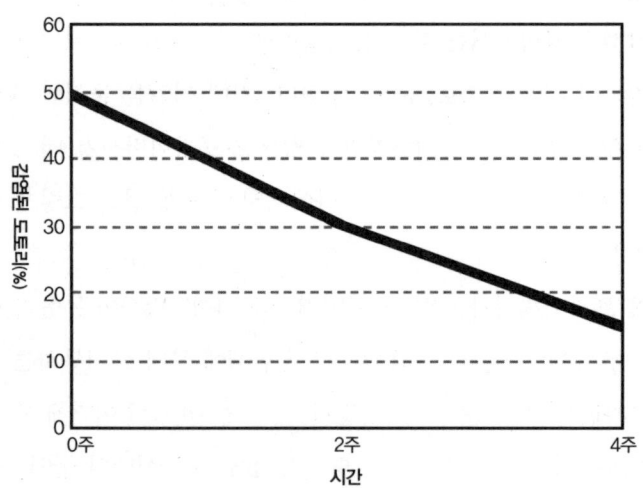

보수가 높아질수록, 당신이 하는 일 중 진정으로
보수를 받을 만한 일의 비율은 낮아진다.

유명한 의사가 자신의 특수 분야 진료에 임하는 시간은 하루에

10~15분을 넘지 못한다.

감각 있는 웹 디자이너가 정말로 감각적인 작업을 하는 데 보내는 시간은 하루에 단 몇 분에 불과하다.

뛰어난 변호사가 자신의 첨예한 기량을 발휘하는 순간은 일주일에 한두 차례뿐이다.

세일즈맨, 농부, 소설가, 하키 선수도 마찬가지이다. 전문가들은 대부분 기본적으로 수준 높은 능력을 지녔지만, 그중 일부만이, 그것도 극히 드물게 빛날 뿐이다.

한마디로 시간 낭비가 너무 많다는 얘기다. 의사의 경우 수많은 서류를 작성하고, 세일즈맨을 만나고, 전화를 받고, 직원들을 관리하고, 틈틈이 환자도 봐야 한다. 그리고 환자들의 병은 대부분 의대생도 치료할 수 있는 평범한 것들이다.

물론 이것은 지식 근로자들에게나 해당하는 이야기다. 공장 근로자들이란 얼굴을 비치고 A 지점에서 B 지점으로 물건을 옮기는 것만으로 보수를 받는 사람들이다. 아이러니하게도 저임금 직종은 하루 종일 생산성을 유지할 수 있도록 구조화되어 있다. 반면에 지식 근로자들은 특별히 통찰력이나 창의성을 나타내거나 남들이 하지 못하는 일을 함으로써 돈을 더 많이 받는다. 그러나 그들의 지식은 그럴듯하게 보이도록 포장하는 데 비용과 시간이 많이 들뿐더러 그 일이 그다지 재미있지도 않다. 그리고 자신의 일에 유능해질수록 정작 일 자체보다는 그것을 포장하는 데 점점 많은 시간을 쏟는 것처럼 보인다.

(그래, 나도 저 위의 그래프가 도토리의 해충 감염률에 관한 것이라는 건 안다. 하지만 마침 기울기가 똑같아서 말이지.)

예외적인 일이 있다면?

그것은 바로 고객이나 잠재 고객들과의 밀도 높은 대화, 특히 블로그를 통한 대화이다. 일단 시스템이 갖추어지기만 하면, 5분을 투자할 경우 당신이 설득하려는 사람들에게 4분간 매우 효과적으로 아이디어를 펼칠 수 있다.

이거야말로 순수하고 완전한 수단이 아닌가. 그것도 일체의 부수 비용 없이 고스란히 당신에게 몫이 돌아가는.

인터넷이 스팸메일이나 팝업창, 악성 코드, 각종 광고 메시지 등으로 망가질 경우 웹은 당신에게 또 하나의 '시간 낭비' 항목이 될 뿐이다. 그러나 제대로 기능하기만 하면 인터넷은 사람들로 하여금 아이디어의 핵심에 도달하게 만들어 당신이 그 아이디어를 밀고 나가는 데 큰 도움을 줄 것이다. 아이디어를 밀고 나가라. 당신의 조직을, 당신 자신을 밀고 나아가라.

이렇게 낭비되는 시간과 노력이 줄어들 경우 한 가지 주의할 점은, 시간을 낭비할 또 다른 핑계를 찾아 나서는 것이다. 핑계가 있으면 모험을 하지 않아도 되고, 핑계는 우리를 안심시키며, 또한 핑계는 우리로 하여금 진정으로 중요한 일을 회피하게 만든다.

그러므로 핑계를 대지 말고 지금 당장 시작하라. 당신의 아이디어를 드러내라. 사람들과 의견을 나누라.

어느 예술가 이야기

15년 전, 아내와 나는 소호(맨해튼에 있는 예술의 거리이다)에서 우리 형편으로는 탐낼 수 없는 고가의 미술 작품들을 구경하고 있었다. 그러다 한 갤러리 앞에서 차 트렁크에 실린 그림을 팔고 있는 길거리 화가를 한 명 보게 되었다. 우리는 그에게 100달러짜리 그림을 사고는 "소호에서 그림을 샀다"며 좋아했다. 그 화가는 아주 붙임성 있는 사람이었고, 우리는 그에게 행운을 빌어 주었다.

크누트 마스코라는 이름의 그 화가는 낡은 창문에 그림 그리는 것이 주특기였다. 그는 나무 창틀을 액자 삼아 장식을 하고 유리창에 그림을 그렸다. 크누트는 나름의 신념을 지닌 거리 예술가였는데, 후에 몇몇 예술가와 합심하여, 작품의 노상 판매를 금지한 루돌프 줄리아니Rudolph Giuliani 뉴욕 시장을 고소하면서 유명해졌다(놀랍게도 줄리아니 시장이 초기에 얼마나 못된 행위를 했는지 까맣게 잊어버린 사람이 많다). 그들은 결국 승소했고, 그 뒤로는 크누트의 소식을 듣지 못했다.

두 달 전, 우리 집에 걸려 있던 크누트의 작품이 바닥에 떨어져 산산조각 났다. 우리는 크게 상심했다. "구글이 해결해 줄 거야!" 나는 이렇게 소리치며 크누트를 찾아 나섰다. 하지만 소용없었다. 그는 사라지고 없었다. 몇 시간 동안이나 검색했지만 그 소송 건을 제외하고는 아무것도 나오지 않았다. 최근 10년 동안 크누트를 보거나 그의 소식을 들은 사람은 아무도 없었다.

나는 경이롭기 그지없는 구글 앤서즈answers.Google.com 로 건너갔다. 거기에 질문을 올리고는, 크누트를 찾아 주는 사람에게 75달러를 주겠다고 약속했다. 다음 날 답변이 올라왔다. 누군가가 그를 찾아낸 것이다. 크누트는 이제 다른 이름으로, 예술도 그만두고, 이스라엘에 살고 있었다!

나는 크누트에게 이메일을 보냈고, 그의 새 이름이 보아즈라는 사실을 알게 되었다. 나는 그에게 새로운 그림이 필요하다고 말했다. 그는 흔쾌히 내 부탁을 들어주었다. 이제 낡은 창문은 찾을 수가 없기 때문에 새 창문에 흠집을 내어 낡아 보이도록 하는 번거로운 작업을 거쳐야 하고, 한동안 그림을 그리지 않았으며, 우리가 누구인지조차 몰랐음에도. 선불금을 내겠다고 했지만 크누트는 한사코 거절했다.

두 달 뒤, 그림을 완성하여 보냈다는 이메일을 받았다. 나는 아무런 의심 없이 그의 새 이름 앞으로 수표를 보냈다. 다음 날, 이스라엘에서 보낸 그림이 페덱스 FedEx로 도착했다.

그림은 근사했다. 먼저 것보다도 훨씬 좋았다. 하지만 우리에게 그보다 더 중요한 것은 그 스토리였다. 이 스토리가 당신에게 무슨 소용이 있을지는 모르겠지만, 그저 당신이 들으면 좋을 거라는 생각이 들어서 한 얘기다.

본 조비와 해적

전설적인 록밴드 본 조비 Bon Jovi는 지금 해적들과 전쟁 중이다. 척 보기에도 그건 전형적인 퍼미션 마케팅이다. 그들은 자신들의 새 CD를 산 사람이 온라인으로 CD의 일련번호를 입력하면 콘서트 티켓과 팬 정보 등 여러 가지를 제공한다.

좋은 소식은, CD 한 장을 팔아 얻는 수입보다 아티스트와 팬 사이의 관계가 훨씬 가치 있다는 사실을 음반업계가 깨닫기 시작했다는 것이다. 지난해 미국에서는 5백만 장 이상 나간 음반이 하나도 없었다. 최근 5, 6년 사이에 없었던 일이다. 이는 전 세계 모든 사람에게 음반을 팔려고 시도하는 것보다 당신의 소식을 듣고 싶어 하는 소수의 청중에게 신뢰를 가지고 접근하는 편이 훨씬 나은 전략임을 보여 주는 것이다.

나쁜 소식은, 『월 스트리트 저널 Wall Street Journal』의 표현에 따르면, "본 조비가 저작권을 침해하는 해적들과 전투를 벌이고 있다"는 것이다. 이것은 본 조비가 자신의 팬들(중 그들의 음악을 공짜로 들으려고 애쓰는 사람들)을 적으로 간주한 것처럼 보이게 한다. 그의 팬들은 이런 생각을 하지 않을까? '내가 굳이 그 사이트에 가서 내 이메일과 개인 정보를 등록할 필요가 있을까? 그래서 얻는 게 뭐지? 티켓을 준다는 말은 미끼 아닐까?'

이런 문제를 해결할 수 있는 방법은 우리가 과연 누구를 위해서 일하고 있는가를 기억하는 것이다! 음악을 팔든 강철 빔을 팔든 규칙은 똑같다. 우리는 우리에게 대가(아니면 관심이라도)를 지불하는 사람들을 위해 일한다. 본 조비는 진정 용감한 첫걸음을 내디뎠다. 그러나 서두르지 마라. 지나친 욕심을 부려서도, 큰맘 먹고 사이트에 등록한 팬들에게 스팸메일을 보내서도 안 된다.

브랜드와 브랜딩

내 생각 몇 가지.

1 데이터가 모든 것을 말해 준다. 영향력 있는 대형 브랜드의 수와

그 가치가 급속히 줄어들고 있다. 이제는 소니 DVD 플레이어나 말보로 담배에 예전처럼 높은 값을 매길 수가 없다.

2 새로운 마이크로브랜드의 수가 폭증하고 있다. 인기 블로그 '게이핑보이드닷컴gapingvoid.com'을 운영하는 휴 맥리어드(Hugh MacLeod. 브랜딩 전문가이자 카투니스트)는 이제 하나의 브랜드가 되었다. '브랜드'라는 단어를 일련의 상업적인 특성과 감정, 스토리 등의 줄임말이라고 정의한다면, 추종자가 있는 모든 블로거는 브랜드를 소유한 셈이라고 볼 수 있다. 이것은 소규모 양조장이나 향수, 핫소스 제품 역시 마찬가지다. 우리의 마음속 진열대를 차지하고 있는 것들은 모두 다 브랜드이다.

3 브랜드와 브랜딩은 다르다. 브랜드는 우리가 원하든 원하지 않든 존재한다. 브랜드는 쉽사리 사라지지 않을 것이다. 브랜드는 하나의 조직에 존재하는 복잡한 자산을 손쉽게 줄여 부르는 말이다. 반면, 브랜딩은 당신이 하는 '일'이다. 하나의 활동으로서 브랜딩은 골칫거리이다. 범위가 불명확하고, 대개는 무의미하며, 종종 비용을 많이 잡아먹기 때문이다. 게다가 그 결과를 예측하기란 전혀 불가능하다. 브랜딩을 업으로 삼겠다는 생각은 버리는 편이 좋을 것이다.

시장은 대화가 오가는 곳이지만 마케팅은 그렇지 못한 경우가 많다. 대부분의 브랜드가 대화보다는 독백을 하고 있는 것이 현실이다. 대화는 더 낫고 더 강하며 더 쓸모 있는 브랜드를 만들어 줄 가능성이 있지만, 아아, 안타깝게도 대부분의 조직은 그러한 진실을 받아들이지 못한다. 그래서 죽어라 케케묵은 방식에 집착하는 것이다.

대형 브랜드들이 죽어 간다. 작은 브랜드들은 잘나간다.

이 재기 넘치는 표현이 '나'라는 브랜드에 조금이나마 도움이 됐으면 좋겠다.

힘들고 고된 일의 간략한 역사

당신의 증조부는 힘들게 일한다는 것이 어떤 것인지를 알았다. 그는 소가 배를 곯지 않도록 하루 종일 건초를 날랐다. 에릭 슐로서는 저서 『패스트푸드의 제국』에서, 15년 동안 도살장에서 일하며 척추가 파열되고 양손도 못 쓰게 되고 폐까지 타 들어간 채 기차에 치인 한 노동자에 대해 쓴 바 있다. 힘들게 일한다는 것은 바로 그런 거다.

육체노동 경제에서 힘들게 일한다는 것의 의미는 분명하다. 기계나 노동조합이 없는 상황에서 생산을 증대한다는 것은 곧 열심히 일한다는 것을 의미했다. 가족을 먹여 살릴 수 있는 최선의 방법이 생산량을 증대하는 것이었음은 말할 필요도 없다.

하지만 그런 시절은 일찌감치 끝났다. 이제 자기 몸을 기계처럼 굴리는 사람은 거의 없다—돈 주고 피트니스 센터에서 운동하는 경우는 빼고. 오늘날에는 미국 근로자의 35퍼센트가 책상에 앉아 일한다. 그렇다, 우리는 하루의 대부분을 앉아서 보내며, 무거운 물건을 드는 일이라고는 냉온수기에 물통을 거꾸로 꽂을 때뿐이다. 그런데도 자신이 힘들게 일한다고 생각하는가?

뭐, 이렇게 반박할 수도 있겠지.

"이봐요, 난 주말에도 일하고 야근도 자주 한단 말입니다. 일찍 일어나서 늦게까지 일하고요. 난 언제나 대기 상태고, 블랙베리(BlackBerry. 인터넷과 이메일 송수신, 무전 기능 등을 갖춘 스마트 폰의 하나─옮긴이)도 항상 열어 놓고 있어요. 심지어 휴가 중일 때도 페덱스 배달원은 내가 어느 호텔에 묵는지 안다고요."

미안하다. 설사 당신이 일 중독자라 해도, 당신이 힘들게 일한다고는 말해 줄 수가 없다.

물론 당신이 '오랫동안' 일하는 건 분명하다. 하지만 오늘날 '오랫동안'과 '힘들게'는 전혀 다른 의미이다. 옛날에는 누가 곡식을 얼마나 수확했는지, 철물을 몇 개나 만들었는지 측정할 수 있었다. 그리고 힘들게 일한다는 것은 더 많이 생산한다는 것을 의미했다. 그러나 그것은 옛날이야기일 뿐이다. 미래의 일터는 노동 시간과는 관계가 없다. 노동의 미래는 시간을 어떻게 보내느냐가 아니라 얼마나 진정으로 열심히 일하느냐에 달려 있다. 그것은 단지 출퇴근 카드를 찍는 것만으로는 충분치 않으며, 우리가 우리 자신을 채찍질해야만 가능한 일이다. 바로 그 같은 힘든 일이 우리 미래의 직업 안정성과 재정적 이익, 그리고 행복을 보장한다.

직장을 그만두고 창업을 결정하는 것은 참으로 힘든 일이다. 새롭고도 리마커블한 시스템이나 서비스, 프로세스를 개발하는 것 역시 힘든 일이다. 상사의 나태함을 충고하기도 힘들며, 오랫동안 해 오던 방식을 포기하고 위험을 감수하면서 새로운 방식을 도입하자고 건의하는 것도 힘들다. 데이터가 부족한 상황에서 옳은 결정을 내리는 것 또한 힘든 일이다. 반면에 아무 일도 하지 않고 가만히 앉아서 회사가 망각 속으로 사라지는 것을 지켜보기란 참으로 쉽다.

오늘날 힘들게 일한다는 것은, 리스크가 분명히 있음에도 그것을 감수한다는 의미이다. 검증도 안 된 제품에 회사의 운명을 거는 것과 같은 무모한 리스크를 말하는 게 아니다. 내가 말하는 리스크란 겉으로 보기에는 위험하지만, 즉 당신의 경쟁사(나 동료)는 그것이 위험하다고 생각하지만 당신 눈에는 현 상태를 유지하는 것보다 훨씬 안전해 보이는 것을 말한다.

리처드 브랜슨은 당신처럼 오랫동안 일하지 않는다. 스티브 발머나 칼리 피오리나도 마찬가지다. 타깃Target의 제품에 혁신을 일으켜 경쟁사 케이마트Kmart를 따돌리는 데 일조한 로빈 워터스Robyn Waters 역시 당신의 평균 근무 시간보다 적게 일할 것이다.

무언가 멋진 것을 창조하고 놀라운 성공 신화를 이룩한 이들 가운데 남들보다 '오랜' 시간 일함으로써 그것을 달성한 사람은 없다. 그리고 이런 말을 하고 싶지는 않지만, 그들이 당신보다 똑똑하지도 않다. 그들이 성공을 거둔 것은 '힘들게' 일한 덕분이다.

경제가 힘겨운 행보를 이어 가면서, 쉬운 길을 택하는 이들이 많아졌다. 누군가에게 고용되어 힘든 일은 모두 그에게 일임하고 그저 시간만 때우는 것이다. 즉, 육체노동 시대의 노동의 정의로 회귀하고 있는 것이다.

일부에 불과하지만, 이런 일시적인 침체가 전에 없던 절호의 기회임을 감지한 사람들도 있다. 그들은 그 어느 때보다 더욱 열심히―정신적으로―일하며, 그에 따르는 온갖 감정적·개인적 리스크를 받아들이고 있다.

열심히 일하는 데에는 리스크가 따른다. 그것은 당신이 꼭 손을 대지 않았어도 될 일에 손을 대면서부터 시작된다. 실패에 대한 두려움, 외톨이가 될지도 모른다는 두려움, 거절당할 것에 대한 두려움……. 힘들게 일한다는 것은 이 모든 장벽을 뛰어넘고, 그 장벽 아래 터널을 파고, 또 다른 장벽들을 통과하고, 이 과정을 다음 날 또 반복함으로써 자신을 단련하는 것이다.

명심하라. 당신의 (똑똑한) 동료가 하는 일이 위험해 보일수록 사실은 그것이 더 안전한 것이다. 어려운 협상을 하고, 리마커블한 제품을 창조하고 한계를 넓혀 가는(그러면서도 오후 다섯 시면 퇴근하는) 사람들이야말로 후퇴 없는 내일을 구축해 가는 사람들이다.

그러므로 내일 아침에 출근하거든 진정으로 의미 있는 땀을 흘릴지어다. 당신의 시간을 헛되이 쓰지 말라.

버거빌

보랏빛 소를 전파하러 세계를 돌아다니다 보면, '리마커블'하다는 게 도대체 무슨 뜻인지 혼란스러워하는 사람들이 많은 것 같다. '리마커블'하다는 것이 엘리트주의를 뜻하지는 않는다. 그렇다고 신기하다는 의미도 아니다. 저렴하거나 값비싼 것, 혹은 크거나 작은 것을 의미하지도 않는다. '리마커블'한 것은 그러한 특성 가운데 한 가지 혹은 그 모두를 가졌을 수도 있다. 분명한 것은 그것이 '이야기할 만한 가치가 있는 것'이라는 점이다.

이번 달 『고메Gourmet』지는 노스웨스트에 있는 '버거빌Burgerville'이라는 햄버거 체인점을 다루었다. 버거빌은 특별히 비싼 곳은 아니지만 정말 근사하다. 특히 초콜릿 헤이즐넛 셰이크, 틸라무크 치즈를 곁들인 (신선한 현지 자연산) 연어 샐러드, (여기서 마음의 준비를 하시고) 제철

기간 한정 어니언 링은 그중에서도 최고다.

세상에, 나는 양파에 제철이라는 게 있는 줄도 몰랐다.

이 정도면 일부러 찾아갈 만한 가치가 충분하지 않은가? 사람들한테 이야기할 만하지 않은가? 이런 것이 바로 리마커블한 것이다.

캠프, 폴 매카트니, 그리고 당신의 마케팅 문제

내 친구 팀이 도대체 어떻게 하면 사람들 앞에서 멋지게 이야기할 수 있는지, 비결이라도 있으면 좀 가르쳐 달라고 쪽지를 보내왔다. 나는 그가 내게 그런 부탁을 했다는 사실에 우쭐해졌고, 내가 어디서 그런 기술을 배웠는지 잠시 생각해 보았다.

정답은? 아로혼 여름 캠프.

가만, 그러고 보니 거기서 마케팅도 배웠지.

그 여름 캠프는 마치 시장 같았다(그렇게 어수선했다는 거지). 모두들 무언가를 해야 했지만 선택은 각자의 몫이었다. 그래서 카누 강사(그게 바로 나였다)는 사람들을 자기 쪽으로 끌어 모으기 위해 요트 강사(마이크라는 이름이었다)를 비롯한 다른 강사들과 치열한 경쟁을 벌여야 했다. 아무도 안 온다면 나는 실패자가 되고 다음번 캠프에는 초청받지 못한다.

다음은 내가 그때 깨달은 사실들이다.

1 아무도 내게 관심이 없다. 내가 얼마나 열심히 훈련을 했고 얼마나 잠을 못 잤는지, 내가 이 일에 얼마나 노력을 기울이는지 아무

도 신경 쓰지 않는다.
2 사람들은 새로운 것을 시도하려 들지 않는다. 전에 해 본 적이 없다면 새로 시작하고 싶어 하지 않는다.
3 입소문은 자극이 강하다.
4 기회는 자주 찾아오는 것이 아니다.
5 위험을 감수하지 않으면 성공도 없다.

그러나 가장 심오하고도 대단한 발견은 사람들이 얼마나 기꺼이 의심을 보류하는가 하는 것이었다(그 반항적이라는 십 대들조차도 그러한데, 까다로운 구매 담당자의 의심을 보류시키는 일쯤이야……). 한번은 폴 매카트니가 온다면서 3백 명이나 되는 사람들을 끌어들인 적도 있다. 심지어 매카트니의 딸이 묵을 숙소까지 알아보는 척하면서 말이다. 폴 매카트니 역의 내 친구 녀석이 모터보트 타고 등장하다가 일부러 물에 빠져 놓고는 보트의 회전 날개에 걸려 얼굴이 만신창이가 되었다고 주장했을 때에야 사람들은 속았다고 생각하기 시작했다.

내가 하고 싶은 말은, 마케팅이란 결국 사람들의 '필요'가 아니라 그들이 '원하는 것'을 충족시켜 주는 일이라는 것이다. 우리는 마케팅을 좀 덜 심각하게 받아들일 필요가 있다. 설사 사회 보장법 개선안이나 종교를 마케팅한다 해도. 또한 심지어 위험을 무릅써야 할 때에도. 만일 당신이 지금 성장하지 못하고 있다면 안전제일주의는 내일도 모레도 당신의 성장에 아무런 도움도 주지 못하기 때문이다.

팀에게도 똑같은 충고를 해 주었다. 그건 대중 앞에서 연설을 하거나 광고를 할 때에도 마찬가지다.

두려움을 떨쳐 버리라.

칼리는 이길 수 없었다

칼리 피오리나가 휼렛패커드에서 그토록 힘든 시간을 보낸 이유는 그들이 델과 너무나 치열하게 경쟁했기 때문이다. 표준이 되려면 지루해져야 한다. 그리고 지루해지면 값도 떨어진다. 싸구려 표준. 그것은 델의 전문 분야다. 대체 그런 게임에서 어떻게 이긴단 말인가?

기업이나 소비자들이 어떤 선택을 해야 하는가가 점차 명확해지는 오늘날, 당신은 특별해지거나 특별히 저렴해지거나 둘 중 하나를 선택해야 한다. 둘 다 만족시키려 하거나 둘 다 포기한다면 영락없이 실패하고 만다.

CEO와 블로그

요즘 CEO들 사이에서는 블로그를 운영하는 게 유행인가 보다. 방금 나는 블로그를 만들고 싶어서 안달인 CEO와 통화를 했고, 블로그를 막 열었다는 누군가의 이메일도 읽었다.

그런데 문제가 있다. 블로그는 아래와 같은 특성을 갖췄을 때에만 성공한다.

- 솔직함
- 즉시성
- 시의 적절함

- 핵심 찌르기
- 논쟁
- 굳이 여섯 번째를 들라면 유용성

어떤가, CEO적인 느낌이 나는 단어들인가?

위에 열거된 여섯 가지 중 최소 네 가지를 갖추지 못할 거라면 블로그를 만들 필요도 없다. 사람들에게는 선택권이 있기 때문에(그것도 450만 개 중에서) 당신의 블로그에 특별히 중요한 게 없다면 누구도 거기에 들르거나 링크를 걸거나, 그것을 인용하지 않을 것이다.

거절당하는 건 연차 보고서로도 충분하다.

줌(zoom)!

안녕하세요, 내 이름은 세스입니다. 내게는 문제가 하나 있습니다. 바로 변화 중독자라는 거죠. 주변의 세상이 변화하지 않으면 나는 지루해지고 일의 능률마저 떨어집니다.

흠, 다시 생각해 보니 진짜 문제는 그게 아니군요. 문제는 내가 변화를 역설하고 그렇게 강조하고 다니면서도 마음속 저 깊은 곳에서는 변화를 끔찍이 싫어한다는 겁니다. 변화는 불편하고 고통스럽고 두려우니까요.

아, 물론 나도 압니다. 작년에 나는 이사를 두 번 했고, 회사 두 개를 팔아 치웠고, 직원을 30명에서 70명으로 늘렸습니다. 얼마 안 가서 한 명도 안 남긴 했지만요. 대단한 경험이었어요. 하지만 솔직히 말해 변화 때문에 골치가 아픈 적이 많았습니다. 여러분, 소원을 빌 때는 신중하세요. 나처럼 그 소원이 정말로 이루어질지도 모르니까요.

정말 모순 아닙니까? 나는 변화를 사랑합니다! 그런데 나는 변화를 싫어합니다! 이런 극단적인 감정을 무엇으로 합리화할 수 있을까요? 물론 재빨리 행동하지 않으면 살아남을 수 없다는 것은 자명합니다. 그러나 변화하는 현실을 따라잡기 위해 변화하는 것이 고통스럽고 지치는 일이라는 것 또한 분명한 사실입니다. 여기서 질문 하나 드릴까요? 그 어느 때보다 빠르게 돌아가는 비즈니스 세계가 우리에게 디지털 유목민의 운명을 지워 줬으니 우리는 결국 늘어 가는 고통으로 점철된 삶을 살아야만 할까요?

10여 년 전, 버지니아 주 비엔나에 있는 야외 카페에서 점심을 먹은 적이 있습니다. 그때가 AOL이 사람들의 레이더에 모습을 드러내기 시작했을 때니까 1994년이겠네요. 나는 스티브 케이스Steve Case를 비롯한 AOL 임원 세명과 함께 있었습니다. 그날 나는 AOL의 미래에 대해 가벼운 흥분을 느끼며 집으로 돌아갔지만, 내 IRA(Individual Retirement Account. 개인 퇴직 계좌. 퇴직이나 이직으로 받은 돈을 넣어 두어 퇴직 소득세 등을 이연하고 은퇴 시에 연금 등으로 활용할 수 있는 계좌를 말한다—옮긴이)에서 돈을 꺼내 주식을 사지 않는다는 원칙만은 깨뜨리지 않았습니다. 당시 AOL 주식이 주당 7달러 정도였던 것으로 기억하는데, 그 후 125달러까지 치솟았죠. 말할 것도 없이 내 IRA 수익률은 AOL 주식의 수익률에 훨씬 못 미쳤고요. 여기서 두 번째 질문. 나는 왜 그 투자가 내키지 않았을까요?

그 5년 뒤에는 야후!를 설립한 두 공상가, 데이비드 파일로David Filo, 제리 양Jerry Yang과 함께 일할 행운의 기회도 있었습니다. 그들이 야후!를 시작할 바로 그 시점에 우연찮게 나도 거의 똑같은 생각을 하고 있었던 거지요. 하지만 나는 언젠가 3백억 달러의 가치로 불어날 회사를 차리는 대신 『스마일리 사전 : 당신의 키보드로 할 수 있는 멋진 일들』이라는 책을 썼어요. 여태까지 받은 그 책의 인세 수익은 고작 9천 달러입니다.

세 번째 질문. 왜 웹 사이트가 아니라 책이었을까요? 글쎄요, 굳이 답을 하라면, 당시 나는 출판 사업을 하고 있었기 때문에 눈에 보이는 모든 기회는 모조리 출판 기회처럼 보였다고나 할까요? 그에 반해 데이비드나 제리는 기존의 틀이나 사업 기반이 없었습니다. 따라서 그들은 기회가 찾아왔을 때 그 기회를 자신에게 맞춰 편의대로 재단하기보다는 있는 그대로 보았던 거죠.

여기서 네 번째 질문이 떠오를 겁니다. 우리의 사업이나 경력을 성장시킬 수 있는 절호의 기회는 어째서 늘 우리를 그냥 지나치는 걸까요? 앞에서 내가 변화에 관해 한 말로 다시 돌아가 봅시다. 큰 기회에는 언제나 변화가 따르고, 변화는 고통스럽습니다. '기회'가 곧 변화를 뜻하는 한, 그리고 '변화'가 곧 고통을 뜻하는 한, 우리는 계속해서 기회를 놓치게 될 겁니다.

그러므로 나는 변화에 중독된, 그렇지만 변화와 갈등을 일으키는 우리의 신경제 전사들에게 매우 간단한 제안 하나를 하려고 합니다. 변화를 따르고 찬미하는 것을 그만둡시다. 변화를 거짓으로 수용하는 척하며 변화에 대해 떠드는 것을 멈추자는 얘깁니다. 변화라는 말을 무시하고, 모른 척하고, 비켜 갑시다. 변화에 대해 생각하는 데 시간을 낭비하지 말고 우리 모두 '줌^{zoom}' 하기 훈련을 시작합시다.

'줌'이란 당신의 본질을 건드리지 않고 한계를 넓히는 것입니다.

즉, 새로운 아이디어와 새로운 기회와 새로운 도전을, 변화 회피 반사 신경을 자극하지 않은 채 다루는 방식입니다. 당신은 이미 매일매일 그것을 활용하고 있습니다. 새로 나온 음악 CD를 사거나 새로 나온 조간신문을 읽을 때, 당신은 '변화'라는 단어와 결부되는 모든 감정과 싸울 필요가 없습니다. 단지 당신은 줌을 하고 있는 것뿐입니다. 즉, 늘 하던 일을 좀 다르게 한다는 거죠.

새로 개척한 타이 식당에 가거나 새로 생긴 항공사를 이용할 때, 그것이 변화라고 인식하는 사람은 별로 없습니다. 그것은 일종의 탐험, 바로 우리가 열렬히 하고 싶어 하는 일이죠. 여행 안내 서적이 잘 팔리고 탐험 여행 산업이 성장하는 이유도 바로 그 때문입니다. 그런 상품이나 서비스는 같은 일을 다르게 해 볼 수 있는 안전한 탐험 기회를 제공해 주니까요.

세상에는 다양한 방식으로 줌을 하는 사람들이 있고, 당신이 줌을 배울 수 있는 분야도 무궁무진합니다. 지금은 세상을 떠났지만, 존 해먼드John Hammond는 세계에서 줌을 가장 잘하는 사람 중 하나였습니다. 그는 컬럼비아 레코드 사의 프로듀서로 빌리 홀리데이, 카운트 베이시, 어리사 프랭클린, 밥 딜런, 브루스 스프링스틴 등을 발굴한 사람입니다. 무엇이 그를 그렇게 하도록 만들었냐고요? 그는 '똑같은 일을 다른 방식으로' 했고 동시에 그 범위를 매우 넓게 설정했습니다. 그는 포크 가수를 찾느라고, 혹은 재즈 가수나 펑크 록 가수를 찾느라고 세월을 낭비하지 않았습니다. 그저 가수를 찾아다닐 뿐이었지요.

이렇게 가수를 찾는 단 한 가지 일을 했지만 시야를 폭넓게 확대함으로써 그는 스트레스 없이도 언제 어디서나 사람들의 노래에 귀 기울일 수 있었던 겁니다. 해먼드는 융통성 없는 원칙과 기준을 고수하느라 자신을 괴롭히는 일 따위는 하지 않았습니다. 오직 위대한 무언가를 찾아다녔던 것뿐입니다. 다만 줌의 폭이 넓었던 것뿐입니다. 만약 그에게 "그렇게 다양한 종류의 가수를 찾으려면 매일같이 변화를 시도해야겠네요."라고 말했다면 그는 틀림없이 아니라고 했을 겁니다. 그는 하루하루를 스트레스 넘치고 변화로 점철된 별개의 사건이 아니라 연속적인 줌의 일부로 봤으니까요.

해먼드의 '줌의 범위'와 당신의 줌의 범위를 한 번 비교해 보세요. 당신이 속한 회사의 줌의 범위와 비교해도 좋습니다. 마사 스튜어트는 자신의 출판 사업을 10억 달러짜리 미디어 제국으로 전환하는 일이 고통스럽지 않았습니다. 자신이 지향하는 바를 양보하지도 않았고요(뭐, 조금은 그랬을지도 모르겠습니다만). 한편 『롤링 스톤 Rolling Stone』은 잡지라는 기존 패러다임에 너무 얽매여, 자신들의 본질을 바꾸지 않고도 MTV처럼 될 수 있다는 사실을 깨닫지 못했습니다. '오마하 스테이크 Omaha Steaks'는 자신들이 스테이크를 어떻게 팔든—전화로 팔든 우편이나 인터넷으로 팔든—방법의 차이일 뿐 결국은 같은 거라는 사실을 일찌감치 깨달았지요. 반면, 랜즈 엔드(Lands' End. 미국의 의류 및 가정용품 회사)는 온라인 판매를 시작하기까지 시간이 꽤 걸렸습니다.

나는 맥도널드와 베스킨라빈스, 카벨Carvel, 피자헛 등의 프랜차이즈 식당이 전성기를 구가하던 시절에 성장했습니다. 이들 중 줌을 할 줄 아는 곳은 한 군데도 없었습니다. 이 회사들의 구조는 조그마한 변동 사항 하나도 기회가 아니라 상당한 위협으로 인식되도록 만들어져 있습니다. 세대가 바뀌고 사람들의 요구가 변하면서 이들 중 다수가 큰 위기에 처한 것은 어찌 보면 당연한 일일지도 모릅니다. 켄

터키프라이드치킨의 경우, 튀기지 않은 음식을 팔기 시작하면서 이름을 KFC로 바꾸기도 했습니다.

자, 그럼 이들과 리미티드(Limited. 미국의 의류 회사) 사의 사고방식을 비교해 봅시다. 리미티드는 전 매장의 제품을 적어도 한 달에 한 번은 '줌' 하는 회사입니다. 이 회사로서는 새로운 스타일의 옷을 들여오는 것이 별로 어려운 일이 아닙니다. 매니저가 본사의 승낙을 받으러 먼 걸음을 할 필요조차 없습니다. 그저 줌 하기만 하면 됩니다.

자, 이제 다섯 번째 질문입니다. 비즈니스 세계는 왜 그렇게 늘 고통을 겪을까요? 그 이유 중 한 가지는 오늘날 대부분의 회사가 자사의 줌 영역 밖으로 손을 뻗치기 때문입니다. 그래서 모든 것이 위협으로 보일 뿐 기회로 받아들여지지 않는 것입니다. 기업은 변화할 게 아니라 줌 해야 합니다. 줌을 함으로써 기업은 성장하고, 적응하고, 심지어 변신할 수도 있습니다.

다음은 줌을 시작하고자 하는 이들이 시도해 봄직한 5단계 체크 리스트입니다. 매우 간단하지만 지금 바로 실천한다면 아마도 줌을 연습하는 데 도움이 될 것입니다.

1 오늘 저녁 식사로 이제껏 한 번도 먹어 본 적 없는 음식을 먹는다. 그리고 내일 저녁에는 또 다른 음식을 시도해 본다.
2 내일 출근길에는 평소에 싫어했거나 생소한 장르의 CD를 듣는다.
3 매주 새로운 잡지를 한 권씩 읽는다.
4 일주일에 한 번, 당신의 전문 분야와 무관한 사람들을 만난다. 그리고 여태껏 관심을 가져 본 적이 없는 주제의 박람회에 간다.

5 사무실 배치를 바꾼다.

어리석은 짓으로 여겨집니까? 엉터리 자기 계발서에나 나오는 이야기 같죠? 하지만 위의 다섯 단계를 모두 통과할 수 있다면 카운트 베이시를 찾다가도 밥 딜런과 계약하기가 쉬울 겁니다. 다시 말해, 줌 기술은 모든 것을 기회로 보게끔 해 준다는 겁니다.

여섯 번째 질문입니다. 이 모든 게 그저 말장난에 불과한 것 아닐까요? "줌이나 변화나, 그 단어 하나가 뭐 그리 중요한가요?"라고 의문을 제기하는 사람도 있을지 모릅니다. 줌의 달인은 이렇게 대답합니다.

"말은 중요합니다. 말은 당신과 당신의 회사가 생각만큼 발 빠르게 움직이지 못하는 이유를 알게 해 주는 렌즈를 제공합니다."

혹시 당신의 회사가 생존을 위협할 정도로 거대한 변화를 모색한다면, 반드시 말리십시오! '죽느냐 사느냐의 문제', '변화하지 않으면 죽는다' 같은 무시무시한 구호는 무시하세요. 그리고 자신에게 일곱 번째 질문을 던지십시오.

"나는 얼마나 줌 할 수 있는가?"

줌 하려는 의욕이 있는 회사는 그렇지 않은 회사보다 훨씬 빠르게 움직이고 융통성이 있으며 재미있을 것입니다.

로스앤젤레스 타임스의 이류 속임수

신문이 곤경에 처했다. 이베이가 안내 광고란 광고는 모조리 빨아들여 그들의 숨통을 조였기 때문이다. 사람들은 이제 신문을 읽지 않는다. 요즘은 『뉴욕 타임스』도 종이 신문보다 온라인으로 읽는 사람이 더 많다.

그렇다면 신문의 미래는 온라인에서 사람들을 속여서 스팸을 받게 하는 데 있는 것일까?

아내가 내게 『로스앤젤레스 타임스』에 난 어떤 기사의 링크를 이메일로 보내 준 적이 있다. 들어가서 그 기사를 읽으려니 회원 가입을 해야 했다. 아래는 회원 가입 맨 마지막 과정의 일부이다.

> ☐ From time to time, we may send you e-mail announcements on new features, products and services from latimes.com and selected advertisers and affiliates. Sending you occasional advertising and announcements is necessary for us to continue providing our rich news content. We will try to limit the amount of advertising you receive. Information is used as described in our Privacy Policy. Some advertisers may prefer to contact you directly. Please check this box if you prefer not to be e-mailed directly by advertisers unaffiliated with latimes.com. Note you may continue to receive certain other e-mail from latimes.com and our Affiliates as described in our Privacy Policy.
>
> IMPORTANT: After you complete registration, you will immediately be sent a confirmation e-mail. Please click on the link in that e-mail as soon as possible to fully activate your account for site access.
>
> Your browser MUST accept cookies in order to successfully register and log in. You may also need to adjust your firewall or browser security to register.
>
> By registering, you agree to our Terms of Service

저기 비어 있는 체크 박스가 보이는가? 그것은 보편적으로 "우리는 정직하게도 광고를 이메일로 보내기 전에 당신에게 진심 어린 허락을 구합니다. 그러니 원하신다면 이 박스에 체크해 주세요."를 상징한다. 성급한 사람들은 빈 박스를 확인한 후 씨익 웃고 다음으로 넘어간다.

나도 빈 박스가 반가웠다. 하지만 곧 내용을 읽기 시작했다. 거기에는 "이메일을 받고 싶지 않으면 저 박스에 체크하라. 그렇지 않으면 당신에게 스팸메일을 보내겠다."는 내용이 담겨 있었다.

자, 여기서 분명하게 짚고 넘어가 보자. 모두가 온라인을 사용하는 세상에서 살아남기 위해 지구상의 가장 위대한 신문 중 하나가 (회원 탈퇴를 어렵게 만드는 것으로도 모자라서) 이런 이류 속임수를 쓰다니. 이런 방식으로 이 신문이 성장할 것이라고 생각하나? 3년 후 『로스앤젤레스 타임스』의 발행인이 "우리가 백만 명을 속여 속수무책으로 스팸메일을 받게 만든 사실이 기쁘기 짝이 없습니다!"라고 말하는 모습을 상상해 보라. 맙소사!

중국
차(車)

아주 잠깐 동안만 자신이 '중국'이라고 착각해 보자.

앞으로 몇 년 동안 당신은 5억여 대의 자동차를 사고, 국토의 대부분을 포장도로로 덮고, 수십억 배럴의 기름을 수입하게 될 것이다. 모두가 현대화를 위해서다.

중국의 특징 중 하나는 정부가 권위주의를 전혀 부끄러워하지 않는다는 점이다.

그러니 만약에 중국 정부가 "합법적으로 자동차를 팔려면 일정한 조건이 구비되어야 한다."는 포고령을 내리면 어떻게 될까?

예를 들어 모든 자동차가 반드시 다음과 같은 조건을 갖추어야 한다면.

- 20km/l 이상의 연비
- 최소한의 배기가스 배출

- 표준 주차 규격에 맞는 크기
- 도난 시 찾을 수 있는 추적 장치 내장
- 휴대 전화 장착
- 규정 속도를 위반할 때마다 감독 기관에 알리는 송신기 부착
- 유아용 카시트 구비
- 다른 차가 다가오면 자동으로 밝기가 줄어드는 전조등
- 재활용할 수 있는 재질
- 여러 사람이 함께 사용할 수 있는 디지털 도어록
- 유류세에 보험금 포함
- 도로의 위험 경고를 수신할 수 있는 장치
- 보기에는 흉해도 사고 시 수리하기 쉬운 차체
- 교통 상황을 수신할 수 있는 자동 무선 레이더
- 교통 흐름의 효율성을 높이기 위해 앞차를 따라가도록 설정된 '따라가기' 기능
- 그 밖에, 나는 생각해 내지 못했지만 당신이 상상할 수 있는 열 가지 기능

자동차에 대한 이런 새로운 정의가 중국의 미래를 어떻게 바꾸어 놓을까?

그런데 대체 이게 당신의 인생이나 당신의 직업과 무슨 상관이 있을까?

나는 머지않아 자선 사업에서 자동차에 이르는 모든 종류의 상품과 서비스가 완전히 다시 정의되고 업그레이드될 것이라고 본다. 신기술의 축적과 네트워킹 능력의 확대, 그리고 생태적·경제적 요구

로 인해 미온적인 개선 방법과 미봉책들은 설 자리를 잃고 그 대신 완전히 새로운 것들이 들어설 것이다.

　아이팟을 생각해 보라. 아이팟은 단순히 좀 더 나은 CD 플레이어가 아니지 않은가. 아이팟은 완전히 다른 것이다.

　당신이 종사하는 업계가 새로 구축되며 재정립되었을 때 나타날 긍정적인 효과를 상상해 보라. 그런데 거기에 제일 먼저 앞장서는 사람은 누구일까? 혹시, 당신?

크리스마스카드 스팸

나를 구두쇠 스크루지 영감이라고 불러도 좋다. 하지만 이 새로운 트렌드를 짚고 넘어가지 않을 수 없다. 크리스마스카드 스팸메일 말이다.

　옛날에는 크리스마스카드를 보낼 때 받을 사람을 생각하며 한 장 한 장 손으로 썼다. 그러자면 시간이 많이 걸려서 정말 보내야 할 사람에게만 보냈다.

　그러다 전문 인쇄기가 등장하자 대량으로 보내는 것이 가능해졌다. 기업들은 해마다 수백 장의 카드를 받는다. 개인이라 할지라도 수십 장 정도는 받는다. 당신이라면 복사기 수리 기사한테서 카드를 받고 싶겠는가. 하지만 그걸 우체통에 집어넣는 데에 1초면 충분하니 그가 3백여 통의 카드를 보내는 것도 놀랄 일은 아니다.

　그나마 카드 값과 우편 비용이 드니 복사기 수리 기사가 수천 장의 카드를 뿌릴 수 없는 게 다행이라고나 할까.

오늘날, 비용이 전혀 들지 않는다는 이메일의 특성 덕분에 방정식은 완전히 뒤집혀 버렸다. 보내는 사람은 비용이 제로인 반면 수신인은 엄청난 손실을 입게 된 것이다. 내가 이 바보 같은 눈사람 카드를 (도대체 이 텔레맥이 뭔데 나한테 카드를 보내는 거야?) 다운받는 데만 해도 꼬박 20초가 걸렸다. 게다가 내 이메일이 상대방에게 도착할 때까지 몇 분을 기다리다 보면 디킨스적인 감정이 저절로 솟아나온다. 텔레맥은 이런 카드를 만여 장은 뿌렸겠지……. 그걸 사람들이 다운로드 받는 데 걸린 시간을 합하면 족히 50시간은 될 것이고.

그리하여 새로운 매체 덕분에 또 하나의 소중한 전통이 쓰레기 취급을 받게 되었다는 말씀이다.

메리 크리스마스!

깨끗한 소방차

우리 동네 소방서는 자원 봉사자들이 운영한다. 그들이 없다면 나와 내 가족, 내 이웃들은 어떻게 될까. 우리 동네 소방대원들은 거의 아무 대가 없이도 다른 소방대원들처럼 용감하게 일한다.

특이한 건, 소방차가 매우 깨끗하다는 점이다. 한번은 누군가가 이렇게 물었다.

"도대체 소방차를 왜 그렇게 깨끗이 닦죠? 깨끗한 소방차가 더러운 소방차보다 불을 더 잘 끄는 것도 아니잖아요."

이유는 이렇다. 화재가 발생하지 않는 한 소방대원들은 늘 대기 상태로 있어야 하는데, 그동안 소방차라도 닦는다는 거다.

혹시 당신의 직장이 이렇지 않은가? 대부분의 조직에는 사이렌이 울리길 기다리는 직원들이 포진해 있다. 동네에 나가서 화재 예방 캠페인을 벌일 생각은 못하고 '소방관이란 이미 붙은 불을 끄는 사람' 이라고만 생각한다. 편지를 쓰거나 전화를 해서 일을 만들어 낼 필요가 없는 호텔 데스크 직원처럼 그저 책상 앞에 앉아 일이 떨어지기를 기다릴 뿐이다. 혹은 산더미 같은 프로그래밍 목록에 압도된 소프트웨어 엔지니어처럼 앞으로 무엇을 구축해야 할지에 대해서는 생각할 기회조차 갖지 못하는 것이다.

그런데 대부분의 조직 구조가 이러한 상황을 조장한다(학교도 마찬가지다). 그저 접시를 닦거나 숙제를 하고 지시를 따르기만 하면 된다. 독창성은 측정하기도, 지시하기도, 보상하기도 어렵다. 반면 과업을 완수하는 것은 공장의 생산 공정과도 같아서 예측이 가능하고 안심된다.

오늘날과 같이 시장이 급변하는 상황에서, 깨끗한 소방차는 꼼꼼함을 나타내긴 하지만 우리를 성공과 성장으로 이끌지는 못한다.

"소방차가 깨끗하긴 하네."

분주하기만 할 뿐 성과가 없는 조직을 이보다 잘 표현한 말이 또 있을까.

절벽 사업

오늘 두 친구에게서 각각 사업 계획서를 받았다.

둘 다 야심가에다 머리에서 발끝까지 철저한 사업가이며, 누가 봐도 성공이 예정된 친구들이다. 그리고 그들이 내게 준 계획서는 둘 다 똑같은 문제를 안고 있었다. 최근 들어 모든 상품과 서비스, 온·오프라인에서 공통적으로 나타나고 있는 문제였다. 이 문제는 갈수록 세상이 점점 서로 연결되고, 너나 할 것 없이 보랏빛 소를 추구하며, 모두가 티핑 포인트에 도달하려는 목표를 가진 데서 비롯된다.

옛날에는 사업을 키우는 길이 대략 한 가지밖에 없었다. 작게 시작해 돈을 좀 번 다음 약간 더 키운다. 그리고 그 과정을 반복한다. 이렇게 해서 어느 정도 시간이 흐르면 판을 크게 벌일 돈을 마련할 수 있다. 벤처 투자자가 출발을 도와주는 경우도 있겠지만, 1억 달러 또는 4억 달러의 투자를 유치하여 그 모든 과정을 건너뛰고 곧바로 큰 회사로 도약하는 경우는 생각하기가 힘들었다.

프록터 앤드 갬블Procter & Gamble도 작게 시작했다. 그들은 처음에 아이보리 비누를, 그다음에는 '크리스코'라는 쇼트닝을 팔았다. 그렇게 조금씩 조금씩 회사를 키워 나갔다.

문제는, 회사가 커질 때까지 살아남으려면 회사가 작을 때에도 잘 돌아가야 한다는 것이다.

예를 들어 잡지사의 경우 『타임』이나 『뉴스위크』같이 될 때까지는 광고를 받지 않겠다'는 사업 계획은 있을 수 없다. 업계 표준으로 자리 잡기 전에는 수익을 낼 수 없는 신기술은 성공하지 못한다.

물론 돌비 디지털같이 예외적인 경우도 있다. 돌비는 오디오 업계 전체가 자사의 기술을 채택한 후에야 수익을 내기 시작했다. 하지만 그것은 그들이 정상의 기술을 가졌기 때문에 가능한 일이었고 어찌 됐든 그들도 그때까지는 버텼다.

일련의 과정을 거친 후 맨 마지막 순간에 성패가 갈리는 사업을 나는 '절벽 사업'이라고 부른다. 즉, 서서히 상승하는 것이 아니라 수평선을 달리다가 기적적으로 원하는 결과를 얻은 순간 갑자기 세상을 지배하게 되는 것이다.

전체가 하나로 연결된 이 세계에서 절벽 사업은 주시해야 할 분야이다. 이베이나 마이크로소프트는 세상 모든 사람들이 그것을 이용하게 된 순간 성공한 대표적인 절벽 사업이며, 그러므로 당연히 독점 사업이다. 그들의 최대 자산은 다음과 같다.

"누구나 다른 사람들이 모두 이용하는 시스템을 이용하고 싶어 한다."

그러나 절벽 사업은 혼자의 힘만으로는 성공하기가 거의 불가능하다.

예를 들어, 블루투스 기술은 모든 휴대 전화와 노트북이 이 기술을 채택하기만 한다면 매우 위대한 기술이 될 수 있다. 그러나 이 기술이 도약의 발판을 마련하기까지는 비용이 많이 드는 무선 통신 표준 설정에 각종 회의다 위원회다 해서 5년이라는 긴 시간이 소요되었다. 이것이 만일 한 회사가 추진하는 사업이었다면 아마도 오래전에 자취를 감췄을 것이다(블루투스는 1994년 스웨덴의 에릭슨 사가 처음 연구를 시작한 이래 1998년에는 '블루투스 SIG'가 결성되어 IBM, 인텔, 노키아, 도시바 등이 참여했고, 2001년에 추가로 마이크로소프트와 3Com, 루슨트테크놀로지, 모토롤라 등이 가세해 바야흐로 전 세계적인 사업이 되었다—옮긴이).

오늘날 잘나가는 온라인 비즈니스들은 대개 소규모로 시작된 것들이다(블로그나 메신저를 생각해 보라). 이들은 절벽을 뛰어오르기 위해 거액을 쓰지도 않았다. 사실 그런 일을 의도적으로 해내기란 몹시 힘들다. 또한 바로 그렇기 때문에 당신은 당신 자녀가 톱 10 히트곡을 쓰는 데 목숨 거는 작곡가가 되기를 바라지 않는 것이다. 할 수만 있다면야 멋진 일이겠지만, 그것만 바라고 있을 수는 없는 노릇이다.

따라서 당신의 제품이나 서비스, 사업이 크게 히트할 때까지 골칫거리밖에 안 될 것 같다면 차라리 다른 것을 찾는 편이 낫다. 리마커블하면서도 돈이 많이 안 들고, 절벽에 도달하기 전에도 소비자와 투자자를 행복하게 만들 것 같은 무언가를 말이다.

다 직 업 성

정말 무서운 일이 일어났다. 강연을 하러 영국으로 가는 길이었다. 비행기 안에서 공황 발작을 일으킨 것이다.

비행이 무서워서 그런 게 아니다. 내가 발작을 일으킨 이유는 세관 통과가 두려웠기 때문이다. 물론 나는 밀수를 시도해 본 적도 없고 여권에도 아무런 문제가 없었다. 그런데도 외국의 무심한 관리에게 부당하게 체포될지 모른다는 공포가 늘 따라다닌다. 내가 매트리스나 베개에 붙은 꼬리표 하나도 떼지 않는 것은 바로 그 때문이다. 하지만 이번에 내가 공포를 느낀 것에는 얼마간 이성적인 이유가 있다. 바로 어떤 서류 양식 때문이었다. 그것도 정부가 공식적으로 발행한.

크기는 그리 크지 않았다. 아마 10×15센티미터쯤이었을 것이다. 내 이름과 주소 같은 기초 정보를 묻는 간단한 서류였다. 하지만 뒤쪽 맨 아래쯤에 깨알만 한 글씨로 적힌 질문 하나가 내 마음을 완전히 공포로 몰아넣었다.

"직업?"

나는 갑자기 의문과 공포, 불확실성에 사로잡혔다. 대답을 할 수가 없었다. 신경제 속의 내 정체성에 대한 위기가 다가오는 느낌이었다. 나란 존재는 도대체 무엇인가? 영국 정부는 그것을 알고 싶어 했다. 만일 내가 틀린 답을 제시하면, 거짓을 적어 넣는다면, 무슨 일이 일어날지 누가 알겠는가? 어느 지하 감옥에서 아침에는 죽 한 사발, 저녁에는 소시지와 으깬 감자를 먹으며 몇 년을 썩게 될지도 모른다.

나는 작가인가? 아니면 사업가? 출판인? 순회 세일즈맨? 전문 연사? 회계사(회계사치고는 너무 가난하긴 하지만)? 아니면 마케터? 정말 수도 없이 나열할 수 있다. 내 직업으로 꼽을 수 있는 것이 적어도 열다섯 개나 스무 개는 되기 때문이다.

그때, 갑자기 이런 생각이 들었다. 세상은 변하고 있다. '우유 배달원'이나 '우체부', '군인', 이런 식으로 직업을 규정할 수 있는 시절은 갔다. 내가 알고, 또 함께 일하는 사람들 중 대다수는 직업을 묻는 질문에 나처럼 곤란해했던 적이 있을 것이다(그렇다고 나처럼 공황 발작을 일으키지는 않았겠지).

당신의 직업은 무엇인가?

직업을 확실하게 규정하면 당신이 그 일을 더욱 잘하게 될까? 그것이 당신이 함께 일하고 싶은 사람들, 당신의 일을 도와줄 수 있는 이들을 더욱 쉽게 찾아내도록 해 줄까, 아니면 오히려 판단을 흐리게 하고 쓸데없는 회의에 끌어들이기만 할까. 일종의 고용 안전판으로서 지니고 다니면 안정감을 주는 구경제의 안심 부적이 되어 줄까, 아니면 누군가가 도움을 청했을 때 "미안, 그건 내 일이 아니라서 말이야."라며 방어막으로 사용할 수 있는 타이틀이라도 되어 줄까?

얘기가 나왔으니 한 가지 더 묻겠는데, 당신의 직무 지침은 어떠한

가? 당신이 새로운 기회를 탐색하고 업무를 완수할 수 있도록 기회를 제공하는, 희망적이고 낙관적이며 설득력 있는 것인가, 아니면 책임지지 않아도 될 일을 쉽게 가려낼 수 있게 하는 보호막에 불과한가?

이런 상황에서는 직원들의 직무 지침에 "세계인으로서 우리의 위상을 드높인다"라는 구절을 포함시키지 않는 회사는 세계적인 지위를 향상하는 데 필요한 시간과 비용을 투자하지 않을 것 같다.

지나치게 까다로운 직무 지침을 내리는 회사는 직원들에게 절호의 사업 기회를 무시해도 좋다고 허락함으로써 매일 손실을 보고 있는 것이나 마찬가지다.

우리가 실패한 관료주의, 무기력한 조직, 뇌사한 기업 관료주의를 들먹일 때까지 대기업들이 조직도와 전화번호 목록을 공개하지 않는 이유는 대체 뭘까? 온라인에 올리란 말이다, 내 말은! IBM의 한 부사장은 내가 그 회사에 대해 좀 더 잘 이해할 수 있도록 꼬박 한 시간을 들여 자기네 회사의 조직도를 그려 준 적이 있다. 그녀는 '요새 심리 fortress mentality'가 IBM에 이로울 것이 없음을 알았던 것이다. 그녀가 장장 두 쪽에 걸친 조직도를 그려 주자마자 IBM이 조직 개편을 발표하긴 했지만. 덕분에 IBM과 사업을 하기가 얼마나 많이 쉬워졌는지…….

한번은 심심해서 몸부림을 치다가 내 취미 생활 중 하나를 시도하기로 했다. 나는 425-882-8080, 마이크로소프트에 전화를 걸었다.

"여보세요, 윈도 2000 마케팅 담당자 이름과 내선 번호 좀 알려 주시겠습니까?"

(여기서 주목할 점. 이 담당자의 이름은 대단한 비밀도 아닌 것이, 인터넷을

검색하면 바로 나온다.)

"죄송합니다만 그런 정보는 알려 드릴 수 없습니다."

정중하지만 주제넘은 접수원은 이런 사적인 정보를 요구하는 뻔뻔한 사람은 처음이라는 듯 대답했다. 마치 내가 마케터의 이름과 내선 번호가 아니라 윈도의 소스 코드를 묻기라도 한 듯.

신경제 시대의 세관 신고 양식은 나에게 다음과 같은 질문을 던졌다.

모든 판매업자와 모든 투자 분석가, 모든 소비자, 모든 헤드헌터가 당신 회사나 마이크로소프트에서 누가 무슨 일을 왜, 어떻게 하고 있는지 알면 안 되는 이유라도 있는가? 당신의 진짜 직업이 사방으로 알려지는 것이 큰일이라도 되는가?

누가 무슨 일을 맡고 있는지 서로 모르는 회사가 어떻게 효율적으로 일할 수 있을까? 사람들이 그 회사에 할 말이 있을 때 누구에게 말해야 할지 모른다면 회사는 어떻게 바깥 세계에 파고들 수 있을까? 조직 전체가 협력 관계에 있지 않음에도 신속하고 격의 없는 의사소통 체계를 만드는 것이 실제로 가능한가? 만약 화물 송장이 들어오면 당신은 그것을 회계 부서의 지불 담당자에게 전할 것이다. 그게 그 사람의 일이니까. 그렇다면 고객의 만족도를 높이기 위해 MP3 기술을 적용하는 것이 좋은 아이디어인지 판단하는 것은 누구의 일일까?

이 같은 질문들은 우리를 원점으로 되돌린다. 당신에게 직업이 한 가지만 있을 리 없다. 그러니 우리 모두 직업이 하나인 척하지 말고 자기 일의 '다직업성multipational'을 받아들이자('다직업성'은 내가 만들어 낸 신조어로, '동시에 한 가지 이상의 직업이 있는 것'을 뜻한다). 우리는 자신이 실제로 하는 일이 무엇인지 남들에게 알려 줄 수 있는 새롭고 다목적적인 직업명을 얼마든지 생각해 낼 수 있다. 이를테면 '고객 기쁨 전문가'나 '변화 관리사', '조직 점검 및 활성화 전문가' 등등.

우스운가? 당신이 하루 종일 하는 일이 무엇인지를 동료와 외부 세계, 그리고 당신 자신에게 알리는 일인데도?

당신은 광대인가

당신의 회사가 건전성을 유지하기 바란다면 광대 짓을 그만둬라.

만일 당신이 광대라고 불린다면 그건 결코 칭찬이라고 보기 어렵다. 서커스단에 들어가고 싶은 게 아니라면 대단한 목표라고 볼 수도 없다. 외견상의 특징—요란한 화장과 커다란 신발—외에도 모든 광대는 놀라울 정도의 공통점을 가졌다. 거기에는 아주 단순한 한 가지 이유가 있는데, 그것은 그들이 인간을 흉내 내기 때문이다. 즉, 광대는 인간의 본성 중 나쁜 부분을 구체화한 모습이다. 단지 조금 과장되었을 뿐.

당신은 광대인가? 당신의 동료는 광대인가? 광대들에게는 보통 다음과 같은 특징이 있다.

★ **광대들은 과학을 무시한다**

열여섯 명의 성인 광대를 폴크스바겐 비틀에 구겨 넣는 마술이건, 광대와 중력 사이의 끊임없는 투쟁이건, '실재'와 '광대의 소망' 사이의 무익한 대립은 광대의 고정 레퍼토리다.

기업(그리고 정치인들)들은 과학이 선택적으로 작용한다고 믿는 경향이 있다. 천만의 말씀이다. 광고를 해도 먹히지 않는다면 아무리 질질 끌어 봤자 소용이 없다. 안 되는 것은 안 되는 것이다. 만일 당신이 종사하는 업계가 기술의 비약적 발전으로 인하여 변화하고 있다면, 당신이 그 신기술을 신뢰하든 신뢰하지 않든 간에 변화는 기정사실이다. 우리에게 과학의 일부분에 도전해야 할 여러 가지 사업적·신학적 이유가 있는 것은 사실이지만, 현실을 부정해서는 결코 긍정적인 결과를 얻을 수 없다.

가령 코닥은 디지털 사진 기술이라는 존재와 그것이 필름 산업에 미칠 영향을 부정하고 무시하며 회피하느라고 몇 년을 허송세월했다. 얼마 전 코닥이 이미 줄어들 대로 줄어든 인력의 5분의 1을 또 감축할 계획이라고 발표했을 때, 나는 이렇게 내뱉지 않을 수 없었다.

"이런 광대들 같으니라고! 디지털 카메라가 대세라는 걸 아직도 모른단 말이야?"

고위 경영진이 빨간 광대 코를 붙이는 데에만 정신을 쏟은 탓에 죄 없는 사람들이 일자리를 잃었다는 사실이 경악스러울 뿐이다.

광대들은 자신이 한 일의 결과를 평가하고 싶어 하지 않는다. 왜냐하면 평가한다는 것은 곧 바깥 세계의 현실을 받아들인다는 것을 의미하기 때문이다. 낙관적인 사고가 현실을 대신할 수는 없다. 현실을 무시하고 살 수 있는 것은 오로지 광대뿐이다.

★ 광대들은 미리 계획하지 않는다

광대들은 벽에 쾅 부딪치거나 놓쳐 버린 자동차를 잡으려고 쫓아가는 것으로 폭소를 자아낸다.

물론 다람쥐나 시몽키(Sea Monkey. 애완용으로 키우는 작은 바다 새우의 일종—옮긴이)도 미리 계획을 세우지 않는 건 마찬가지다. 인간은 미래를 계획하는 유일한 생물 종이지만 그것도 어쩌다가 있는 일이다. 사람들은 오늘을 즐기려고(내일 또는 30년 후를 위해서가 아니라) 신용카드를 긁고 나서는 모든 게 괜찮다는 환상을 유지하기 위해 열심히 일한다. 연방 정부에 기록적인 적자를 안긴 저들도 마찬가지.

★ **광대들은 나쁜(또는 좋은) 소식에 과잉 반응한다**
광대가 발가락을 돌부리에 부딪치거나 아이스크림콘을 바닥에 떨어뜨리고 나서 울음을 터뜨리던 모습이 기억날 것이다. 그들은 그렇게 울고불고하다가도 뭔가 좋은 일이 있으면 금세 웃으며 기뻐하는 모습으로 돌아온다.

그런 점에서 우리도 가끔은 광대 같다. 부적절한 타이밍에 비명을 질러 지지율이 하락한 하워드 딘이나(2003년 미 대선의 아이오와 주 선거전에서 패배한 하워드 딘이 그 직후 가진 연설에서 고함을 지르는 모습이 '딘의 비명'이라는 제목으로 이후 수백 차례 TV에서 방영되면서 그의 지지율 하락에 결정적인 영향을 미친 사건을 말함—옮긴이) CBS의 시사 프로그램 〈60 Minutes〉가 아우디의 안전성에 의문을 제기한 후 아우디가 거의 도산할 뻔한 일, 주식 시장이 비이성적으로 요동치는 모습 등이 그 증거 아니겠는가.

★ **광대들은 서로에게 못되게 군다**
〈스리 스투지스(Three Stooges. 1930~1940년대 미국에서 큰 인기를 끈 코미디 프로그램)〉나 '링글링 브러더스 서커스(Ringling Bros. Circus. 1884

년에 설립된 미국의 유명 서커스단)'의 주인공을 보아도 알 수 있듯이, 광대들은 동료 광대들에게 일부러 못된 짓을 하기로 유명하다. 폭소를 자아내는 가장 쉬운 방법은 펜치를 사용하는 것이다. 펜치를 찾을 수 없다면 탄산수 한 병으로도 충분하다.

사장이 직원들을 아끼는 회사를 찾아내기가 왜 그토록 어려울까? 팀워크가 이기심을 초월하는 직장은 왜 그렇게 드문 것일까? 왜 공통의 목표를 가진 사람들끼리 협력함으로써 점진적이고 확실한 발전을 꾀하는 대신 기업 인수 전쟁을 벌이고, 툭하면 사람들을 해고하고, 서로 물고 뜯고 하는 것일까?

광대가 우리의 본성이라면(아마도 틀림없이 그럴 것이다), 그에 대한 대안은 반反광대론자가 되는 것뿐이다. 당신 내면의 광대를 거부하고 세상을 긴 안목으로 보라. 그러면 성공할 것이다(동료들보다 불과 5분만 더 길게 내다보아도).

이 책을 읽은 사람들은 빨간 스펀지 코를 하나씩 갖고 다니는 게 어떨까. 쉽게 짜부라지니까 지갑에 넣고 다니다가 회의 석상에서 누가 광대처럼 굴면 조용히 꺼내서 그 사람 코에 씌워 주면. 새빨간 광대 코의 CEO가 다섯, 아니 열다섯 명의 중역과 마주 보고 있는 광경을 한번 상상해 보라! 스무 명의 국회의원이 모두 다 빨간 코를 달고 정부의 단기 보조금 정책에 맞서 싸우는 모습은?

크러스티(만화 〈심슨 가족〉에 나오는 광대)라면 어떻게 할까? 처클스(1970년대에 방영된 미국 드라마 〈메리 타일러 무어 쇼〉에 등장한 광대)라면? 보조(1940년대 미국의 어린이 이야기책에 처음 등장한 이래 텔레비전 프로그램 등에 자주 등장하는 유명한 광대 캐릭터)는? 진짜 광대라면 어떻게 할지 생각해 보라. 그리고 정반대로 행동할 것.

70년 고객을 대하는 법

우리는 모두 우둔하다. 그리고 그것은 현대의 마케팅 기술을 설명하는 가장 적합한 표현이기도 하다.

세 가지 사례를 들겠다.

첫 번째. 나는 어제 슈퍼마켓에 갔다가 친구 존과 마주쳤다. 존은 자기 아내가 손에 쥐어 준 쇼핑 목록을 들고 있었다. 얼핏 보기에는 그렇고 그런 평범한 것들이 적혀 있는 것 같았다. 그런데 존은 이것 좀 보라며 그중 하나를 손가락으로 짚었다. 거기에는 다음과 같이 씌어 있었다.

우리 집 욕실에 어울리는 여성용 면도기 1개

와우! 질레트는 거의 100년 동안이나 면도기를 제조해 왔는데, 과연 '우리 집 욕실에 어울리는'과 같은 욕구에 부응하기 위해서 얼마만큼의 시간과 비용을 들였을까? 아마 면도날을 개발하는 데 들어간 비용의 0.0001퍼센트도 안 될 것이다.

두 번째. 오늘 아침 나는 은행에 들렀는데, 어떤 불쌍한 남자가 '고객 서비스 담당'과 언쟁을 벌이고 있었다. 왜냐고? 그는 자기 계좌 하나를 폐쇄하려고 은행에 왔는데, 그 계좌에는 4달러가 들어 있었다. 은행은 그 계좌에 매달 5달러의 서비스 요금을 부과해 왔다고 한다. 그래서 그 남자에게 계좌를 폐쇄하려면 그동안 미납된 30달러의 서비스 요금을 내라고 했다는 것이다. 은행원은 자기네의 방침을 설명하려고 애썼지만, 그러니까 내가 하고 싶은 말은, 그 은행이 소유한 모든 부동산과 모든 광고, 모든 대리석, 모든 컴퓨터가 아무짝에도 쓸모없었다는 것이다. 왜냐하면 그런 것들이 그 고객의 화를 돋우고 있었으니까. 고작 4달러 때문에.

세 번째. 그 은행에서 나오기 직전, 나는 참으로 놀라운 '상호 작용'을 목격했다. 창구 앞에 앉은 한 여자 손님이 자신의 계좌에서 천 달러를 찾으려 하고 있었다. 출납계원은 의자를 뒤로 쭈욱 빼더니 서류함에 가서 그 고객의 기록 카드를 뽑아 들고 왔다(이 작은 동네 은행에는 컴퓨터가 없다). 그러고는 청구서의 서명과 카드에 기록된 서명이 일치하는지 확인했다.

여자 손님은 내게 고개를 돌려 이렇게 말했다.

1 저 출납계원은 여기서 20년 동안 근무했다.
2 자신은 최소한 일주일에 한 번은 이 은행에 들른다.
3 그들은 언제나 그녀의 서명을 확인한다.

자, 그럼 마음의 준비를 하시고……두구두구두구

4 그녀는 70년 동안 이 은행의 고객이었다(정말이다). 그녀는 자기가 이 은행의 거의(거의라고!) 최장기 고객이라는 사실을 매우 자랑스러워했다. 계좌를 개설한 지 70년도 넘은 것이다. 그리고 은행은 지금도 그녀의 서명을 확인한다.

마케팅이 소비자의 '필요'가 아니라 '욕구'를 다뤄야 한다는 것은 이제 공식화된 사실이다. 당신 역시 거기에 온 힘을 쏟아야 한다. 교회든 회사든 식당이든 블로그든, 고객이 원하는 것을 주지 않으면 고객들은 다 빠져나가 버린다.

곤경에 처한 CMO

가엾은 주디 버시스Judy Verses. 그녀는 버라이즌의 마케팅 책임자CMO인데, 이 회사는 지금 사람들에게 엄청난 비난을 받고 있다.

버라이즌이 이토록 경멸과 불신, 기피의 대상이 되는 것이 주디가 일을 제대로 못했기 때문일까? 절대 그렇지 않다. 그녀는 자신의 일을 아주 잘해 내고 있다.

우리가 버라이즌을 싫어하는 이유는 그들이 마치 독점 기업인 양 행동하면서 터무니없는 정책과 저질 콜센터, 고객에 대한 불량한 태도, 무수한 스팸 전화, 말도 안 되는 가격 등을 고수해 왔기 때문이다.

우리는 주디가 영향력을 행사하거나 통제할 수 없는 것들 때문에 버라이즌을 싫어한다.

CMO(Chief Marketing Officer. 최고 마케팅 책임자)에 대한 환상은 오직 C와 관련이 있을 뿐, 정작 오늘날 진정한 마케팅이란 무엇인가에 대해서 사람들은 잘 알지 못한다.

만일 내가 버라이즌의 CMO라면, 나는 우선 콜센터부터 바로잡겠다. 고객이 불손하다고 똑같이 불손하게 응대하는 직원은 즉시 해고할 것이다. 대신, 우수한 직원들에게는 응분의 보상을 할 것이며, 모든 직원들에게 자신이 하는 일 하나하나가 모두 마케팅이라는 사실을 주지시킬 방법을 연구하겠다. 또한 스팸 센터 따위는 당장 문을 닫아 버릴 것이다.

그 직함이야 어떻든 간에, CEO가 바로 CMO이다.

톱니바퀴가 될 것인가

다섯 살 이후 줄곧, 학교와 사회는 우리에게 경제라는 기계를 구성하는 하나의 톱니바퀴가 되라고 가르쳐 왔다. 시키는 대로 할 것, 반듯하게 줄 맞춰 앉을 것, 맡은 일은 반드시 완수할 것.

우리는 거대한 시스템 속의 톱니바퀴, 구조가 잘 짜인 공장의 노동자가 되도록 훈련받아 왔다.

초기 산업 시대에는 이렇게 숙련된 톱니에 대한 수요가 넘쳐 났다. 톱니들은 조합까지 결성했고, 톱니바퀴 노동은 안정적이고 지속적이었으며 존중되었다. 세상에는 톱니바퀴 일자리보다 열악한 것들도 많았다.

그렇다면 최근 몇 년 동안 톱니바퀴는 어떻게 변했는지 살펴보자.

1 톱니바퀴 노동력은 최소 공통분모 활동이다.
2 톱니바퀴 노동력이 비싸지면 회사는 자동화를 추진한다.
3 자동화할 형편이 못 되는 회사는 노동력이 더 싼 곳으로 이동한다.
4 경쟁사가 값싼 노동력을 찾아 이동할 경우, 회사는 자기네 톱니바퀴의 노동력을 측정하고 반자동화하여 비용을 좀 더 줄일 궁리를 한다.

결국, 남에게 평가받고 측정되는 일로 성공하거나 부자가 되기는 불가능하다.

나는 당신이 위 문장을 적어도 두 번은 되풀이해 읽어 보았으면 좋겠다.

우리의 국가(혹은 당신의 국가)와 경제, 그리고 무엇보다 당신이 성공할 유일한 방법은 이렇다. 새로운 규칙을 만들어라. 이 세상에는 새로운 규칙을 만들 사람들이 언제나 부족하다.

유능함은 변화의 적

예전에는 공포 소설이 대개 "폭풍우가 휘몰아치는 캄캄한 밤이었다."로 시작되었다. 지금은 아니다. 요즘 공포 소설은 "아내와 나는 집에 방을 몇 개 더 만들기로 했다."로 시작된다.

얼마 전 아내와 나도 공포의 집에 살기로 결정했다. 그러나 재앙만은 피하기로 했다. 그래서 우리는 시간을 들여 유능한 건축가를 찾아냈다. 그것이 우리의 첫 번째 실수였다.

다음으로 우리는 수소문 끝에 유능한 하청업자를 찾았다. 여러 사람이 추천하는 평판 좋은 사람이었다. 그것이 우리의 두 번째 실수였다.

이번 프로젝트에서 우리가 중요하게 생각하는 우선순위는 '신속하게', '훌륭하게', '저렴하게'의 순이었다. 우리는 우리의 목표를 분명히 밝혔다. 우리는 세부 일정을 정해 그것을 문서로 전달했다.

유감스럽게도 우리의 하청업자와 건축가님께서는 둘 다 '훌륭하게'라는 핵심 경쟁력을 바탕으로 명성을 구축한 분들이셨다. 그들은 '신속하게'라는 개념을 제대로 이해하지 못했다. 우리가 아무리 애를 쓰고 목소리를 높여도, 그들은 자신들의 철학을 바꾸지 않았다. 건축 허가가 나오기도 전에 창문을 주문한다고요? 너무 성급하시군요. 한 팀은 위층, 또 한 팀은 아래층, 이렇게 두 팀이 동시에 일하도록 한다고요? 글쎄요, 그런 식으로 하는 사람도 있겠죠. 하지만 사람들의 평판을 듣고 우리를 고용하신 만큼, 우리 방식이 최고라고 믿어 주셔야 합니다.

나 원, 참. 이 작자들이 초고층 빌딩을 짓는다면 완공하는 데 40년은 족히 걸리겠다.

하지만 어두운 면이 있으면 밝은 면도 있는 법. 나는 사람들이 흔히 말하는 '유능함'이라는 게 어떤 것인지, 커다란 통찰력을 얻을 수 있었다. 유능한 사람들이란, 특정한 문제를 해결하는 예측 가능하고 신뢰할 만한 프로세스를 갖추고 있는 사람들이다. 그들은 언제나 똑같은 방식으로 문제를 해결한다. 바로 그런 점 때문에 그들은 사람들에게 신뢰를 받고 유능하다는 평가를 얻은 것이다.

유능한 이들은 자신의 유능함으로 얻은 지위와 성공에 대해 꽤나 자부심이 강하다. 그들은 자신의 유능함을 사랑한다. 그들은 자신의 유능함을 보호하고 유지하기 위해 열심히 노력한다.

한편 밥 딜런은 무능한 뮤지션이다. 그가 언제나, 어느 콘서트에서나 당신의 기대를 정확히 충족시켜 주리라는 보장이 전혀 없기 때문이다. 때로 그의 통찰력과 에너지, 연주 실력은 세상을 놀라게 하지만, 뭐 별로인 때도 많다. 유능한 뮤지션들과 달리, 딜런은 한 노래를 두 번 다시 똑같이 부르지 못한다. 딜런에게 그래미상을 안겨 준 '타임 아웃 오브 마인드Time Out Of Mind'라는 앨범을 기억하는가? 한 가지 확실한 게 있다면, 밥 딜런이 콘서트에서 그 앨범의 노래를 연주할 때 스튜디오 버전과는 전혀 다르게 들릴 거라는 사실이다. 그렇다. 딜런은 유능하지 않다. 하지만 그는 정말 멋지다.

지난 20, 30년 동안, 우리는 미국 기업의 엄청난 변화를 목격했다. 얼마 전까지만 해도 각 기업은 자신의 일조차 제대로 해내지 못하는 근로자들로 득실거렸다. 새로 산 차의 문짝 안쪽에서 연장이 발견된다고 해도 전혀 놀랄 일이 아니었다. 크리스마스이브 늦게 아이에게 선물로 줄 반짝이는 빨간 자전거를 조립하는데 부품 중 빠진 것을 발견한대도 이상한 일이 아니었다. 당시만 해도 배달된 제품이 도착하자마자 못 쓰게 되는 일은 다반사였다. 변호사에서 경영진, 안내원에 이르기까지 모두가 일상적으로 실수를 저질렀다.

그러다 우리는 글로벌 경쟁과 맞닥뜨렸고, 그 결과 일에 대한 완전히 새로운 접근법을 찾아내게 되었다. 혁명은 일부분에 그치지 않고 끝없이 이어졌다. 우리는 설비를 개량했다. 컴퓨터를 들여놓았다. 우리는 식스 시그마Six Sigma 품질 경영 시스템을 도입해 모든 공정을 그 누가 투입되더라도 유능한 로봇처럼 확실한 성과를 낼 수 있도록 만들었다.

이제 안내원은 당신의 메시지를 잊어버리지 않는다. 메시지가 곧바로 음성 사서함으로 들어가기 때문이다. 조립 라인 노동자들이 연장을 떨어뜨리는 일도 없다. 연장이 아예 기계에 붙어 있기 때문이다. 당신의 저녁 식사를 방해하는 텔레마케터는 허황된 약속을 하지 않는다. 미리 잘 짜인 각본대로 이야기하기 때문이다.

요즘에는 오히려 질 나쁜 자동차를 만들기가 훨씬 어렵다. 로봇이 모든 것을 측정하기 때문이다. 형편없는 전화번호 안내원이 되기도 매우 어렵다. 컴퓨터가 일의 대부분을 처리하기 때문이다.

그러나 우리가 인간을 '주식회사 미국'이라는 거대한 네트워크의 쓸 만한 부품으로 변모시켰을 때, 동시에 우리는 변화를 가로막는 거대한 장벽을 세운 셈이다.

사실, 유능함은 변화의 적이다!

유능한 사람들은 변화에 저항한다. 왜냐고? 변화가 그들을 덜 유능하게 만들지도 모르기 때문이다. 그리고 유능한 사람들은 유능하다는 사실을 좋아한다. 유능함이야말로 그들의 본질이며, 때로는 그들의 전부이기도 하다. 그들이 평지풍파를 일으키고 싶어 하지 않음은 물론이다. 유능함 이외의 것으로 승부하기로 마음먹는 순간 그들이 감수해야 할 위험을 한번 생각해 보라.

당신은 유능한 회사를 위해 일하고 있는가? 전에 어떤 일을 잘해 낸 적이 있는 사람들을 고용하고, 승진의 길은 멀며, 샛길은 아예 있지도 않은, 그런 회사 말이다. 그런 회사들은 내적(혹은 외적) 변화에 매우 취약하다. 그리고 안타깝게도 월 가(街)는 전통적으로 유능한 회사들에 보상을 해 왔다.

시카고에 있는 '찰리 트로터스 Charlie Trotter's'는 내가 제일 좋아하는 식당 중 하나인데, 거기에는 무능한 주방장이 있다. 그는 매일 저녁 혁신적인 요리로 구성된 새로운 메뉴를 내놓는다. 어느 때는 그 맛이 형편없을 때도 있다. 비트와 금귤, 초콜릿으로 만들어진 수플레는 칼로리만 높을 뿐 맛도 없고, 포블라노(멕시코가 원산지인 고추의 일종—옮긴이) 무스와 붉은 오렌지는 전혀 어울리지 않는 조합이다. 어떻지 대충 감이 잡히지 않는가? 그렇지만 나는 어제 먹었던 보스턴의 식당에 다시 가느니 차라리 이 무능한 천재 주방장의 요리를 택하겠다. 보스턴의 식당은 당신이 부탁하면 기꺼이 바나나 오렌지 주스나 당근 시금치 주스를 만들어다 주겠지만, 바나나 당근 주스를 만들어 달라고 하면 아마도 화들짝 놀라며 거절할 것이다.

변화에 직면하는 순간, 우리 중 어떤 이들은 유능한 주머가 된다. 우리는 똑같은 일을 하되 다른 방식을 취하여 기회를 포착하는 능력을 갖고 있다. 변화에 직면했을 때 우리를 끝까지 이끌어 줄 수 있는 사람들은 다른 시대에 태어났더라면 무능하다고 손가락질받았을지도 모를, 새로운 종류의 능력을 지닌 이들이다. 그들은 똑같은 일을 다른 방식으로 할 줄 아는 사람들, 즉 줌에 능한 사람들이다.

이상하게 들릴지도 모르지만, 나는 우리 중 가장 무능한 사람이야 말로 새로이 부상하는 스타라고 생각한다. 남들보다 못하기 때문에 무능한 사람을 말하는 게 아니다. 내가 말하는 무능한 사람이란 유능하지만 뭔가 새로운 것을 시도하는 사람이다.

다음번에 이력서를 검토할 때에는 완벽한 자격 요건을 갖춘 지원자들을 전부 무시하라. 누가 봐도 유능해서 맡은 일을 잘할 것 같은 사람들을 모두 불합격시켜라. 그런 다음 사우스웨스트 항공사 Southwest Airlines 처럼 해 보라. 다른 항공사에서 배운 것을 잊을 수 있으리라는 확신이 들지 않는 한 타 항공사의 경력이 있는 사람은 뽑지 않는 것이다. 대신 일련의 무능력자, 즉 늘 부지런히 움직이며 새로운 것을 찾는 사람들을 뽑으라.

오늘날 부를 창출하는 많은 신생 기업 경영진과 직원들이 비교적 젊은 사람이라는 사실은 그다지 놀랍지 않다. 젊은 사람들은 근무 경력이 별로 없기 때문에 유능함에 쉽게 희생되지 않는다. 젊은이들은 나쁜 습관을 버릴 필요도 없다. 능력을 유지하는 데 관심도 없다. 솔직히 말해, 능력이라는 게 아직 없으니까 말이다.

자사가 속한 업계를 혁신적으로 변화시킨 기업들 가운데 몇몇은 이미 힘든 시기를 거쳤다. 넷스케이프Netscape 는 길을 잃고 성공적인 선두 자리를 벗어났다. 마이크로소프트 때문이 아니라 넷스케이프 자체의 고속 성공이 혁신을 가로막았기 때문이다. 넷스케이프는 선두 자리를 강화하기 위해 매우 유능하게 일을 해냈지만, 결국 회사를 가라앉힌 주요 요인은 그들의 능력이었다.

실리콘 밸리를 비롯한 여타 모든 신흥 유능 세력들이 공통적으로 저지르는 실수가 또 하나 있다. 바로 속력과 속도를 혼동하는 것이다. 혁명적인 기업들은 언제나 가능한 한 빠른 속도로 전력 질주하는 문화를 지니고 있다. 이런 회사들의 주차장은 주말에도 늘 빼곡하게 차 있기 마련이다. 사무실의 누군가에게 연락을 하고 싶다면? 밤 열 시에 회사에 전화해 보라. 지난주에 내가 만난 한 여성은 자기와 연락할 수 있는 방법을 명함에 자그마치 일곱 가지나 적어 놓았다!

그러나 이런 식으로 중노동과 속도를 위한 속도를 받아들이다 보면 중요한 것을 놓치게 된다. 사실 사업 계획을 과감하게 변경하거나, 마케팅 기획안을 전면 수정하거나, 고객을 대하는 방식을 완전히 재설계하는 데에는 그리 오랜 시간이 걸리지 않는다. 아니, 시간은 전혀 걸리지 않는다. 필요한 것은 의지뿐이다. 변화하고자 하는 의지, 위험을 감소하고자 하는 의지, 잠깐 동안이라도 무능해지고자 하는 의지 말이다.

속력이란 왔다 갔다 하며 줌 할 수 있는 능력, 다시 말해 중요한 변화가 필요할 때 중요한 변화를 이룰 수 있는 능력이다. 속력이 없어도 속도는 이룰 수 있다. 같은 곳을 맴돌면 속도계에는 높은 숫자가 기록되겠지만 다른 쪽으로는 결코 갈 수 없다.

내게 속력만 올릴 줄 알았지 속도는 올리지 못하는 '무능한' 사람 다섯 명만 데려다 달라. 나는 그들과 함께 세상을 바꿀 것이다. 어쩌면 우리 집 수리도 끝낼 수 있을지 모르겠다.

당신이 비싼 쿠키를 사는 이유는?

하마터면 '백 투 네이처Back to Nature'의 비싼 쿠키를 살 뻔했다.

포장은 하나부터 열까지 완벽했다. 무광택의 표면, 어린 시절에 봐 왔던 것과 똑같은 옛날식 뚜껑, 그 색깔하며……, 모든 게 완벽했다.

딱 하나 문제가 있다면 그 쿠키가 진열대에 놓인 다른 쿠키들보다 별로 건강에 더 좋을 것이 없다는 사실이다. 이 쿠키를 사는 이유는 아이들에게 쿠키를 먹일 때 내 자신을 더욱 쉽게 속일 수 있기 때문이다.

요즘 이런 쿠키가 자주 눈에 띄는 건 우리 동네 슈퍼마켓뿐인가?

비판이 두렵다고?

당신과 당신 회사가 기대만큼 보랏빛 소를 많이 만들어 내지 못한 이유가 뭘까?

두려움 때문이다.

단순히 실패를 두려워해서가 아니다. 실패에 대한 두려움은 사실 변명으로서 너무 과대평가되었다. 왜냐고? 만일 당신이 누군가의 밑에서 일하고 있다면 실패의 실질적 대가는 당신 자신이 아니라 조직이 부담하게 되기 때문이다. 당신이 개발한 신상품이 실패한다 해도 그들은 당신을 해고하지 않는다. 조직의 이익이 조금 줄어들긴 하겠지만 그들은 여전히 앞으로 나아갈 것이다.

사람들이 두려워하는 것은 실패가 아니라 책망이다. 비난이다.

우리는 비난받는 것이 두려워 리마커블하지 않은 쪽을 택한다. 우리는 혁신적인 영화를 만들거나 인적 자원 쇄신에 착수하거나 주목받을 만한 메뉴를 개발하거나 대담한 설교를 하길 주저한다. 왜냐하면 우리 마음속 저 깊은 곳에는 누군가가 그것을 싫어하거나 비판할까 봐 두려워하는 마음이 있기 때문이다.

"그렇게 한심한 소리는 처음 듣는군! 시간만 낭비했어. 이게 다 누구 책임이지?"

때로는 이렇게 노골적인 말조차 필요 없다.

"제대로 조사해 보지도 않고 이런 걸 출시하다니 정말 놀랍군."

이봐, 이 정도를 가지고 비판이라고 벌벌 떠는 거야?

비판에 대한 두려움은 매우 강력한 방해 요인이다. 그 이유는, 실제로 비판받기도 전에 지레 두려움에 휩싸이게 만들기 때문이다. 어떤 사람이 단지 혁신적이라는 이유로 비판받는 것을 목격하고 나면, 나도 조심하지 않으면 똑같은 일을 당할 것이라고 스스로를 설득하게 된다. 물론, 건설적인 비판은 뛰어난 도구다. 하지만 "그건 별로인데요."라든가 "실망스럽군요."라며 흠잡기를 일삼는 사람은 아무 도움도 되지 않는다. 아니, 오히려 방해가 될 뿐이다. 그런 사람들은 당신에게 다음번에는 더 잘할 수 있도록 좋은 정보를 주기는커녕 자신의 힘을 이용해 당신에게 상처만 줄 뿐이다. 게다가 그런 사람은 자신의 말에 귀 기울이는 사람이 스스로 현명한 판단을 내릴 수 있는 아무런 근거도 제시하지 않는다. 이런 종류의 사람들은 틀림없이 겁쟁이일 것이다. 그가 자신이 비판하는 근거를 밝히지 않는 것은 자신의 의견에 반박할 수 없도록 하기 위해서다.

그래, 인정할 건 인정하자. 사실 나도 비판을 받으면 기분이 나쁘다. 결국 나 역시 비평가가 내 책을 읽고 나서 "그의 저서는 정치에서 와인에 이르는 모든 분야가 스토리텔링을 이용해 마케팅하는 방법을 알려 주는 사려 깊고 영감 가득한 혁명적인 책이다."라고 말해 줬으면 좋겠다 이 말이다.

하지만, 만일 내 책이 지루하다면, 아무도 비판하지 않을 것이다. 이야기조차 하지 않을 것이다. 제품이나 서비스가 사람들의 입에 오르내리는 것은 그럴 만한 가치가 있기 때문이다.

그러므로 앞으로 지루한 것을 선택할 것인지, 리마커블한 것을 선택할 것인지 고민할 때에는 스스로 다음과 같은 질문을 던져 보기 바란다.

- 내가 이것 때문에 비판받는다면 상당한 손실을 입고 고통받게 될까? 일자리를 잃거나 야구 방망이로 머리를 얻어맞거나, 중요한 친구를 잃게 될까?

비판의 유일한 문제점이 기분이 조금 나쁜 것이라면, 그 기분 나쁨을 진정으로 가치 있는 일을 함으로써 얻게 되는 이익과 비교해 보아야 한다. 리마커블한 것은 신나고 재미있고 유익하며 당신의 이력에도 도움이 된다. 불쾌한 감정은 곧 사라지기 마련이다.

그리고 리마커블한 길을 택하기로 결정했다면 아래 질문에 답해 보라.

- 어떻게 하면 비평가들이 비판할 만한 것을 만들어 낼 수 있을까?

혁신을 방해하는 비판

뉴욕 시 공원국에 따르면, 뉴욕에는 1,800개가 넘는 동상이 있다고 한다. 그중에는 유명한 미국 장군과 세계적인 시인들, 심지어 간디의 동상까지 있다. 그러나 좀 더 심도 있는 조사에 따르면, 비평가를 기리는 동상은 단 한 개도 없다고 한다.

비평이 난무하는 세상이 되었다는 것은 나만의 느낌일까?

신뢰받지 못하는 비평가가 되는 다섯 가지 방법을 소개한다.

1 늘 단호하게 말한다 당신이 어젯밤에 본 영화에 대해 이렇게 말하는 거다. "내 생애 최악의 영화입니다." 부정적인 기운을 최대한 끌어 모아 한 문장으로 압축하라.

2 문제가 되는 사안뿐 아니라 책임자나 해당 회사의 배경까지 비난한다 자료 중에 조금이라도 마음에 안 드는 부분이 있다면, 최선을 다해 싸잡아 비난하라. 이것저것 많이 포함될수록 비웃음은 더 심

화된다.

3 **만든 사람의 동기를 비판한다** 어쩌면 그는 오로지 돈 때문에 이런 일을 했을지도 모른다. 아니면 비밀스런 정치적 목적이 있는지도 모른다. 누군가—로버트 레드퍼드나 톰 피터스 등—를 추종해서 한 일이면 금상첨화다. '추종자'라는 말은 일반적으로 매우 가혹한 비난이다.

4 **당신의 비평에 동의하지 않는 사람이 있으면 그 사람의 취향과 판단력을 비난한다** 당신의 비평에 반대하는 자는 당신의 적이다. 그런 자는 비난받아 마땅하다. 당신이 당한 것을 그대로 되돌려 주라. 그가 했던 말을 그를 공격하는 데 재사용하면 추가 점수가 붙는다.

5 **비판에 협박을 담아라** "모두에게 알리겠다"라고 말하거나, 상대의 명성이나 자산에 위협을 가하라. 아니면 오히려 당신이 협박받았다고 주장하고 "내 비판은 당신의 위협에 굴하지 않겠다는 의지를 표현하는 유일한 수단이야"라고 말한다.

회사가 성공을 거두자마자 혁신을 중단하는 이유는 무엇일까? 어째서 창업자들은 획기적인 벤처 기업을 시작한 지 몇 년도 안 되어 자신들을 거기까지 이끌어 준 것이 혁신이었다는 사실을 까맣게 잊어버리는 걸까? 그들이 성공을 거둔 것은 비판이 두려워서 구태를 답습할까 봐 걱정했기 때문이 아니다. 스스로 기꺼이 위험을 무릅쓰고 규칙을 깨뜨렸기 때문이다.

자, 여기를 보라. 회사의 혁신에 제동을 거는(더 나아가 최고의 직원들—혁신가들—을 방어 태세에 돌입하도록 만드는) 비판의 세 가지 저주는 다음과 같다.

- 성공적인 회사는 외부로부터의 비판을 두려워한다.
- 성공적인 혁신가는 가혹한 비판을 더욱 많이 받는다.
- 덜 혁신적인 직원들은 혁신가들을 무조건 비난한다.

기대치가 높은 영화에 더 가혹한 비판이 쏟아진다는 걸 아는가? 사람들에게 사상 최악의 영화가 무엇이었냐고 물어보라. 아마도 〈워터월드 Waterworld〉나 〈사막 탈출 Ishtar〉 혹은 그 밖에 엄청난 예산을 들인 대작 영화들을 꼽을 것이다. 이런 영화들은 플로리다에서 며칠 만에 뚝딱 만든 오락 영화들보다는 결코 나쁘지 않지만, 사람들은 돈을 많이 들인 것들은 비난받아 마땅하다고 확신하기 때문에 주저 없이 비판을 가한다.

몇 년 전 스티븐 킹은 자신의 두 번째 전자책을 발간했다. 하지만 그 책을 다운로드한 사람은 15만 명 정도밖에 되지 않았다. 사람들은 기꺼이 위험을 무릅쓴 대작가의 용기와 식견을 칭찬하거나 논평하기보다, 어째서 그의 전자책이 백만 회도 다운로드되지 않았는가를 궁금해했다. 심지어 『월 스트리트 저널』은 킹이 다음번에는 자신을 후원해 줄 대기업을 기다리는 편이 나을 거라는 비난조의 기사를 싣기도 했다.

당연하지만, 외부로부터의 이 같은 비난은 개인에게만 악영향을 미치는 게 아니다. 3M이 포스트잇의 후속 제품을 내놓을 때, 또는 마이크로소프트가 새로운 서비스를 발표할 때, 우리는 매우 큰 기대를 품게 된다. 물론 이것은 부분적으로는 과대광고 때문이기도 하다.

제품이 당연하게도 우리의 기대를 충족시키지 못할 때, 우리는 그것을 참지 못한다. 그것은 마일리지로 좌석을 업그레이드해서 뉴욕발 샌프란시스코행 항공기 일등석에 탄 승객이 비행기에서 내려서는 땅콩이 별로 따뜻하지 않았다며 심하게 투덜거리는 것과 같은 심리이다.

성공한 회사는 비평가로 하여금 관점을 상실하게 만든다. 성공은 아무것도 만족스럽지 않게 만든다.

당신 회사의 경우, 먼젓번 성공을 발판 삼아 새로운 성공을 일구어 낼 방법이 셀 수 없이 많음에도 고위 경영진이 그렇게 하기를 두려워하는 이유도 바로 고객이나 경쟁자, 혹은 월 가로부터 비난받는 위험을 감수하기가 두렵기 때문이다.

"그렇게 할 수는 없어. 실패할지도 모르잖아!"

어째서 그토록 많은 거대 소매업체들이 월마트에 패배한 걸까? 크라프트가 유기농 식품 분야에서 그렇게 뒤처진 이유는 무엇일까? 왜 CBS는 케이블과 인터넷 서비스를 시작하기까지 그토록 오랜 시간이 걸린 것일까? 그것은 바로 시장 선도자들이 가진 두려움 때문이다.

비판의 또 하나의 효과는, '개인적으로' 비난받을지도 모른다는 두려움을 최고 경영진이나 유명한 혁신자들에게 안겨 준다는 것이다. 성공한 저자나 배우들 또한 늘 이런 두려움과 마주친다. 어떤 혁신적인 아이디어나 회사를 생각할 때 특정 개인이 연상된다면(특히 그 아이디어나 회사가 대중의 사랑과 존경을 받는 것일 경우) 이들의 개인적인 위험 부담은 더욱더 커진다. 그럴 경우 이들은 더 큰 비판에 노출될 뿐 아니라 자신이 지금까지 이룩한 자산, 즉 대중의 존경과 사랑을 잃을지도 모른다는 두려움에 빠지게 된다.

래리 엘리슨(Larry Ellison. 오라클의 창업자)이나 스티브 잡스, 톰 클랜시(Tom Clancy. 미국의 베스트셀러 작가)나 줄리아 로버츠가 처참하게 실패할지도 모르는 것에 손을 대려고 할까? 아마도 그렇지는 않을 것이다. 그들에게 이것은 돈 이상의 문제다. 그들에게 중요한 것은 자신이 이제껏 구축해 온 지혜와 통찰력의 이미지다. 당신에게 눈이 번쩍 뜨일 만한 새로운 아이디어가 있다 해도, 그걸 그들이 수용하도록 설득하기는 꽤나 어려울 것이다.

하지만 성공적인 회사의 혁신을 방해하는 비판은 비단 이 때문만이 아니다. 당신이 벤 앤드 제리(Ben & Jerry's. 환경 경영과 수익금 사회 환원으로 유명한 미국의 아이스크림 브랜드)에서 일하든 제이시페니(JCPenney. 미국의 대형 유통업체)나 도요다, 월마트에서 일하든, 그곳에는 언제나 당신의 새로운 아이디어를 부당하게(그리고 가혹하게) 비판하는 사람들이 있을 것이다. 언제나, 그 어떤 새로운 아이디어에 대해서나.

왜? 기업이 성숙하고 성장하게 되면 일을 더 나은 방향으로 개선하는 데 골몰하는 사람들보다는 현재의 직무를 충실하게 수행할 사람들을 찾기 마련이므로. 새로 들어온 사람들은 기업의 현 상태를 받아들이기 때문에 입사한 사람들이다. 그들은 주어진 일을 즐긴다. 그렇기 때문에 회사는 그들을 고용한 것이다.

그 결과, 당신이 당신 회사에 일으키려는 변화는 현재의 상황과 불공정한 비교를 당하게 된다. 게임의 룰은 이런 것이다. '당신의 제안이 가져올 최악의 결과가 현 상황이 가져올 최상의 결과보다 나아야 한다.'

내가 일전에 참여한 회의에서 누군가가 회사의 수익과 시장 점유

율을 엄청나게 끌어올리는 동시에 고객 서비스 비용을 줄일 수 있는 이메일 캠페인을 제안했다. 그러자 고객 서비스 담당 전무가 말했다. "하지만 이메일이 아니라 우리와 직접 통화하고 싶어 하는 사람들은 어떻게 하죠? 그 사람들은 어떻게 하냐고요?"

조금만 머리를 굴려 봐도 그녀가 걱정하는 고객은 극소수에 불과하다는 걸 알 수 있다. 따라서 그 새로운 제안은 소수 고객을 불쾌하게 만드는 데 반해 그에 대한 비판은 큰 만족을 얻게 될 수천 명의 고객을 무시하는 처사인 것이다.

그렇다고 도움이 되는 건설적인 비판까지 무시하라고 권하는 것은 아니다. 그보다는 회의에 참석할 때에 다음 세 가지 원칙을 따르라고 일러 주고 싶다.

1 아이디어가 목적에 얼마나 잘 부합하는지를 기준으로 비판하라. 만일 목적이 마음에 들지 않는다면 그것을 별도로 비판한다.
2 새로운 아이디어와 기존의 것을 있는 그대로 공정하게 비교하라. 이미 노출된 것이라는 이유만으로 현재의 문제점을 덮어 둔다는 것은 공정하지 못하다.
3 아이디어가 마음에 들지 않으면 당신이 직접 이번 주 금요일까지 더 나은 것을 제시하라. 대안이 없는 것은 해결책이 아니다.

커프스 버튼

이 세상에 커프스 버튼이라는 게 아예 없다고 치고, 지금 당신이 그걸 발명한다면 성공할 수 있을까?

내 옷장에는 프렌치커프스(소매 끝단을 두 번 접어 겹으로 만든 것으로 단추가 달려 있지 않아 커프스 버튼으로 잠가야 한다—옮긴이)가 달린 셔츠가 한 벌 있다. 어느 날 문득, 나는 그 셔츠가 옷장 안에 고독하게 걸려 있는 모습을 보면서 커프스 버튼에 대해 생각하게 되었다.

커프스 버튼은 남자들이 장신구를 할 수 있는 합법적인 방법이다. 물론 과거에는 커프스 버튼에도 분명한 기능이 있었겠지만, 오늘날 거기에 큰 실용성이 있다고 말하기는 어렵다.

그럼에도 그것은 여전히 존재한다.

그 이유는 그것을 완전히 없애는 것이 불가능하기 때문이다. 커프스 버튼은 남아 있는 구시대 시스템의 일부이다. 세상의 모든 셔츠가 사라진다면 또 몰라도, 프렌치커프스가 달린 셔츠가 존재하는 한 커프스 버튼도 존재할 것이며 그것은 또한 프렌치커프스가 달린 셔츠를 사도록 사람들을 부추길 것이다!

상점들이 커프스 버튼을 많이 팔 수 있는 이유는 셔츠 메이커들이 커프스 버튼 구멍이 있는 셔츠를 팔기 때문이다. 만일 셔츠에 커프스 버튼 구멍이 없다면 커프스 버튼은 존재하지 않을 것이다. 하지만 구멍이 있는 한 커프스 버튼에 대한 수요는 계속될 것이다.

만일 당신이 업계의 누군가가 당신을 위해 구멍을 만들어 줘야 하는 제품이나 서비스를 출시할 계획이라면, 부디 행운이 있기를! 새로운 업계 표준을 제시한다는 것은 대단히 어려운 일이다. 그에 비해 이미 존재하는 것을 이용하기는 쉽다.

이미 존재하는 '구멍'에서 수익을 거둘 방법을 찾아낼 수 있다면, 당신은 커다란 이점을 갖춘 셈이다.

가령 오디블닷컴(audible.com, 오디오 북을 판매하는 인터넷 쇼핑몰)이 성공하기 위해서는 MP3 플레이어가 있어야만 했다. 이 얼마나 정신 나간 도박인가! 다행스럽게도 얼마 지나지 않아 MP3 플레이어가 만들어졌다. 하지만 이제는 이미 MP3 플레이어가 존재하므로, 틀림없이 영리한 누군가는 거기에 담을 수 있는 다른 것을 생각해 낼 것이다. 해당 지역 상점들의 광고를 넣은 관광 가이드 프로그램은 어떨까?

필기체

어제 라디오에서 과학자들은 컴퓨터 공학계의 다음번 혁신 기술이 음성 인식일 것이라고 예측한다는 소리를 들었다. 칩의 처리 속도가 점점 빨라져 조만간 컴퓨터가 사람의 말까지 알아들을 거란 얘기다. 그렇게 되면 공항이 굉장히 시끄러워지겠는걸. 아, 그건 다른 얘기고.

얼마 전에는 네 시간 동안 비행기를 탔는데, 내 옆자리에 앉은 남자가 가는 내내 매우 공격적인 독수리 타법으로 자판을 두들겼다. 그는 자판 하나하나를 못질하듯, 가능한 한 힘껏, 엄청난 속도로 쳐 댔다. 아마 네 시간 동안 3천 단어는 족히 쳤을 것이다.

그렇게 집에 도착했을 때, 나는 3학년짜리 내 아이가 학교에서 필기체 쓰기를 배우고 있다는 사실을 알게 되었다.

이거 뭐가 잘못됐군.

필기체는 근본적으로 21세기에는 쓸모없는 기술이다. 만일 우리가 교과 과정을 새로 짠다면 필기체는 '어린이들이 배워야 할 것'의 목록 중 1000위 안에도 들지 못할 것이다. 반면 타이핑은 과학자들이 음성 인식 기술을 완성할 때까지는 목록의 상위를 차지할 게 틀림없다. 교육자들이 이런 사실을 깨달아야 함에도 그들은 교육 내용의 유효성을 검토하지도 않을뿐더러 시간 들여 배울 만한 가치가 있는 것과 그렇지 않은 것을 가려내는 확실한 방법을 모르기 때문에 여전히 필기체를 가르친다.

모든 조직은 느리게 변화한다. 결과를 평가하지 않는 조직은 더욱 느린 속도로 변화한다.

고객 서비스에 대한 겸손한 제언

요즘 뚜렷하게 나타나는 트렌드가 하나 있다. '비용 절감을 위해 고객 지원 센터를 해외로 옮겨라!' 고객 서비스 센터는 이윤을 남기는 곳이 아니라 비용을 소비하는 곳이며, 그런 비용을 절감할 수만 있다면 당신은 승자가 될 테니까. 비용 절감이 순익과 직결된다는 건 상식 아닌가.

글쎄, 내게 더 좋은 방법이 있다.

나는 지난 며칠간 대기업 세 곳과 분노에 찬 통화를 했다. 그것은 단순히 짜증나는 대화를 넘어 시간 낭비에 가까웠다. 두 회사와의 논쟁에서는 내가 이겼지만, 실제로는 우리 둘 다 패배한 것이나 마찬가지였다. 나머지 한 회사와는 회사가 '승리'를 거두고 내가 포기했는데, 당분간은 절대 그들과 상종하지 않을 작정이다.

이렇게 하면 어떨까.

이 방법을 쓰면 고객 서비스 비용을 0에 가깝게 줄일 수 있다. 지금 들이는 비용의 불과 2퍼센트면 된다. 순서는 이렇다. 우선 아무도 살지 않는 외딴섬에 컴퓨터 시스템을 설치해 거기서 모든 것이 이루어지도록 한다. 동시에 수십 명의 고객을 처리할 수 있기 때문에 고객 서비스와 관련해 '비용 문제'를 겪고 있는 기업이라면 한번 해 볼 만하다. 고객이 전화를 걸면 매우 정중한 컴퓨터 음성이 해당 기업의 이름을 대며 전화를 받는다. 동시에 데이터베이스를 가동해 고객 정보를 입력한다. 고객을 가능한 한 오래 붙들고 있다가 자동 음성 사서함으로 넘긴다.

이 시스템의 목표는 고객으로 하여금 (컴퓨터) 교환원이 최선을 다하고 있다고 느끼게 만드는 것이다. 물론 교환원들은 실제로 아무 일도 하지 않는다. 그저 계속 대화하면서 고객의 번호를 기록해 다음으로 연결할 뿐이다. 그러고는 다시 전화하겠다고 약속하지만 그런 일은 일어나지 않는다. 그러다 보면 고객은 모든 것을 포기하고 나가떨어지게 된다(이 경우 고객은 좀 더 인내하지 못한 자기 자신을 책망할 것이다).

그래서 어떻게 되느냐고? 교환원을 고용하는 비용이 절약될 뿐만 아니라 고객도 다 사라진다!

그렇다. 정말 바보 같은 아이디어다. 하지만 싸게 먹히는 건 사실이다. 당신이 원하는 게 오직 비용 절감이라면 해 볼 만하다. 하지만 당신이 원하는 것이 고객 서비스라면, 비용 절감에 집착하는 것은 그리 좋은 생각이 아니다. 이제껏 보아 왔듯이, 고객 서비스는 수익의 근원이며 가장 저렴한 형태의 마케팅이기 때문이다.

일광 절약 시간제

역사란 지루하다고 느껴질 정도로 몇 번이고 되풀이된다.

정부를 비롯한 오래된 조직들이 변화에 맞서는 방법 역시 늘 반복된다. 의회의 성명, 거대 기업의 로비 활동, 대중 구제를 표방하는 극단적 종교 집단의 떠들썩한 실력 행사, 물의를 일으키는 법원 판결, 그리고 무엇보다 "그것이 모든 것을 망칠 것이다", "말세군, 말세야", "신의 뜻에 반하는 일이다" 같은 주장이 그것들이다.

나는 요즘 『일광을 붙잡아라 : 일광 절약 시간제에 관한 여러 가지 궁금한 이야기』라는 책을 읽고 있다. 『소금, 세계사를 바꾸다』나 『대구 이야기 : 세계 역사를 바꾼 물고기』 등을 읽은 후에 읽기에는 좀 특이한 소재를 다루고 있긴 하지만 그래도 참 재미있는 책이다.

이 책에는 일광 절약 시간제의 진화와 관련해 주목할 만한 내용이 소개되어 있다.

벤저민 프랭클린이 이 제도를 발명했다는 말은 사실이 아니다. 1444년 성곽 도시 바젤이 공격당할 위기에 놓였다. 성 바깥은 이교도들에게 둘러싸여 있었고, 그중 일부는 마을에 잠입했다. 수비대가 그중 몇을 붙잡은 결과, 정오에 공격이 시작될 것임을 알게 되었다. 그러자 민첩한 초병 하나가 광장에 있는 시계를 한 시간 뒤로 돌려놓았다. 정말 훌륭하군! 성안의 이교도들은 한 시간 일찍 작전을 실시했고, 때문에 성 밖에 있는 아군의 도움을 받을 수 없었다. 그들은 모두 체포되었다.

이런, 하려던 이야기는 이게 아닌데!

일광 절약 시간제를 의회에서 통과시키기 위한 본격적인 활동이 시작된 것은 지금으로부터 약 100년 전이다(시각이 표준화된 후 80년 밖에 안 되었을 때다. 철도가 유럽 대륙을 횡단하기 전까지만 해도 각 도시마다 시각이 달랐다고 한다).

계절이 바뀔 때마다 시각을 변경하기 위해 대대적인 로비가 전개되었으나 그 제도는 초기부터 수많은 난관에 부딪혔다.

왕립 천문학자 윌리엄 크리스티 경은 이 제도가 "늦잠꾸러기들을 위한 입법 행위에 지나지 않는다"고 주장했다(그가 꺼낸 카드는 '도덕적 타락'이라는 것이었다).

기상청장 윌리엄 네이피어 쇼 경은 "현재의 시간 측정 방식을 변경하는 것은 황금 알을 낳는 거위를 죽이는 것과 마찬가지"라고 말했다.

『네이처Nature』지는 "오늘날 우리가 이룩한 지방시에서 표준시로의 진보는 심사숙고 끝에 내디딘 일보一步로서, 낡은 이름의 정체 모를 시간제를 도입한다고 해도 되돌릴 수는 없는 것이다"라고 했다.

런던 증권 거래소장인 새터스웨이트는 이 법안이 "런던 증권 거래소를 세계 주요 비즈니스 중심지에서 이탈하게 만들 것"이라고 말했다.

이 밖에 구체적으로 할 말이 없는 보수주의자들은 이 제도의 발안자인 윌리엄 윌렛을 조롱하기에 바빴다. 『네이처』지는 "그의 다음번 책략은 온도계를 새로 설정해 빙점을 0도가 아닌 5도로 만드는 게 아닐까?"라고 빈정거렸다.

극장주들은 밤이 되어도 어두워지지 않는다면 자기네 사업은 완전히 망할 거라며 법안 통과를 저지하기 위해 똘똘 뭉쳤다(오늘날 미국 영화 협회가 보여 주는 행동의 징후가 이때 벌써 나타나기 시작했다).

이제는 **작은 것**이 **큰 것**이다

매년 이 법안은 영국 의회를 통과하는 데 실패했다. 미국에서도 상황은 마찬가지였다.

제1차 세계 대전으로 인해 에너지 절감의 필요성이 절실하지 않았다면 일광 절약 시간제는 결코 채택되지 못했을 것이다. 변화에 반대하는 세력들은 시각을 수정함으로써 엄청난 에너지를 절약할 수 있다는 사실을 받아들이려 하지 않았다. 이 제도를 실시함으로써 절약되는 비용이 매년 수백만 달러에 달했음에도. 아마 여태까지 절약된 비용을 모두 합하면 수십억 달러는 될 것이다. 정치가들은 보편적인 원칙에 변화가 일어나는 것을 반대했다.

『뉴욕 타임스』까지도 이 제도를 "미친 짓이나 다름없다"라고 평했다.

수많은 논평 가운데서도 내가 제일 좋아하는 것은 미시시피에서 나왔다.

"그 법안을 철회함으로써 시계로 하여금 하느님의 시간을 선포하고 진실을 말하게 하라!"

하원 의원 에제키엘 캔들러가 한 말이다.

아이오와의 해리 헐은 이렇게 말했다.

"우리가 이 법안을 통과시킨다면, 우리는 대자연을 속이려고 하는 것이나 다름없다. 자연의 법칙을 거스르려는 시도는 대개 재앙으로 끝난다."

이 법안이 통과된 후에도 법정 싸움은 여기저기서 벌어졌다. 그중에는 주 정부 대 연방 정부의 법정 다툼도 있었다.

다음번에 또 다른 '비상사태(재앙으로 끝나기 전에 막아야 하는, 현 상황을 위협하는 무언가)'가 우리 문화를 덮친다면 어떻게 될지 상상해 볼 일이다.

디 제 라 티 와
정 보 격 차

몇 년 전부터 전문가들은 정보 격차digital divide를 우려하기 시작했다. 정보 격차란 간단히 말해, 일자리와 배움의 기회를 제공하는 인터넷에 빠르고 확실하게 접근할 수 있는 '가진 자'들에 비해 가지지 못한 자들은 그러기 힘들다는 뜻이다. 즉, 남들보다 먼저 유리한 위치를 차지한 자들과 그러지 못한자들 간의 간격을 메우기가 점차 힘들어진다는 것이다. 학교에 인터넷 시설을 갖추는 데 힘쓰는 이유도 바로 정보 격차라는 위협에 대응하기 위한 것이다.

디제라티[1]	뒤처진 자들
파이어폭스[2]를 사용한다	인터넷 익스플로러 사용
닥 셜즈[3]가 누군지 안다	고맙지만 주치의가 이미 있음[4]
RSS 리더[5] 사용	RSS가 뭐지?
블로그를 운영한다	가끔 남의 블로그를 읽는다
보잉보잉[6]을 구독한다	투나잇 쇼를 시청한다
플리커에 싫증 났다	플리커?
구글에서 뉴스를 읽는다	TV 뉴스를 본다

1 디제라티Digerati 디지털Digital과 리터라티Literati의 합성어.
2 파이어폭스Firefox 모질라Mozilla 재단이 운영하는 글로벌 커뮤니티의 오픈소스 프로젝트로 만들어진 웹 브라우저.
3 닥 셜즈Doc Searls 『리눅스저널』의 편집장이며, 칼럼니스트이자 인기 블로거로 여러 오픈소스 프로젝트에 참여해 왔다.
4 Doc Searls의 Doc를 Doctor의 약자로 착각했다는 의미.
5 RSS Reader 블로그나 뉴스 사이트 등에 새로 올라오는 글을 자동으로 수집해 정리해주는 프로그램.
6 Boing Boing '놀라운 것들의 디렉터리'라는 부제가 달린 블로그로, 신기하거나 재미있는 이미지를 싣는다. 매일 수십만 명이 방문한다.

나는 여기에 또 하나의 새로운 정보 격차가 등장했다고 생각한다. 이는 환경의 영향이라기보다는 선택에 의해 발생하는 것이다. 이미 수백만 명(그 수는 날마다 늘어난다)이 인터넷상의 '가진 자'가 되는 길을 선택했으며, 그들의 수가 늘어나는 동시에 그들의 기술 또한 발전하고 있다.

수십만 명에 이르는 보잉보잉 이용자들 가운데 절반 이상이 파이어폭스를 사용한다는 사실이 놀라운가? 아마 당신의 예상치보다 다섯 배는 많겠지? 이처럼 기술에 해박한 사람들은 몰려다니는 경향이 있다. 즉 이 중 몇 가지 행동을 하는 사람들은 나머지 대부분도 할 가능성이 크다는 이야기다(물론 위의 도표가 완전한 목록은 아니다).

그래서 어쩌라고? 컴퓨터 마니아들이 멋진 신기술을 많이 아는 것이 나랑 무슨 상관인데?

글쎄, 5년 전만 해도 컴퓨터광들은 자기네들끼리만 어울리곤 했다. 이들은 컴퓨터 앞에 앉아 IRC 채팅을 하거나 리눅스나 유닉스냐를 놓고 논쟁을 벌일 뿐, 이들이 추구하는 것은 그다지 빨리 전파되지 않았고, 과학 기술 공동체를 제외한 나머지 세상에는 별다른 영향을 미치지도 못했다.

오늘날 인터넷은 예전에 비해 영향력이 매우 커졌으며 세상 곳곳을 파고든다. 정치에서 문화에 이르기까지 모든 분야에 걸쳐 여론 형성을 주도하는 것도 블로거들이다. 언론인과 정치가들이 가장 중요하게 여기고 신경 쓰는 존재 역시 블로거다.

그 결과 당신의 고객 중 가장 인맥이 넓고 영향력이 큰 사람들은 디제라티일 가능성이 커졌다. 그들은 당신의 제품과 서비스, 심지어 종교나 새로운 정책까지도 좌지우지한다. 인터넷은 대중 또는 특정

계층을 상대로 하는 매체로 자리 잡았으며, 아이디어는 디제라티에 의해 퍼져 나간다.

또 하나 명심할 점은 디제라티는 인터넷상에 구축된 도구를 이용하면서 더욱 영리해지고 빨라진다는 사실이다. 불과 한두 주면 새로운 인터넷 도구가 수백만 네티즌에게 전파된다. 이것은 디지털 지식계급과 그 나머지 사람들 간의 격차가 과거의 정보 격차와는 비교할 수 없는 속도로 커지고 있다는 것을 의미한다.

자, 이제 선택의 시간이 왔다. 내 동료 중 몇몇(톰 피터스가 대표적인 예다)은 벌써부터 신이 나서 첨단 세상에 뛰어들고 있다. 한편 디제라티의 앞선 출발을 멍하니 바라보면서 그들을 따라잡는 건 너무나 엄청난 일이라며 체념해 버린 이들도 있다.

오늘날 이메일 없이 업무를 본다고 생각해 보라. 아마 상상조차 할 수 없을 것이다. 나는 디제라티들이 사용하는 도구들이 머지않아 필수 항목이 될 것이라고 생각한다. 마이크로소프트가 그것들을 모조리 염가 패키지로 배포할 때까지 얌전히 기다릴 수도 있겠지만 그럴 경우 당신은 스스로 찾아서 배움으로써 습득할 수 있는 세부적인 사항과 폭넓은 이해를 놓치게 될 뿐 아니라 계속해서 앞선 자들을 따라잡는 데 급급하게 될 것이다.

'딜리셔스'가 음식 관련 사이트라고 생각한다면, 당신은 이미 잘못된 쪽에 서 있는 셈이다.

내가 어느 쪽인지는 나도 잘 모르겠다. 모든 도구를 사용하긴 하지만 여전히 어렵게 느껴지니까. 그나마 좋은 소식은 새로운 도구들을 사용해 보고 디제라티족을 이해하려고 노력하는 한 완전히 잘못되지는 않을 거라는 점이다. 하지만 그들이 당신을 기다려 주지는 않을 테니 서두르는 게 좋겠다.

땡! ▬▬▬▬▬▬▬▬▬▬▬▬▬▬▬▬▬▬
▬▬▬▬▬▬▬▬▬▬▬▬▬▬▬▬▬▬▬▬

나는 내게 온 이메일에 거의 답장을 해 주는 편이다. 그러다 보니 시간이 부족해 아주 간단하게 쓸 때도 많다. 때로는 이런 간결함이 무뚝뚝함이나 퉁명스러움으로 받아들여지기도 한다. 그래서 요즘은 될 수 있는 대로 편지를 친절하게 쓰려고 노력 중이다.

특히 어느 블로그엔가 올라온 구글의 불합격 통보 메일을 본 이후로는 더 주의하게 되었다.

귀하의 이력서를 받았으며, 구글에 관심을 가져 주신 데 대해 감사드립니다. 귀하의 경력과 자격 요건을 주의 깊게 검토한 결과, 당사는 현재 귀하에게 적합한 직무가 없다는 결론을 내렸습니다.

위와 같은 내용이다. 요는 아무런 인사말이 없다는 것이다. 사람 이름조차 넣기를 귀찮아하는 구글이 이력서인들 주의 깊게 검토했을까? 이러고도 자사의 최대 과제가 훌륭한 인재를 확보하는 일이라고 공공연하게 떠들 수 있는가?

그런데 그보다 더욱 중요한 것은, 이 편지가 그냥 폐기되지 않고 구직자들을 구글로 끌어들이는 마케팅 도구로 사용될 수도 있었다는 사실이다. 편지가 조금 덜 딱딱했더라면 어땠을까? 직원을 모집 중인 다른 회사의 링크가 붙어 있었다면? 구글에 친구를 추천할 경우

받을 수 있는 인센티브를 제시한다든가 다음번 채용 시 유리하게 작용할 만한 리마커블한 방법을 알려 주었다면?

"No."라고 말하는 순간에도 마케팅은 계속된다.

미안하다고 말하기

정말이지 무례한 일을 많이 당한 한 주였다. 이제 겨우 목요일인데!

그중 절반은 업무와 관련된 것이었고, 나머지 절반은 단순히 고객으로서였다.

그 일들을 돌이켜 보다가 두 가지 사실을 깨닫고 무척 놀랐다. 하나는, 내가 무시당한다고 느꼈을 때의 감정이 얼마나 비이성적이었나 하는 것이고, 또 하나는 이런 상황을 쉽게 피할 수 있었다는 것이다.

여기서 짚고 넘어갈 게 있는데, 어떤 태도가 무례한 것인지의 기준은 보는 사람의 관점에 따라 다르다는 것이다. 자신이 무시당하거나 모욕당하거나 멸시받거나 거짓말에 속았다고 느낄 때 사람들은 상대방이 무례하다고 생각한다. 이에 대한 절대적인 측정 기준은 존재하지 않으며, 어떤 행동이 무례한 것인지에 관해서는 사람들마다 의견이 엇갈릴 것이다.

하지만 그건 중요한 게 아니다. 당신이 무례한 취급을 당했다고 느꼈다면, 정말 그런 거다.

1 병원에서 진찰받는 데에 두 시간이나 걸렸다. 그중 한 시간은 작은 진찰실에서 홀로 의사를 기다렸다. 아무런 설명도, 미안하

는 말도 없었다. 마침내 의사가 들어왔지만 그는 내가 방금 들어
왔다는 듯 아무렇지도 않게 행동했다. 나가는 길에 접수원에게
'드릴 말씀이 있다'고 정중하게 말했지만, 그녀는 대꾸도 않고 수
화기를 들더니 통화를 했다.

2 나는 지난 9개월간, 오랫동안 유익한 관계를 유지해 오던 한 회
사와 어떤 거래를 체결하기 위해 애썼다. 이 프로젝트는 매우
더딘 속도로 진행되었는데, 나 때문은 아니었다. 나는 인내심을
갖고 융통성 있게 굴었으며, 상대 회사의 시스템에 맞춰 일을
진행했다. 그리고 이틀 전, 이메일 한 통을 받았다.

"유감스럽게도 일이 너무 복잡하고 서로에게 아무 이득이 없는
방향으로 흘러가는 듯합니다. 양쪽 모두 이번 일을 성사시키기
위해 노력했지만 누구에게도 도움이 되지 못했습니다. 이제 여
기서 이 일을 중단하고 관계를 정리해야 한다고 생각합니다."
이게 다였다.

이 두 사건에는 공통점이 있다.

상대방이 사과만 한두 마디 했더라도 아무 문제가 없었을 것이라
는 점이다. 대부분의 경우 무례함은 업무 내용과는 무관한 데서 발생
한다. 문제는 표현 방식이다. 만일 상대방이 내 감정을 받아들이고
책임을 조금만 인정했더라면, 까짓것 문제 삼지 않을 수도 있었다.

"기다리시게 해서 정말 죄송합니다. 윌슨 씨가 고막이 터져서 처치
하느라고 정신이 없었습니다."

"당신이 이 거래를 성사시키기 위해 오랫동안 애써 왔다는 걸 잘
압니다. 하지만 더는 좋은 해결책이 떠오르지 않는군요. 시간만 낭비

하게 만들어 죄송합니다."

정말 간단하다. 고객이 원치 않는 결과가 나왔다는 사실을 인정하기만 하면 대부분의 경우 고객들은 양해한다.

사람들은 미안하다고 말하기를 꺼려한다. 상대방의 감정을 인정하려 하지 않는 것이다. 이것은 정말이지 너무나 근시안적인 행동이다. 실패한 세일즈나 입소문 광고에서 그런 말들의 가치는 수백만 달러에 이른다.

"이번 일로 크게 낙담하셨을 겁니다. 저도 그렇습니다. 조금이라도 나은 방향으로 풀어 갈 방법이 있다면 기꺼이 그렇게 하겠습니다."

불만에 가득 찬 고객을 상대할 때, 진솔한 말 한마디 말고 대체 무엇이 효과적이란 말인가?

적게, 더 적게

몇 년 전 처음으로 회사를 차렸을 당시, 내게는 두 가지 신념이 있었다. "생존이 곧 성공이다"와 "최고의 프로젝트를 단 하나씩만 맡는다"였다. 완전히 무너지는 것을 막고 늘 바쁘게 움직이기만 한다면 결국에는 모든 게 잘 풀릴 거라고 생각했다.

규모가 크든 작든 간에 조직은 대부분 똑같은 관점에서 운영된다. 직원을 몇 명 더 고용하면 그들을 바쁘게 돌려야 한다는 압박을 받게 된다. 그래서 일거리를 많이 맡게 되고 그러다 보면 늘어난 일거리를 감당하기 위해 사람을 더 고용해야 하는 상황에 놓이게 된다.

당신의 목표가 '크게 되는 것'이라면 닥치는 대로 일을 벌이는 것이 맞다. 다수를 겨냥해 가격을 책정하고, 공장을 최대한 크게 짓고, 가능하면 빨리 움직이는 것이 크게 되는 지름길이다. '크게 되는 것'과 '성공'이 같은 의미라면 당신은 틀림없이 성공할 것이다.

그러나 우리 중 규모가 곧 성공은 아니라는 사실을 이미 깨달은 사람도 많다. 그들은 성공을 재정의했다.

아마도 당신은 자신이 무슨 일을 누구와 해야 할지에 대해 좀 더 까다로워져야 할 것 같다.

얼마 전 내가 만난 부동산 개발업자 댄은 자신이 1년에 한 건씩 새로운 투자를 한다고 말했다. 그의 경쟁자들은 같은 기간에 수십 수백 건씩 투자하는 경우가 다반사인데 말이다. 그런데 댄이 나에게 한 이야기는 긴 여운을 남겼다.

"해마다 우리는 천 건 이상의 거래를 검토합니다. 그중 백 건은 꽤 괜찮습니다. 그리고 그중 한 건은 최곱니다."

최고의 거래만을 함으로써 댄은 닥치는 대로 거래했을 때에 비해 몇 배의 수익을 올리고 있다. 규모를 키우는 것이 목표가 아닌 까닭에 알짜만을 선택할 수 있는 것이다.

1년에 중요한 건물을 단 몇 채만 짓는 건축가를 생각해 보라. 설계비를 많이 받는 그는 그에 상응하는 수준 높은 결과물을 내놓기 위해 노력을 기울여야 할 것이다. 그러나 지루한 일련의 저예산 프로젝트로 자신의 삶과 명성을 망가뜨리지 않음으로써 사실상 그는 앞으로 더 좋은 프로젝트를 따 낼 가능성을 높이는 셈이다.

대학을 갓 졸업한 사회 초년생 가운데 '아주 괜찮은' 첫 직장을 잡는 사람이 몇이나 될까? 진짜 괜찮은 직장은 당신을 쉴 새 없이 바쁘게 만들기도 하지만, 동시에 평생 좋은 직업을 가질 수 있는 길로 들어서게 해 준다. 경력에 도움이 되는 인턴십에 한 달 또는 1년을 투자함으로써 당신의 평생 이력이 바뀔 수도 있다.

당신의 고객 명단을 한 번 보라. 그중 절반을 지워 버린다면 어떤 일이 벌어질까? 항상 대금 결제를 미루는 고객, 당신을 곤란하게 만드는 고객, 이익이 적은 프로젝트에 매달리게 하는 고객, 긍정적인 평가를 거의 하지 않는 고객들을 명단에서 지워 버린다면 당신의 사업은 지금보다 나아질까? 지금 우리 경제의 미래가 아무리 불투명하다고 해도 이 질문에 "그렇다"고 대답하는 것은 어려운 일이 아니다.

만일 당신이 직원의 절반을 해고한다면 어떨까? 유능한 직원의 임금을 50퍼센트 인상해 주고, 나머지 직원들은 다른 일자리를 구할 수 있도록 도와주라. 클립이나 당구공 같은 것을 생산하는 일이 아니라면, 더 많은 사람에게 더 많이 파는 방법으로는 당신이 추구하는 성공에 도달하기 힘들다. 간접비가 줄면, 탐탁지 않은 직원들을 데리고 탐탁지 않은 일거리를 맡아야 한다는 부담감도 사라진다. 대신 당신을 행복하게 만들 프로젝트를 마음껏 고를 수 있다.

'프로젝트', 이 단어는 30년 전만 해도 우스꽝스럽게 들렸지만, 지금도 여전히 그렇게 생각하는 사람은 없다. 30년 전만 해도 우리가 해야 할 일은 공장을 최적화하는 것이었다. 30년 전에는 모든 것이 조립 라인에 속했다. 하지만 이제 우리는 프로젝트 비즈니스에 종사한다. 그런데 거의 모두가 프로젝트에 관련된 일을 하면서도 크게 주의를 기울이지 않는 부분이 있는데, 그건 바로 '어떤 프로젝트'를 맡을 것이냐 하는 문제다.

어린 시절, 우리 동네의 뷔페는 "당신이 먹을 수 있는 모든 것!"이라는 문구를 내세웠다. 그것이 지금은 "당신이 먹고 싶어 하는 모든 것!"으로 바뀌었다. 그 차이는 굉장히 크다. 우리는 저녁을 하루 한 번밖에 먹지 않으며, 우리는 대부분 이제 상당히 영리해진 까닭에 무제한이라는 이유만으로 더 먹지는 않는다. 그러므로 당신은 음식이 길게 놓인 줄을 따라가며 "이걸 먹는 게 좋을까…… 아니면 저걸 먹을까?"라고 스스로에게 물어야 한다. 모든 것을 먹을 수는 없다.

비즈니스 역시 마찬가지다. 모든 것을 다 가질 수는 없다. 우리가 노력했지만 사업에 실패할 경우 깨달을 수 있는 사실은 그 마지막 비즈니스를 하지 않았더라면 수익이 늘어날 뿐 아니라 우리의 남은 인생도 훨씬 나아졌을 것이라는 점이다.

신개념 경영대학원

나도 경영대학원을 한번 운영해 보면 어떨까? 내 과거를 생각하면 아이러니한 일이 아닐 수 없지만. 스탠퍼드 경영대학원 역사상 나만큼 힘들게 MBA를 받은 학생은 없을 것이다.

당시에(수십 년 전의 일처럼 느껴진다. 음, 진짜로 수십 년 전이기 때문이겠지) 나는 그곳의 분위기가 훌륭하다고 생각했고 몇몇 수업은 굉장히 좋아했다. 그런데 일 년이 채 지나지 않아 도저히 거절할 수 없는 일자리를 제안받았고, 나는 학업과 일을 병행하기로 했다. 수업은 팔로알토에서 받았고 직장은 보스턴에 있었지만, 야간 비행을 즐기는 이상한 내 취향과 TWA 항공의 도움에 힘입어 그럭저럭 한 학기를 버틸 수 있었다. 그 후에는 어느 친절한 교수님이 이 미친 짓을 중단시키기로 마음먹고 나머지 학점을 그냥 준 덕분에 졸업했다.

그 후 나는 경영학을 가르치는 것이 상당히 즐겁다는 사실을 알게 되었다. 뉴욕 대학교 2학년 학생들을 대상으로 수업을 하나 맡은 적이 있는데, 졸업을 코앞에 둔 90명의 젊은이를 골려 주는 일이 꽤 재미있다는 것을 깨달은 것이다. 사실 그 외에도 즐겁게 생각되는 점이 많았고, 그래서 경영대학원의 정체성과 그 효능, 부작용 등에 대해 진지하게 생각하게 되었다.

내가 아는 한, 경영대학원에 가는 이유는 딱 세 가지다. 내가 구상하고 있는 가상의 '신개념 경영대학원New Order Business School, 이하 NoBS'은 이 세 가지 점에서 탁월한 대학원이 되는 데에 초점을 맞출 것이다.

첫째, 경영대학원은 미래의 고용주에게 거대한 거름망을 제공한다. 예를 들어 만일 당신이 하버드 경영대학원을 나왔다면 그것은 당신이라는 개인 브랜드를 구축하는 데 투자한 것이나 마찬가지이며, 그 결과 세계 어디에 가더라도 최소한 서류 전형에는 대부분 합격할 것이다. 경영대학원으로는 컬럼비아와 스탠퍼드, 와튼, 그 외 몇몇 학교도 하버드 못지않은 수준을 자랑하며 일부 산업과 관련해서는 하버드를 능가하기도 한다.

인터넷 투자가들이 현재의 모습에서 멋진 미래를 예견하고 투자했듯이, 일부 고용주는 학생들이 이런 명망 있는 기관을 졸업하기를 기다리는 일이 시간 낭비임을 깨달았다. 입학 허가를 받자마자 곧장 데려오지 않고 뭐하러 졸업할 때까지 기다리는 거야?

입학 허가를 받은 뒤 등록하지 않고 그만두면 5만 5천 달러의 수업료뿐 아니라 18만 달러의 기회비용까지 절약할 수 있다. 거기에 스톡옵션과 세상을 훨씬 빨리 바꿀 수 있다는 점까지 더하면 왜 이것이 모두에게 편리한 방법인지 깨닫게 될 것이다.

우리 NoBS에는 바로 이런 학생들을 위한 스페셜 프로그램이 마련되어 있다. 이것은 국내 최고의 경영대학원 입학 프로그램으로서 경쟁률이 적어도 천 대 일은 넘을 것임에 틀림없다. 우리는 모든 학생에게 입학 즉시 연봉 9만 5천 달러 이상의 일자리를 세 건 이상 제공할 것을 보장한다.

응시료는 300달러. 입학 허가를 사업 기반으로 하는 기관으로서─사실은 입학 허가가 사업의 전부인 기관으로서─우리가 일을 제대로 해내기 위해서는 300달러가 그리 큰돈은 아니다.

수업은 거의 없다. 학위도 주지 않는다. 당신은 지원하고, 그리고 입학한다(아니, 떨어질 가능성이 훨씬 크다). 그게 우리가 할 일의 전부다(그리고 정말 많이 남는 장사다! 물론 당신은 이미 알아차렸겠지).

천 명 중에서 뽑힌 단 한 명이 됨으로써 얻을 특권을 생각해 보라. 당신이 그처럼 훌륭한 대학원에 들어갈 정도로 똑똑하고 의욕적이며 열정적인 소수에 속한다는 사실을 인정받았을 때 가지게 될 자부심을 생각해 보라. 장래성 없는 일에 매달려 쩔쩔매고 있다고? 그렇다면 GMAT(경영대학원 입학 자격 시험─옮긴이)와 에세이에 미친 듯이 달라붙어 보라. 당신도 수많은 지원자들을 뚫고 NoBS의 일원이 될 수 있을지 모른다.

사람들이 경영대학원에 가는 두 번째 이유는 인맥을 구축하기 위해서다. 그들은 일종의 사회 보험을 추구한다. 동급생 중 누군가가 정말로 성공하거나 잘나가게 되면 나머지 사람들에게는 무언가를 청탁하거나 심지어 돈을 빌릴 수도 있는 사람이 생기게 되는 것이다.

이러한 네트워크의 힘은 놀랍도록 강력하다. 내가 아는 어떤 투자자는 타히과Tahigwa 캠프 출신자가 근무하는 회사를 편애하는 경향이 있다. 투자자와 같은 시기에 그 캠프에 있지 않았더라도, 그저 캠프 송만 함께 부를 수 있을 정도면 된다.

NoBS는 몇 가지 집중 프로그램을 제공하는데, 그중 절반은 이러한 종류의 인맥 구축에 초점을 둔다. NoBS 학생들은 결과를 예측할 수 없는 활동—예를 들어 '원가 회계' 과목의 전공 기초 수업에서 프로젝트를 함께하는 등—을 함께하면서 무작위로 네트워크가 구축되기를 막연히 기다리는 것이 아니라 6개월마다 2주 동안 모여 인맥 구축 집중 프로그램에 참여한다. 그들은 함께 노를 젓고 체스를 둔다. 어려운 사람들을 위해 집을 짓기도 하며 래리 엘리슨(세계적인 소프트웨어 기업 오라클의 창업자—옮긴이)의 집 지붕 위에 폴크스바겐 비틀을 올려놓느라 밤을 새우기도 한다.

경영대학원에 가는 세 번째(이자 가장 사소한) 이유는 실제로 무언가를 배우기 위해서다. 지금까지의 경영대학원들이 실패한 이유가 바로 이와 관련이 있다. 경영대학원의 핵심 교육 과정은 당신이 상상하는 것 이상으로 무의미하다. 만일 졸업생들이 신경제 체제에서 어떤 식으로 사업을 해야 하는지에 대해 아무런 지식도 갖추지 못하도록 하는 교육 과정을 개설하고 싶다면 지금의 경영대학원들이 좋은 본보기가 될 것이다.

이렇게 볼 때 아예 교육 과정을 없애는 것이야말로 탁월한 아이디어일지 모른다. 하지만 그렇게 하면 경영대학원이 경쟁력 있고 도움이 되는 교육 기관이라는 사람들의 환상이 사라질지도 모른다.

오늘날의 경제에서 승리를 구가하는 이들에게 자신을 성공으로 이끈 다섯 가지 요소가 뭐냐고 물어보라. 그들은 아마 다음과 같은 것들을 말할 것이다.

1 최고의 인재를 찾아내어 채용하고 잘 관리한다.
2 변화를 수용하고 발 빠르게 대처한다.
3 사업 개발과 기업 간 거래에 대해 이해하고 남보다 뛰어나다.
4 매일 변화하는 환경에 맞추어서 업무상의 우선순위를 잘 조절한다.
5 잘 판다. 개인, 회사, 시장을 대상으로.

이 목록에 끼워 넣을 수 있는 다른 비결들도 많다. 이를테면 '장기적인 안목에서 균형 있는 삶 설계하기', '벤처 자본가를 비롯한 여러 자금원들과 제휴하기', '창의적으로 사고하기', '신기술의 영향력 이해하기' 같은 것들. 하지만 위의 목록만으로도 출발점으로는 훌륭하다.

이제 5만 5천 달러짜리 MBA 과정의 핵심 내용을 살펴보자. 대개는 위의 다섯 항목 중 그 어느 것에도 초점을 맞추지 않았음을 알 수 있을 것이다. 뉴욕 대학교에서 내 강의를 듣는 MBA 과정 학생들은 판매나 프레젠테이션에 관해서는 배운 적이 없지만 원가 회계나 제조 공정의 효율성, '블랙과 숄즈의 옵션 가격 결정 공식Black and Scholes Option Pricing Formula'에는 전문가였다.

사람들은 성공하는 방법을 알고 싶어서 자기 계발서를 산다. 따라서 NoBS의 교육 과정에는 베스트셀러 서적의 주제가 될 만한 것들만 포함시킬 예정이다. 그리고 가능하다면 저자들이 직접 나와서 강의를 하는 거다(사실 일반적인 MBA의 교과 과정은 집에서 한 달 동안 책을 읽는 것만으로 100퍼센트 따라잡을 수 있다. 조금 더 말해 줄까? 나는 한 시간짜리 수업 내용을 책 10페이지로 축약할 수 있다. 읽기 훈련을 잘만 한다면 인생에서 2년을 해방시켜 좀 더 유익한 일에 쓸 수 있을 것이다!).

경영대학원과 관련해 고려해야 할 마지막 사항은 대개는 엉뚱한 사람들이 다닌다는 것이다. 경영대학원은 로스쿨을 가기에는 너무 착한 사람들로 강의실을 채우지 말고, 이미 비즈니스 세계에 뛰어들었지만 지식이 부족해 전전긍긍하는 사람들을 찾아 나서야 한다. 또한 유명 교육 기관에 들어가기 위해 2년을 은행에 다니며 허송세월하는 사람들 대신 창업을 하고 싶어 안달이 난 기업가들을 찾아야 한다.

경영대학원에 맞지 않는 사람들로 두 부류가 있다. 공부를 하며 보내기에는 시간이 아까운 재능 있는 사람들, 그리고 나아질 여지가 없는 둔재들.

역설적이게도 최고의 인재들은 인생에서 2년이란 시간을 낭비하고 싶어 하지 않는다.

그래서 말이지만 NoBS의 학생들은 6개월에 4주만 출석하면 된다. 나머지 과정은 매일 두 시간씩 온라인을 통해 진행된다. 그리고 MBA의 모든 과정은 1년 안에 끝난다.

또한 4주간의 오프라인 수업 기간에는 성수기가 지난 스키 리조트로 날아가 맛있는 음식과 편안한 방, 올림픽 규격의 수영장을 즐긴다. 수업은 일주일에 3일, 오전 8시부터 자정까지 이어지고, 나머지 기간에는 학생들이 자신들의 실제 경험을 서로 나눈다. 사람은 다른 사람의 인생 경험을 많이 들으면 예기치 못한 사건에도 잘 대처할 수 있게 되는 법이다.

'교수진'은 사실상 진짜 교수라고 보기 힘들다. 박사라고는 한 명도 없기 때문이다. 단 한 명도! 대신 그들은 기립 박수를 받는 유명한 대중 연설가들이다. 판매 부문의 지그 지글러 Zig Ziglar, 혁신 분야의 톰 피터스, PR 부문의 레지스 매케나 Regis McKenna 같은 사람들 말이다.

어떤가, 귀가 솔깃하는가? 인가도 받지 못한 학교다. 운영진도 따로 없다. 달랑 총장 한 명뿐. 중간에 얼마든지 그만둘 수도 있다. 배움을 위한 학교이지 학위를 위한 학교가 아니기 때문이다. 그래서 모두들 의욕에 가득 차 있다. 9개월이면 멋진 졸업장 하나와 백 명의 평생지기를 얻고 떠날 수 있다.

NoBS는 내가 생각해 낸 또 하나의 괴상한 아이디어에 불과할까? 어쩌면 그럴지도 모른다. 그것은 여러분 중 몇 명이나 환불이 불가능한 300달러의 응시료를 우편 번호 10533, 뉴욕 주 어빙턴 사서함 305호로 부치느냐에 달려 있다. 기한은 오늘 밤 자정까지!

NoBS는 일단 생각해 볼 만한 가치가 있는 일이다. 경영대학원에 가기 전에, MBA가 당신을 성공으로 이끌어 줄 지름길이라고 결론 내리기 전에, 경영대학원에 가려는 이유와 가서 무엇을 배우려고 하는지를 치열하게 고민해 보아야 한다.

나아가, 졸업장의 잉크도 채 마르지 않은 MBA를 고용하고 싶어 안달하는 회사라면 두 배는 더 고민해 보아야 한다. 300년 된 학교가 당신의 회사 대신 인재들을 심사하게 만드느니 차라리 당신네 회사가 경영대학원을 여는 편이 나을 것이다. 백 명의 학생을 데려와 4주간 진짜 교과 과정을 거치게 하라. 그중 절반만 놔두고 나머지 학생은 1년 치 퇴학 수당을 지급해 내보내라(아니면 다른 일자리를 구할 때까지 봉투 붙이는 일을 시키든가).

우리는 경영대학원이 최근의 현상일 뿐이며 셰익스피어나 퀴리 부인 시대에는 없었던 규범이라는 사실을 곧잘 잊곤 한다. 이제 경영대학원의 시대는 갔다. 그들에게 작별을 고하고 NoBS에 300달러를 부쳐라. 주소를 다시 말하자면……, 그러니까…….

래디언트 교회와 크리스피크림 도넛

오늘 배달된 『뉴욕 타임스』에는 애리조나 주 서프라이즈에 있는 래디언트 교회(Radiant Church, 마이크로소프트 엔지니어였던 리 맥팔랜드가 세운 교회로, 록 음악을 연주하고 게임기를 설치하는 등 혁신적인 선교 방법으로 유명하다-옮긴이)가 해마다 1만 6천 달러를 크리스피크림 도넛 구매에 쓴다는 기사가 실렸다.

건강 문제만 접어 둔다면, 이는 아주 영리한 마케팅이다(교회가 마케팅을 하지 말라는 법 있나? 사실 교회는 옛날부터 마케팅을 해 왔다).

마케팅이 곧 광고를 의미하지는 않는다.

성장의 두 가지 방식

자신의 사업을 '경쟁'이라는 관점에서 정의하려 한다면 당신은 동굴 속에 갇혀 있는 것이나 마찬가지다. 기업이나 조직은 현존하는 경쟁자들의 희생을 토대로 성장하는 것이 아니다. 기업과 조직이 성장하는 이유는 당신의 서비스가 경쟁자보다 5퍼센트 낫다거나 당신의 제품이 약간 더 편리하다는 이유와는 무관하다.

성장의 방식에는 두 가지가 있다. 하나는 경쟁자의 몫을 빼앗는 방법, 또 하나는 시장을 키우는 방법. 첫 번째 길은 더디고 고통스러우며 어렵다. 두 번째 길은 고속 성장의 마법이 작용하는 곳이다.

조금 더 나은 컨설팅으로 매킨지McKinsey를 이길 수 없고, 자금을 더 효율적으로 사용한다고 해서 유나이티드 웨이(United Way. 자선 단체—옮긴이)보다 기금을 많이 모을 수 있는 것이 아니며, 보증 기간을 약간 늘린다고 제품이 더 많이 팔리는 것도 아니다.

자기중심적인 블로거

새로 알게 된 친구 터커가 한번은 나더러 "당신은 자기중심적인 사람이야."라고 말한 적이 있다.

블로거가 다 그런 거 아니야?

블로거가 어떤 사람들인가. 자신의 견해를 세상에 알리는 데 시간과 돈과 에너지를 쓰는 사람들 아닌가. 그것도 매일, 매시간, 심지어 자기 분야가 아닌 것에 대해서까지.

'자아'는 기업 블로그 활동이 모순에 빠지는 가장 큰 원인이다. 고용주를 위해서 일한다는 것은 대개 당신의 자아가 조직의 자아에 속한다는 것을 의미하지만, 블로그 활동은 이에 상충되는 속성을 갖는다. 기업 블로거들이 자주 해고되는 이유도 바로 그것이다. 한 기업이 서로 경쟁하고 때로는 갈등하는 두 개(블로거와 사업주)의 목소리를 동시에 지니기란 어려운 일 아닌가.

아무리 그렇다 쳐도 '자기중심적'이라는 것은 잘못된 표현이다. 모름지기 블로그 활동이란 자신의 견해에 대한 건강한 존중과 함께 그것을 다른 사람들과 나누고 싶어 하는 강한 욕망이 있어야만 할 수 있는 것이다. 나도 내 의견을 존중하지 않는데 과연 누가 그것을 존중해 주겠는가. 그리고 당신이 소중하게 여기는 생각들을 남들과 공유하지 않는다면 그것이야말로 자기중심적인 것 아닐까?

오타쿠는 무슨 선물을 좋아할까?

분야에 따라 다르긴 하지만, '○○광'들은 대개 다음과 같은 질문에 깊은 관심을 가진다.

"패들 시프트인가 아니면 스틱인가?", "슈퍼오디오 CD인가 아니면 DVD 오디오인가?", "체리목인가 탄소 섬유인가?", "포 백Pho Bac인가 포 뱅Pho Bang인가?(둘 다 베트남 음식점의 상호—옮긴이)", "파워북PowerBook인가 아이북인가iBook인가?(애플 사의 노트북 기종)", "아바네로인가 치폴레인가?(멕시코 고추 품종—옮긴이)", "리넨인가 아니면 유기농 면인가?" 등등.

나 역시 이러한 '광'들 중 한 사람이다. 게다가 나는 한 분야가 아니라 상당히 여러 분야에 열광적이다. 나는 『로젠가르텐 리포트(The Rosengarten Report. 음식과 와인에 관한 온라인 정보지—옮긴이)』같은 잡지들을 구독하고 '개릿 웨이드(Garrett Wade. 목공 도구 전문점—옮긴이)'의 카탈로그를 받아 본다.

'광'들은 이른바 오타쿠이다. 이들은 마케터들이 하려는 일에 관심을 가지는 사람들로서 언제나 새로운 제품과 새로운 기업을 찾아다니며, 또한 언제나 대담한 시도를 하고……(이런, 또 내 광적인 기질이 나오는군. 죄송). 아무튼 이들이야말로 당신의 혁신을 세상에 퍼뜨리고 당신의 새로운 보랏빛 소를 친구들과 동료들에게 소문내 줄, 바로 그런 사람들이다.

이들이 몰두하는 대상은 소비재뿐만이 아니다. 이들은 『하버드 비즈니스 리뷰』를 읽으며 새로운 컨설팅 업체나 신기술에 열광한다. 또한 『애드버타이징 에이지』 뒷면에 게재된 구인 광고를 읽으며 어떤 광고 대행사가 잘나가는지 파악한다. 정치광들은 다음번 미국의 대통령이 누가 될지를 결정한다.

마케터들 중 상당수가 이렇게 오타쿠로 가득 찬 돼지 저금통에 관심을 가질 필요가 있다는 결론에 도달했다. 일부 마케터는 그중에서도 수익성이 가장 기대되는 집단에 대한 승인 기반의 명단을 입수, 아니 수집하기도 했다. 하지만 대부분이 오타쿠 마케팅에 실패했다.

그들이 실패한 이유는 당신이 오타쿠인 당신 친구에게 그의 마음에 딱 드는 선물을 주는 데 실패하는 것과 같은 이유일 것이다.

'○○광'들이 받고 싶어 하는 것은 상품권 같은 것이 아니다(그들은 자신들이 진짜로 갖고 싶어 하는 것을 사기 위해서라면 어떻게 해서든 돈 버는 방법을 알아낼 것이다). 당신이 선물을 주면서 "점원이 그러는데 당신이 이걸 좋아할 거래요."라고 말해 주길 바라지도 않는다. 이러한 행동은 그들의 일시적인 갈증을 채워 줄 수 있을지는 모르지만, 동시에 당신이 그들과 다른 부류의 사람이라는 사실을 일깨워 준다. 당신이 자신들과 같은 족속이 아니라는 사실은 그들을 실망시키거나, 그들로 하여금 주변인이라는 기분이 들게 하거나, 최소한 자신들이 맛보는 기쁨을 당신에게 납득시키는 데 실패했다고 느끼게 할 것이다.

'○○광'들은 광적이다! 그들은 무언가를 세상에 알리고 싶어 한다. 그들은 사람들에게 그것을 이해시키고 싶어 한다. 그들은 자신에게 물건을 파는 사람들이 자신들과 같은 감정을 느끼길 바라고 어떤 경험이나 상품, 과정 등에 대해 자기들 못지않게 관심을 가져 주길 바란다. 그들은 친구나 팬들이 자신에게 단순히 페라리의 수동 변속기 덮개를 사 주기를 바라는 것이 아니라 먼저 그것에 대해 자세히 알아보고 다른 제품들과도 비교해 보아 장단점을 파악한 후 자신과 (당연히) 똑같은 선택을 해 주길 바란다.

미식가(훌륭하고 믿을 만한 식당에 열광하는 사람들은 자신을 이렇게 부른다)인 그녀와 저녁을 먹으러 갈 때, 그녀는 당신이 단순히 『자가트Zagat(미국에서 발간되는 세계적인 레스토랑 소개 책자-옮긴이)』에 소개된 가장 가까운 식당을 고르는지, 아니면 자신만큼이나 심사숙고해서 선택하는지 알고 싶어 한다. 당신이 TV광을 위한 제품을 디자인하는 사람이라면 TV광들은 당신이 자기만큼 많은 시간을 평면 스크린 앞에서 보냈는지 알고 싶어 할 것이다.

스티브 데커트Steve Deckert의 웹 사이트 '데크웨어Decware'를 방문해 보라. 진정한 오디오광이 무엇인지 알 수 있을 것이다. '데크웨어'를 이용하는 것은, 그렇고 그런 거대 가전업체에서 물건을 구입하는 것과는 전혀 다른 경험이다. 그리고 그것이 바로 데크웨어처럼 작은 회사가 오타쿠적인 얼리 어답터들 덕분에 성공할 수 있는 이유이기도 하다. 그들이 당신에게 물건을 사는 이유는 당신이 그들과 똑같기 때문이다. 당신도 그들 중 하나이기 때문이다.

자, 그렇다면 '광'들에게 제품을 팔거나 그들을 위한 크리스마스 선물을 사고 싶다면 어떻게 해야 할까? 그는, 혹은 그녀는 낮은 가격, 좋은 서비스, 친절 같은 것에는 현혹되지 않는다. 그, 혹은 그녀는 까다롭다. 제품의 장단점도 모두 파악하고 있다. 쉬운 상대가 아니다. 쉽게 넘어가면 '광'도 아니지. 안 그런가?

당신이 해야 할 일은, 유감스럽게도, 당신 자신이 그렇게 되는 것

뿐이다. 오타쿠와의 거래가 당신에게 중요한 일이라면 당신 자신도
오타쿠가 되어야 한다.

상실에 대한 두려움, 이득에 대한 열망

주말에 나는 로드 & 테일러Lord & Taylor 백화점에 서 있는 나 자신을 발견했다(헉!). 그런데 거기서는 정말 기묘한 프로모션을 하고 있었다.
내가 200달러쯤 되는 물건을 사자 점원이 말했다.
"손님은 20달러짜리 상품권 두 장을 받으실 수 있습니다. 아무 조건 없이, 곧바로 위층에 올라가셔서 받으시기만 하면 됩니다."
여기서 주목해야 할 점. 물건을 사기 전에는 아무도 이런 이야기를 해 주지 않았다. 아무런 내색도 언질도 없었다. 즉 그 상품권은 나더러 물건을 사라는 유인책이 아니었던 것이다.
'어째서 저들은 매출의 20퍼센트이자 어쩌면 이익의 50퍼센트가 될지도 모르는 액수를 아무 이유 없이 날리려는 거지?'
나는 궁금한 생각이 들었다. 그래서 위층에 올라가 2분간 기다려서 상품권을 받았다. 우리 점잖은 독자 여러분을 대신해 이 정신 나간 계략의 전모를 파헤치겠다는 일념으로. 그러고는 넥타이 매장으로 가서 원래 100달러지만 39달러로 가격이 인하된(난 짠돌이거든!) 멋진 넥타이를 샀다. 이상 거래 끝.
그런데 백화점에서 나가는 길에 나는 커다란 쇼핑백을 네 개나 들고 있는 한 여성과 마주치게 되었다.
자, 이 여성의 사정은 이렇다. 그녀는 좀 전에 네 번째 상품권을 받

은 참이었다. 20달러짜리 상품권을 받을 때마다 그녀는 그것을 곧장 써 버려야겠다는 마음이 들었고, 그래서 그때마다 100달러 이상의 돈을 쓰게 되었다. 그러고는 다시 상품권을 받으러 갔다. 그런 식으로 상품권을 쓰기 위해 돈을 더 많이 쓰는 과정이 반복되었던 것이다. 상품권 발급 담당자와 잠깐 이야기를 나누었는데 이건 별로 특이한 경우가 아니란다. 이 얼마나 광적인 행동인가.

사람들은 일단 상품권을 '획득'하게 되면, 자기 것을 잃을지도 모른다는 두려움을 떨치지 못하고 얼른 가서 상품권을 받아 온다. 상품권이 손에 들어오면 이른바 '공짜 돈'이 생겼으므로 그걸 써 버리고 싶어 한다. 이런 과정이 반복된다.

구태의연한 가격 인하보다 훨씬 효과적인 방법이 아닐 수 없다.

온라인에서는 이런 방법이 훨씬 잘 먹힐 것이다. 쇼핑 카트에 넣어 둔 물건을 끄집어내어 결제하도록 부추기기가 얼마나 쉬울지 생각해 보라…….

피드백을 어떻게 구할 것인가

아마존이 자사의 제휴 프로그램에 관한 간단한 설문에 답하면 5달러짜리 상품권을 주겠다는 쪽지를 보내왔다. 피드백을 원한다니 아주 좋은 생각이다. 보상까지 해 주겠다니 더더욱.

그래서 나는 아마존에 접속했다. 그런데 선다형 문제가 하나도 아니고, 세 개도 아니고, 열 개도 아니었다. 자그마치 63개.

도대체 어떤 사람이 63개나 되는 질문에 일일이 답하고 앉아 있겠는가? 그게 얼마나 진실할 수 있을까?

이렇게 의미 없이 왜곡된 통계 자료를 가지고 아마존이 무엇을 할 수 있겠는가?

간단하게 "우리 프로그램의 가장 좋은(혹은 가장 나쁜) 점 세 가지와 개선 방향을 말씀해 주십시오."라고 하는 편이 훨씬 낫지 않을까?

그런 다음 실제의, 살아 있는, 진짜 사람이 그 답을 하나하나 읽고 다시 답장을 쓰는 거다.

일주일에 백 명씩, 1년 동안만 그렇게 해 보라. 아마도 많은 것을 얻게 될 것이다.

내 생각은 그렇다.

피드백을 어떻게 줄 것인가

아마도 내 독자인 여러분은 평범한 다른 사람들보다 피드백을 많이 요구받을 것이다. 곧 출시될 제품을 인정하거나 개선하고 조정해 달라는 요청도 많이 받을 것이다. 그런데 당신이 다른 사람과 별반 다르지 않다면, 당신은 그런 일에 꽤나 서투를 것이다.

당신을 좀 더 출세시키고, 당신의 직장 생활을 좀 더 재미있게 만들고, 당신 동료들의 직장 생활을 좀 더 나은 것으로 만들고, 그럼으로써 나의 인생도 훨씬 신나는 것으로 만들기 위해 피드백 주기에 관한 피드백을 좀 드릴까 한다. 늘 그래 왔듯이 아이디어 자체는 매우 단순하다. 조금 까다로운 몇 가지 원칙을 충족시키는 것이다.

뛰어난 피드백의 첫 번째 원칙은 다음과 같다.

"아무도 당신의 의견을 알고 싶어 하지 않는다."

사람들이 원하는 것은 당신의 '의견'이 아니라 '분석'이다. "나 같으면 그걸 선택하지 않겠어요."라는 말은 아무런 도움이 되지 않는다. 하지만 만일 당신이 "지난번에 히트한 세 개의 상품은 30달러가 안 됐어요. 이번 제품의 가격을 굳이 31달러로 정할 이유라도 있는 건가요?"라고 한다든지, "우리가 작년에 이 시장을 분석했는데, 별로 승산이 없어 보이네요. 이 그래프를 한번 봐요.", 또는 "이 글씨체는 알아보기가 힘들어요. 우리 독자들이 어떤 글씨체를 선호하는지 알아보는 게 좋지 않을까요?"라고 한다면 당신의 말은 훨씬 가치 있어진다.

의견을 넘어서 정확한 분석을 하기란 매우 어려운 일이다. 왜냐하면 모든 사람에게는 자기 나름의 취향이라는 것이 있기 때문이다. 그러나 동료의 제안서에 대한 분석을 내놓는 일이 아무리 어렵더라도 그것은 반드시 필요한 일이기도 하다.

뛰어난 피드백의 두 번째 원칙은 다음과 같다.

"정확한 타이밍에 적절한 피드백을 내놓아라."

사장실에까지 올라갈 기획서 초안에 대해 조언해 달라는 요청을 받았을 때는 '많은것'이 아니라 '많은 것'이라고 띄어 써야 한다고 지적할 시점이 아니다. 맞춤법 교정은 마지막 단계에서 전문가가 보는 것이 가장 좋다. 지금 사소한 몇 가지를 지적함으로써 뭔가 도움을 주었다고 느낄지 모르지만 그런 것은 큰 도움이 되지 않는다. 그러기보다는 어떤 피드백을 주어야 최종 결과물에 가장 긍정적인 영향을 미칠지 생각해 보고 그런 종류의 피드백을 주도록 해야 한다.

그런데 시기상조인 까다로운 비평보다 더욱 나쁜 것은 거래를 통째로 뒤집어엎어야 할 만한 내용을 뒤늦게 말해 주는 것이다. 가령 내가 뉴저지 주 호보켄Hoboken에 새 공장을 짓기 위해 세부적인 계획까지 마련했다면(그리고 모든 예외 조항에 관해 합의하고 기존의 부지를 통합하는 일까지 마무리 지었다면), 당신이 내게 공장의 위치를 세코커스Secaucus로 변경해야 한다는 말을 해 줄 시점은 우리가 땅을 갈아엎기 전날이 아니라 그러기 6개월 전이다.

세 번째 원칙은 이것이다.

"칭찬할 일이 있으면 반드시 칭찬하라."

내가 1년 정도 함께 일한 어떤 사람은 그동안 "이거 정말 훌륭한데요."라든가 "와우! 제가 들어 본 아이디어 중 최고예요." 같은 말로 피드백을 시작한 적이 단 한 번도 없었다. 마음에 드는 부분을 지적하는 것은 사탕발림과는 전혀 다르다. 칭찬의 효과에는 여러 가지가 있지만 무엇보다 그를 당신과 같은 편으로 만들어 당신의 건설적인 비판이 효력을 발휘하게 해 준다. 이렇게 말하라.

"우리 제품의 질을 향상하고 싶다니, 정말 좋은 얘기군요. 당신이 말한 초기 인력의 증원이 정말로 필요한 것인지, 그리고 보고서의 첫머리를 인원 보충 문제로 시작하는 것이 임원진을 설득하는 데 최선의 방법인지 한번 검토해 봅시다."

다른 걸 다 떠나서라도, 다른 사람에게 친절을 베푸는 것은 즐거운 일 아닌가.

내가 지금까지 말한 원칙들이 여러분을 너무 겁준 게 아니라면 이제 마지막 원칙을 말하겠다.

"반드시 내게 피드백을 줄 것."

지난번에 내가 당신의 피드백을 무시했더라도 개의치 마라(그건 아마도 당신이 분석이 아니라 의견을 제시했기 때문일 것이다). 당신의 분석 결과에 대해 자신이 없어도 상관없다. 당신이 조직에서 가장 힘없는 사람이라도 괜찮다. 중요한 것은 당신이 회사와 업계, 시장에 대해 이해하고 있다는 사실이다. 당신의 분석이 나로 하여금 지금과는 전혀 다른 길을 걷도록 만드는 아이디어의 핵심이 될지도 모를 일 아닌가.

50개 주, 화염 방사기, 그리고 끈질긴 관습

미국에는 50개의 주가 있다. 이게 문제다. 5개나 500개였더라면 프로그래머들은 소비자들이 인터넷 쇼핑을 할 때 자신이 사는 주를 선택하기 위해 기나긴 목록을 스크롤하게 만들려는 유혹을 느끼지 않았을 테니 말이다.

텍사스나 뉴욕, 특히 웨스트버지니아에 사는 사람들은 무언가를 사려면 한없이 스크롤해 내려가야 한다는 얘기다.

이런 '난관'은 국가명을 선택할 때도 마찬가지다. 아프가니스탄('안도라'도 마찬가지) 국민은 이런 점에서 큰 특혜를 누리는 것이나 마찬가지지만, 지상 최대의 온라인 소비 국가에 사는 국민들은 저 아래 US에 닿을 때까지 계속 마우스를 움직여야 한다.

이러니 사람들이 몰에 쇼핑 카트를 그냥 내던져 두는 것도 당연하지. 하지만 나는 지금 이 일이 얼마나 어리석은지를 이야기하려는 게 아니다.

또한 이 문제를 얼마나 손쉽게 해결할 수 있는지 이야기하려는 것도 아니다(사실 이런 풀다운 메뉴를 설치하는 것보다는 문자를 입력하도록 빈

박스를 만드는 것이 더 쉽다). 풀다운 메뉴의 정확성이 얼마나 떨어지는가에 대한 얘기도 아니다.

내가 하고 싶은 얘기는, 나쁜 아이디어가 어떻게 그토록 끈질기게 살아남는가 하는 것이다.

답은 간단하다. 대부분의 조직에서는 현상 유지를 받아들인다는 이유만으로는 말썽이 생기지는 않기 때문이다.

백 년도 더 전, 독일의 빌헬름 황제는 자신의 정적들을 제거하고 싶었다. 그런데 그는 자신의 적들이 모두 65세 이상의 노인들임을 알게 되었다. 그래서 65세를 공식적인 정년으로 선포했고 이렇게 만들어진 관습이 지금까지 유지되고 있다.

현상 유지에 도전하면 무슨 일이 벌어질지 알고 싶다면 파티에서 이렇게 말하면 된다.

"사회 보장 문제를 해결할 묘안을 말씀드릴까요? 현재 50세 미만의 경우, 공식 은퇴 연령을 65세에서 70세로 변경하면 됩니다."

화염 방사기 세례를 받을지도 모르니 뒤로 좀 물러나 있는 게 좋겠다.

홍보 담당자들의 삽질

내 웹 사이트에 가면 내 이메일 주소를 쉽게 발견할 수 있다. 그 때문에 나는 PR맨들로부터 점점 많은 '것들'을 받고 있다. 내가 그것을 '쓸모없고 짜증나며 시간만 낭비하게 만드는 스팸'이라고 하지 않고 그냥 '것들'이라고 부르는 게 얼마나 관대한 일인지 제발 알아줬으면 좋겠다.

PR맨들은 한두 가지를 건지기 위해 엄청난 잡동사니를 삽질해 퍼 나르는 데 익숙하다. 그게 바로 전통 매체가 돌아가는 방식이다.

아무리 그렇다고는 해도, 과연 다음과 같은 제목의 글을 자기 블로그에 퍼 담을 사람이 천만 블로거 가운데 단 한 사람이라도 있을지 한번 생각해 보기 바란다.

벤데어 그룹이 자사의 미디어 네트워크가 도달하는 거리와 폭을 반영하여 명칭을 벤데어 미디어 그룹으로 변경하기로 하다!

와우! 자신이 읽을 것을 선택할 권리가 있는 사람들에게 참으로 적절하고도 흥미를 끌 만한 주제인걸. 당신의 보도 자료가 네모 나사인데 존재하는 블로그란 블로그는 모두 동그란 구멍이라면 무작정 보도 자료를 보낸다고 될 일이 아니다.

홍보 담당자들은 블로그를 또 하나의 언론 매체로 이용하려고 애쓰고 있다. 하지만 블로그는 언론 매체가 아니다. 블로그는 리마커블한 것들을 위한 멋진 집일 뿐이다. 먼저, 이야기할 만한 가치가 있는 것들을 만들어 내라. 그런 다음 그것에 대해 이야기하라.

깔때기
뒤집기

1995년에 쓴 『이마케팅eMarketing』이라는 책에서 나는 "세상에는 네 부류의 사람들이 있다. 잠재 고객, 고객, 충성 고객, 이탈 고객이다." 라고 쓴 적이 있다. 그 책이 시대를 앞서 간 건 맞지만, 사실 내가 틀렸다.

내가 1998년에 쓴 『퍼미션 마케팅Permission Marketing』은 부제가 '낯선 이를 친구로, 친구를 고객으로'였다. 때를 잘 만나 베스트셀러가 되긴 했지만, 이때도 나는 틀렸다. 틀린 게 아니라면 적어도 불완전했다.

『깔때기 뒤집기Flipping the Funnel』는 다음 문장으로 끝을 맺는다. 이번에는 내가 옳을지도 모른다.

낯선 이를 친구로.

친구를 고객으로.

가장 중요한 일이 하나 남았으니…….

고객을 영업 사원으로.

참으로 설득력 있는 공식이 아닌가. 세상 사람들은 대부분 당신의 고객이 아니다. 심지어 그들은 당신에 대해 들어 본 적조차 없다. 그들 중에는 당신의 제품을 구매하는 데 적합하지 않거나 전혀 관심조차 없는 사람들도 많지만 그 반대의 경우도 많다. 당신의 존재를 알기만 한다면, 당신이 파는 물건이 돈 주고 살 만하다는 확신이 들기만 한다면.

하지만 대체 무슨 수로 당신을 그들에게 알린단 말인가.

우리는 역사상 시장이 가장 혼란스러운 시대에 살고 있다. 당신이 강철 빔을 팔든 과학용 유리 제품을 팔든 축구공을 팔든, 사람들은 그 어느 때보다 당신을 무시하는 데 능숙해서 당신이 메시지를 전달할 기회조차 별로 없다.

뿐만 아니라 당신에게는 당신이 목표로 하는 사람들의 주목을 끌

만한 여유가 없다. 눈길을 잡아끄는 광고나 클릭을 유혹하는 배너, 기억에 남는 광고 게시판을 제작하는 데 드는 비용은 전에 없이 비싼데, 당신에게는 그만한 돈이 없다.

게다가 인력도 충분치 않다. 당신의 영업 인력은 당신이 원하는 만큼 충분치가 않고, 당신이 자랑하는 최고의 영업 사원들은 별다른 실적도 올리지 못한 채 기진맥진이다.

그러나 잠깐. 당신에게는 아직 활용하지 않은 자산이 있다. 바로 당신의 친구와 고객들.

나는 '친구'를 '아직 고객이 되지는 않았지만 말을 걸어도 좋다고 허락받은 잠재 고객'이라고 정의한다. 한편 고객은 이미 루비콘 강을 건넌 사람들이다. 그들은 완전한 타인에서 관심을 가진 친구로, 당신의 제품이나 서비스의 헌신적인 사용자로 변모한 사람들이다.

그리고 이런 사람들은 지천에 널렸다. 당신은 적어도 영업 사원보다는 많은 고객을 확보했을 것이다(적어도 그랬길 바란다). 또한 고객 명단보다는 허락을 얻은 친구들의 목록이 훨씬 길 것이다.

★ **웬 깔때기?**

마케팅은 깔때기다. 아직 분류되지 않은 잠재 고객들을 그 입구에 쏟아 넣어 보자. 일부는 당신에게 전혀 설득당하지 않고 밖으로 튀어 나간다. 반면 다른 일부는 당신과 당신의 조직에 대해 알게 되고, 동료들에게 입소문을 듣고, 상품을 비교해 보고, 마침내 고객이 되어 아래쪽으로 빠져나온다.

당신이 대부분의 마케터와 비슷하다면, 가능한 한 깔때기 입구에 이목을 집중시키는 데 시간을 쏟아 붓고 있을 것이다. 자신의 아이디어를 여러 사람에게 노출할 수만 있다면 주목을 더 많이 받을 수 있고 광고도 더 많이 할 수 있으며 더 많은 사람을 깔때기 입구에 집어넣을 수 있다고 생각하기 때문이다.

그러나 당신도 알겠지만, 깔때기를 계속 채우는 데 필요한 시간과 돈은 얼마 안 가서 당신이 감당할 수 있는 수준을 뛰어넘을 것이다.

여기에 좋은 사례가 있다. 다음 그래프는 매년 1억 달러어치 이상의 광고로 유지되는 '포드닷컴Ford.com'의 웹 페이지 방문자 수와 커뮤니티 기반의 신규 사이트 '스퀴두닷컴Squidoo.com'의 웹 페이지 방문자 수를 비교한 것이다.

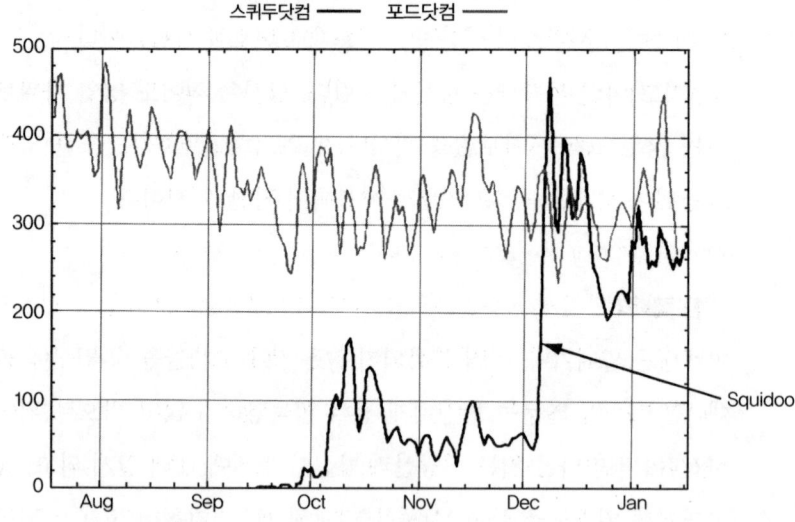

★ 깔때기를 뒤집어라!

여기 색다른 아이디어가 있다. 깔때기를 뒤집어 메가폰으로 사용하면 어떨까?

　당신을 좋아하거나, 당신을 존경하거나, 당신의 성공에 밀접한 관련이 있는 사람들에게 인터넷을 통해 힘을 불어넣을 수 있는 방법을 고안해 내는 거다. 이제 나는 당신을 위해 기꺼이 일해 줄 사람들, 즉 당신의 친구와 잠재 고객, 고객들을 당신의 '팬 클럽'이라 부르겠다.

　새로운 일련의 온라인 도구는 성장을 바라는 조직들에게는 이제 단순히 하나의 가능성을 넘어서 필수 사항이 되어 가고 있다. 당신의 팬 클럽에 메가폰을 넘겨주고 당신은 길을 비켜라.

★ **그들은 신경 쓰지 않는다(그럴 필요도 없다)**

당신의 친구들과 고객들 대부분은 당신에 관해 이야기하지 않는다. 그 이유는 그들이 별로 감동받지 못했기 때문이다. 그동안 당신의 조직은 고객과의 관계보다는 이익을 우선시했을 것이다. 그게 아니라면 당신의 제품이 리마커블하지 못하고 그저 괜찮은 정도였거나. 또는 당신이 몸담은 업계 자체가 고객들의 관심을 별로 끌지 못했거나(종이 클립에 대해 친구들과 대화를 나눠 본 게 언제였더라?).

　하지만 당신에게 감동받은 고객들이라면 어떨까? 그들은 누구에게 이야기할까? 자주 이야기할까? 그들의 이야기가 영향력이 있을까, 아니면 그들의 선의와 칭찬이 곧바로 흩어져 없어질까?

　당신이 직면한 문제는 사람들이 당신에게 신경 쓰지 않는다는 것이다. 그들에게 관심의 대상은 자기 자신이며 그것은 너무나 당연하다. 그러므로 그 누구도 당신의 제품을 홍보하는 데에 시간과 에너지를 사용하려고 하지 않을 것이다. 귀찮은 일인 데다가 그래 봤자 자신에게 돌아오는 것도 없을 테니(적어도 아직까지는).

설사 그런 장애들을 극복한다 해도 당신의 팬 클럽이 당신을 위해 기울이는 미약한 노력에 불이 확 붙는 일은 거의 없다. 그것만으로는 소리도 작고, 횟수도 충분치 않으며, 오래가지도 못한다.

★ **이제는 인터넷 세상이다**
앨 고어 덕분에 인터넷이 모든 것을 바꾸어 놓았다. 이제 키보드만 있으면 혼자서도 수백만 명과 접촉할 수 있다. 비디오카메라를 이용하면 이야기를 전 세계로 퍼뜨릴 수도 있다. 블로거 한 사람이 컴퓨터를 수천 대나 팔 수도 있다.

비결은 바로 이것이다. 당신의 팬 클럽에게 그들이 이용할 수 있는 도구, 또는 증폭기, 즉 메가폰을 쥐여주라.

이탈 고객과 기분이 상한 고객, 혹평가들도 이미 웹을 발견했다. 그들은 어떻게 해서든 당신의 악행과 실수를 낱낱이 파헤쳐 공개하

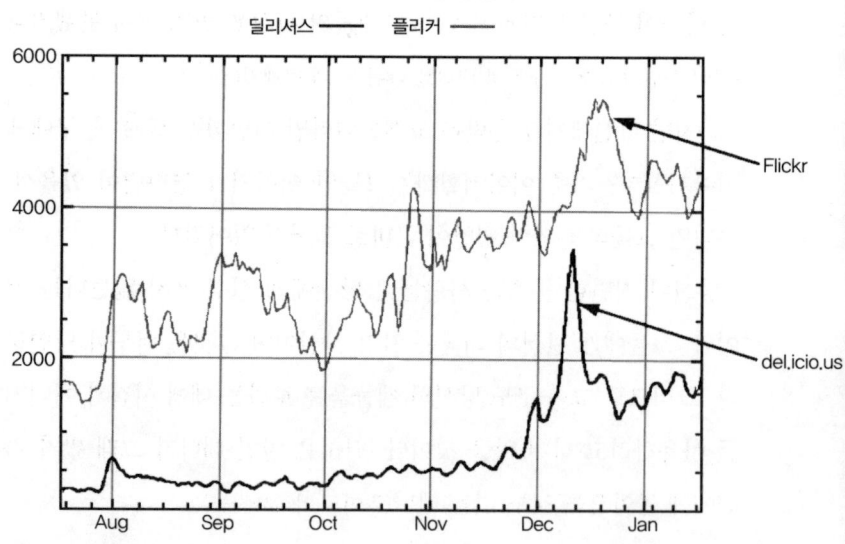
| 1일 방문자 수 (100만 명당) |

려는 사람들이다. 불만 고객은 의욕이 충만해 있고, 이미 웹이라는 매체를 수용한 상태이다.

그러나 부지런한 마케터는 팬 클럽 또한 쉽게 소문을 퍼뜨릴 수 있도록 만든다. 그것도 진실하고 자유로우며 정직한 방식으로.

이러한 아이디어가 얼마나 빨리 퍼져 나가는지 알게 되면 놀라지 않을 수 없다. 가장 성공적인 두 개의 정보 공유 사이트(Flickr와 del.icio.us. 위 표 참조)가 엄청난 속도로 발전해 온 것만 보아도 알 수 있다.

이러한 현상을 이해하는 가장 쉬운 방법은 실제 사례를 살펴보는 것이다. 지금부터 나는 1년 이상 유지되어 온 세 개의 온라인 서비스와 내가 직접 개발해 2005년 말에 문을 연 새로운 온라인 서비스에 관해 이야기하려 한다. 이 서비스들은 모두 무료이며 효과적이고 이용도 간편하다.

- **딜리셔스**

'교묘한 이름, 단순한 아이디어'로 특징지을 수 있는 딜리셔스 del.icio.us 사이트는 누구나 쉽게 웹 페이지를 '태그'할 수 있게 해 준다. 태그는 사람들이 어떤 웹 페이지나 기사를 쉽게 표시해 둘 수 있도록 하는 간단한 검색어를 말한다. 딜리셔스는 이 사이트에 등록한 사용자들에게 한두 번의 클릭으로 사이트에 북마크나 태그를 달 수 있는 도구를 제공한다.

나는 회계 문제와 관련해서 자세한 정보를 얻고 싶어 '사베인스 (Sarbanes. 미국의 기업 회계 개혁법인 사베인스 옥슬리 법안을 말함—옮긴이)'에 대해 검색했다. 태그로 등록된 북마크를 따라가다가 보고서로 가득한 한 사이트를 찾게 되었다. 자사가 제공하는 서비스에 관해 고객들과 협의하고자 하는 소프트웨어 회사와 회계 법인들이 올려놓은 보고서들이었다.

물론 이게 그렇게 대단한 발견이라는 얘기는 아니다. 그러나 이런 사이트를 구글에서 부각시키기란 보통 어려운 일이 아니다. 여덟 명의 네티즌이 이 페이지를 태그에 등록시켜 놓았기 때문에 이것이 물망에 올랐고 눈에 띄었던 것이다.

만일 당신의 우수 고객 중 열두 명이 당신의 제품 페이지를 태그로 등록한다면 어떤 일이 일어날까? IBM의 사이트에는 페이지가 백만 개도 넘지만 그 대부분은 전혀 눈에 띄지 않는다. 만일 IBM이 IT 관계자들로 하여금 쉽게 자사 웹 페이지를 태그할 수 있도록 만들어 둔다면 중요한 항목들은 검색어 순위의 상위권에 오를 것이다.

예를 들어 IBM은 NSA 미국 국가 안전 보장국가 사용하는 보안 강화 리눅스 버전에 쓰이는 코드에 관한 심도 있는 문서를 보유하고 있다. 이 문서가 수많은 컴퓨터광에게 구미가 당기는 물건임은 두말할 필요도 없다. 그리고 이 문서를 읽어야 할 사람들이 모두 이것을 읽는다면 IBM은 분명 큰 이익을 얻게 될 것이다(궁금해 할 사람들을 위해 굳이 밝히자면 그 문서는 http://www-128.ibm.com/developerworks/security/library/s-selinux2/에 있다). 그러나 사실상 이 문서는 너무도 깊은 곳에 묻혀 있어서 그것을 찾아낼 컴퓨터광이 별로 없을 것이며, 찾아내지 못한다면 그것은 없는 것이나 마찬가지다.

만약 소수의 인터넷 검색자들이라도 거기에 적절한 태그를 달아둔다면 다른 사용자들이 그것을 발견할 가능성은 커진다. 그리고 입소문이 퍼져 나갈 것이다.

딜리셔스의 중대한 비밀은 실제로 태그를 다는 사용자의 비율이 극히 낮다는 것이다. 이 사이트를 거쳐 가는 사람들은 대부분 소수의 사용자들이 붙여 놓은 태그를 찾기 위해 여기에 들어온다. 이것이 바로 온라인 영향력의 핵심이다.

실천 사항 당신의 팬 클럽 회원 가운데 가장 만족스러운 회원이 누군지 생각해 본다(이미 생각해 봤겠지). 그런 다음 그들에게 딜리셔스를 가르쳐 주고 무심한 척 내버려 두라. 몇몇 태그는 당신 제품의 부족한 점에 대해 주석을 달아 둘 것이다. 어떤 태그는 당신이 바라는 것 이상으로 솔직할 것이다. 거기서 교훈을 얻되, 이것이 거래의 일부분임을 명심하라.

- **블로그(블로거** www.blogger.com**, 타이프패드** www.typepad.com **등)**

이 글을 읽는 당신은 아마 블로그에 대해서도 잘 알 것이다. 웹상에는 매일같이 8만 개에 이르는 블로그가 새로 생겨나지만 대부분은 오래가지 않는다(사실 별로 볼 것이 없기도 하다). 빈 페이지가 눈앞에 주어지면 사람들은 주로 따분하고 자기중심적이거나 제삼자가 해독할 수조차 없는 내용을 적게 된다. 그러고는 곧 흥미를 잃어 흐지부지되고 만다.

하지만 만일 당신이 모종의 틀만 제공할 수 있다면 블로그를 살릴 수 있다. 채울 구멍을 주어라, 그리하면 그들이 채우리니.

고객이면 누구든 댓글을 달 수 있는 블로그를 만든다고 생각해 보자. 당신은 간단히 다음과 같은 글만 올리면 된다.

"오늘 우리는 XR-2000 모델을 새로 출시했습니다. 이에 대한 여러분의 의견을 아래에 댓글로 달아 주세요."

　물론 당신은 블로그에 남겨진 댓글을 편집할 수도 있다. 하지만 부정적인 댓글을 삭제해서는 안 된다. 저속한 내용이나 익명의 비방, 미성년자들의 장난 글 등은 지우되, 만일 당신이 사용자들에게 메가폰을 쥐어 줄 계획이라면 고객들이 그것을 마음껏 이용할 수 있도록 해 주어야 한다. 그렇지 않으면 아무도 읽으려 들지 않을 것이다.

　블로그의 진정한 힘은 그것이 극도의 구체성을 띠도록 만들 수 있다는 사실에서 비롯된다. 예를 들어 아름다운 흰색 페인트를 만들어 내려는 페인트 회사의 노력을 담은 블로그나, 논쟁의 여지가 극심한 AJAX(대화형 웹 페이지 개발 방식의 하나—옮긴이) 코딩 컨벤션(단위 프로그램을 작성하는 구체적인 방식—옮긴이)에 대한 토론 블로그를 생각해 보면 이해가 갈 것이다. 이런 블로그는 일반적으로 묵살되기 쉽지만 추종자를 얻게 되면 당신의 작품에 관한 입소문을 퍼뜨리는 데 도움이 될 것이다.

　블로그에 댓글을 허용하는 데서 더 나아가 팬 클럽 회원들이 각자 자신의 블로그를 만들게 된다면(또는 이미 블로그를 가진 사람을 팬 클럽 회원으로 끌어들인다면) 대박이 터질 것이 틀림없다. 거기에 필요한 인터넷 도구들은 이제 쉽게 구할 수 있다.

- **플리커**

　플리커는 사진 공유 사이트다. 디지털 사진을 게시하고 태그를 붙이기가 아주 쉽게 되어 있다. 자, 그럼 여기에 어떤 사진을 올리면 좋을까. 당신 호텔의 내부를 찍어 올리거나 당신이 주최한 회의의 폐막

연 사진을 올리면 어떨까? 만일 당신 회사에서 만든 보일러나 청소 도구를 사용하는 집주인들에게 디지털 카메라를 보낸다면 어떻게 될까? 사진을 찍고 싶어 하는 사람이 정확히 얼마나 될지는 잘 모르겠지만 한 가지 분명한 것은 사람들은 자기 표현을 좋아한다는 사실이다. 얼마 전 비스티보이즈(Beastie Boys. 힙합 밴드―옮긴이)는 팬들에게 비디오카메라 50대를 주고 자신들의 콘서트를 촬영하게 했다. 그리고 그 필름은 한 편의 영화로 제작되었다.

이러한 행동의 기저에 깔린 아이디어는 하나다. 사람들이 손쉽게 사진을 이용할 수 있도록 함으로써 동시 다발적인 대규모 정보 유포가 발생하도록 만들고, 그럼으로써 혼자서는 도저히 불가능한 방식으로 입소문을 퍼뜨리는 것이다.

당신의 본능은 당신에게 '네가 직접 사진을 올리고 정보가 퍼져나가도록 조종해'라고 말할 것이다. 그러나 플리커든 동종의 다른 서비스든 그런 일은 가능하지 않다. 커뮤니티의 규모가 너무 크고 그 힘이 강력하기 때문이다. 당신은 그들을 능가할 수 없다. 그러므로 그들과 한패가 되어야 한다.

• **스리프라파이**|Sripraphai **이야기**

뉴욕 시 퀸즈에서 소규모 사업체로서 가장 짭짤한 수익을 올리는 곳 중 하나는 주인의 이름을 딴 조그마한 타이 식당이다. 스리프라파이라는 이 식당은 광고 한번 없이도 매일 밤 손님들로 북적거린다.

입소문이 얼마나 대단한지 최강의 『뉴욕 타임스』마저 더는 이곳을 그냥 지나칠 수 없게 만들었다. 그리고 이 신문의 별 두 개가 붙은 리뷰는(이런 식당으로서는 전대미문이다) 식당 앞에 긴 줄을 만들었다. 식당의 규모가 두 배로 커진 후에도 줄은 여전했다.

대체 비결이 뭐지? 어떻게 한 거야?

스리프라파이 여사가 그런 게 아니다. 미식가들 때문이다.

그래, 그녀가 리마커블한 식당을 연 것은 사실이다. 하지만 차우하운드닷컴chowhound.com 의 방문자들이야말로 이 식당을 다른 식당과 구분하도록 만드는 데 결정타를 날린 사람들이다. 몇 년 동안 여러 사람이 이 식당에 관한 글을 올렸다. 그들은 메뉴에 있는 모든 음식을 분석했다. '정글 커리'에 관한 논쟁도 벌어졌다. 깔때기는 없었지만, 손님들에게는 메가폰이 있었다.

차우하운드닷컴은 리마커블한 비즈니스에 딱 들어맞는 플랫폼이다. 사이트 디자인 면에서는 별 볼일이 없을지 몰라도, 이 사이트를 매달 방문하는 35만 명의 사용자들이야말로 새로 생긴 레스토랑을 흥하게도 망하게도 할 수 있는 사람들이다.

그게 어떻게 가능하냐고? 그건 이 사이트에 글을 올리는 사람들이 신뢰받고 있기 때문이다. 그들은 좋은 평판을 얻고 있다. 익명도 아니다. 모든 걸 다 떠나 그들은 진정한 목소리, 사람들이 자신들을 믿도록 만드는 진정성과 경험이 우러나오는 목소리를 가졌다. 만일 당신이 그들이 추천한 세 곳을 좋아했다면, 아마 네 번째도 마음에 들 것이다.

한 가지 아쉬운 점은, 차우하운드는 오직 레스토랑에 대해서만 효력이 있는 것이다. 당신이 하는 일이 컨설팅 서비스거나 바나나 도매, 혹은 책과 관련된 것이라면 그 사이트는 당신에게 별 도움이 되지 않는다. 그것이 바로 내가 스퀴두Squidoo를 만들 수밖에 없었던 이유이다. 스퀴두는 사람들이 자신의 제품이나 서비스, 아이디어를 다른 사람들에게 알리도록 해 주는 플랫폼이다. 그리고 당연히 상업성에 기반을 두었다. 그것은 이 세상이 상업성을 기반으로 하기 때문이다.

스퀴두는 사회적 네트워크가 아니다. 스퀴두는 사회적 데이터베이스다. 우리는 스퀴두를 통해 다음과 같은 일을 하려 한다.

- 스퀴두

스퀴두는 사용자들이 직접 콘텐츠를 만들어 올릴 수 있게 만든 다목적 플랫폼이다. 스퀴두는 당신의 팬 클럽 회원들 각자가 쉽게 웹 페이지를 만들어 당신의 제품을 돋보이도록 하게끔 설계되었다.

또한 스퀴두 페이지에는 판매 상품이나 리뷰, 사진, 동영상, RSS 피드에 대한 링크가 포함되어 있다. '렌즈lens'라고도 불리는 스퀴두 페이지는 한 사람이 하나의 주제에 관해 다루도록 되어 있다.

가령 런던을 다루는 렌즈에는 런던의 다섯 개 레스토랑에 관한 짤막한 설명과 함께 각각의 레스토랑 사이트로 연결된 링크를 붙일 수 있다. 또 가장 좋아하는 호텔에 관한 설명과 해당 호텔의 스위트룸으로 연결된 링크를 넣을 수도 있다. 아마존에 팔려고 내놓은 여행 안내서와 이베이 경매에 내놓은 관광 기념품, 방문해 볼 만한 장소에 대한 플리커 게시물 등을 연결하는 것도 가능하다.

스퀴두 페이지들은 사회적 데이터베이스, 다시 말해 해당 주제에 관련된 최상의 정보에 관한 인간적 지표이다.

스퀴두의 마법은 근접 효과에서 비롯된다. 모든 렌즈가 모든 렌즈의 바로 옆에 있기 때문에 탐색 중 뜻밖의 횡재를 만나곤 하는 것이다. 스퀴두는 웹의 전 영역에서 사람들을 끌어들인다. 사람들은 자신이 흥미 있어 하는 렌즈를 찾아 들어왔다가 다른 렌즈로 이끌려 들어가기도 하고 미처 몰랐던 상품이나 서비스를 발견하기도 한다. 한 렌즈를 찾아온 사람이 새로운 아이디어나 해결책을 찾기 위해 당신이 바라던 바로 그곳을 탐험하게 될지도 모를 일이다.

스퀴두와 다른 서비스들의 가장 큰 차이점은 스퀴두가 다양한 아이디어를 한곳에 모아 유용한 의미를 갖도록 연합함으로써 가치를 지니도록 만든다는 데에 있다. 플리커의 경우는 사진이 독창적이거나 재미있을 때 인기를 얻는다. 그러나 스퀴두 렌즈는 중요한 정보를 전체의 일부로 제시할 때, 즉 그 정보가 의미 있는 큰 그림의 한 조각일 때 효과를 발휘한다.

가령 L. L. 빈(L. L. Bean. 미국의 통신 판매 업체—옮긴이)이 3천 명의 고객에게 자녀들의 겨울옷에 관해 쉽게 스퀴두 렌즈를 만들 수 있도록 해 준다고 상상해 보라. 좋은 물건들—알맞은 옷, 유행, 썰매, 야외용품 등—에 대한 링크가 포함된 렌즈는 엄마들이 온라인에서 상품을 고르는 데 드는 엄청난 시간과 수고를 덜어 줄 것이다. 선택하고 제시하는 데서 가치가 발생하는 것이다.

좀 더 복잡한 예를 들어 볼까? 데이터 보안과 암호학에 관해 IBM 수석 연구원이 작성한 기술 문서로 연결되는 링크를 제시하는 렌즈가 있다고 치자. 이 문서들은 줄곧 IBM의 웹 사이트에 있었다. 그렇지만 이러한 문서들을 확실한 설명과 함께 한꺼번에 제시해 놓음으로써 비로소 렌즈 마스터는 사람들이 찾아올 만한 가치가 있는 페이지를 제공할 수 있게 된다.

다음은 스퀴두를 이용해 당신의 팬들에게 메가폰을 부여할 수 있는 네 가지 방법이다.

1 블로거는 독자들에게 자신의 렌즈에 들어와 보도록 권한다. 그 렌즈에는 자신의 글이나 저서 등 유용한 정보가 담겨 있다. 이것을 본 독자들은 자신의 마음에 드는 것을 클릭해 관련 사이트에 들어감으로써 전자책 다운로드 횟수를 증가시키고 그 전자책은 독자를 다시금 렌즈로 불러들인다. 이러한 과정이 반복된다.

2 열대어 온라인 판매자의 경우, 고객들이 각자의 수족관을 소개하고 다양한 물고기 종에 대한 설명과 플리커의 사진으로 연결되는 링크를 올린 렌즈를 쉽게 만들 수 있도록 돕는다. 그의 고객층 중에서 단 1퍼센트(물고기 광팬들!)라도 그에 대한 정보를 렌즈에 올리게 된다면 그는 자신의 웹 노출을 천 배 이상 증가시킨 것이나 다름없다고 봐도 좋다. 그것도 완전히 공짜로.

3 온라인 콘텐츠 전략이 있는 사이트의 경우, 렌즈를 이용해 콘텐츠를 노출시킨다. 일례로 마사 스튜어트는 쿠키에 관한 렌즈 (www.squidoo.com/cookies)를 만들어 그녀의 팬이 아닌 사람들에게 자신이 찾고 있는 줄도 몰랐던 콘텐츠를 쉽게 발견하게 해주었다.

4 기업은 비영리 정책을 '채택'한 다음 고객과 종업원들로 하여금 그에 관해 다양한 주제의 렌즈를 만들도록 장려한다. 그로 인한 모든 수익*은 자선 단체에 전달된다.

5 보너스!: 회사는 모든 직원에게 회사의 사업이나 제품에 관련된

---

* 수익이라고? 그렇다, 수익이 발생한다. 렌즈는 운영자들에게 로열티를 가져다준다. 로열티는 렌즈에 올린 배너 광고나 직접적인 제휴 수익에서 발생하는데, 예를 들어 영화 애호가가 렌즈를 만들어 넷플릭스Netflix와 연결하고 그 결과 넷플릭스가 새로운 회원 한 명을 유치하게 되면 렌즈 운영자에게 10달러가 돌아가게 하는 것이다. 렌즈를 여러 개 만들어 더 많은 방문객을 끌어 모은다면 수익은 더욱 증가할 것이다.

렌즈를 만들도록 한다. 렌즈에는 제품을 바라보는 새로운 방식과 제품이 추구하는 바, 그 사용 방법에 관한 내용을 실을 수 있다. 또는 블로그나 기사, 사진 등을 링크할 수도 있다.

스퀴두에 대해 좀 더 자세히 알고 싶으면 다음 주소를 방문해 볼 것. www.squidoo.com/partnerships

★ 헌신과 투자에 관하여

깔때기 눕히기 기법의 핵심은 비용이 제로라는 데에 있다(뿐만 아니라 수익이 발생할 수도 있다). 그 때문인지 새롭고 저렴한 것에 회의적인 기업들은 이 전략을 선뜻 실행에 옮기려 하지 않는다. 어쩌면 그들은 신입 사원들을 이 일에 배정하거나 남는 시간에 장난삼아 시도해 보면서 과연 어떤 일이 벌어지는지 지켜볼지도 모른다. 우리는 이런 영화의 결말을 익히 보아 왔다. 큰 기회가 왔을 때 행동을 취하기는 어렵지만 후에 이를 만회하기 위해 수백만 달러를 투자하는 일은 훨씬 쉽게 일어난다.

이 얼마나 창피한 일인가.

슈퍼볼 중간에 광고를 하는 회사들을 생각해 보라. 광고 시간을 사는 데 드는 300만 달러의 광고 자체에 쏟아 붓는 비용과 노력에 비하면 새 발의 피다. 회사와 광고업체는 광고 한 편을 기획하는 데 몇 개월을 보낸다. 잘나가는 감독과 배우를 고용하고, 파도가 부서지는 사우스비치에 세트장도 마련할 것이다. 영업 사원들에게 만반의 준비를 갖추도록 지시하고, 브로슈어도 만든다. 어쩌면 경기장에 접대용 천막을 세우고 전국에 산재한 바이어들을 자가용 비행기로 공수할지도 모른다.

결국 이 회사들은 효과도 없는 광고에 수백만 달러를 쏟아 붓게 될 수도 있다는 얘기다.

깔때기 눕히기는 조금 다르다. 어떻게 다르냐면, 확실한 효과가 있다는 점이 다르고 비용이 많이 들지 않는다는 점이 또한 다르다. 그러나 여기에는 한층 큰 헌신이 필요하다. 즉, 회사 고위층의 감정적 투자가 상당히 많이 필요하고(이 말에 대해 좀 더 알고 싶다면 애용하는 검색 엔진에 'flipping the funnel'을 쳐 넣어 보라. 전자책을 찾을 수 있을 것이다) 관계자 모두의 꾸준한 노력도 있어야 한다.

팬들에게 딜리셔스 툴바를 설치하라고 권하면 처음에는 응해 주지 않을지 모른다. 스퀴두 렌즈를 만들라는 이메일을 보내도 처음에는 무시할지 모른다. 블로그에서 당신을 난처하게 만드는 댓글을 처음 접할 때에는 당장이라도 그만두고 싶은 유혹에 빠지게 될 것이다.

그러나 그런 것들이야말로 이 일을 계속해야만 하는 이유이다.

대규모 조직(소규모 조직도 마찬가지다)에서 이런 방법을 거의 받아들이지 않기 때문에 이 방법이 먹히는 것이다. 앞서 나가는 것이 중요하다. 온라인에서 진정한 존재감을 떨치고 확고한 선두 주자가 되는 것은 더더욱 중요하다.

나는 앞으로 자신의 팬 클럽이 목소리를 높이고 주목받으며 그 결과 입소문을 퍼뜨릴 수 있도록 권한을 부여하는 회사가 하나 둘 늘어날 것이라고 확신한다. 그렇다면 문제는 이것이다. 누가 선두 주자가 되어 확고한 인상을 남길 것이며 누가 머뭇거리다가 영원히 뒤처질 것인가?

★ **입소문을 '이용'한다고?**

얼마 전 『뉴욕 타임스』에는 올랜도에서 열린 입소문 마케팅 협회 Word of Mouth Marketing Association, WOMMA 총회에 관한 기사가 실렸다. 기사의 주제는 결국 입소문이 기존의 광고를 대체할 수단이라는 것이었다. 즉, 좌절한 광고주들이 궁지에서 빠져나올 날이 머지않았으니, 그 이유는 입소문이 그들을 구해 주기 때문이라는 것이다.

나는 마케터들이 대부분 입소문이 어떻게 자기들에게 도움을 줄 수 있는지에 대해 아직 제대로 감을 잡지 못했다고 생각한다. 그들은 자신들이 입소문을 '이용'해서 여론을 조작하고, 비용을 들여 그것이 먹혀들도록 해야 한다고 생각한다.

내 생각이 이상한 건지도 모르지만, 나는 입소문이 그들이 생각하는 것보다 훨씬 더 유기적으로 움직인다고 생각한다. 그리고 고객들은 모두 놀랍도록 똑똑하다. 그들은 자신들을 이용하려는 회사에 속아 그들의 앞잡이 노릇을 할 만큼 바보가 아니다. 메가폰이 근시안적인 기업의 손에서 좌지우지될 때, 그러한 전략은 실패하고 만다.

그러지 않으려면 진정성을 갖는 길밖에 없다. 진짜로 이야기할 만한 가치가 있는 제품을 만들어 내야 한다. 사람들이 남들과 함께 나누고 싶을 만한 경험을 창조하는 일에 투자하라. 그러고 나서 메가폰을 이용하라. 만족스러운 고객층을 최대한 확대하라. 그러나 거기에 '진실'이 들어 있지 않다면 그 모든 노력은 물거품이 되고 말 것이다.

★ **어떻게?**

우선 스스로에게 다음과 같은 질문을 던진다.

"나는 나의 팬들이 소리 높여 말하도록 힘을 불어넣을 수 있는가?"

만일 그렇다고 대답할 수만 있다면, 전술은 쉽고 간단하다. 그런 도구들을 널리 알리고, 관련된 항목들의 링크를 구축하고, RSS 피드를 설치하고, 당신의 가장 든든한 지지자들을 끌어들이는 일에 착수하라.

물론 거기에는 전에 없이 리마커블한 제품과 서비스가 수반되어야 한다. 당신의 팬들이 이야기할 만한.

플러퍼너터

나는 어제 마시멜로 플러프(Marshmallow Fluff. 마시멜로 크림 제품명-옮긴이)를 병에서 떠내다가 뒷면에 플러퍼너터(Fluffernutter. 땅콩버터와 마시멜로 플러프를 바른 샌드위치로 매사추세츠 주에서는 주를 대표하는 샌드위치로 지정하자는 움직임이 있을 정도로 미국 북동부에서 크게 유행했다-옮긴이) 만드는 법이 적혀 있는 것을 발견했다. 이 요리법을 고안해 냄으로써 회사가 얻은 이익은 막대할 것이다. 이것은 베이킹소다를 냉장고에 넣어 두면 냄새가 없어진다는 것만큼이나 좋은 아이디어다. 아이들이 있는 집이라면 늘 플러프를 준비해 두어야 할 필연적인 이유가 어느 날 갑자기 생겨난 것이다. 플러퍼너터는 플러프를 '어쩌다 한 번씩 사용하는 디저트 토핑'에서 '일상적으로 먹는 기본 식재료'로 바꾸어 놓았다.

당신은 당신 제품의 새로운 용도를 생각해 낼 수 있는가?

포그 시티 뉴스

나는 오늘 샌프란시스코에 갔다가 포그 시티 뉴스Fog City News 앞을 지나쳤다(아, 아쉽게도 문 닫을 시간이 지나 있었다). 포그 시티 뉴스에는 백여 가지가 넘는 초콜릿이 진열되어 있다. 그리고 우편으로 초콜릿을 주문한 사람들에게는 공짜 초콜릿 쿠폰을 준다(만일 친구에게 나눠 주겠다고 말하면 얼마든지 더 준다).

그야말로 보랏빛 그 자체 아닌가. 더 놀라운 것은 이 가게가 잡지 판매점이라는 사실이다. 주인의 열정적인 취미 활동(초콜릿)에 테이블 한두 개를 할애한 잡지 판매점. 그런데 이 한두 개의 테이블이 엄청난 잡지 매출을 일으킨다.

공짜 선물에 관한 열네 가지 정의

공짜 선물은 당신이 그냥 하룻밤 묵기 위해 리츠칼튼 호텔에 갔을 때 경험하는 예상치 못한 서비스이다.

공짜 선물은 당신이 잔고를 확인하려고 커머스 뱅크Commerce Bank에 갔을 때 맞닥뜨리는, 누구나 쓸 수 있는 잔돈 세는 기계이다.

공짜 선물은 당신이 앨 야가네 수프 판매대(앨 야가네가 운영하는 'Soup Kitchen'이라는 수프 포장 판매점을 말한다—옮긴이)에 갔을 때 보게 되는 기나긴 줄이다.

공짜 선물은 『보랏빛 소가 온다』의 초판 만 부를 넣어서 판매한 우유 팩이다.

공짜 선물은 당신이 티파니 보석 가게의 작은 하늘색 상자를 열 때의 느낌이다.

공짜 선물은 당신이 허머(Hummer. GM 사가 생산하는 지프차 브랜드—옮긴이)를 몰고 갔을 때 대리 주차 요원의 얼굴에 떠오르는 표정이다.

공짜 선물은 신형 보잉 77e 기종의 조명과 천장이다.

공짜 선물은 신형 맥파워북에 장착된, 자동으로 밝기가 조절되는 키보드이다.

공짜 선물은 빵집에서 풍겨 나오는 냄새다.

공짜 선물은 디즈니월드에 있는 스페이스 마운틴을 타려는 사람들의 줄이다.

공짜 선물은 메소드 Method 사의 주방용 세제 용기다.

공짜 선물은 메이택 넵튠 Maytag Neptune 사의 식기 세척기 디자인이다.

공짜 선물은 당신이 마크 레빈슨 앰프(4천 달러!)를 켤 때 회로 차단 장치에서 나는 철컥 하는 소리이다.

공짜 선물은 당신이 담배를 피우기 전에 담뱃갑 한쪽으로 담배를 몰아넣는 방식이다.

간섭과 상호 작용

아마존닷컴에서는 이제 책의 제목뿐 아니라 그 내용까지 검색할 수 있다. 이러한 혁신을 위해 이 회사는 수백만 달러의 비용과 수년간의 노력을 들였다. 뭐하러 그렇게 귀찮은 짓을 했을까? 그것은 '기능성'이 곧 새로운 마케팅이기 때문이다.

아마존이 그렇게 크고 수익이 많으며 중요한 기업이 된 까닭은 간섭받고 싶어 하지 않는 사람들을 간섭해서가 아니라 그들과 상호 작용을 했기 때문이다. 상호 작용은 간섭보다 백만 배는 더 강력하다.

미래 비전

슬프게도 미래는 우리가 생각했던 것 같지 않을 것이다. 우리는 이미 점점 작아지는 꿈과 가혹해지는 현실에 익숙해질 대로 익숙해졌다. 이루지 못할 꿈을 위하여 건배!

로켓 자동차를 기억하는가? 내가 어렸을 적, '미래'라고 할 때 가장 먼저 떠오르는 장면은 한두 사람이(가족도 없고, 그러니 스테이션왜건은 더더욱 필요 없는!) 투명한 덮개가 달린 로켓 자동차를 타고 날아다니는 광경이었다. 마치 투모로우랜드(Tomorrowland. 디즈니랜드의 여러 테마 랜드 중 하나―옮긴이)에서 곧바로 튀어나온 듯한 이 모습이 우리 미래의 한 장면이 될 것임을 의심하는 사람은 아무도 없었다. 하지만 지금, 서글프게도 로켓 자동차는 저 멀리 날아가 버렸다. 달나라 통근 비행기, 로봇 하인, 음식 만드는 기계(상상할 수 있는 모든 요리를 만들어 내는), 화성에서 온 침입자들과 함께.

오랫동안 우리의 미래는 SF 소설가들에 의해 묘사되어 왔다. 아서 C. 클라크(Arthur C. Clarke. 『스페이스 오디세이』 등의 저자―옮긴이)는 통신 위성을 발명했다. 아이작 아시모프(Isaac Asimov. 『아이 로봇』 등을 썼다―옮긴이)는 로봇을 개발했고, 로버트 하인라인Robert Heinlein은 과학자들이 위험한 물건을 만질 때 사용하는 원격 조종 장갑 '월도 Waldoes'를 만들어 냈다. 이런 물건들은 그것을 상상 속에서 창조한 작가들이 살아 있을 때 어느 정도 실현되었다. 역설적이게도, 당신이 미래를 꿈꾸기 쉬웠던 이유 중 하나는 그것이 너무나도 거짓말 같았기 때문이다. 우주 정거장이 실제로 만들어질 리 없으니 우주 정거장 건설에 필요한 세부 사항에 대해서는 걱정할 필요가 없지 않은가. 반세기 동안 미래에 대한 우리의 비전은 잡지와 소설책, 영화, 텔레비전이 주도했다.

그런데 어느 순간부터인지 미래가 달라졌다. 현실이 우리를 따라잡았고, 우리는 달에는 인간이 살지 않으며 로봇은 지구를 점령하지 않을 것이고 컴퓨터가 말하게 만드는 것은 컴퓨터가 생각하게 만드는 일과는 조금 다르다는 사실을 알게 되었다.

환상이 깨짐과 동시에 우리는, 어떤 영역은 우리가 예상했던 것보다 훨씬 빠르게 발전하고 있음을 깨달았다. 과학 기술이 폭발했고, 우리는 뒤떨어지지 않기 위해 우리의 에너지를 모두 쏟아 부어야 했다. 결국 우리는 먼 미래에 대해 말하고 생각하기를 그만두고 내일만을 이야기하게 되었다. 내일이 이미 목전에 와 있었기 때문에 수많은 시와 감성이 비전을 잃었다.

아아, 슬프게도 이제 우리의 꿈은 SF 작가나 과학자의 손에서 MBA에게로 넘어갔다. 사실을 말하자면, MBA들은 꿈꾸는 데 몹시 서투르다. 인터넷 붐이 한창이던 시절, 명문 학교를 갓 졸업한 MBA들은 신생 닷컴 회사에 취직하려고 줄을 섰다. 그들은 닷컴 회사야말로 차세대 대박이라고 확신하며 하루라도 빨리 거기에 뛰어들고 싶어 안달했다. 그들의 꿈은 매우 근시안적이었고, 그나마도 거의 실현되지 않았다. IPO˚⁰⁰ ⁰⁰⁰가 크게 유행하던 시절에도 그 전망은 그리 밝아 보이지 않았는데, 인기가 추락한 지금 IPO의 미래는(미래라는 게 있다면) 한층 어둡다. 2006년 4월 나스닥이 폭락했을 때, 풋내기 MBA들도 함께 추락했다. 2001년 1월 『뉴욕 타임스』는 잘나가는 MBA들을 영입한 닷컴 회사들이 얼마나 꼴사납게 되었는지에 관한 기사를 실었다. 모든 것이 예상했던 대로다! 가까운 시일 내에 투자금을 돌려받을 가능성은 급격히 줄어들었다.

당신이 만일 투자자라면 MBA들이 이번에는 어디로 가는지 알아낸 다음 그 업계의 주식 보유량을 줄이는 게 좋을 것이다.

장기적이고, 위험하고, 대담한 목표가 없으면 시시때때로 부딪히는 방해물에 좌절하기 쉽다. 당신의 목표가 2000년까지 주식을 공개하는 것이었다면 당신은 이미 실패했을 것이다. 그러나 만일 당신의 목표가 지구상의 모든 인간을 디지털 통신을 통해 실시간으로 연결하는 것이었다면(내가 좋아하는 몇몇 SF 작가가 달려들 만한 계획 아닌가!), 당신은 길을 제대로 들어선 셈이다.

해리 해리슨Harry Harrison은 대단한 공상가로, 영화 〈소일렌트 그린 Soylent Green〉의 원작자이기도 하다. 영화에서 주인공 찰턴 헤스턴은 먼 미래 시대에 사는 인물인데, 그는 어느 날 지구의 지도자들이 그동안 인구 과잉 문제를 다소 밥맛 떨어지는 방식으로 해결해 왔음을 알게 된다. 즉, 죽은 자들을 재료로 '소일렌트 그린'이라는 두부 같은 식품을 만들어 사람들에게 먹였던 것이다. 뭘 그래, 맛은 별로였지만 다들 그걸 먹고 살아남았다고!

내가 장기적이고, 위험하고, 대담한 목표가 있어야 한다고 했다고 해서 '소일렌트 그린' 같은 프로젝트를 진행하라는 얘기는 아니다.

미래에 대한 우리의 비전을 회복해 줄 수 있는, 진정으로 대담한 목표 몇 가지를 제시해 보려 한다.

1 대기 온도 변화를 전기로 변환하는 장치
2 물질을 순간 이동시키는 기술
3 귀에 휴대 전화 칩을 심어 소리를 크게 내지 않고도 누구하고나 이야기를 나눌 수 있는 기술
4 바다 농장
5 공짜 전기를 발생시키는 경제성 있는 태양 전지
6 지구 온난화를 해결하는 방법
7 반중력反重力 장치
8 모든 만성 퇴행성 질환을 치료하는 백신과 치료제
9 망원 렌즈 기능이 있는 영구 콘택트렌즈
10 쉽고도 효과적인 피임법
11 가축을 죽일 필요가 없는 대체 식량
12 감옥을 필요 없게 만드는 범죄자 행동 조절 장치
13 태양계 너머까지 갈 수 있는 광속 여행
14 시간 여행, 또는 적어도 시간 여행 카메라로 찍은 논픽션 영화
15 개인용 잠수함과 해저 별장
16 환경오염이 극심한 지역을 회복시킬 수 있는 기술
17 전 세계의 총기와 핵무기를 무력화할 수 있는 파장波長
18 인간처럼 사고思考하는 컴퓨터

이 중의 몇 가지는 터무니없거나 불가능해 보일지도 모른다. 개발

할 가치조차 없어 보이는 것도 있다. 하지만 ICQ(초기 인스턴트 메신저 프로그램-옮긴이) 채팅도, 달나라 여행도, 팩스도 과거에는 그랬다.

요점이 뭐냐고? 나는 아이작 아시모프가 똑똑하고 친절하고 쓸모 있는 로봇에 대한 비전을 제시했던 것처럼, 일부러 도달할 수 없는 목표를 그려 봤다.

컴퓨터의 속도가 엄청나게 빨라지면 거기에 정신이 생겨나지 말라는 법도 없지 않는가. 그렇게 속도가 빠른 컴퓨터라면 내 뇌를 스캔해서 내가 아는 것을 알아내고 나처럼 행동할 수도 있지 않을까? 만일 그게 가능하다면 그렇게 스캔한 데이터를 홍콩, 아니 다른 행성에서 열리는 회의에 보내지 못할 이유가 있겠는가?

나는 만화 영화 〈우주 가족 젯슨 The Jetsons〉을 무척 재미있게 보았다. 그 이유는 뭐니 뭐니 해도 그것이 도달할 수 없는 먼 미래, 비현실적이며 상상 속에서나 가능한 일로 도무지 불가능해 보였기 때문이다. 그러나 몇 년 전, 최초의 우주여행객 데니스 티토 Dennis Tito는 우주에서 일주일을 보내고 돌아왔다. 해너와 바버라(〈우주 가족 젯슨〉을 제작한 해너 바버라 프로덕션의 창업주들-옮긴이)가 엘로이와 주디, 조지와 그의 부인 제인(〈우주 가족 젯슨〉의 등장인물들-옮긴이)을 만들어 낸 지 40년도 채 안 되어서 말이다.

자, 이제 당신은 무엇을 하려 하는가?

지메일

지메일은 구글이 웹 세계의 익명성을 근본적으로 변화시킬 수 있는 커다란 기회였다. 만일 구글이 지메일 계정을 공짜로 주지 않고 1년에 1달러씩 받기로 했다면 어떤 일이 일어났을까? 그리고 그 비용을 신용 카드로 지불해야 한다면?

더 나아가 구글 이메일 주소에 반드시 실명을 표기해야 한다면?

구글의 스팸 방지 규정(설마 그런 게 없지는 않겠지)을 위반할 경우 건당 20달러를 벌금으로 내야 한다면?

아마도 구글은 이메일의 기준이 되었을 것이다. 사람들은 기꺼이 스팸 필터를 이용할 것이고, 구글 이메일을 신뢰할 것이다. 다른 이메일 서비스를 이용하는 사람은 의심을 사게 될 것이다. (뭐, 당신도 실명 인증이 두렵다고?)

내가 구글이라면 그렇게 했을 것이다.

인터넷 기업이 번영할 수밖에 없는 열 가지 이유

그렇게 된 지는 10년밖에 안 되었다. 인터넷이 대중의 도구로 보편화된 게 10년 정도 되었다는 이야기다.

2000년에 있었던 그 처참한 붕괴의 기억에도 불구하고 내가 여전히 인터넷에 큰 기대를 걸며 조만간 인터넷 기업이 크게 번영할 것이라고 믿는 열 가지 이유가 있다.

1 보급 10년 전보다 넷을 이용하는 인구가 50배나 늘었다. 50배라는 것은 쉽게 나올 수 있는 숫자가 아니다.

2 대역폭 모뎀으로 웹 서핑 하는 것이 얼마나 끔찍한 일이었는지

이제는 기억조차 희미하다. 광대역 통신망의 보급으로 웹 서핑은 훨씬 쉽고 자연스러워졌으며, 전체적으로 볼 때 한층 기분 좋은 경험으로 발전했다.

3 **도구** 이제는 별도의 프로그램 없이도 거의 모든 온라인 서비스를 이용할 수 있게 되었다. Changethis.com(세스 고딘의 프로젝트 중 하나인 일종의 온라인 미디어. PDF와 블로그, 웹 등 새로 돈을 들여 만들 필요가 없는 기존의 도구를 가지고 사회·정치·경제에 관한 각계 멘토들의 의견을 담은 이른바 '선언문'을 유포함으로써 대중의 의식을 변화시켜 보자는 실험적 프로젝트다—옮긴이)은 이것에 얼마나 수월해졌는가를 여실히 증명하고 있다. 이것은 또한 대부분의 인터넷 서비스에 훌륭한 프로그래머가 반드시 필요한 것은 아님을 의미한다.

4 **서버** 구글이 사용자들에게 1기가바이트의 저장 용량을 무료로 제공했다는 것은 이제 서버 공간이 사실상 거의 무료라는 사실을 반증하는 것이다. 3년 전만 해도 3기가짜리 하드 드라이브가 3천 달러나 했다니, 믿을 수 있는가?

5 **WiFi** 차세대 와이파이(무선 인터넷 서비스)는 지금보다 더 빨라질 것이다. 그러나 더욱 중요한 것은 그 도달 범위가 매우 넓어질 것이라는 점이다. 그 말인즉슨 샌프란시스코 시내 전역에서 무료 와이파이를 이용할 수 있다는 뜻이다. 이러한 편재성과 더불어 값싼 기기가 출시되면 사용자 수가 엄청나게 증가할 것이고, 마침내 세계 어디에나 사용자가 존재하게 될 것이다.

6 **멀티미디어** 웹은 아직 ASCII(아스키. 미국 정보 교환 표준 코드) 세계에 갇혀 있지만, 이것이 그리 오래갈 것 같지는 않다. 여기에 수백만 대의 비디오카메라와 5천만 대의 휴대 전화 카메라, 지금까

지 녹음된 모든 노래, 지금까지 제작된 모든 텔레비전 쇼와 영화, 거의 모든 학술 서적의 콘텐츠가 결합되면 머지않아 재미있는 일이 벌어질 것이다. RIAA(미국 음반 산업 협회)와 MPAA(미국 영화 협회)의 멍청이들은 이것을 막기 위해 거짓말을 꾸며 대겠지만, 전 세계 주크박스와 실시간 감시 카메라의 만남은 이루어지고야 말 것이다.

7 할머니들 이제는 세대를 불문하고 일반 국민들에게 '인터넷'이라는 것이 무엇인지 설명할 필요가 없어졌다. 구글은 기업가들에게 안정적인 세상을 만들어 주었다. 이러한 사실의 중요성을 절대 과소평가하지 말라.

8 십 대들 야후! 세대가 이제 운전면허증을 취득하게 되었다! 이들은 백과사전이나 비디오카세트 또는 레코드판 없이 자란 아이들이다. 또한 이들은 인터넷을 완전하고도 영구적으로 자신들의 삶과 통합한 아이들이다. 이들이 곧 대학에 가고 취직을 하게 된다.

9 벤처 자본 프레드 윌슨(Fred Wilson. 벤처 캐피털리스트)은 뛰어난 인터넷 기업에 투자할 자금을 1억 달러 이상 보유하고 있다. 수많은 다른 (재능이 덜한) 벤처 자본가들도 마찬가지다. 이것은, 과거보다 훨씬 적은 비용이 드는 오늘날(3번과 10번 참조), 사업 자금을 구하는 일이 그다지 어렵지 않게 되었음을 의미한다.

10 TV의 종말 (TV의 종말을 언급하지 않는다면 세스 고딘의 글이라고 할 수 없지!) 1억 달러 이상을 투자한 초창기의 멍청한 인터넷 서비스 기업이 무엇 때문에 잇따라 망했는지 아는가? 광고 때문이다. 그들은 하나같이, 수백만 달러를 써서 우선 브랜드를 구축해야 한다고 생각했다. 오늘날, 우리는 성공한 모든(하나도 예외가 없다!) 인터넷 기업은 그렇게 된 이유가 아이디어바이러스를

확산시켰기 때문이라는 확실한 증거를 확보했다. TV 광고 때문이 아니다. 입소문 때문이다.

과대광고 주의! 내가 단정적인 표현을 지나치게 썼다면 양해해 주시길. 서버와 광대역 통신망은 완전 무료가 아니다. TV도 완전히 끝장나지는 않았다. 생각을 몇 걸음 앞서 전하다 보니 그렇게 되었다. 이미 눈치 채셨지?

잔 디 밭
마 케 팅

잔디밭을 가졌는가? 왜, 집 앞에 있는 그 아까운 공간 말이다.

잔디밭은 사실상 1850년이 되어서야 그 모습을 드러냈으며, 그 직전에 영국에서 고안된 존재다.

잔디밭의 존재 이유? 낭비성을 만천하에 알리기 위해서다. 잔디밭이 있다는 것은 당신의 이웃들에게 당신이 토지와 물을 낭비하고, 그것을 깔끔하게 유지하기 위해 사람을 부릴 여력이 있음을 광고하는 것이나 마찬가지다(그 밖에 더 불편한 진실을 알고 싶다면 http://www.american-lawns.com/history/history_lawn.html을 방문해 보기 바란다).

하지만 '잔디밭 마케팅'은 이와는 전혀 다른, 마케팅 중의 마케팅이다. 잔디밭처럼 성가시고 겉만 번드르한 '광고'가 아니라, 잔디밭처럼 널리 퍼지고 머릿속에 딱 달라붙는 아이디어 말이다. 예를 들면 스타벅스나 이메일처럼. 이제 우리 앞에 놓인 과제는 그 자체에 이미 마케팅이 내재된 아이디어를 창조해 내는 것이다.

잔디 깎기는 참 즐겁기도 하지.

단두대와 고문대

나의 첫 직업은 뉴욕 주 버펄로의 우리 집 근처에 있는 '카루셀 스낵바'에서 핫도그 소시지 오븐의 기름때를 닦는 일이었다. 사실상 그건 오븐이라고 할 수도 없었다. 뜨거운 전구 아래서 회전하는 여러 개의 쇠꼬챙이라고나 할까. 그 일 외에도 나는 커피를 끓이고 매일 밤 바닥 청소를 하기도 했다. 요식업에서 내 미래가 그리 밝지 않다는 사실을 알아차리는 데에는 그리 오랜 시간이 걸리지 않았다.

그때 내 일은 결정이라는 것을 내릴 필요가 별로 없는 일이었다. 매니저는 내가 어떤 변화를 일으키길 전혀 기대하지 않았다. 아니 그녀는 사실 그 누구도 변화를 일으키지 않길 바랐다(프로즌 요구르트 분야로 사업을 확장하자는 내 제안은 묵살되었으며, 핫도그 소시지를 하루 종일 뜨거운 전구 밑에 놔두는 것보다는 손님이 주문할 때마다 데우는 것이 경제적일 거라는 제안도 마찬가지였다).

그녀는 모든 변화와 혁신, 모험이 결국은 자신을 파멸로 이끌 것이라고 믿었다.

결국 요식업에서의 내 경력은 유리로 된 커피 주전자를 하루에 세 번이나 깨뜨리는 것으로 끝나고 말았다. 나는 열여섯이라는 어린 나이에 직업을 잃고 거리로 내쫓겼다. 그렇긴 해도 첫 번째 직장에서 나는 많은 것을 배웠고, 그러한 교훈들은 이후로 점점 강화되었다. 나는 요즘도 매일같이 회의에서 그 스낵바 매니저를 만난다. 그래,

진짜로 그녀를 만난다는 건 아니다. 하지만 정말 그녀와 똑같은 사람들이다. 현상 유지와 생존에 대한 열망을 필사적으로 연결하는 중간 관리자들 말이다. 내 매니저는 자신의 일자리를 위태롭게 만들고 싶지 않았던 것이다. 그녀는 매일의 일상과 그 속에서 계속되는 사람들과의 만남을 기회가 아닌 하나의 위협으로 보았다. 자신의 안녕에 대한 위협으로. 그녀가 늘 되뇌는 주문이 있다면 그건 아마도 "실수하면 안 돼"였을 것이다.

직장에서 그녀 앞에는 두 가지의 선택이 놓여 있었다. 무섭지만 빨리 죽을 수 있는 단두대에 설 것인가, 아니면 고문대에서 서서히 죽어 갈 것인가. 그러나 그녀의 악몽 속에서는 둘 중 하나의 위협만이 커다랗게 보였다. 단두대.

인정한다. 나도 똑같은 꿈을 꾸어 왔다.

당신의 상사가 내일 아침 회의에서 당신에게 무슨 말을 할까 밤새워 걱정해 본 경험이 있는가? 시시각각 다가오는 최후의 심판을 기다리며 전전긍긍해 본 적이 있는가? 그게 바로 단두대에 대한 두려움이다.

그러나 아무도 고문대는 두려워하지 않는다. 경쟁사보다 먼저 시스템을 변화시키지 않으면 앞으로 2년 뒤에는 반드시 대규모 정리해고가 일어날 텐데도 그것은 두려워하지 않는다. 천천히 썩으며 죽어 가는 것은 두려워하지 않는다. 대신 갑작스러운 죽음을 더 두려워한다. 사실 죽기에는 단두대 쪽이 훨씬 나은 방법인데도.

얼마 전 한 회사의 초청을 받아 시카고에 위치한 그들의 본사를 방문한 적이 있다. 누구나 한번쯤은 들어 봤을 만한, 금융 서비스계의 거물 기업이었다. 이들 역시 인터넷이 자신들의 미래를 위협할 것이라는 사실을 알고 있었다.

그들은 매우 진지했다. 사전 조사와 준비를 철저히 해 놓았고 모두들 열심히 필기하며 질문도 했다. 처음에는 그들이 미래에 대비해 모든 일을 제대로 하는 것처럼 보였다. 사장 직속의 인터넷 프로젝트 팀도 구성되어 있었다. 여러 중역들이 참여하고, 거의 모든 부서에서 대표를 파견한 매우 중요한 팀이었다. 이들은 컨설턴트를 고용하고, 새로운 비즈니스 모델을 만드는 등, 다음 세기에 적응하기 위해 매우 열심히 일했다.

강연을 마치자, 팀원들은 내게 회사 마케팅 책임자의 프레젠테이션에 참석해 달라고 부탁했다. 호수가 내다보이는 환상적인 전망을 자랑하는 커다란 회의실에 들어가니 한쪽 테이블에 은제 찻잔 세트와 차가 준비되어 있었고, 각자의 자리에는 회사 로고가 찍힌 노란색 노트 패드가 놓여 있었다.

프레젠테이션(그것은 1996년 무렵의 최첨단 인터넷 전략 회의와 너무나도 흡사했다)이 끝난 뒤 그들은 내게 소감을 물었다.

나는 주위를 둘러보았다. 바로 그때 나는 회의실에 모인 사람들이 모두 똑같은 말을 기다리고 있다는 것을 알아차렸다.

"와우, 여러분은 인터넷 세상에 대한 준비가 완벽하게 되어 있군요. 아무 걱정 안 해도 되겠습니다."

또는

"웹이 당신들의 비즈니스 모델에 아무런 위협이 되지 않을 것 같군요. 아무것도 바꿀 필요가 없습니다." 같은.

정말로 슬프고도 놀라운 일은, 그런 내 말이 틀린 것이라 해도 그들이 개의치 않았을 것이라는 점이다. 자신들의 회사가 월든북스 Waldenbooks나 CBS, 시어스 Sears, 그 밖의 크고 우둔한 다른 회사처럼 끝나 버리든 말든, 지금 당장 변화하라고만 하지 않으면 괜찮다는 식이었다.

자, 여기서 대체 무슨 일이 벌어지고 있는가. 내가 방금 만난 사람들은 수십억 달러 자산의 세계 최고 브랜드를 좌지우지하는 일단의 똑똑하고 적극적이며 고액 연봉을 받는 자들이다. 그러나 그들은 자신들이 실패할 것을 알면서도 별다른 대책을 세우지 못했다. 그들은 지금 당장 작은 실패가 일어나지만 않는다면 나중에 커다란 실패가 닥치는 것은 괜찮다는 사고 체계에 빠져 있었다.

우리 모두 좀 더 솔직해지자. 당신도 변화가 싫지?

하인라인

"이 나라 어떤 집단의 마음속에는, 특정인이나 기업이 오랫동안 대중으로부터 이윤을 얻어 왔다는 이유만으로, 환경이 파괴되고 공익에 반함에도 정부와 법정이 그들의 이윤을 앞으로도 계속 보장할 책임이 있다는 생각이 자라 왔다. 이 이상한 원칙은 성문법에서도 불문법에서도 그 근거를 찾을 수 없다. 기업이든 개인이든 법정에 들어가 역사의 시계를 멈추거나 되돌려 달라고 요구할 권리는 없다."

어렸을 적, 나는 로버트 하인라인의 작품을 좋아했다. 이제 다시 한번 그의 작품을 읽어 봐야 할 것 같다.

허시 파크

펜실베이니아의 허시Hershey는 저가 초콜릿의 진원지다. 하지만 무엇보다 이 지역은 디자인과 스타일, 리마커블 추구에 대한 아주 중요한 원칙을 일깨워 준다.

십 년도 더 전, 필립 크로스비(Philip Crosby. 세계적인 품질 관리 전문가이자 경영자—옮긴이)는 도발적인 제목의 책 『품질은 무료다Quality Is Free』로 제조업계에 혁명을 가져왔다. 이 책의 요지는 물건을 애초에 제대로 만드는 것이 나중에 수습하는 것보다 훨씬 싸게 먹힌다는 것이다.

다시 말해 제품을 더 잘 만들면 이익을 더 많이 얻을 수 있다는 의미다. 지금이야 상식과도 같은 말이지만 당시에는 그렇지 않았다. 그때는 허접스러운 물건을 만드는 게 시간도 돈도 적게 든다고 생각했다. 그러나 이제는 물건을 제대로 만드는 것이 훨씬 비용이 적게 든다는 사실을 누구나 안다.

자, 여기서 또 하나의 추론이 가능하다.

"스타일도 무료다."

허시 파크의 예를 몇 가지 들어 보겠다.

모든 놀이 기구에는 타기 전에 읽어야 할 안내 표지판이 세워져 있다. 이 표지판은 필수 경비에 해당되지만 그렇다고 이렇게 흉하게 생겨야 한다는 법은 없다. 내 말은, 모든 표지판의 글씨가 대문자로 씌어 있는 데다가 행간도 좁고, 글씨체 또한 예쁘지도 않고 읽기도 어렵다는 뜻이다. 색깔도 어떤 것은 금색, 어떤 것은 녹색, 또는 검은색이다. 다들 제각각 놀고 있다는 얘기다.

이 표지판들을 보기 좋게 만드는 데 들어가는 비용은 제로에 가깝다. 들어가는 잉크의 양이나 목재의 양이 똑같다. 이렇게 해서 더 많은 사람이 표지판을 쉽게 읽게 된다면 사고도 감소하고 진행 속도도 빨라져 허시의 이득도 늘어날 것이다.

이 문제를 다루면서 한번 세어 봤더니 허시 파크의 표지판에 사용된 서체는 무려 100가지가 넘었다(정말이라니까. 의심스러우면 직접 세어 보시지). 심지어 '광산 마을 Mine Town'이라는 구역에만 40종이 넘었다. 아마 저 길 건너 간판집에 무슨 일이라도 생겼나 보지.

한꺼번에 40가지가 넘는 서체를 쓴 책이나 고속도로 표지판을 상상해 보시라.

이렇게 산만하고 상대를 고려하지 않은 의사소통 방식은 순식간에 커뮤니케이션의 부재를 초래한다.

이런 조잡함은 음식점 간판이나 메뉴, 종업원이 입는 유니폼에서도 마찬가지였다.

좌절감에 빠져 막 기어 나가려는데 내가 제일 좋아하는(흠, 제일 좋아하는 건 아닐지도 모르겠다) 순간이 찾아왔다. 이런 혼란의 도가니 속에서 6인조 브라스 밴드(작은 튜바를 포함해서)가 TV 시리즈 〈5-0 수사대 Hawaii Five-O〉의 주제가를 연주하면서 행진해 온 것이다.

왜 하필 달랑 6인조 브라스 밴드지? 뜬금없이 5-0 수사대는 또 뭐야? 도대체 알 수가 없군.

『보랏빛 소가 온다』에서 나는 '리마커블'이 무엇인지 설명했다. 오늘날 리마커블은 마케팅의 필수 요소다. 리마커블하지 못한 제품은 이야깃거리도 되지 못한 채 사라져 버리기 때문이다. 리마커블의 반대말로 가장 적당한 것은 "매우 좋다"이다.

열심히 노력한다고 리마커블해지지는 않는다. 일을 잘한다고 리마커블해지지도 않는다. 당신을 리마커블하게 만드는 것은 굉장하고, 두드러지고, 놀랍고, 우아하고, 주목할 만한 것이다.

허시는 리마커블해지기 위해 열심히 돈을 쓰지만(수백만 달러짜리 놀이 기구와 브라스 밴드에) 그 결과는 그저 '매우 좋음'에 지나지 않는다.

허시에는 스타일이 없다. 나쁘다는 말이 아니다. 아주 괜찮은 데서 만족해 그저 '좋은' 것으로 끝난 디자인의 예는 수없이 많다(가령 맥도널드도 그렇다). 그것은 그들이 게으르거나 관료적이거나 현상 유지에 급급하다는 증거다. 허시는 디즈니랜드 같은 느낌을 주지 못한다. 돌아서면 기억도 안 날 것이다. 이야깃거리로 삼지도 않을 것이고, 굳이 이야기하려 해도 뚜렷이 생각나는 게 없을 것이다. 그곳에는 당신이 방금 본 것에 대해 정신적 지도를 그려 줄 무엇이 존재하지 않는다. 무엇이 중요하고 무엇이 그렇지 않은지 파악할 체계 따위도 없다. 놀이 기구를 타고 시속 160킬로미터로 돌진할 때를 빼고는 별로 볼 것도 없다.

재미있는 것은 이러한 사고가 모든 부문에 일관되게 작용한다는 것이다. 허시 호텔은 허시 파크만큼이나 허섭스레기다. 허시가 만드는 초콜릿은 지루하며, 리마커블하지도 않고, 전혀 스타일리시하지도 않다. 허시를 영화 〈찰리와 초콜릿 공장〉에 나오는 윌리 웡카나 저 유명한 샤르펜 베르거Scharffen Berger 초콜릿과 비교해 보라.

허시는 돈을 잘 벌까? 물론이다. 허시는 적절한 시기에 대량 생산용 초콜릿 바를 개발한 첫 번째 기업이라는 기막힌 타이밍과, TV 광고가 먹히던 시절에 열심히 내보낸 광고에 힘입어 아직까지는 이익을 내고 있다. 그러나 이제 그것은 점점 먼 옛날의 일이 되어 가고 있으며, 그들에게는 내리막이 남았을 뿐이다.

자, 그렇다면 여기서 우리가 얻을 교훈은?

당신이 운영하는 웹 사이트가 꼭 허시 파크 같지는 않은가? 당신이 운영하는 가게가 허시 파크처럼 무기력하고 지루하지는 않은가?

왜 허시만 가지고 그러느냐고? 왜냐하면 허시가 워낙 유명한 데다 누가 봐도 알 수 있는 사실이기 때문에 그들이 내 글 하나로 마음의 상처를 입지는 않을 것 같아서이다. 하지만 디자인과 스타일의 부재가 허시만의 일이 아니며, 당신의 가게에서 벌어지는 일일지도 모른다는 사실을 명심하기 바란다.

디자인은 비용이 많이 들지 않는다. 사실상 공짜나 다름없다.

애플 스토어는 허시와 정반대다. 그 회사는 스타일이 너무 넘쳐서 오히려 방해가 될 지경이다. 하지만 매장이라면 문제가 다르다. 애플 매장은 각각의 1제곱미터를 완전히 새로운 매장을 구성하는 DNA로 사용하고 있다. 애초의 통일성은 잃지 않은 채. 한눈에 보아도 이곳이 어떤 곳이며 당신에게 무얼 말하려 하는지 알 수 있다.

그래서? 애플 스토어 방문객 중 다수가 그곳에 들어갈 때는 맥을 가지고 있지 않았지만 거기서 나올 때는 맥의 주인이 되어 있다. 애플 스토어는 단순히 현금을 컴퓨터로 바꾸는 장소가 아니라 진정한 정서적 브랜드 체험을 창조하는 곳이다. 너무나도 멋져서 사람들이 다음번에는 친구를 데려오고 싶어 한다.

디자인, 조명, 카펫, 물건 배치 등등 비용이 너무 많이 든다고? 천만의 말씀. 이런 것들은 전부 공짜다. 애플로서는 어쨌든 카펫을 깔고 매장을 증축해야 했으니까. 비용은 장비에 드는 것이 아니라 생각과 배짱에 필요한 것이다.

허시도 타임스 스퀘어에 매우 화려한 매장을 열었다. 그곳은 세계에서 가장 효율적인(면적 대비 매출 면에서) 가게 중 하나다. 근처에 있는 편의점에서도 똑같은 초콜릿을 살 수 있는데 가격이 허시 매장이 훨씬 비싸다. 디자인에 신경을 씀으로써 자신들이 하나의 과정과 추억, 즉 경험을 팔 수 있다는 사실을 이제 그들도 깨달은 것이다.

디즈니 월드는 우리가 가장 좋아하는 장소라고 하기는 힘들지만, 믿기 힘든 통계 수치 하나가 이곳이 어떤 곳인지 말해 준다. 매년 2만 명이 넘는 신부가 디즈니 월드를 결혼식 장소로 택한다.

지난 주말에 허시 파크에서 결혼식을 올린 사람이 있기나 할까?

W 호텔의 포천 쿠키

최근 "그럴 필요 없어. 신경 쓰지 마." 식의 신경제에 실망한 나는 지친 몸을 이끌고 샌프란시스코에 있는 W호텔에 발을 들여놓았다. W호텔의 어떤 체인점에서도 크게 감동받은 적은 없지만, 강연할 장소 바로 맞은편에 있는 데다 여행사가 이미 예약을 해 놓아서 아무 생각 없이 그렇게 하기로 했다.

별 기대 없이 호텔에 들어서는데 매우 매력적으로 생긴 직원이 카운터 뒤에서 나를 쳐다보더니 진심 어린 환한 미소를 지으며 말했다. "어서 오십시오."

그리고 모든 것이 달라지기 시작했다.

이들은 정말로 노력하고 있었다. 의무감 때문이 아니라, 진심으로 그러고 싶어서였다.

나는 내 방이 있는 층에 도착했다. 방으로 가는 도중에 만난 객실 담당자는 내게 바삭바삭한 포천 쿠키(Fortune Cookie. 점괘가 적힌 종이를 넣은 과자—옮긴이)를 건네주었다. 방에 들어가니 책상 위에는 에치-어-스케치(Etch-A-Sketch. 양손으로 두 개의 다이얼을 조정해 스크린 위에 알루미늄 가루로 그림을 그리는 완구—옮긴이)가 놓여 있고, 스테레오에서는 잔잔한 음악이 흘러나오고 있었으며, 욕실에는 세면용품이 깔끔하게 놓여 있었다. 이렇게 하는 데 든 비용이래야 3달러 남짓일 터였다.

나는 전화로 모닝콜을 부탁했다. 컴퓨터가 아니라 아주 친절한 사람이 전화를 받았다. 그는 내게 아침에 일어나서 곧바로 식사를 하고 싶은지도 물었다(새벽 4시에!). 나는 그렇다고 대답했다. 사람이 전화를 받게 함으로써 얻은 순익? 15달러.

세상에 완벽한 경험이란 없다. 하지만 이것은 뛰어난 스토리텔링이었다. 세심한 사람들의 진정 어린 스토리텔링. 이 경험은 조직이 무엇을 할 수 있는가에 대한 나의 믿음을 조금이나마 회복해 주었다.

나는 어제 마음을 바꿨다

사실, 나는 마음을 자주 바꾼다.

눈치 빠른 독자라면 이미 알았겠지만, 나는 올 가을에 선보일 새로운 프로젝트에 매진하느라 여름 내내 꼼짝하지 않았다. 우리 팀은 매우 뛰어난 사람들로 구성되어 있었으며, 프로젝트 진행 과정은 신나고 재미있고 활기로 가득했다.

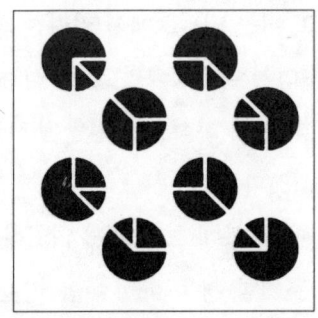

위 정육면체의 모서리 8개 중 당신과 가장 가까운 모서리는 어느 것인가?
다시 한번 잘 보고 좀 전의 판단을 바꿀 것인지 생각해 보라.

어제는 11명이 모이는 마라톤 회의의 둘째 날이었다. 우리는 이번 프로젝트의 주안점과 전략, 우리가 구축하고 있는 스토리들을 하나부터 열까지 차근차근 짚어 나갔다. 그러면서 나는 내가 그 과정에서 생각을 여러 번 바꾸었다는 사실을 알게 되었다.

다른 사람은 어떤지 몰라도 내 경우에는 마음을 바꿀 때마다 모종의 화학 작용이 일어난다. A라는 심리 상태에서 B라는 심리 상태로 넘어갈 때 나는 내 마음속에서 무언가가 뒤집히는 것을 느낀다. 그런데 재미있는 것은 자기 마음속에서 일어나는 이러한 반전을 스스로 차단하기가 매우 쉽다는 사실이다. 만일 당신이 마음을 바꾸고 싶지 않다면 그렇게 할 수 있다!

우리는 다른 사람에게 마음을 바꾸도록 설득하는 데 시간을 많이 보내지만, 실제로 그들이 설득당하는 경우는 거의 없다. 일단 상대가 마음을 바꾸지 않기로 결심하면 다른 결과가 나올 가능성은 매우 낮다.

얼마 전 비행기로 버펄로에 갈 일이 있었다. 그런데 남은 좌석이 없어서 대기자 명단에 이름을 올렸다. 순서는 세 번째였다. 그 비행기는 저가 항공이었고, 나는 버펄로에서 열리는 회의에 꼭 가야만 했다. 나는 이 비행기를 타기 위해서라면 200달러 정도는 더 들여도 좋다고 판단했다. 나보다 먼저 좌석을 배정받은 사람 중 두 명만 포기하도록 설득하면 될 터였다.

하지만 새로운 공항법 때문에 그게 쉽지 않았다. 일단 좌석을 배정받은 사람이 그것을 포기할 경우 바로 다음 비행기를 탈 수 없도록 되어 있었던 것이다. 이제 남은 방법은 나보다 앞선 대기자 두 명이 운 좋게 호명될 경우 그들을 포기시키는 길밖에 없었다. 나는 죽치고 앉아 그들의 이름이 불리길 기다렸다.

나이는 스무 살 정도에 학생으로 보이는 첫 번째 대기자가 호명되었다. 내가 할 일은 그녀에게 좌석을 포기해 달라고 설득하는 것이었다. 다음 비행기(알고 보니 그녀는 다음 비행기 좌석을 이미 확보해 두고 있었다)는 90분 후에 있었다. 나는 "안녕하세요."라고 말하며 주머니에서 100달러짜리 지폐를 조용히 꺼냈다.

"만일 다음 비행기를 타 주신다면 사례로 100달러를 드리겠습니다. 제가 꼭 이 비행기를 타고 회의에 가야 하거든요."

공항에 앉아서 TV를 보거나 책을 읽으며 시간당 65달러를 버는 게 어디 흔한 일이야?

하지만 그녀는 예상을 깨고 일말의 망설임도 없이 내 제의를 거절해 버렸다. 그녀는 웃으며 '고맙지만 사양하겠다'고 말하고는 비행기에 올라탔다.

두 번째로 호명된 남자 역시 같은 반응을 보였고, 나는 결국 그 비행기에 오르지 못했다.

나는 내가 천 달러를 제시했더라도 결과가 마찬가지였을 것이라고 생각한다.

공항에서는 왜 천 달러가 그토록 형편없는 취급을 당하는 것일까? 한 푼 달라고 구걸하는 거지나, 10센트를 아끼기 위해 굳이 길 건너 햄버거 집에 가는 당신에게는 그토록 큰 액수가 말이다.

그 해답은 다음과 같다. 대기자 명단에 이름이 올라 있던 사람들은 기다리는 내내 그 비행기를 타는 상상을 했을 것이다. 그들은 정신적 노력이 실제 사건에 마술과도 같은 영향을 미친다고 믿는 '인간의 덫'에 걸려들어 있었다. 그리고 그런 일이 실제로 일어났다. 간절히 바랐더니 비행기를 타게 되었다!

자신이 꿈꿔 왔던 일이 실제로 일어났을 때, 그들은 그것을 받아들이고 그것이 실현되는 것을 지켜보는 데 정신을 빼앗겼다.

'나는 이 비행기를 타기 위해 열심히 노력했어. 내 노력으로 이런 결과를 얻었다고!'

이런 상태에서 나와 짤막한 대화를 나눈다고 해서 그들의 마음이 바뀔 리 없었다. 그것은 내 제안이 탐탁지 않아서도, 내 표현력이 짧아서도, 그들이 나를 믿지 못해서도 아니다. 그렇다. 그들은 이미 결정을 내렸고, 마음을 바꿀 가능성을 완전히 닫아 버렸던 것이다.

이러한 현상은 당신의 조직 내부에서도 분명히 나타난다. 참석자들이 생각을 바꾸는 일에 이미 마음을 닫아 버린 상태라면 변화를 이끌어 내겠다는 목적으로 회의를 해 봤자 아무런 소용이 없다. 당신의 동료들이 변화에 개방적일 것이라고 속단하는 것은 큰 실수다. 우선은 그들의 마음의 근육을 느슨하게 만드는 연습이 필요하다.

당신은 회의 중에 자신의 생각을 바꿔 본 적이 한 번이라도 있는가? 역설적이게도, 회의실의 환경은 사람들이 입장을 바꾸기에 아주 불편한 분위기를 조성한다. 대부분의 사업상 회합이나 고객 방문 역시 실패하기 안성맞춤이다. 사람들은 회의실에 들어서는 순간, 이곳이야말로 자신의 의견을 끝까지 밀고 나가야 하는 장소이며, 이곳에서 훌륭한 주장을 하는 사람은 승리하여 탄탄대로를 걷는 반면 이랬다저랬다 하는 변덕쟁이들은 경력에 큰 오점을 남기는 장소임을 스스로 상기한다. 회의실은 전쟁터이며, 그래서 사람들은 이곳에만 오면 마음을 굳게 먹고 자신의 생각을 지켜 낼 채비를 한다.

자, 내가 추천하는 해결 방법은 이렇다. 집단의 마음을 바꿀 때, 우선은 매우 단순하고 명료하며 사소한 일에 대해 개개인의 마음을 바꾸는 것에서 출발하라. 사람들이 마음을 살짝 바꾸는(변절한다는 느낌을 갖지 않게 하면서) 패턴을 먼저 정착시키는 것이 좀 더 큰 일을 성사시킬 수 있는 분위기를 만드는 첫걸음이다.

그렇다면 당신 조직 바깥에서는 어떻게 해야 할까? 그들을 만날 수도 없고 회의실로 데려올 수도 없으며, 마음을 바꿔야 한다고 주장할 만한 아무런 근거도 없는 상태에서 대체 어떻게 무언가를 팔 수 있겠는가?

글쎄, 인간의 본성에 반하는 설득을 계속 해 보든가, 아니면 다음 두 가지 전략 중 하나를 따르든가, 선택은 당신에게 달렸겠지.

1 이미 마음을 바꿀 의향이 있는 사람들을 설득한다. 마음을 바꿀 만한 외적 요인에 노출된 사람들, 즉 방금 다른 동네에서 이사를 왔거나 대학 신입생이거나 새로운 일을 시작했거나 새로운 차를 산 사람들을 찾아내는 거다. 이런 부류의 가치는 이미 잘 알려지긴 했지만 여전히 과소평가되는 경향이 있다. 새로운 아이디어에 관

한 잡지를 읽는 사람들이 통근 기차를 잡으러 뛰어가는 사람들보다 새로운 아이디어를 훨씬 잘 받아들일 것은 말할 필요도 없지 않은가.

2 작은 변화들을 단계적으로 이끌어 내는 일에 착수한다. 애플은 지난 몇 년 동안, 윈도를 버리고 맥으로 바꾸라고 설득해 왔다. 그게 더 나으니까. 더 빠르니까. 더 멋지니까. 이미 입증됐잖아. 그러나 헛수고였다. 윈도 사용자들은 바꾸는 것을 고려조차 하지 않았다. 그러나 그것이 음악 문제에 이르자, 워크맨을 아이팟으로 바꾸게 하는 일은 훨씬 쉬웠다. 그 후로 사람들은 점차 다른 가전제품을 바꾸는 일에도 마음을 열었고 애플의 목소리는 설득력을 얻었다.

내가 마음 바꾸기에 대한 당신의 마음을 바꾸는 데 성공했길 희망한다. 만일 그렇게 되었다면, 이제 다른 사람에게 무엇을 설득하기 전에 다음 질문을 스스로 던져 보기 바란다.

- 이 사람은 정서적·직업적·사회적으로 마음을 바꾸기 쉬운 상황에 놓여 있는가?
- 어떻게 하면 이 사람이 우선 작은 일에 마음을 바꾸고 이어서 좀 더 큰 일에 마음을 바꾸도록 할 수 있는가?

옳은 주장이 능사가 아니다. 설득력만으로도 안 된다. 마음을 바꾸기에 적합한 사람이 그럴 만한 상황에 놓여 있을 때 옳은 주장을 설득력 있게 펼 것. 무언가가 일어나는 것은 바로 그럴 때이다.

제트블루

공항에서 들려오는 소리들이 당신의 기분에 어떠한 영향을 미치는지 생각해 본 적이 있는가?

붐비는 터미널에서 큰 소리로 탑승을 재촉하는 방송이 들리거나 허둥지둥 미탑승자를 찾는 초조한 소리가 들릴 때 불안감을 느끼지 않는 사람은 없을 것이다.

자신들이 파는 상품이 단순히 비행기 좌석이 아니라 안전하고 편안한(때로는 재미있기까지 한) 여행이라는 것을 항공사들이 깨달아도 이런 식으로 행동할까? 안내 방송을 클린트 이스트우드나 제니퍼 로페즈의 목소리로 녹음한다면 어떨까? 혹은 기내 방송을 오늘 내가 들은 것처럼 재미있게 꾸민다면?

"제트블루 항공사입니다. 오늘 여러분의 간식은 톰이 나누어 드리고 있습니다. 톰은 미혼이고, 그래서 짝을 찾고 있는데요, 어떠세요, 그와 결혼하면 비행기를 공짜로 탈 수 있는데, 생각 없으세요?"

이렇게까지는 못 하더라도 좀 차분하고 느긋하고 편안하게 하면 안 되나? 그렇게 하는 데는 돈이 들지 않지만 사람들은 그 변화를 느낄 것이다.

더치 보이(Dutch Boy. 미국의 페인트 회사—옮긴이)는 페인트 깡통을 재창조했다. 제트블루는 여행할 때의 청각적 경험을 재창조했다.

보랏빛 소를 위한 일자리

내 친구 중에 저작권과 계약 체결, 지적 재산권 분야에 탁월한 일류 변호사가 한 명 있다. 그녀의 화려한 이력으로 보건대 원하기만 한다면 대기업에 일자리를 얻는 데 단 2초도 걸리지 않을 것이다. 하지만 그녀가 원하는 직장은 근무 시간을 자율적으로 조정할 수 있는, 빠르게 성장하는 재미있는 조직이다. 그녀는 그런 곳이 있다면 적정 임금의 60퍼센트만 받고라도 일할 의향이 충분히 있다.

그런데 지금의 채용 시스템에서는 그녀가 기업의 인사 담당자에게 그 같은 사실을 알려 기업에서 급여 체계와 용역 예산을 재배분함으로써 적은 비용으로 좋은 인재를 채용할 수 있도록 만들 방법이 없다. 참으로 웃기는 이야기다.

기업이 전적으로 필요에 기반을 두고 지출하는 경우는 거의 없다. 그들은 "전화 시스템을 교체할 예정이니 우리가 모르는 신기술이 있으면 알려 주시기 바랍니다."라든지 "우리는 전통적인 방식으로 기금을 마련하고 있는 자선 단체입니다. 향후 이용할 온라인 자동 모금 시스템을 물색 중이니 관심 있는 업체는 팸플릿을 보내 주십시오."라는 게시물을 웹 사이트에 올리지 않는다.

기업이 전략을 변경하는 경우는 대개 새로운 기기가 나타나거나 뛰어난 세일즈맨들이 그들을 잘 설득했을 경우이다.

자, 기업이 해야 할 가장 중요한 일이 재능 있는 사람을 고용하는 것이라면, 채용 과정을 좀 더 탄력적으로 만들어 빈자리 위주가 아니라 인재 중심으로 운영해야 하지 않을까?

왜 허구한 날 '이러이러한 사람을 찾습니다'라는 제한적인 구인 광고를 해서 뚫린 구멍에 완벽하게 들어맞는 말뚝만 찾는 것일까?

이쯤 되면 당신은 내가 구직자 중심의 놀라운 웹 사이트를 소개하고 그것을 이용해 인재를 채용하는 똑똑한 경영자에 대해 이야기할 거라고 짐작하겠지. 이베이eBay적인 혁명이 인력 시장을 얼마나 크게 변화시키고 있는지에 대해서도. 하지만 그럴 수가 없다. 그런 게 있지도 않으니까.

물론 지금도 이력서가 쌓여 있는 사이트가 있긴 하지만 그건 있으나 마나다. 큰 기업의 경영자들은 거들떠보지도 않는다. 문화는 아직 바뀌지 않았다.

그러나 분명 바뀔 것이다.

책의 이 부분을 북 찢어 편지에 붙여서 당신 같은 사람을 찾는 곳에 보내면 어떨까? 두세 명, 또는 열 명 정도가 그렇게 한다면 별일 아니겠지만 수천 명이 설득력 있는 방식으로 자신의 능력을 알린다면 하나의 커다란 흐름이 될 수도 있다.

당신을 패배자로 만드는 구직 전략

일자리를 찾는 문제에 대해 생각하다 보니 이것이 완전히 망가진 구조라는 느낌이 든다.

그 이유는 다음과 같다.

1 전통적으로 일자리를 구할 때에는 가능한 한 여러 구인 업체에

지루한 이력서를 보낸다. 이력서를 받은 업체는 그것을 복사하고 분류한 다음, 너무 두드러져 보이지만 않으면, 누군가가 그것을 읽을 것이다. 그러면 지원자는 면접을 하러 가서 자신의 유연성과 순응성이 조직이라는 거대한 톱니바퀴에 얼마나 잘 맞도록 되어 있는지 보여 주려고 애쓴다. 그런 행동이 운 좋게도 그에게 유리하게 작용하면 그는 일자리를 얻게 된다.

2 그런 그를 고용한 『포천』지 선정 1000대 기업은 얼마 후, 왜 이렇게 직원들이 하나같이 무관심하고 창의력도 없으며 현상 타파는 생각도 못하고 꼭 톱니바퀴처럼 움직이냐며 불평한다.

3 곧이어 그 기업은 톱니바퀴를 교환할 수만 있다면 일터를 해외로 옮겨야 한다고 생각한다. 비용이 적게 들기 때문이다. 만일 그러지 않는다면 월 가의 압박에 견디지 못하고 회계 수치를 속이거나(그러다 걸려서 감방에 가거나) 속이지 않거나(그러다 매각되거나 망해서 감방에 가거나) 둘 중 하나밖에 없다.

뭐가 잘못돼도 단단히 잘못됐다.

이렇게 한번 생각해 보자. 사람들은 대개 대기업이 우리 경제의 대들보라고 생각한다. 그러나 실제로 새로운 일자리를 창출하는 것은 100퍼센트 중소기업(500인 이하)이다. 사실 대기업은 일자리를 보태는 것이 아니라 줄이고 있다.

또 한 가지 진실. 최고의 일자리, 가장 재미있고 미래가 보장되는 일자리는 대개 작은 조직에 숨어 있다.

결론은 다음과 같다. 자신에게 맞지 않는 일자리에 스스로를 억지로 끼워 맞추는 행위는 모두에게 불행한 결과를 낳는다.

저스틴과 애슐리

최근의 정부 통계에 따르면, 뉴욕에 거주하는 라틴 아메리카계 아이들 이름 중 가장 흔한 것이 '저스틴Justin'과 '애슐리Ashley'라고 한다.

아시안계는 또 다르다. 가장 많은 이름이 에밀리Emily란다.

이름이란 건 참 재미있다. 이제 닷컴 세계에서 회사 이름에 '구글'이나 '스퀴두', '블루터닙'이라는 단어를 넣는 것은 전혀 이상한 일이 아니다. 그건 당신 아들 이름을 마이클이라고 짓는 것이나 마찬가지 일이다.

최근의 정부 보고서에 의하면, 유난히 민족색이 드러나는 이름을 가진 사람은 그렇지 않은 사람보다 서류 심사에 합격하는 비율이 낮은 것으로 나타났다. 그게 공평한 일이냐고? 물론 그렇지 않다. 그렇지만 놀랄 일도 아니다.

두드러진다는 것과 리마커블하다는 것은 다르다. 두드러지면 배척 당하기 쉬울 뿐이다. '보랏빛 소'는 '단지 다를 뿐'인 것과는 다르다는 게 내 생각이다.

단기 고점을 벗어나는 방법

아마 당신도 단기 고점과 씨름하고 있을 것이다. 당신의 조직이나 당신의 진로가 진퇴양난에 빠져 있다면, 아마도 그건 바로 다음 그래프 때문일 것이다.

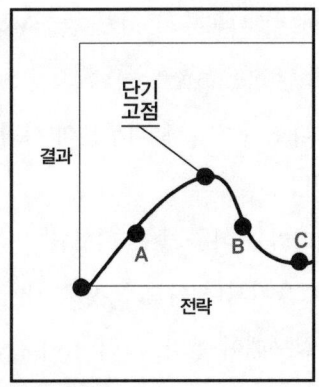

누구나 왼쪽 맨 아래에서 출발한다. 아직 시작도 안 했기 때문에 당연히 이곳은 성공한 상태가 아니다.

자, 이제 당신은 무언가를 시도한다. 잘만 한다면 A지점에 도달하게 된다.

A는 당신의 전략과 노력이 거둔 직접적인 결과를 확인할 수 있는 지점이다. A는 당신이 MBA에 시간과 돈을 투자한 후 얻는 일자리다. A는 당신이 광고를 게재한 후 이루어지는 판매다.

물론 성공 지향적인 자본주의자가 되는 것만으로는 성에 차지 않는다. 그래서 당신은 계속 노력한다. 단기 고점에 도달할 때까지 밀어붙이며 스스로를 연마하고 최대한 활용한다. 단기 고점은 당신의 노력이 드디어 보상받는 지점이다.

보상을 받으면 당신은 더욱더 열심히 노력한다. 그러다가 B지점에 도달하게 된다. 여기서 당신은 실망하게 된다. 뒷걸음치게 되기 때문이다. 이 지점에 이르면 노력한다고 더 나은 결과가 돌아오지 않기 때문에 당신은 여기서 후퇴하게 된다. 이전에 지나쳤던 단기 고점으로 돌아간다.

바로 그곳이 대부분의 사람들이 머무르는 곳이다. 어느 방향으로 전략을 바꾸든(실제로는 이 그래프가 3차원이지만 편의상 2차원으로 변형했다) 더 나쁜 결과가 나오기 때문에 대부분의 사람들은 단기 고점에서 옴짝달싹 못하게 된다.

당신은 아트 디렉터라는 아주 좋은 직업을 가졌다. 여기서 더 나아지려면 다른 회사로 옮기거나 다른 도시로 가거나 진로를 바꾸거나 학교에 가서 좀 더 공부해야 한다. 그러나 이 같은 선택들은 모두 비용이 들뿐더러 그 결과로 얻는 이익도 불확실하기 때문에 당신은 그 자리에 그대로 머무른다.

이른바 일용품 산업 분야에서 당신에게 백 명의 경쟁자가 있다고 치자. 당신은 경쟁자들과 똑같은 전술을 사용한다. 가격이나 마케팅 전략에 변화를 줄 경우 매출이나 이윤에 타격을 입을까 봐서이다.

당신은 80명의 어린이가 참가하는 여름 캠프를 운영한다. 사업을 더 키우고 싶지만, 경력자를 더 고용하는 일이 쉽지 않다는 것을 깨닫게 된다. 당장 그 비용을 감당할 수 없기 때문이다. 그래서 당신은 지금까지 해 온 대로 유지한다.

단기 고점의 속임수는 바로 그래프가 불완전하다는 것이다. 사실 그래프는 175쪽 그림과 같이 생겼다.

이제 단기 고점이 사실은 노력을 멈추기에 적합한 곳이 아님을 알았겠지. 특히 장기 고점이 멀지 않았을 때에는 더더욱.

문제는 장기 고점에 도달하기 위해서는 C지점을 통과해야 한다는 것이다. 이곳을 지난다는 것은 끔찍하고 무시무시한 일이다.

레이 크록(Ray Kroc. 맥도널드 창업자—옮긴이)이 대규모 맥도널드 프랜차이즈를 설립하기로 결심했을 당시, 전 세계에는 만여 개의 햄버

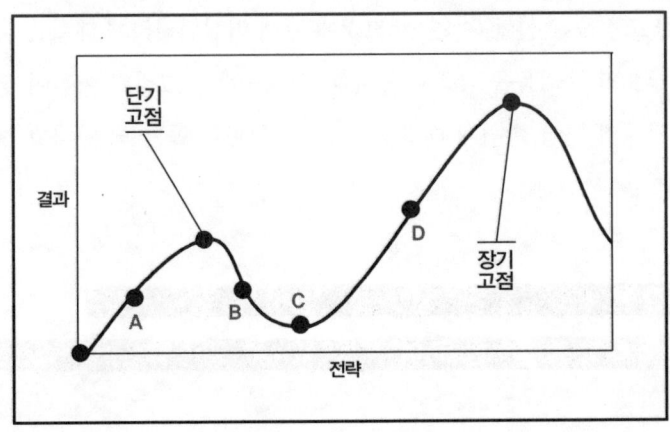

거 레스토랑이 있었다. 누구든지 그 일을 할 수 있었다. 그러나 아무도 하지 않았다. 성공에 도달하기 위해서는 누구든지 C지점을 거쳐야 했기 때문이다. 샌더스 대령(Harland Sanders, KFC 창업자—옮긴이)은 C지점을 통과하는 데 10년 이상의 고통스런 세월을 겪어 내야만 했다.

판매 성장이나 이윤 증가에만 이러한 현상이 나타나는 것이 아니다. 이러한 단기 고점/장기 고점의 역설은 교육에서 비영리 재단, 심지어 정치에 이르기까지 모든 영역에 영향을 미친다. 당신이 '최고점'에 섰을 때, 당신이 얼마만큼 큰 성장을 이룩했든 사실은 장기 고점이 아니라 단기 고점일 가능성이 크다.

시장이 변화하고 있을 때는 이 같은 사실을 이해하는 것이 더욱 중요해진다. 왜냐하면 변화하는 시장은 끊임없이 새로운 최고점을 만들어 낼 것이기 때문이다. 그리고 거기에 이르는 유일한 길은 C지점의 고통을 겪어 내는 것이다.

C지점에 대한 두려움을 극복하기 전까지는 자기 자신이나 자기가

속한 조직을 혁신할 수 없고, 그것에 관해 허심탄회하게 대화를 나누지 않으면 두려움을 극복할 수 없다. 나는 단기 고점의 이점이 당신과 당신의 팀이 손쉽게 대화를 나눌 수 있도록 돕는 데 있다고 생각한다.

진정한 최고점을 향하여

B지점과 C지점, 장기 고점에 도달하기까지의 고통에 대해 팀원들과 대화를 나누고 나면 다음과 같은 의문을 품게 될 것이 틀림없다.

"진정한 최고점을 찾아내려면 어떻게 해야 하는가?"

다행인 것은 새로운 마케팅 덕분에 최고점을 찾기가 매우 쉬워졌다는 점이다.

새로운 제품이나 신개념, 서비스, 조직 등을 고안하고 시제품을 만들고 생산하며 특히 광고하는 비용은 과거와 비교하면 새 발의 피다. 어떤 업계의 경우 과거에 들던 비용의 1퍼센트만으로 그것이 가능하다.

조만간 당신의 팀도 이 같은 사실을 받아들여야 할 것이다.

이것이 의미하는 바는 단순하다. 단기 고점에서 발생하는 돈과 추진력의 일부를 새로운 팀, 좀 더 작은 팀, 기존의 속박을 받지 않는 팀에 투자해 그들이 앞장서 새로운 것을 만들어 낼 수 있도록 하는 것이다. 시장을 뒤흔들고 심지어 모선母船과도 경쟁을 벌일 만한 것을 말이다.

당신의 직업에서도 마찬가지다. 수익성 높은 사업을 시작하기 위해서 정식으로 MBA 학위를 딸 필요도 없고, 부업을 위해 하던 일을 그만둘 필요도 없다. 모든 것을 걸지 않고도 이미 존재하는 놀라운 도구들만으로 충분히 가능하다.

단기 고점에 선 사람들이 저지르는 실수로 다음 두 가지가 있다.

1 자기 자신은 고통을 겪지 않고도 다음 고점에 도달할 수 있다고 믿는다.
2 다음 고점에 도달하는 가장 좋은 방법은 맹목적으로 힘을 쏟는 것(더 많이 생산하고, 영업 인력을 늘리고, 광고를 더 많이 하고, 건물을 더 많이 짓고, 직원을 더 많이 채용하고……)이라고 믿는다.

사실을 말하자면, 정반대다. 당신이 새로운 팀을 귀하게 여길수록 그들이 새로운 고점을 찾아낼 가능성은 작아진다.

이것은 당신의 전 재산이나 직업을 걸고 벌여야 하는 도박이 아니다. 다만 현상을 타파했을 때 어떤 일이 벌어지는지 보기 위해 안전지대를 벗어나야 하는, 정신적 피해를 무릅쓴 도박일 뿐이다.

맥도널드와 브랜드 칵테일파티

다음은 『애드에이지(AdAge, 마케팅·미디어 관련 잡지—옮긴이)』에 실린 기사의 일부이다.

[뉴욕] 맥도널드 사의 마케팅 책임자인 래리 라이트 Larry Light는 "대량 마

케팅은 이제 효과가 없으며 단일 광고로는 전체 스토리를 들려주지 못한다"고 말하면서 맥도널드가 '브랜드 저널리즘brand journalism'이라 불리는 새로운 마케팅 기법을 채택했다고 밝혔다.

뉴욕 셰러턴 호텔 & 타워스에서 열린 '2004 광고 전망 컨퍼런스'에서 라이트는 브랜드 저널리즘의 개념에 대해 "우리가 아는 식의 브랜드 포지셔닝에서 벗어나는 것을 의미한다"고 설명하면서, 효과적인 마케팅은 메시지 하나로 모든 사람에게 호소하기보다는 상대에게 맞는 다양한 스토리를 전달하는 것이라고 말했다. 이는 사실상 맥도널드가 '보편적 메시지' 전략을 포기했음을 선언하는 것이나 마찬가지다.

그는 또한 "단일 광고나 프로모션으로는 결코 우리의 전략을 함축하여 보여 줄 수 없으며 브랜드 메시지를 표현할 수도 없다"면서 "우리에게 필요한 것은 훌륭한 아이디어를 한 번에 크게 터뜨리는 것이 아니라 그러한 아이디어를 다차원적이고 다층적이며 다면적으로 활용하는 것이다."라고 말했다.

라이트는 브랜드 저널리즘을 '브랜드 내러티브', 또는 '브랜드 연대기'라고 바꾸어 표현하면서 "이 세계에서 한 브랜드에 어떤 일이 일어나는지를 기록하는 방식이자, 오랜 시간을 두고 브랜드의 전체 스토리를 말해 줄 수 있는 광고 커뮤니케이션을 창조하는 방식"이라고 정의했다.

내 의견? 획일화된 마케팅 시대의 종말을 고한 래리에게 환호를 보낸다.

하지만 두 가지가 마음에 걸린다.

1 비즈니스를 근본적으로 개혁하지 않으면서 마케팅만 바꾸는 것

은 대부분의 경우 옳지 못한 전략이다. 사람과 시스템, 부동산, 공장, 메뉴 같은 것에 변화가 전혀 없는 상태에서 약간의 브랜드 저널리즘을 처바른다고 해서 잘될 리 없다.

2 마케터는 대화를 주도하지 못한다. 당신도 알다시피 실제로 일어나고 있는 일은 브랜드 저널리즘이 아니다. 그건 바로 브랜드 칵테일파티다! 상을 차려 놓고 첫 번째 손님을 초대하는 것은 당신이지만 그 이후의 대화는 당신이 있든 없든 계속될 것이다.

내게 맥도널드를 위한 네 개의 설부른 아이디어가 있다.

1 단맛이 덜하고 카페인이 없는 자체 브랜드의 아이스티를 출시한다. 당도는 코카콜라의 10퍼센트면 족하다. 이유는 네 배로 높아지는 데다 또 하나의 브랜드를 소유할 수 있게 된다. 동시에 세계 보건에 지대한 영향을 미칠 만한 방법이다. 점진적으로 코카콜라를 몰아낸다. 이유는 최소한만 취하고 그 돈으로 다른 스토리를 들려준다.

2 아이스티 한 잔마다 영화제 수상 다큐멘터리 〈슈퍼 사이즈 미(Super Size Me. 감독이 직접 30일 동안 맥도널드 음식만 먹으며 건강이 악화되어 가는 과정을 보여 준 영화—옮긴이)〉 DVD를 끼워 준다. (농담 아님)

3 매장마다 새롭고 지역색이 묻어나며 리마커블한 메뉴를 내놓도록 한다. 다양성의 가치는 실로 엄청난 것이다.

4 각종 모임을 매장으로 끌어들이는 데 최선을 다한다(www.meetup.com 참조). 무료 와이파이를 제공한다. 축구팀과 걸 스카우

트, 지역 천문 동호회 등을 후원한다. 체스판 모양의 식탁 매트를 사용한다. 위치의 이점을 활용해 사람들이 모여들도록 만든다.

맥 잡(McJob)

사전 편찬자들은 맥도널드 사람들을 정말 열 받게 했다. 그들이 '맥 잡(맥도널드 잡 McDonald Job 의 준말로, 임금이 낮고 전망도 없는 일자리를 일컫는다—옮긴이)'을 단어로 인정했기 때문이다. "시시하고 구하기 쉽고 단순한 일. 그만둘 수 있으면 빨리 그만둬야 하는 직업."

　맥도널드가 화를 낼 만도 하다. 하지만 잘못은 자기들한테 있다. 고객이 생각하는 맥도널드와 자기들이 생각하는 맥도널드, 그 두 가지를 혼동한 잘못.

　세상 사람 모두가 햄버거 뒤집는 일을 '맥잡'이라 부른다면 그게 사전에 올라가는 것은 당연한 일이다. 당신에게는 사람들이 어떻게 생각할지 결정할 특권이 없다. 사람들이 그렇게 생각하면 그것은 진실이 된다.

　마케팅이라는 것은 아이디어를 퍼뜨리는 일이다. 12년 전, 더글러스 커플랜드 Douglas Coupland 가 소설 『X세대 Generation X』에서 '맥잡'이라는 단어를 처음 사용한 것은 모든 사람이 이 단어를 이해하리라 확신했기 때문이다. 그리고 12년 후, 맥도널드는 이 의미가 부정확하다고 화를 냈다. 물론 정확하다고 볼 수는 없지. 하지만 어쩌겠는가. 일은 이미 벌어진 것을.

　고객이 스스로에게 들려주는 스토리가 당신 마음에 들지 않는다면 문제는 당신이 퍼뜨리는 스토리 자체에 있다.

현상 유지를 합리화하는 거짓말

다음은 사람들이 현상 유지를 합리화하는 거짓말들 중 몇 가지 사례다.

1 캐나다 의약품은 위험하다.
2 저작물에 대한 해적 행위가 음악 및 영화의 창작 활동을 말살하고 있다(음악 및 영화 '산업'이라고는 말하지 않았음).
3 한번 치과 치료를 받으면 죽을 때까지 간다.
4 에비앙 물병은 항공 안전에 위해를 가할 수 있으므로 가지고 갈 수 없다.
5 마이크로소프트의 독점 체제는 사용자 모두에게 이익이 된다(우리가 인터넷 익스플로러를 편리하게 사용하는 것처럼).
6 벤처 자금이나 거액의 은행 융자금 없이는 사업을 시작할 수 없다.
7 상사를 위해 열심히 일하고 그의 지시를 따르는 것이 출세하는 최선의 방법이다.
8 납세자들의 돈을 전통적인 공장식 영농에 써야 할 필요가 있다.
9 미국인들이 받아들일 만한 저연비 자동차를 만드는 것은 불가능하다.
10 당신이 무엇을 하느냐보다 당신이 누구를 아느냐가 더욱 중요하다.

변화해야 한다는 두려움을 없앨 수만 있다면 사람들은 뻔한 거짓말에도 속아 준다는 사실이 놀라울 뿐이다.

핫박스

수전 스톰스Susan Storms는 세일즈맨 명예의 전당에 이름이 올라 있는 사람이다. 나는 운 좋게 그녀를 요요다인 엔터테인먼트의 팀원으로 데려올 수 있었다. 1998년, 나는 시애틀에 있는 한 유명한 회사에 제품을 판매하기 위해 수전을 보냈다. 새로운 것을 판매할 때면 늘 그렇듯 수전의 제안은 거센 저항에 부딪혔다. 그리고 몽상가가 사장으로 있는 회사에서는 흔히 있는 일이지만, 수전이 만난 사람들 역시 매우 혼란스러워했다. 그들은 사장이 어떻게 생각할 것인가를 알아내기 위해 전전긍긍했다. 그 누구도 확실한 대답을 하려 들지 않았다. 그들이 할 수 있는 대답은 오로지 "글쎄요, 어쩌면……." 뿐이었다.

이런 종류의 미팅은 대개 건질 것이 없다. 시간 낭비일 뿐이다. 돌아오는 것이라고는 낯선 호텔 방에서의 잠 못 이루는 하룻밤과 허공에 날린 900달러의 비행기 삯뿐. 당신이라면 영업 구역 관리에는 으레 비용이 들기 마련이라며 회사에 출장비를 청구했을 것이다.

하지만 이미 말했듯이, 수전 스톰스는 탁월한 세일즈맨이다. 그녀는 자기 제품에 대해 확신했고, 이 잠재 고객에게 우리 회사의 솔루션이 꼭 필요하다고 생각했다. 그녀는 "글쎄요, 어쩌면 필요할지도 모르겠지만 지금 말씀드릴 수는 없을 것 같군요."라는 대답을 받아들이지 않기로 했다.

그래서 그녀는 서류 가방을 열고 종이 한 장을 꺼냈다. 그리고 사람들을 향해 이렇게 말했다.

"여러분, 저는 이번 기회에 대해 무척 큰 기대를 품고 있었습니다. 저는 이 제품이 여러분의 회사에 큰 도움이 될 거라고 확신했고, 그래서 여러분께 보여 드리기 위해 먼 길을 날아왔습니다."

그녀는 잠시 말을 멈추고 천천히 주스를 들이켰다.

"여러분은 제 프레젠테이션을 들으셨습니다. 여러분은 이 제품이 회사의 비즈니스 방식을 어떻게 바꿀지 아실 겁니다. 만일 이 제품이 적합하지 않다고 판단한다 해도 전 충분히 이해합니다. 하지만 여러분이 지금 당장 이 일을 진행하겠다고 결정한다면 그건 정말 굉장한 일이 될 겁니다."

그녀는 말을 멈추고 중역 한 사람의 눈을 똑바로 쳐다보며 물었다.

"어떻게 하시겠습니까? 추진하실 건가요, 거절하실 건가요?"

그는 회피성 발언만을 되풀이했다.

"글쎄요……, 이번 건은 좀 더 면밀히 살펴보고 다른 사람들의 검토도 거쳐야 할 것 같습니다. 그런 다음 다시 연락드리지요."

수전은 그들이 그렇게 하지 않을 것임을 알았다. 그녀는 그들의 줌 확대 폭이 매우 제한되어 있음을 눈치 챘다. 그들이 새로운 것을 시도할 방법을 찾지 못할 회사임을 알아차렸다. 비록 그것이 새로운 기회를 잡기 위해 아주 약간의 변화를 거치는 것에 불과할지라도. 수전은 이 중역의 반응이 줌에 문제가 있는 회사들의 뿌리 깊은 대응 방식이라는 것을, 그리고 그가 아무런 결정도 내리지 않은 채 그녀를 쫓아 버릴 방법을 찾고 있음을 깨달았다. 그래서 그녀는 방금 꺼낸 종이를 뒤집었다.

"자, 그럼 이렇게 하죠."

그녀가 말했다.

"이건 신속함이 생명인 프로그램입니다. 오늘 확답을 주시지 않으면 우리는 당신의 경쟁사 중 한 곳에 제안할 수밖에 없습니다. 하지만 그렇게 되면 나나 당신이나 여러 가지 심각한 문제에 직면하게 되겠죠. 제 말은, 나중에 이 회사 사장님이 우리 사장님께 전화를 걸어서 왜 우리가 이 회사와는 일하지 않았는지 이유를 물어보면 어떻게 할 거냐는 겁니다. 그래서 부탁드리는 건데, 저의 프레젠테이션을 들었지만 제안을 받아들이지 않기로 결정했다고 쓰여 있는 이 종이에 서명을 좀 해 주세요."

수전은 중역에게 종이를 건넸다. 그 종이에는 해당 회사가 이번 아이디어에 대해 들었으며 관심을 접기로 결정했고, 그 아이디어를 경쟁사에 제시해도 좋다는 내용이 적혀 있었다. 간단한 일이었다. 어떻게 됐을까? 그는 서명을 거절했다!

'예스'라고 말하는 것은 위험하다. '노'라고 말하는 것도 위험하다. 포기 문서에 서명하는 것도 위험하다. 그의 마음속에서는 선택 하나하나가 일종의 변화를 의미했다. 이것을 좀 할 수 있는, 즉 같은 일을 다른 방식으로 할 수 있는 기회로 보는 대신 자신의 자리를 위협하는 일로 받아들였던 것이다. 그는 위험을 감수할 필요가 없는 쪽을 선택했다. 그것은 수전을 회의에서 쫓아내는 것이었다.

결론을 말하자면, 수전은 그 일을 따 내지 못했다. 중역의 서명 또한 받지 못했다. 하지만 괜찮다. 스토리를 얻었으니까. 그녀는 한 조직에서 변화가 어떤 식으로 일어나는지(혹은 일어나지 않는지)에 대한 교훈을 우리에게 전해 주었다.

'지금은 아무런 결정을 내리지 않겠다'고 말하는 것을 사실상 거절의 뜻으로 받아들인 수전의 행동은 매우 현명한 전략이었다. 좀 더 용기 있는 중간 관리자였더라면 이번 일을 위협이 아니라 기회로 받아들였을 것이다. '변화'와 관계된 일을 하다 보면 반드시 마주치게 되는 것이 있는데, 그것은 바로 솔직하지 않은 태도다. 그리고 지능적인 부정직이든 의사 결정에서의 부정직이든 책임 회피를 위한 부정직이든, 부정직은 회사의 최대의 적이다. 우리는 자신의 부정직이 마치 정보를 더 많이 확보할 때까지 기다리기 위한 것인 양 위장한다. 그러나 사실 그것은 상황을 회피하려는 행동에 불과하다. 이를 통해 회사나 개인은 그들이 이미 알고 있는 사실을 인정하기를 미룬다. 그들은 마지막 순간까지 결정을 내리지 않는다. 심지어 이미 마음속으로 결정을 내렸을 때조차도 그렇다. 결정을 공식화하는 일을 뒤로 미룸으로써 비용이 더 많이 들고, 실수가 발생하고, 이를 만회하기 위해 며칠 밤을 새워야 하는데도 말이다.

전 교통부 장관 닐 골드슈미트Neil Goldschmidt의 일화가 생각난다. 오리건 대학에 다닐 당시 남학생 사교 클럽에 가입하길 권유받던 골드슈미트는 '핫박스hot box'에 처한 적이 있다고 한다. 이것은 신입 회원 유치 행사의 클라이맥스로 클럽의 멤버들이 입회가 기대되는 후보를 방으로 데려가 그를 둘러싸고 가입을 종용하는 절차다.

한 선배 멤버가 갑자기 성냥에 불을 붙이더니 골드슈미트의 얼굴 앞에 들이대고 말했다.

"이 성냥이 다 탈 때까지 결정을 내려. 가입할 거냐, 말 거냐?"

골드슈미트는 성냥불을 입으로 불어 끄고는 방에서 나가 버렸다.

사실 골드슈미트에게는 '예스'라고 말하는 것보다 '노'라고 말하는 편이 훨씬 큰 배짱을 필요로 했을 것이다. 그러나 둘 중 하나를 택해 대답하는 것 자체가 어느 정도의 용기와 줌 능력을 입증한다고 할 수 있다. 즉 그것은 그의 성격과 자기 인식 능력을 보여 주는 것이다.

훌륭한 경영자란 위급한 상황이 닥치기 전에 변화를 꾀하는 자들이다. 밥 피트먼(Bob Pittman. AOL 타임워너의 전 COO—옮긴이)은 상사를 설득해 말도 안 되는 것처럼 보였던 MTV 아이디어에 투자하도록 만들었다. 찰스 슈와브(Charles Schwab. 온라인 최대 증권사 찰스 슈와브의 CEO—옮긴이)는 일찌감치 온라인을 선택한 반면, 메릴 린치는 너도나도 온라인에 우르르 몰려든 뒤에야 합류했다.

위험 회피자들의 '불명예의 전당'은 어찌나 모셔야 할 사람이 많은지 건물을 더 지어야 할 판이다. 소설 『매디슨 카운티의 다리』는 여러 출판사에서 퇴짜를 맞았는데, 그 이유는 위험을 무릅쓰고 이 소설을 출판하자고 추천할 편집자가 아무도 없었기 때문이다. IBM은 후일 제록스 복사기가 된 아이디어를 채택할 만한 정족수를 채우지 못했다. 그 옛날에 위험 회피자들은 어려운 결정을 회피한다고 해서 곤경에 빠지지는 않으리라는 사실을 잘 알고 있었다. 아니, 오히려 그편이 승진으로 가는 초고속 열차 티켓이었을지도 모른다. 결정 회피는 자신의 발에 흙을 묻히지 않는 확실한 방법이었다. 그러나 요즘은 결정을 내리지 못한 사람은 실행 단계에서 소외당하게 된다. 아무 결정을 내리지 않는 것보다는 무엇이라도 결정을 내리는 편이 당신이나 당신 회사에 이롭다. 그리고 자신이 어떠한 의견을 가진 명확한 이유를 아는 것이야말로, 신경제 체제의 빠르고 연속적인 변화에서 자신을 도태시키지 않는 가장 확실한 길이다.

'배지 달기' 프로젝트 관리법

 조직 구성원 모두로부터 "예스", "노"를 확실하게 끌어낼 만한 약간의 비상사태를 만들어 낼 수 있을까? 속수무책으로 앉아 있을 수만은 없을 때 '성냥불을 앞에 둔 결정'의 상황을 만들어 낼 수 있을까? "글쎄요, 어쩌면……"이 없는 회사를 만들 수 있을까?

 지금까지 내가 본 최고의 프로젝트 관리 중 몇 가지는 이른바 '빨강·노랑·초록'이라는 시스템을 도입한 회사의 사례다. 이 시스템은 매우 단순하지만 지극히 시각적인 행위를 기초로 한다. 회사 내에서 중요한 사업을 새로 시작하려는 부서는 모든 직원이 배지를 달아야 한다. 초록 배지는 당신이 매우 중요한 위치에 있다는 것을 알려준다. 즉, 당신이 하고 있는 일이 제품 출시에 결정적이며, 당신에게 우선권이 있음을 의미한다. 노랑 배지는 동료들에게 자신이 해당 프로젝트에서 주변적 위치에 있지만 역시 중요한 일을 맡고 있다는 것을 나타낸다. 빨강 배지는 당신이 프로젝트와는 관련이 없다는 신호이다.

 초록 배지를 달고 있는 사람이 나타나면 다른 일은 모두 미뤄진다. 초록 배지는 구급차의 비상등, 또는 수술 중인 외과 의사의 요구와도 같다.

 "이건 생사가 걸린 문제입니다. 그러니 나를 제지하려면 충분한 이유가 있어야만 합니다."

 노랑이나 빨강 배지를 단 사람이 초록 배지를 만나면 자신이 뭔가 결정해야 한다는 걸 깨닫는다. "초록 배지가 중요한 일을 잘 처리할 수 있도록 내가 어떻게 도움을 줄까?", 아니면 최소한 "어떻게 하면 방해가 되지 않을까?"라도 말이다. 물론 배지의 색깔은 매일, 심지어 미팅 도중이라도 몇 번씩 바꿀 수 있다.

이 '배지 달기' 프로젝트 관리법을 보면서 나는 몇 가지 생각을 하게 되었다. 첫째, 직원들의 감정이 상할까 봐 배지 달기를 주저하는 회사는 프로젝트를 그다지 심각하게 여기지 않거나 결정을 내리는 문화를 조성하고픈 생각이 없는 것이다. 그리고 배지 달기를 회피하는 사람들은 다른 결정들 역시 계속 회피하게 될 것이다. 둘째, 사람들은 빨강 배지 달기를 좋아하지 않는다. 그래서 초록 배지를 달기 위해 회사에 기여할 방법을 열심히 궁리한다. 한편 노랑 배지에 대해서는 만족스러워하는 사람이 많다. 셋째, CEO와 프로젝트 리더, 팀의 리더들은 회사 내에서 누가 무엇을 성취하고 있는지 신속하게 파악할 수 있다.

빨강·노랑·초록 회사에서 일하고 싶은가? 만일 그런 회사에서 일한다면 초록 배지를 달고 싶은 욕망이 생길 것 같은가? 결정을 내릴 준비가 어느 정도 되었는지를 알려 주는 버튼을 매일같이 선택해야 한다면 고통스럽더라도 자신의 의사 결정 스타일을 진지하게 바라보게 될 것 같은가?

정신없이 돌아가는 신생 회사는 집중도가 매우 높다. 처음에는 너나 할 것 없이 초록색 배지를 단다. 그리고 수전 스톰스 같은 사람이 방문했을 때 "Yes", "No"를 묻는 종이에 서명해 줄 사람을 찾는 건 일도 아니다. 시작의 열기 속에서 사람들은 의견이 분명하다. 옳은지 그른지, 아니면 둘 다 아닌지. 거기서는 "어쩌면"을 찾을 수 없을 것이다.

그러나 얼마 안 가서 그런 회사들도 문화가 변하기 시작한다. 처음에는 서서히, 그러다가 점점 빠른 속도로 상황이 변한다. '현 상태에 가치를 더하기 위해서'라는 이유로 새로운 사람들을 영입한다. 그러고는 줌을 멈추고 그 자리에 뿌리를 내리게 된다. 이제 누군가에게 배지를 달아 달라고 하면 그들은 기겁할 것이다. 그들은 종이 한 장짜리 아이디어조차 처리하지 못한다. 기록에 남을 테니까! 자신의 의사를 밝히기를 종용하는 성냥불을 마주한다는 것은 괴로운 경험이다.

내가 진정으로 묻고 싶은 것은 바로 이것이다.

"당신은 회사에서 '어쩌면'을 제거하겠다는 결심이 섰는가?"

예, 아니오로만 답하라.

평가는 시스템을 진화시킨다

완벽한 사람은 없다. 실수를 완벽하게 방지할 수 있는 회사도 없다. 하지만 회사들이 실수를 저지르고 나서도 개선하려는 노력을 보이지 않는 이유는 무엇일까?

다섯 가지를 생각할 수 있다.

1 회사의 정책 결정자들 중 실제로 현장에서 일하는 사람이 없다.
2 현장 근로자들이 돌출 행동을 하지 않고서는 정책 결정에 영향을 미칠 방법이 없다.
3 고객들이 터놓고 말할 분위기가 아니며 그들의 제안이 묵살된다.

4 정책을 만들기는 쉽지만 그것을 되돌리기는 어렵다.

5 비즈니스라는 것이 워낙 복잡한 일이어서, 하나의 결정이 어떤 결과를 낳을지 예측할 수 있는 방법을 찾지 못하는 한 어떤 아이디어가 좋은지 나쁜지 구분하기가 힘들다.

나는 이런 이유들을 지난 몇 주간 이 공항에서 저 공항으로 날아다니다가 생각해 냈는데, 그러자 문득 항공업계 종사자들에 대해 생각하게 되었다. 그들은 용감하고 신념 있는 사람들이며, 지금보다 더 큰 신뢰를 받아 마땅하다. 또한 그들이 비행 안전에 기울이는 노력을 전적으로 지지한다. 문제는, 항공 보안과 관련된 쟁점들이 대부분의 회사가 안고 있는 문제점과 놀랄 정도로 흡사하다는 것이다.

첫째, 공항에서 보안 문제를 꺼내기 쉽지 않다. 자칫하다가는 말썽꾼으로 낙인찍힐 수 있기 때문이다. 윗선에서 내려온 결정을 비난하지 못하는 문화가 회사에 조성되듯, 공항에서는 보안 문제가 전문가의 책임이며 우리는 그저 입 닫고 비행기에서 나쁜 놈들을 몰아내려는 그들의 노력을 지지해야 한다는 문화가 조성되어 있다.

그러나 그들은 전문가가 아니다! 그들이 고작 변화라고 일으키는 것은 미신에 지나지 않는다. 누군가 '손톱깎이는 위험하고 볼펜은 위험하지 않다'라고 결정하면, 전국의 공항에서 손톱깎이를 압수하기 시작한다. 이러한 정책이 과연 효율적인지, 수많은 시간과 돈을 들여 실행할 가치가 있는지를 평가할 적절한 시스템은 마련되어 있지 않고, 그러한 시스템이 없는 한 이 정책은 무작정 지속될 것이 분명하다.

오늘자 『USA 투데이』에는 FAA [미국 연방 항공청] 내부 고발자의 말을 빌려, FAA가 보안 검색을 철저히 실행하지 않으며 검색 결과 문제가 있어도 곧잘 무시한다는 기사가 실렸다. 당신 회사에는 이런 일이 없는가?

일관된 평가 기준이 없으면 시스템 곳곳에서 명백한 모순이 생길 수밖에 없다. 콜로라도 주의 몬트로즈 공항은 탑승객의 신발까지 엑스선 검색대를 통과해야 하고 지퍼가 달려 있으면 양모 스웨터도 벗어야 한다. 하지만 뉴욕의 공항에서는 구두는 조사하지도 않고, 양모 스웨터에 지퍼가 달려 있건 말건 입어도 상관이 없다. 어떤 공항에서는 듀라셀 건전지는 압수하면서도 그보다 훨씬 큰 노트북 배터리는 그냥 통과시킨다. 왜? 미신 때문이다. 평가 시스템이 없기 때문이다. 정책을 고안해 낸 사람이 직접 관여하지도 않았고 그게 효과가 있는지 없는지 확인도 하지 않았기 때문이다. 내 생각에, 콜로라도 공항에서 신발을 엑스선으로 검색하는 것이 그토록 중요하다면 뉴욕에서도 그래야 한다.

그래서 내 제안이 뭐냐고? 전국의 모든 엑스선 검색대에 이메일 주소를 써 붙이라는 것이다. "보안 검색을 개선할 방법을 알고 계십니까? 그렇다면 몇 줄 적어 보내 주십시오!"라는 말과 함께. 자, 그렇게 해서 수백 수천의 영민한 비즈니스맨들과 여행객들(그중에는 보안 전문가도 있을 것이다)이 조언을 보내거나 오류를 지적함으로써 지속적으로 보안 체제를 업그레이드할 수 있다고 상상해 보라.

이러한 과정을 통해 들어온 제안이 실행될 때마다 제안자와 그 제안을 읽은 운영자 모두에게 보너스를 준다면 어떨까? 내 몸수색을 맡은 여직원의 신속함과 철저함, 친절함을 칭찬하는 편지를 보내거나, 웨스트 팜비치의 검색 시스템이 더욱 원활하게 돌아갈 수 있게 하는 세 가지 제안을 보낼 수도 있겠지. 아마도 시스템은 빠른 속도로 진화할 것이다. 혹시 아는가, 이 방법이 당신 회사에도 통할지!

이렇게 빤한 아이디어(데이터에 근거한 피드백을 수용함으로써 빠르게 진화한다는)를 받아들이기가 왜 그렇게 어려운 걸까? 왜냐하면 관리자들은 자기가 결정하고 싶어 하기 때문이다. 왜냐하면 관리자들은 자신이 옳다고 해 주길 바라기 때문이다. 왜냐하면 직원들은 관리자의 결정을 기다리도록, 그리고 정책이 변하지 않기를 바라도록 길들여져 있기 때문이다.

세상이 점점 빠른 속도로 움직일수록 우리도 더 빠르게 진화해야 한다. 우리가 못하면 경쟁자들이 그렇게 할 것이다.

사훈

요즘의 사훈은 대개 이런 식이다.

"완전한 고객 만족을 통해 고객 개인의 즐거움과 정보에 대한 욕구를 충족시킨다."

원래 사훈이라는 것에는 한 가지 목적이 있었다. 그것은 경영진으로 하여금 회사가 추구하는 것들에 대해 어려운 결정을 내리도록 하는 것이다. 여기서 어려운 결정이란 무언가를 얻기 위해 다른 것을 포기하는 것을 뜻한다.

하지만 경영진은 실제로 어려운 일에 부딪히자 문제를 회피하고 위와 같은 사훈을 만들어 냈다. 모든 것을 끌어안는 사훈은 아무 의미가 없다.

희소성의 종말

어째서 나이키는 운동화에 500달러의 가격을 매기지 못하는 걸까? 왜냐하면 그것을 대체할 상품이 널렸기 때문이다. 이제 소비자들의 선택권은 거의 모든 분야에서 무한하다. 어떤 제품이 진정으로 탁월하지 않다면 소비자들은 얼마든지 다른 것을 선택할 수 있다.

그런데 미디어 산업만은 지금까지 그렇지 않았다. 미디어 산업의 핵심은 사실상 독점 가능성, 그리고 생산 원가 대비 큰 수익을 얻을 가능성에 있었다. 얼마 전까지만 해도 카우치 포테이토(Couch Potato. 소파에 앉아 텔레비전을 보면서 시간을 보내는 게으르고 비활동적인 사람을 일컬음—옮긴이)들이 TV를 보려고 할 때 선택할 수 있는 채널은 세 개밖에 없었다. 영화 팬이 〈내일을 향해 쏴라〉를 보고 싶다면 방법은 극장에 가서 윌리엄 골드먼 버전을 보는 수밖에 없었다.

요점은 이것이다. 미디어 산업은 희소성에 기반을 둔다. 선택 범위의 희소성, 성공작의 희소성, 저작권과 제한된 진열 공간에 의한 희소성 등. 소비자는 희소성을 싫어한다. 하지만 독점 자본가가 희소성을 사랑한다는 건 나도 알고 당신도 안다. 소비자에게 선택권이 별로 없을 때 독점 기업은 번영을 누린다.

그렇다. 희소성은 그들을 살찌우고 행복하게 만들어 주었다. 그런데 하룻밤 새에 미디어 독점 기업들이 의지해 왔던 희소성이 사라지기 시작했다. 갑자기 10개도 넘는 채널이 웹상에 생겨난 것이다. DVD 플레이어가 있는 집은 극장으로 변했다. 아마존에는 무한대의 진열 공간이 생겼다. 그 결과 시장의 영향력은 먼 옛날의 신화로 사라지고, 이제는 "사든지 말든지"라며 가격을 멋대로 매기기가 어렵게 되었다. 소비자가 너무나 쉽게 "말든지"를 선택할 수 있게 되었기 때문이다.

선택의 희소성도 진열 공간의 희소성도 사라졌다. 게다가 상품을 복제하는 방법의 희소성마저 사라졌다. 이제는 무엇이든 친구(또는 이방인)와 쉽게 공유할 수 있게 되었다. 그 결과 80~90년이 넘는 오랜 세월 동안 호황을 누려 온 미디어 기업들이 앞으로도 계속 그러리라는 보장이 없어졌다. 그들의 시절은 끝났다.

정부가 독점 자본가들을 돕기 위해 애써 온 역사는 오래되었다. 그러나 의회는 큰 노력에도 불구하고 독점 기업이 무너지는 것을 막는 데 성공한 적이 없다. 이유가 뭘까? 과학 기술과 자본주의, 소비자의 요구는 그 어떤 독점 기업이라도 무너뜨릴 수 있기 때문이다. 입법 기관은 고통의 기간만 연장할 뿐, 결국 독점 기업은 무너지게 되어 있다. 그리고 흥미로운 교훈 하나는, 일단 독점 기업이 사라지고 나면 예전의 독점 시장보다 한층 더 기업과 소비자들에게 이로운 시장이 그 자리를 대체한다는 것이다.

음반 산업을 한번 살펴볼까? 여기서도 좋은 소식이 들려온다. 아티스트들은 이제 돈 한 푼 들이지 않고도 음반을 낼 수 있다. 온라인 판매상들은 무한한 진열 공간을 확보하게 되었다. 인터넷상에는 수천 개의 라디오 방송국이 등장해 소수의 PD가 독점하던 권력을 약화시켰다. 즉시적으로 이루어지는 파일 공유는 좋은 노래를 전 세계로 퍼뜨린다(이런 기적 같은 상황을 직접 확인하고 싶으면 www.cdbaby.com에 가보라).

이 시나리오가 좀 더 거대한 상업적 혁명을 가져올 수는 없는 걸까? 더 많은 소비자들이 좀 더 저렴한 가격으로 더 다양한 음악을 접할 수 있지 않을까? 앨범은 꿈도 못 꾸던 사람들이 이제는 욕심을 낼 만도 하지 않은가?

이 새로운 세계에는 앞으로 수많은 승자가 탄생할 것이다. 리키 리 존스가 자신의 새 CD(워너브러더스가 과잉 생산한 라이브 히트 모음집과는 다른, 그녀가 진정으로 원하는)를 www.rickieleejones.com에서 스스로 발표할 수 있다면 그녀도 승자가 될 것이다. 만일 2만 장만 팔 수 있다면 워너브러더스에서 내는 것보다 그녀에게는 이득이 될 것이다. 더 나아가 음악은 무료로 다운받도록 하고 유료 콘서트 티켓을 판매함으로써 완전히 새로운 비즈니스를 창출할 수 있을 것이다. 전 세계에 걸쳐 백만 명의 팬(그녀의 이메일 팬 클럽에 등록된 숫자만 해도)을 거느린 그녀라면 지구상 어디에서라도 콘서트홀을 가득 메우게 할 수 있을 것이다.

아니, 내 예상이 틀릴지도 모른다! 그녀에게 이런 행운은 찾아오지 않을지도 모른다. 어쩌면 그녀도 먹고살기 위해 직장을 구해야 할지 모른다. 하지만 그것이 곧 그녀가(그리고 그녀처럼 되고 싶어 하는 수천 명의 뮤지션이) 은퇴해야 함을 의미할까? 어쨌거나 음반 산업계의 돈이 다른 곳으로 흘러들어 간다고 해서 뮤지션들이 고사할 것이라고 생각하지는 않는다. 물론 중간 상인들에게는 큰 변화가 생기겠지만.

당신이 내일 당장 업계에서 사라지지는 않을 것이다. 당신의 조직 역시 당분간은 그럭저럭 유지될 것이다. 그러나 더 나아지지도, 더 많은 이윤을 가져오지도, 더욱 재미있어지지도 않을 것이다. 그저 점점 나빠질 뿐이다.

당신이 게임의 규칙을 바꾸지 않는 한.

쥐 맛 고양이 사료

나는 이번 주말을 휴가를 떠난 이웃을 대신해 고양이에게 먹이를 주면서 보내고 있다. 혹시 '마케터들은 새빨간 거짓말쟁이'라는 사실을 아직 믿지 않는다면 '팬시 피스트'라는 고양이 사료에 씌어 있는 선전 문구를 한번 보라.

'팬시 피스트 구어메이Fancy Feast Gourmet'의 고양이 사료는 그 맛과 감촉이 마치 파테(고기를 곱게 갈아 만든 요리—옮긴이)처럼 섬세하고 부드러워서 고양이들의 까다로운 미각을 백 퍼센트 만족시킬 것입니다. 11가지의 다양한 맛 중 당신의 고양이가 제일 좋아하는 것을 골라 완벽하게 균형 잡힌 영양을 공급해 주세요!

혹시 고양이의 미각이 까다롭다는 말을 들어 본 적이 있나? 집고양이가 굶어 죽은 걸 본 적이 있어? 잊으셨나 본데, 고양이는 쥐를 잡아서 괴롭히다 잡아먹는 동물입니다요. 파테 같은 촉감인지 어떤지 관심이나 있겠냐고요.

여보쇼, 정말 고양이를 위한 음식이라면 쥐 맛이 나야 한다고!

값비싼 고양이 사료가 누구를 위한 것인지는 모르겠지만, 고양이를 위한 게 아닌 것만은 분명하다(어떤 건 심지어 '그릴에 구운 맛'이었다. 세상에, '그릴에 구운 맛'이라니!).

유아식은 유아들을 위한 게 아니고, 생명 보험은 당신이 죽어야 쓸모가 있으며, 또······.

신화

신화는 그것이 틀렸음을 입증하는 데이터보다 훨씬 오래 살아남는 경우가 많다('지구는 평평하다', '무거운 물체가 가벼운 물체보다 빨리 낙하한다' 등이 떠오른다). 그중에서도 최근 들어 가장 값비싼 신화는 아마도 터무니없는 광고에 매년 2,200억 달러(미국에서만)를 퍼붓는 일일 것이다.

랜달 로덴버그(Randall Rothenberg. 인터넷 광고 협회 IAB의 CEO—옮긴이)는 거의 언제나 옳은 말만 한다. 그리고 이번에도 그가 옳았다. 그는 "광고비의 대부분이 낭비에 불과하다는 사실을 광고주들이 최근에(50년 만에) 깨달은 관계로 미디어 기업은 전멸할 위기에 처해 있다."라고 말했던 것이다. 그러나 이제 그들은 적어도 무엇이 통하는지 만은 구분할 수 있게 된 것 같다.

물론 신화는 사람들을 감정적으로 만든다. 그리고 광고에 관한 논란이 가라앉기 전까지는 불안할 수밖에 없는 것도 사실이다. 하지만 결국 문제는 간단하다. 당신은 매일같이 효과가 떨어지고 있는 방법에 당신의 미래를 걸고 싶은가?

그들은 '스타벅스'라도 싫어했을 것이다

그레그 해링턴Greg Harrington 이라는 사람이 내게 이런 편지를 보냈다.

"최근에 저는 한 가지 문제에 관해 골똘히 생각하고 있습니다. 그게 뭐냐면, 어떻게 하면 회사 이름을 멋지게 지을 수 있을까 하는 건데요. 아이디어를 찾다가 당신의 책을 몇 권 훑어보게 되었지만 그런 건 아무 데서도 상세하게 다루지 않았더군요."

아, 그렇다면 내 생각을 좀 말해 볼까?

첫째(이게 제일 중요하다), 사람들은 브랜드명을 당신 회사의 속성과 결부시킨다. 그러므로 브랜드명은 당신 회사가 속한 분야와 관련이 적을수록 좋다.

만일 회사에 국제 우편 컨설팅이라는 이름을 붙인다면 거기에는 다른 속성을 결부시킬 여지가 극히 적어진다. 내 마음에 드는 이름? 스타벅스, 나이키, 애플.

둘째, 제발 진짜 영어로 된 이름을 고를 것. 액슬론Axelon과 알투스Altus는 나쁜 이름이다. 제트블루JetBlue나 앰비언트Ambient, 아마존Amazon은 좋다.

셋째, 철자와 발음이 쉬워야 한다. 프리우스(Prius. 차 이름은 '프리우스'라고 발음하지만 '~이전의'라는 뜻의 단어는 '프라이어스'라고 발음한다—옮긴이)는 나쁜 이름이다. 나는 발음을 잘못해서 창피를 당할까 봐 누구한테 이 차를 사라고 권하지도 못한다.

넷째, 도메인 네임을 짧게 하는 데에 집착하지 말라. 벤처 캐피털 회사의 이름을 니켈(내 생각엔 아주 훌륭한 이름이다)이라고 짓고 싶다면, 웹 주소는 www.NickelVenture.com이라고 해도 좋다. 이런 식으로 짓는 것이 문제가 되는 경우는 해당 URL의 소유자가 경쟁사일 때뿐이다(첫 번째 항목에서 권한 대로, 너무 빤한 이름만 짓지 않는다면 이런 일은 일어나기 힘들다).

이상과 같은 충고를 따를 경우, 쓸 수 있는 이름은 문자 그대로 수백만 개이다. 예를 들어 '레몬파이'는 스쿠버 여행사 이름으로 딱이다. 오렌지파이나 멜론파이, 키위파이도 좋고. 상표 분쟁에 휘말릴 가능성도 낮아질 것이다. 아무런 의미를 갖지 않으며 훌륭한 브랜드로 발전시킬 수 있는 멋진 이름을 생각해 내는 건 어려운 일이 아니다. 게다가 재미도 있고.

단, 거기다가 좋은 슬로건을 붙이는 것을 잊어서는 안 된다. 이를테면 "레몬파이―스쿠버 다이빙을 쉽게 배울 수 있는 길"처럼 말이다.

추신. 두 가지 요령을 덧붙인다.

1 이름을 확정하기 전에 사진 판매 사이트에 들어가 사용하려는 이름에 잘 어울리는 30달러짜리 사진들을 찾아보라. 그런 것이 있으면 사들인 다음 이름을 확정하라.

2 다른 사람들의 말을 듣지 마라. 아마 친구들은 당신이 정한 이름을 싫어할 것이다. 하지만 상관없다. 그들은 '스타벅스'라도 싫어했을 것이다.

작명의 규칙

나는 오랫동안 내 이름을 좋아하지 않았다. 나는 30년도 넘는 세월 동안 학교에서나 또는 전화할 때 내 이름 철자를 부르느라 고생했다. 어릴 때 내가 S 발음을 잘 못했던 것도 내 이름을 싫어하는 데에 한몫 했다.

물론 지금은 내 이름을 '스콧'이라고 짓고 싶어 했던 엄마를 할아버지가 말린 것이 행운이라고 생각한다(아마 할아버지는 그게 화장지 이름 같다고 싫어하신 모양이다).

'스콧'은 구글 세상에서는 좀 곤란한 이름이다. '마크'는 더욱더. 제일 힘든 이름은 '마이클'이 아닐까. 구글로 '마이클'을 검색하면 도대체 뭐가 나올까. 하지만 '세스'를 검색한다면 곧장 내가 나온다.

나의 새로운 회사를 '스퀴두'라고 이름 짓기까지 우리는 엄청난 시련을 겪어야 했다. 어느 날 친구에게 이 이야기를 하다가 나는 이 복잡한 세상에서 상품이나 서비스, 회사 이름을 짓는 데는 다 똑같은 논리가 적용된다는 사실을 깨달았다. 자, 이런 얘기다.

아주 오래전, 이름을 짓는 목적은 개인이나 조직의 신분, 또는 위치를 함축하기 위한 것이었다. 이름만으로도 자기 고유 분야에서 우위를 확립할 수 있도록 독점적인 지위를 전달하는 것, 그것이 바로 이름의 목적이었다. IBM(International Business Machines Corporation)과 슈레디드 휘트(Shredded Wheat. 포스트 사의 시리얼 브랜드—옮긴이)는 이런 관점에서 보면 훌륭한 성과였다.

하지만 얼마 안 가서 이런 설명적인 이름은 너무 일반적이고 진부한 것으로 취급받게 되었다. 이제 이름의 목적은 이차적 의미를 지니며 세대를 넘어 사용할 수 있는, 좀 더 방어적인 쪽으로 이동하게 된다. 이런 관점에서 보면 '제트블루'가 '사우스웨스트'보다 훨씬 낫고 '스타벅스'가 '던킨 도넛'보다 백배 좋다.

상황이 이렇게 되자 '알트리아(Altria. 필립 모리스 사가 담배 회사의 이미지를 불식하기 위해 2003년 새로 바꾼 그룹명. '높음'을 뜻하는 Altus에서 따왔다고 함—옮긴이)' 같은 단어를 만들어 내는 대가로 수십만 달러를 요구하는 '작명 회사'들이 번창하기 시작했다.

그러다가 도메인 이름의 시대가 왔다. 사람들은 갑자기 고글스닷컴goggles.com이라는 이름에 30만 달러라는 가격을 매기기 시작했다. 좋은 도메인 이름을 차지하면 사람들이 쉽게 찾아낼 거라는 이유에서였다.

내 생각엔 이러한 법칙에도 큰 변화가 온 것 같다. 가장 주된 이유는 구글을 사용하게 되었기 때문일 것이다.

제트블루나 이케아IKEA 등의 브랜드를 찾고 싶을 때, 당신은 아마도 구글에 이 이름을 쳐 넣을 것이다. 이것은 완벽한 도메인 이름을 소유하는 것도 좋지만 누군가가 테크노라티나 야후!, 구글 등에서 당신을 찾을 때 통하는 이름이 훨씬 중요함을 뜻한다. 일종의 유명 검색 엔진 최적화 전략이랄까.

독특하면서도 기억하기 쉽고 철자도 쉬운 이름, 특히 검색 결과의 최상단에 뜰 만한 좋은 이름을 찾았다면, 당신은 성공의 길에 확실히 들어선 것이나 다름없다.

'플리커Flickr'는 좋은 이름이다. '37시그널즈37signals'도 그렇다. 그러나 디자인 사무실인 '넘버 17Number 17'은 아니다. '앤서즈닷컴Answers.com'이나 어바웃닷컴About.com, 호텔즈닷컴Hotels.com, 비즈니스닷컴Business.com은 비교적 괜찮은 URL이지만 뒤에 닷컴을 붙여야 한다는 걸 깜박한다면 별 소용이 없는 이름이다. 야후!에서 '레이더radar'를 검색해 봐도 이 잡지의 웹 사이트는 찾을 수 없을 것이다. '심플simple'을 검색해도 그 비싼 심플닷컴simple.com으로 가기는 힘들다.

한번 생각해 보자. 수백만 달러를 들여 심플닷컴 도메인을 샀는데 검색창에 '심플'을 쳐 넣어도 당신을 찾을 수가 없다면?

눈에 띄는 블로거가 되고 싶다면 자신에게 닥Doc이나 스코블Scoble, 또는 세스Seth라는 이름을 붙이는 편이 '마이크의 블로그Mike's Blog'라고 하는 것보다 훨씬 쉽게 기반을 잡는 방법이다.

당연한 소리라고? 물론 그렇지. 하지만 아직도 『칩 키드, 작품: 1986-2006, 제1권』 같은 책 제목이 있는걸.

다시 나의 '스퀴두' 이야기로 돌아가 보자. 그래서 구글 검색 결과가 유일하게 나타나는 이름을 찾아내는 것이 나에게는 첫 번째 과제였다. '스퀴두'를 검색했을 때 나오는 유일한 상품은 낚시용 인조 미끼였다(우린 그걸 발견하고 몇 박스나 샀다).

일반적인 단어가 들어가는 값비싼 도메인 이름과, 도메인 이름으로 완벽하지는 않지만 원하는 사이트로 연결해 주는 훌륭한 단어 가운데 하나를 고르라고 한다면 난 언제든 후자를 택할 것이다.

오늘날 신조어 및 독특한 이름의 홍수와 함께 나타나는 또 하나의 현상은 단어의 구조 자체가 어떤 의미를 전달한다는 것이다. 여기서는 철자의 구조가 중요하다. 웹 2.0 기업의 경우 이름에서 모음을 일부러 빠뜨리거나 집어넣는 경우가 많다. 알파벳 O가 두 개인 'oo'를 넣는 것은 인터넷 기업임을 알리는 아주 좋은 방법이다. 매우 비이성적이고 제멋에 겨운 소리처럼 들릴지 모르지만, 실상은 아주 중요한 부분이다.

'알트리아 Altria'나 '아치바 Achieva', '팩티바 Factiva', '칼레라 Kalera' 같은 것들은 모두 작명 회사가 지어 준 이름처럼 보인다. 월 가에 내걸기는 그럴듯할지 몰라도 웹 2.0 회사의 이름으로는 영 아니다. 이름의 구조는 그 의미만큼이나 중요하다.

말하자면 이제는 중요한 것이 이름의 의미가 아니라 그것이 연상시키는 바인 것이다. 단어의 구조, 그것이 어떻게 발음되는가, 그것이 어떤 문화 현상을 연상시키는가 등등이 좋은 이름을 만드는 데에 중요한 요소들이다. '스타벅스'라는 이름은 커피와 아무런 관련이 없는 두 개의 단어로 이루어져 있으며 소설 『모비딕』에서 따왔다는 것을 아는 사람도 별로 없다(Starbucks는 허먼 멜빌의 소설 『모비딕』에 등장하는 항해사의 이름에서 따온 것이라고 한다—옮긴이). 그러나 시간이 흐르면서 그 글자의 모양과 발음하는 방식, 단어의 독특함 등이 한데 어우러져 이름의 완성도를 높여 가고 있다.

마침내 나는 '네임보이 서비스www.nameboy.com'라는 환상적인 사이트를 이용해서 발음도 괜찮고 꽤 독특한 도메인 수천 개를 찾아내었다(한 달도 넘게 걸리긴 했지만). 그 과정에서 피시아이닷컴FishEye.com이라는 도메인을 살 뻔했는데, 소유자(케이맨 제도에 전세 보트를 가지고 있단다)가 꿈쩍도 하지 않았다.

마지막으로 한 가지 더 당부하고 싶다. 구글에서 통할 만하며, 철자도 쉽고, 무언가를 연상시키고, 당신의 스토리를 뒷받침할 만한 구조를 가진 이름을 발견했다면 그 이름을 조직 내부에 먼저 설득해야 한다. 이름 문제와 관련해 조직을 대할 때는 다음 두 가지 사실을 명심하라.

1 진짜 이름을 찾는 동안 임시로 다른 이름을 사용하는 일은 하지 말 것. 사람들은 대타에 정이 들 텐데, 그래서 좋을 게 하나도 없다. 애초에 제 이름을 찾아서 쓸 것.

2 친구나 이웃, 동료들의 말에 귀 기울이지 마라. 우리도 임시명을 쓰다가(이런!) 바꾸게 되었는데, 사람들이 모두 새 이름을 싫어했다. 몇 주 동안이나! 지금 생각해 보니 그럴 수밖에 없는 일이었다.

단어의 일차적 의미는 중요치 않다. 독특하면서 발음도 괜찮은 단어만 고른다면 놀라울 정도로 짧은 시간 안에 그것은 세상에서 유일무이한 이름이 될 것이다.

주삿바늘 마케팅과 딸랑이 마케팅

성장을 원하는 벤처 기업들은 대부분 마케팅을 한다. 마케팅에는 두 가지가 있다. 통하는 것과 통하지 않는 것.

주사는 간단한 물리학적 원리로 작동한다. 몸의 한 부분을 신중하게 선택해서 그곳에 찔러 넣고 압력을 가하면 주사약을 침투시킬 수 있다. 이것이 바로 40킬로그램이 겨우 넘는 간호사가 당신에게 독감 주사를 놓을 수 있는 원리이다. 주삿바늘 끝의 지극히 작은 표면은 아무런 어려움 없이 당신의 피부 속으로 미끄러져 들어간다.

퍼미션 마케팅의 원리는 주사와 같다. 정확한 상대에게 꼭 맞는 메시지를 올바른 타이밍에. 예측 가능하고 개인적이며 적절한 메시지를 목표하는 사람에게 도착시킨다.

바이스(Vise. 기계공작에서 공작물을 끼워 고정하는 기구—옮긴이)는 주삿바늘과는 다른 물리학 법칙을 이용하지만 이것 역시 효과적인 도구다. 바이스는 그것이 닿는 범위 전체의 압력을 증가시키는 방식이다. 나사의 특성상 큰 힘을 들이지 않고도 장시간 엄청난 압력을 만들어낼 수 있다. 바이스에 손이 끼여 본 적이 있는 사람이라면 무슨 말인지 알 것이다.

바이스 방식은 스타벅스나 동네 병원, 풀뿌리 정치 같은 것에 통한다. 여러 곳에서 자주 마주치게 함으로써 한 명 한 명에게 충분한 지지를 이끌어 낸다면 입소문을 퍼뜨리는 데에 투자한 당신의 노력은 머지않아 보상받게 될 것이다.

그렇다면 통하지 않는 방식은 어떤 것일까? 그것은 바로 사람들을 귀찮게 하는 딸랑이 방식이다.

아기들은 종종 관심을 끌기 위해 열심히 딸랑이를 흔든다. 그러다가 싫증을 느끼고는 다른 방법으로 옮겨 간다. 하지만 아무런 효과도 없다고 좌절하며 다시 딸랑이로 돌아온다.

고군분투하는 대부분의 마케터는 딸랑이족이다. 그들은 한동안 몇 가지 기법이나 전략, 제품에 열중하다가 금방 흥미를 잃고 다른 것으로 옮겨 간다. 하지만 얼마 후면 좌절감에 젖어 돌아와서 이렇게 말한다.

"입소문을 내기 위해 할 수 있는 일은 다 해 봤다고!"

블로그 마케팅을 해 본 사람들은 "열심히 블로그를 만들었지만 돌아오는 게 없어. 이젠 포드캐스트(mp3 등의 미디어 파일을 웹에 올리고 새로운 내용이 추가될 때마다 사용자에게 알려 주어 자동으로 구독할 수 있게 하는 방식—옮긴이)로 방법을 바꿔야겠어."

물론 최고의 마케터들은 주사기와 바이스를 동시에 사용한다. 그들은 공격을 하지도, 무언가를 요구하지도 않는다. 대신 사람들의 주목을 끌 뿐이다. 그들은 자신들의 마케팅 압력을 정확하고 집요한 방식으로 끊임없이 주입함으로써 결국에는 효과를 얻는다.

내가 아는 한 상거래 사이트는 바이스를 조이는 데에만 수백만 달러를 쓰고 있는데, 안된 일이지만 그들의 제안과 사이트 디자인은 너무나 산만해서 도무지 효과가 있을 것 같지 않다. 만일 그들이 누구에게 어떤 압력을 어떤 방식으로 가할 것인지를 알아낸다면 그 효과는 세 배로 커질 것이다.

아이러니한 것은 수많은 광고 회사가 한구석에 쭈그리고 앉아 딸랑이만 흔들어 댄다는 사실이다. 그런 식으로는 노력과 비용만 많이 들 뿐, 효과를 기대할 수 없다. 우리 업계에서 가장 똑똑하다는 사람들 중 일부가 광고주나 업계의 구조 때문에 전략을 바꾸지 못하고 갈수록 요란한 허섭스레기로 사람들이나 괴롭히고 있다니, 참으로 유감스러울 뿐이다.

보랏빛 소를 만들 수 있는 참신한 방법

먼저 사람들이 '늘' 해 온 방식이 어떤 것인지 알아낸다. 그런 다음 그것과 다르게 한다.

- 치약은 늘 눌러 짜는 튜브의 형태로 나온다.
- 출장을 가는 사람들은 늘 여행사를 이용한다.
- 정치가들은 늘 비서를 시켜 중요한 전화를 걸러 낸다.

'늘' 해 온 방식이 어떤 것인지 알아낸 후 그와 정반대로 하라. '지금까지 한 번도 그래 본 적이 없는' 것을 하라.

당신의 No!는?

"내 작품은 'No!'로 가득하다. 아름다운 조명도 'no!', 눈에 띄는 조작도 'no!', 장식이나 설명으로 사람들을 혹하게 하는 일도 'no!'. 이 모든 'No!'가 나를 'Yes!'로 이끌어 준다. 내게는 흰 배경이 있다. 내게는 흥미를 끄는 인물과, 우리 사이에 일어나는 사건이 있다."

리처드 아베든(Richard Avedon. 패션 및 인물 사진의 거장—옮긴이)

당신에게는 어떤 'No!'가 있는가?

부작용이란 없다

배리 슈워츠(Barry Schwartz. 미국의 사회 이론학자—옮긴이)가 내게 '부작용'이라는 말을 써서는 안 된다고 했다.

진정성이 없고 근시안적인 마케터는 자기 제품의 부작용을 구매자들에게 숨긴다. 그리고 이렇게 부정직한 행위는 반드시 그들 자신에게 돌아오게 되어 있다. 그러나 배리는 이 세상에 '부작용'이라는 것은 없다고 말한다. 오직 '작용'이 있을 뿐.

당신이 무언가를 만들거나 팔면 그것은 그 주변 세계에 영향을 미친다. 그러한 영향 중에는 물론 바라던 것도 있지만 의도하지 않은 부정적인 영향도 있는데, 그것 역시 엄연히 실재하는 영향이다. 이러한 나쁜 영향 역시 좋은 영향만큼이나 중요하다. 똑똑한 마케터는 나쁜 영향에 관해서도 정직하다.

유일함

헴스테드에서 유일한 록 음악 전문 라디오 방송인가?
  톨레도에서 유일한 유기농 제과점인가?
  신도들에게 진정한 구원을 주는 유일한 교회인가?
  독자에게 특별한 이야기를 전하는 유일한 잡지인가?
  고객에게 생산성 증대 방안을 확실히 가르쳐 줄 수 있는 유일한 컨설턴트인가?

  몇 년 전부터 '유일함'의 벽이 무너지기 시작했다. 이제 유기농 빵은 인터넷을 통해서 살 수도 있고 냉동된 걸 살 수도 있으며 유기농 전문점에 가서 살 수도 있다. 음악을 들을 수 있는 방법만 해도 열 가지가 넘는다. 전문 잡지를 구독하지 않아도 배우고 싶은 건 뭐든지 배울 수 있다.

  '유일하다'라는 말은 참으로 사람을 안심시키는 말이다. 유일하다는 것은 경쟁이 없다는 것이며 가격도 내 맘대로 매길 수 있다는 뜻이다. 내 자존심을 한껏 끌어올려 주기도 한다. 아아, 그러나 요즘에는 유일한 게 별로 없다.

  리마커블해지기 위해서는 그저 유일하다는 것에 안주하지 말고 새로운 것을 빠르고 용감하게 받아들여야만 하는 세상이다.

작게 시작하기

크게 시작하고 싶어 하는 것은 누구나 마찬가지다. 사람들은 신제품을 내놓자마자 대박이 터지길 바란다. 이력서를 보내고 나면 그것이 하루 만에 검토되어 다음 날에는 전화를 받고 그다음 날에는 면접을 보며 그 주가 끝나 갈 무렵에는 전망 좋은 고급 사무실에 앉아 있기를 바란다. 이러한 사고방식은 컨설팅 서비스에서 1학년 성적표에 이르는 우리 삶의 거의 모든 국면에 존재한다.

할리우드에서나 출판계에서나, 마케터들은 크게 시작하기 위해 자기가 가진 것을 한꺼번에 쏟아 붓는다. 신상품 공개 행사에서도 마찬가지다. 사람들은 이벤트가, 데뷔 행사가 감동의 도가니이길 바란다.

새로운 마케팅은, 내 생각에는, 이런 식이 아니다.

내 첫 책은 몇 권 팔리지 않았다. 내 블로그의 첫 번째 글은 별로 읽히지 않았다. 그러나 내 독자는 점점 늘어나고 있다.

내가 10여 년 전에 쓴 『퍼미션 마케팅』은 재판을 거듭하며 여전히 팔리고 있다. 무료 온라인 버전이나 페이퍼백으로 구할 수 있는 『아이디어 바이러스』는 2000년에 출간되었지만 마케팅 업계에서는 2005년이 되어서야 이 이론이 확산되어 실행에 옮겨지기 시작했다.

내가 하고 싶은 말은, 무언가를 시작하기가 예전보다 훨씬 쉬워졌다는 것이다. 영화 한 편을 개봉하는 데에는 10억 달러가 들지만 블로그를 여는 데에는 20달러도 안 든다. 자연 발생적인 사용자 주도의 네트워크는 상품의 성패를 좌우하는데, 이것이 단숨에 불붙는 경우는 거의 없다. 그러나 온라인의 눈덩이 효과는 구시대의 '소리 높여 외친 다음 꿈꾸기' 방법보다 훨씬 강력하다.

그렇다면 우리는 이제 어떻게 해야 할까?

가치 있는 물건을 만들라.

사람들이 이야기할 만한 물건을 팔라.

스스로에게 믿음을 가지라. 히트하기까지 꽤 오래 걸릴지도 모른다.

처음에 이러쿵저러쿵하는 말에 귀 기울이지 말라.

포기하지 말라, 적어도 얼마 동안은.

오프라 윈프리 쇼에 출연하려면 얼마를 내야 할까?

당신이 이 토크 쇼의 여왕과 함께 10분을 보낼 수 있다면 당신 회사에 어떤 일이 일어날까? 텔레비전에 출연해서 수백만 시청자들에게 당신의 스토리를 들려준다면 어떤 이익을 얻을 수 있을까? 물론 돈을 낸다고 오프라 쇼에 출연할 수 있는 것은 아니지만 그럴 수만 있다면 당연히 그렇게 하겠지.

이렇게 단순한 가정을 하다 보면 온라인의 모순을 발견하게 된다.

책 본문 검색이 가능한 '구글 프린트'에 작품을 올린 작가들이 돈을 받아야 할까?

블로그에 얼마를 투자해야 할지 어떻게 측정해야 할까?

일전에 내가 만난 한 끈질긴 기자는 같은 질문을 계속해 댔다.

"당신의 블로그가 실제로 매출액의 몇 퍼센트에 직접적인 영향을 미쳤나요?"

어쩌면 당신도 상사에게서 똑같은 질문을 받았을지 모르겠다. 그들이 원하는 것은 증거다! 경영진은 단기적인 효과가 파악되지 않으면 새로운 매체에 투자하려 들지 않는다. 작가들은 이익이 발생할 것이라는 증거 없이 콘텐츠를 '거저' 주고 싶어 하지 않는다.

하지만 그들 모두 오프라 쇼에 나갈 수만 있다면 얼마든지 돈을 낼 것이다.

정기 구독자를 모으고 가판대에서 매진 사례를 내고 싶어 안달복달하는 지역 신문들은 온라인을 통해 기사를 읽으려면 먼저 회원 가입부터 하라고 말한다. 그들은 자기네 사이트에 관심을 보내도 좋다고 허락하기 전에 우선 당신에 대해 많은 것(성별이나 생년월일 등)을 알고 싶어 한다.

인쇄 비용이 판매 가격보다 높아 광고비로 적자를 충당하는(그러므로 독자를 늘려야 하는) 신문이 온라인에서는 오히려 신문을 읽을 수 없도록 바리케이드를 치는 것이다.

여기서 잠깐.

키워드는 '관심을 주다'이다. 소비자는 이미 대가를 지불하고 있다. 그들은 '관심'이라고 불리는 소중한 것을 주고 있다. 신문은 사람들이 다가서지 못하도록 막을 것이 아니라 그들이 소중한 관심을 더욱 쉽게 줄 수 있도록 해야 한다.

커뮤니케이션 채널은 계속해서 늘어나고 있다. 당신은 그런 채널을 가질 것인가 말 것인가. 당신이 대화를 나누고자 하는(일방적으로 이야기하는 것이 아니라) 상대의 관심에 접근할 것인가 말 것인가.

그렇다면 이제 던져야 할 진정한 질문은 "이들과 대화함으로써 얼마를 얻게 될 것인가?"가 아니라 "이들과 이야기를 나누기 위해 나는 얼마나 지불해야 할 것인가?"이다.

낙관주의

경제계에 관한 뉴스를 잠깐이나마 듣고 있자면 나는 늘 두렵거나 우울해지곤 한다. 모두 다 악당 같기만 하다. 이들이 대체 무슨 생각을 하고 있는 걸까? 자본주의는 망한 것일까?

개인적으로 나는 소규모 기업에 기대하고 있다. 소규모 기업이란 자기 일에 대해 스스로 결정을 내리는 곳이다. 나는 함께 문제를 해결해 나가면서 돈을 버는 인간의 능력에 대해 한없이 낙관적이다. 이러한 회사들이 곤란에 빠지는 것은 새로운 종류의 왕족―우리가 뽑은 적 없는 지배 계급―을 만들어 낼 때뿐이다.

지금 이 순간 누군가의 차고에서 발명되고 있을 새로운 물건들을 하루빨리 보고 싶다.

옵트인*

그동안 이 이야기를 너무 많이 해서 또 하자니 좀 지겹긴 하지만, 그래도 한 번 더 해 보자.

옵트아웃(Opt-out. 수신인이 거부 의사를 밝히기 전까지 무조건 광고 메일을 발송하는 방식-옮긴이)은 스팸이다. 이 방식은 게으름과 타성, 정보의 범람을 이용해 사람들을 그들이 원치 않는 것에 함몰되게 만든다. 옵트아웃은 결코 위대한 회사를 만드는 방식이 아니다. 광고를 할 생

---

* 옵트인Opt-in은 수신자의 사전 동의를 받은 경우에만 광고 메일을 발송하는 방식을 말한다.

각이라면 절대로 이 방식은 택하지 말라. 통하지도 않을뿐더러 사람들의 머릿속에 당신은 '귀찮은 사람'으로 자리 잡게 된다. 나는 그것을 수치스럽게 여긴다.

온라인 기업이라면 어느 곳이나 사람들이 반길 만한 뉴스거리나 제안 사항들이 있다. 당신이 가야 할 길은 바로 그곳이다. 그곳이야 말로 지속 가능하고 채산성 높은 기업을 이룩할 수 있는 길이다. 옵트아웃은 실수하는 거다. 정말로 나쁜 방법이다.

모순 어법

포드캐스트에 관한 기사들은 언제나 '애덤 커리 Adam Curry'에 대해 언급한다(포드캐스트가 원래 그의 아이디어였으니 당연한 일이긴 하지). 또 애덤 커리에 관한 기사들은 하나같이 그가 한때 MTV의 VJ였음을 언급한다(적어도 10만여 개의 구글 검색 결과에 의하면 그렇다). 뚜렷한 이유도 없이 말이다.

하나 더. 구글에 대한 기사들은 빠짐없이 다음 문장을 싣는다.

"그런데 직원들은 그레이트풀 데드(Grateful Dead. 미국의 록 밴드-옮긴이)의 요리사였던 주방장이 일하는 구내식당에서 점심을 먹는다."

굳이 언급할 이유가 없기는 이 이야기도 마찬가지다.

이 둘의 공통점은 명백하다. 바로 모순 어법이다. 아무도 기대하지는 않았지만 기억하기 쉬운 두 가지 조화되지 않는 사실들을 나란히 놓는 것이다. 모순 어법을 사용하면 스토리를 전달하는 데 도움이 된다. 당신에게도 이런 것이 있는가?

소매업자 마인드

내 차 도요타 프리우스의 키를 잃어버렸다(좀 더 정확히 말하자면, 내가 눈 덮인 자전거 도로에서 스키를 타는 동안 누가 내 신발을 훔쳐 갔는데, 그 안에 키가 들어 있었다. 그런데 도대체 내 신발을 뭐하러 훔쳐 간 거야?)

아무튼 나는 구글에서 '복제 열쇠'와 '도요타 프리우스'를 넣어서 검색해 보았다. 결과 화면을 죽 훑어보니 두 번째로 올라온 'www.autopartswarehouse.com'이 해결책을 줄 가능성이 높아 보였다.

클릭했다. 그러나 나타난 것은 내 차와 관련된 항목이 아니고 도요타 전 차종의 부품이 나와 있는 페이지였다(분명히 '프리우스'를 쳐 넣었는데도 말이지). 거기서 다시 '프리우스'를 입력하자 다른 메뉴가 나왔는데, 이번에는 열쇠라는 항목조차 없었다.

나는 다시 '열쇠'를 입력했다. 이게 그 검색 결과다.

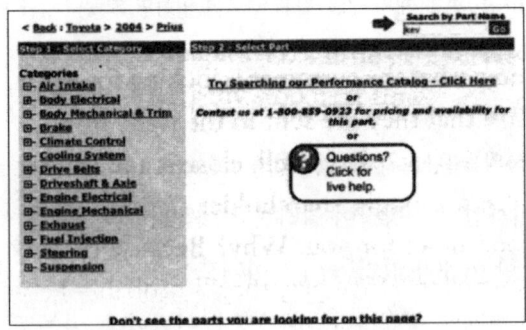

여기서 발견되는 문제점은 두 가지다.

첫 번째는 이 회사가 너무 게으른 나머지 적절한 키워드를 구매하지 못했다는 것이다.

두 번째는 이 회사의 웹 담당자와 광고 구매 담당자가 아마도 다른 사람일 거라는 사실이다. 만일 그 둘이 일치했다면 이렇게 자기네 분류 체계 위주로 상품을 늘어놓지 않고 구매자의 사용 경험에 초점을 맞추어 웹 페이지를 구성했을 것이다.

웹 검색이라는 거대한 모래사장에서 바늘을 찾아낼 수 있느냐에 따라 기업의 성장 또는 사멸이 결정된다고 생각해 보라. 그리고 이것이 첫 번째 클릭을 매출로 연결하는 데 달렸다고 가정해 보라. 그럴 경우 가벼운 관심을 거래로 마무리 짓기 위해서는 한층 신중하고 고객 중심적인 접근이 필요하지 않을까.

이것이 기술적으로 어려운 일은 아니다(구글에서 'keyword matching options'만 찾아보아도 알 수 있는 일이다). 특별히 시간을 더 잡아먹는 일도 아니다.

그런데도 그토록 까다롭게 느껴지고 하기가 힘든 이유는 바로 이것이다.

"당신이 아직도 소매업자 마인드로 일하고 있기 때문."

소매업은 먼저 점포를 차리고 물건을 들여놓은 다음 그것을 진열대에 늘어놓는다. 그러고 나서 지역 신문에 광고를 내고는 누가 구경하러 오지 않나 목을 빼고 기다린다.

하지만 온라인의 방식은 이와 다르다(의류 판매에서 자동차 열쇠 판매, 기금 모금에 이르기까지 모두 마찬가지다).

온라인에서 당신의 점포는 한 곳에만 있는 게 아니다. 동시에 수만 개를 갖고 있는 것이나 마찬가지다. 그리고 당신은 손님이 들어오기도 전에 그들이 무엇을 찾는지 알 수 있다. 따라서 당신이 할 일은 손님들이 잘 찾아올 수 있도록 안내하는 것이다.

운영이 잘 안 되면 닫아 버리고 곧바로 다시 시작할 수도 있다.

파슬리는 어디로 갔을까?

나는 오늘 친구 제리와 아침을 먹었다. 우리는 뉴욕에 있는 '네이플스 45'에서 식사를 했는데, 나는 12달러짜리 오믈렛을 주문했다.

이게 내가 먹은 오믈렛이다. (물론 내가 감자는 빼고 달라고 해서 이렇게 된 점도 있기는 하다. 그리고 머핀도 내가 먹어서 저렇게 자국이 난 것이다.)

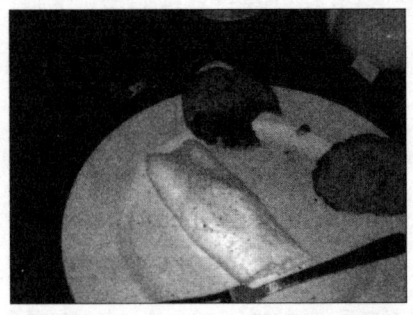

하긴, 파슬리 장식을 먹을 사람이 있을까? 아무도 없겠지. 그러면, 그게 순전히 낭비일까? 먹진 않아도 사람들은 그게 없다는 사실은 금방 눈치 챈다. 접시에 파슬리 줄기 하나, 딸기 한 개 없다는 사실은 금방 눈치 챈다 이 말이다. 그것은 당신에게 '바가지 썼다'는 느낌을 선명하게 전해 줄 것이다.

모든 상품에는 파슬리가 있다. 하지만 때로는 원가 절감을 위해, 시간을 절약하기 위해, 월마트와 가격 경쟁을 벌이기 위해 쉽게 파슬리를 포기하기도 한다. 당신의 포커스 그룹이 파슬리를 찾은 적은 없으니까!

'네이플스 45' 옆에는 미소와 함께 아침 식사를 파는 작은 카페가 있었다. 물론 파슬리도 얹어서. 다음에는 거기서 아침을 먹어야지.

이메일 주소를 알아내는 법

어제 한 대형 서점에 갔다가 책을 다섯 권이나 사고 말았다. 계산을 끝내자 점원이 말했다.

"뉴스레터를 보내 드리려고 하는데 이메일 주소를 알려 주실 수 있으세요?"

나는 반사적으로 거절했다. 이미 스팸을 지나치게 많이 받고 있고 그 서점에 대한 특별한 신뢰도 없으며 뉴스레터를 받고 싶은 생각 역시 별로 없었기 때문이다. 하지만, 아니나 다를까, 내 궁금증이 발동하고야 말았다.

"거절하는 사람이 많나요?"

"네, 좀, 사실…… 대부분이요."

점원이 말했다. 이메일 주소를 묻는 것이 그녀의 아이디어가 아닌 것만은 분명했다.

'허락'에 기반을 둔 마케팅이 생소하던 시절에는 그저 묻기만 하면 허락받을 수 있었다. 이제는 그 일이 그렇게 간단해 보이지만은 않는다.

그녀가 이렇게 물었다면 어땠을까?

"와, 손님, 10달러짜리 상품권에 당첨되셨네요! 메일로 보내 드릴까요? 일 년에 여섯 번 특별 도서 목록도 받아 보실 수 있는데요…….”

이건 아까와는 완전히 다른 종류의 제안이다. 그렇지 않은가? 자신들을 위한 제안이 아니라 나를 위한 제안인 것이다. 내가 당장 쓸 수 있는 무언가를 주겠다는 확실한 약속인 것이다.

페즈*와 리투아니아어 음반

얼마 전 〈스팸얼랏(Spamalot, 브로드웨이 뮤지컬의 제목-옮긴이)〉 공연을 보러 갔는데 옆자리를 보니 로버트 클라인(Robert Klein, 미국의 코미디언이자 배우-옮긴이)이 앉아 있는 게 아닌가. 외로웠던 십 대 시절, 나는 그의 코미디 앨범을 수없이 들으며 시간을 보냈다. 그리고 그 유명한 대사를 외곤 했다("세상에 나온 모든 음반, 트럭을 몰아 당신 집에 갖다 드립니다…….") 비록 그의 앞에서 그것을 읊고 싶다는 유혹은 간신히 떨쳐 버렸지만 나는 아직도 그것을 생생히 기억한다. "리투아니아 어 음반도 있어요!"

나는 오랫동안, 피할 수 없는 일이 곧 일어나리라고 생각해 왔다. 세상에 나온 모든 음반이 온라인에서 갈 길을 찾을 것이며 거대한 용량의 하드 드라이브가 있다면 그것을 모두 소유할 수도 있을 거라고. 마크 프라운펠더Mark Fraunfelder가 운영하는 '보잉보잉' 사이트는 우리에게 '토푸 헛Tofu Hut'이라는 블로그를 알려 주었다. 거기에 가면 운영자가 엄청난 공을 들여 작성한 목록 안에 백만 개에 가까운 무료

* 페즈Pez는 미국의 유명한 캔디 상표이다.

mp3 곡을 찾을 수 있다.

이제 나는 세상의 모든 음반을 다 가질 수 있다고는 믿지 않는다. 확신하건대, 그들이 트럭을 몰고 당신 집에 올 때쯤이면 수천 개의 새로운 음반이 나와 있을 것이다.

누구나 뭐든지 만들 수 있을 때, 혼돈의 양은 완전히 차원을 달리하게 된다. 누구나 뭐든지 만들 수 있는 세상(야후!에서 페즈 사탕용 핸드메이드 용기를 한번 찾아보시라)의 그 엄청난 혼란을 생각할 때, 우리는 수요와 공급에 대한 발상을 바꾸어야만 한다.

워너브러더스는 음악이 넘쳐 나는 세상에서 시대에 뒤처져 가고 있다.

미신을 믿는 비둘기

당신의 상사가 비둘기처럼 생각하게 된다면 어떤 일이 벌어질까?

스키너(B. F. Skinner, 행동주의 심리학자—옮긴이)가 옳았다. 당신도 비둘기를 미신에 사로잡히게 만들 수 있다. 비둘기를 새장에 가두고 일정한 간격으로 먹이를 주기만 하면 된다. 비둘기는 먹이가 떨어지는 순간에 자신이 우연히 하고 있었던 행동—제자리를 맴돌고 있었든, 고개를 끄덕이고 있었든—을 계속해서 반복할 것이다. 그러한 행동이 먹이를 불러오길 간절히 바라면서. 비둘기는 실제로는 있지도 않은 인과 관계를 억측하게 되는 것이다.

그게 바로 미신이다. 바라는 결과에 아무런 실질적인 영향을 주지 못하는 행동임에도 반드시 해야만 할 것 같은 강박 관념. 비둘기는 미신적이라는 게 밝혀졌지만, 나는 우리도 그렇지 않을까 걱정이다. 우리가 하는 일 중에도 실제 작용과 아무 연관이 없는 것들이 많다. 그리고 그럴 경우 우리도 비둘기와 다를 게 없다. 더 새롭고 더 나은 선택을 해야 한다는 것을 증명하는 데이터를 보고도 우리는 행동을 바꾸지 않는다. 미신을 믿는 편이, 제자리에서 계속 맴돌면서 먹이가 쏟아져 나오기를 기다리는 편이 훨씬 쉽기 때문이다.

우리는 비둘기가 자신의 행동이 잘못되었다는 것을 깨닫고 변화하리라고 기대하지 않는다. 그렇다면 당신의 상사는 어떨까? 그가 "○○(공장 확장, 정리 해고, 지구 온난화, 줄기 세포 연구, 대외 무역 등)에 관한 의견들을 모두 검토한 결과, 생각을 바꾸기로 했습니다. 제 생각이 틀렸습니다. 이제 우리가 해야 할 일은 바로 이것입니다."라고 말하는 걸 본 적이 있는가? 그렇지 않으면 좀 더 비둘기에 가까운가?

비둘기에게 유감이 있는 건 아니다. 하지만 권력을 가진 비둘기가 미신적일 때, 미신이 기업과 중요한 기관의 운영 체제의 일부가 될 때는 문제가 발생한다.

권력자들은 대개 자리를 보존하고 싶어 한다. 그리고 그렇게 할 수 있는 방법의 하나가 자기 조직의 성공 요인이라고 믿는 일련의 원칙을 굳건히 지키는 것이라고 생각한다. 사실을 면밀히 검토하기보다 부하 직원들에게 이러한 미신—일반적으로 회사 정책이라고 일컫는—을 지키라고 요구함으로써 일견 능률적으로 보이는 조직을 구축한다. 사실, 그자들은 거기서 끝이다.

이러한 경영자들은 세계 곳곳—비즈니스 세계를 포함해—에서 나타나는 근본주의자 무리의 일부라고 해도 과언이 아니다. 내 생각에 이들은 두 가지 속성을 지니고 있다. 첫 번째는 잡다한 미신을 믿는 것이며, 둘째는 자신만 옳고 다른 사람들은 모두 그르다고 생각하는 것이다. 그들은 세상에 하나밖에 없는 진리를 자신이 발견했다고 믿으며 새로운 데이터에 비추어 예전의 규칙들이 변하는 것을 견디지 못한다. 근본주의자들은 새로운 정보를 수용할 것인가 말 것인가를 그것의 사실 여부에 따라 결정하는 것이 아니라 기존의 신념 체계에 어떠한 영향을 미칠 것인가에 따라 결정한다.

미신을 타도할 필요가 없는 경우에는 변화를 일으키기가 훨씬 쉽다. 예를 들어 중력의 법칙이 대두되었을 때 거기에 의문을 제기하는 사람은 없었다. 그 이유는 지배적인 사회 체제 내에 중력의 법칙과 경쟁할 만한 이론이 없었기 때문이다. 아무도 중력 이론에 위협을 느끼지 않았기 때문에 그토록 빨리 사실로 받아들일 수 있었던 것이다. 이메일이 그토록 빨리 떠오른 것은 그것이 전화나 우편집배원을 대체하려 들지 않았기 때문이다. 그것은 무언가 새로운 것, 제3의 커뮤니케이션 수단이었다. 그러나 성장하고 있는 조직 중 이미 미신이 만연하지 않은 조직을 찾기란 매우 힘들다.

자신의 세계관과 상충한다는 이유만으로 명백한 진실을 무시하려 드는 사람을 만날 때면 나는 그의 판단에 의심을 품게 된다. 나는 그런 이들이 자신의 미신을 보존하기 위해 또 어떤 진실을 무시하거나 회피할지 궁금하다. 그런 사람이 어떤 일의 책임자일 때는 우려 이상의 감정을 느낀다. 나는 우리가 직장에서건 정치에서건 그 밖의 어디서건 미신을 발견하면 반드시 지적해야 한다고 생각한다. 미신은 과학 발생 이전에 살았던 인류가 남긴 최후의 흔적으로, 일터와 세상을 두려운 곳으로 만든다.

문제는 누군가의 신념이 조직을 망가뜨릴 때 그것에 도전하는 것 역시 두려운 일이라는 점이다. 만일 합리적인 변화에 대한 반감의 정체가 '미신'이라는 사실만 알게 되어도 거기에 대처하기는 한층 쉬워질 것이다. 회의에서 이렇게 말하면 어떨까?

"이 공장을 닫고 대신 소프트웨어 개발 인력을 고용하는 문제에 대해 우리는 미신에 사로잡혀 있습니까, 아니면 우리 결정에 도움을 줄 만한 실질적인 분석이 있습니까?"

동료나 고객들과 함께 앉아 비이성적인 믿음에 관해 이야기할 것이 아니라, 다른 방식으로 일을 시도해 보아야 한다는 것을 말해 주는 증거에 대해 이야기를 나누어야 한다.

플라시보 효과

우리 뇌의 위력에 대해서는 다들 알고 있을 것이다. 효력이 뛰어난 약이라고 믿으며 먹으면 설탕 덩어리라도 고통을 사라지게 할 수 있다. 아마 의사가 바이패스 수술을 했다고 거짓말을 하면 협심증이라도 사라졌다고 느끼게 될 것이다.

플라시보 효과는 환자들만을 위한 것이 아니다.

어째서 어떤 아이디어는 다른 아이디어보다 더 많이 퍼지는 것일까? 그것은 우리가 그래야 한다고 믿기 때문이다. 크리스 앤더슨(Chris Anderson. 인터넷 비즈니스 잡지 『와이어드』의 편집장. 롱테일 법칙의 창시자로 유명하다—옮긴이)이나 맬컴 글래드웰(Malcolm Gladwell. 저널리스트. 경영 관련 저술가—옮긴이)이 무언가에 관해서 쓰면, 그것은 단지 그들이 썼다는 이유로 더 좋은 생각처럼 느껴진다.

아서 앤더슨Arthur Anderson은 수천 개 회사의 회계를 감사했고, 그 결과 우리는 그에게 감사받은 회사들을 신뢰하게 되었다. 그 회사들은 매우 믿음직해 보였고, 그러한 사실이 실제로 그 회사들을 더욱 굳건하게 만들었다. 그런데 엔론 회계 부정 사건 이후 이러한 플라시보 효과는 사라졌다. 같은 회사, 같은 회계 법인임에도 갑자기 그들은 전보다 덜 믿음직했고, 그러한 불신이 실제로 그 회사들을 약화시켰다.

당신 혼자의 힘으로는 플라시보 효과의 마법과 같은 위력을 스스로에게 일어나게 할 수 없다. 거기에는 반드시 공범이 필요하다. 당신에게 스토리를 들려줄 권위 있는 누군가.

그것이 바로 마케터들의 일이다. 마케터는 플라시보 효과가 일어나도록 하는 사람들이다. 물론 그러기 위해서는 도덕적·윤리적·금전적으로 문제가 없다고 스스로 확신해야겠지만. 회의에 가서 "자, 포천지 선정 1000대 기업을 위한 PBX사내 전화 교환 시스템 신제품입니다. 지난번 모델과 다른 점이 전혀 없습니다. 개구리 모양으로 디자인되어 조금 더 멋있어 보이고 친근감이 들기 때문에 사람들이 사용법을 익히는 데 기꺼이 몇 분을 투자할 거라는 점만 빼면요. 따라서 소비자들의 만족도가 상승하여 판매도 늘어날 것입니다. 비록 우리가 전에 팔던 것과 거의 똑같은 기술을 사용한 것이긴 하지만 말입니다." 라고 말할 사람은 아무도 없을 것이다.

다음과 같이 진실을 말하는 보드카 마케터 역시 극히 드물 것이다. "이번에 우리가 새로 출시하는 보드카는 한 병에 8달러짜리 보드카를 생산하는 바로 그 증류소에서 대량으로 들여오는 제품입니다. 하지만 우리는 이것을 아주 아주 예쁜 병에 담아서 35달러에 판매할 예정입니다. 광고를 해서 아가씨들에게는 데이트에 도움이 될 거라는 확신을 주면서 말이죠. (은근한 목소리로) 무슨 뜻인지 아시겠죠?"

또 다음과 같이 말하는 승려나 유대교 랍비가 있다면 무척 놀라울 것이다.

"그렇죠. 우리가 향을 피우거나 조명을 낮추거나 종을 울리고 촛불을 켜는 이유는 사람들이 자신의 기도에 믿음을 가지게끔, 그럴듯한 분위기를 조성하기 위해서입니다."

하지만 사실은 그게 바로 진실이다.

우리는 우리가 스토리를 말하는 사람들이며, 플라시보 비즈니스에 종사한다는 사실을 인정하고 싶어 하지 않는다. 그 대신 소비자가 스스로에게 거짓말을 들려주게끔 만들고 싶어 하는 우리의 욕망을 합리화하는 방법의 하나로 제품의 특징과 장점에 대해 이야기한다.

당신의 블로그, 포장, 의상 등의 디자인은 바로 플라시보 효과를 위해 고안된 것들이다. 다사니Dasani 생수병의 뚜껑을 딸 때 나는 소리는 더더욱 그렇다.

그것들은 모두 스토리텔링이며 모두 다 거짓말이다. 거기에는 아무 잘못이 없다. 사실은 당신의 시장이 그걸 요구하고 있다.

너무 부끄러워요

'폴라Polar' 브랜드의 심박 측정기가 하나 생겼다. 이 물건은 운동할 때 심장 박동 수를 측정해 준다. 매일 30분을 투자하는 일에 대한 사고방식을 바꿔 준다는 점에서는 분명히 리마커블한 물건이다. 하지만, 아아, 이 물건이 운동을 즐기는 사람들 중 극히 일부 집단을 넘어서서 좀 더 많은 소비자에게 다가가기에는 너무 많은 문제점을 안고 있다.

왜냐고?

글쎄, 어쩌면 놀랍도록 형편없는 사용 설명서의 일부분이 문제점을 이해하는 단서가 될지 모르겠다.

"운동 모드로 사용하는 동안에는 기본 모드에서 볼 수 있는 것과 똑같은 정보를 볼 수 있습니다."라거나 "연습 시간→기록HR/기록 시간→총 시간→한계 1→영역/위쪽/아래쪽 1……"이라는 문장 말이다.

나는 이 제품의 사용법을 이해할 수 없다는 사실이 부끄럽다. 너무 부끄러운 나머지 아무한테도 이 제품에 대해 이야기하지 않을 생각이다.

폴라는 어떻게 해야 할까? 기능의 대부분을 없애 버리고 아주 간단한 퀵스타트 모드와 시계 기능만 남겨 두면 어떨까?

내가 포드캐스트를 만들지 않는 이유

사람들은 하루에도 몇 번씩 내게 언제 포드캐스트를 만들 거냐고 묻는다. 그러면 나는 이렇게 대답한다.

"당분간은 만들 생각이 없는데요."

포드캐스터들에게 한 가지 희소식이 있다면, 포드캐스트를 구독할 줄 아는 사용자의 수가 엄청나게 늘고 있다는 것이다. 아이튠즈에 포드캐스트를 등록하고 나서 48시간 후에 보면 청취자가 100만 명을 넘어설 때도 있다.

그러나 나쁜 소식도 꽤 많다.

첫째로, 포드캐스트는 브라우징이 안 된다. 즉 당신이 좋아하는 것과 만나기 전에는 그것이 있는 줄도 모를 거라는 의미다. 이는 또한 여러 경우에 그것을 반드시 정기 구독해야 함을 의미한다. 그냥 훑고 지나가는 방문자들보다는 정기 구독자들이 훨씬 충성스러우므로 희소식이라고 생각할 수도 있겠지만 실제로는 굉장히 나쁜 소식인 것이, 이렇게 되면 다수의 청취자가 듣는 포드캐스트가 되기는 힘들기 때문이다.

가령 천 개의 블로그와 천 명의 인터넷 사용자가 있다고 할 때, 그 블로그들이 모두 사용자의 웹에 등록되는 것은 시간문제다. 그러나 천 개의 포드캐스트와 천 명의 청취자가 있을 경우 열 명 혹은 스무 명 이상의 청취자가 당신의 포드캐스트를 구독하는 일은 쉽게 일어나지 않는다. 왜냐? 포드캐스트를 이용하는 데 시간이 너무 많이 걸리기 때문이다. 일단 필요가 충족되고 나면 사람들은 듣기를 멈춘다.

두 번째 문제는 포드캐스트를 들으려면 일정 시간을 전적으로 할애해야 한다는 것이다. 나는 포드캐스트 하나를 듣는 시간이면 블로그 300개는 둘러볼 수 있다. 포드캐스트가 나쁘다는 말이 아니다. 사실 포드캐스트는 감정을 이끌어 내고 설득하는 데에는 블로그보다 훨씬 강력한 효력을 발휘한다. 하지만 대규모 청중을 유치하기는 힘들다.

이제 마지막 나쁜 소식이다. 블로그 포스팅을 하는 데는 2분이면 족하지만 포드캐스트를 만드는 데에는 한 시간이나 걸린다. 그래서 이 매체에 콘텐츠를 올리는 사람들은 대개 대규모 청중이나 큰돈을 원하는 사람들이다. 그러나 돈이건 청중이건 포드캐스트를 통해 빠른 시간 내에 모으는 것은 거의 불가능하다.

어쨌든 내 생각은 그렇다.

푸알란을 추모하며

나는 이 글을 2003년(리오넬 푸알란이 사망한 해―옮긴이)에 썼다. 아직도 나는 강연을 할 때마다 리오넬의 사진을 보여 주며 그에 대해 이야기한다. 고마워요, 리오넬.

리오넬 푸알란 Lionel Poilâne 은 세계 최고의 제빵사였다. 그는 또한 비범한 개성의 소유자이자 비전 있는 사업가였으며 친절하고 사려 깊은 사람이었다.

나는 몇 주 후에 그와 점심을 함께하기로 되어 있었다. 리오넬과 함께하는 점심 식사는 언제나 큰 기쁨이었다. 리오넬은 내가 지난 몇 년간 주장해 왔던 것들의 화신이었다. 그는 리마커블했다. 그의 빵은 파리에 있는 별 두 개, 세 개짜리 식당에서 모범 사례로 통했다. 그의 빵은 남달랐기 때문이다. 처음에는 호된 비판도 받았지만(이를테면 그는 절대 바게트를 굽지 않았다), 그의 빵이 보여 준 탁월한 맛(과 번뜩이는 그의 개성)은 결국 비판을 넘어섰다. 배짱 두둑한 사업가를 찾아보기 힘든 세상에서 우리는 또 한 사람을 잃었다.

내가 그를 처음 만났을 때(당시 나는 집에 가져가서 구울 수 있는 빵 반죽을 얻지 못하면 가게에서 나가지 않겠다고 우기던 괴상한 미국인 여행자였다) 그는 나를 아침 식사에 초대했고, 세계 최대 규모의 제빵 관련 서적 컬렉션을 구경시켜 주었으며, 인터넷과 관련한 조언을 집요하게 내게 구했다. 나는 빵 조각을 입에 넣을 때마다, 또는 정말로 스타일리시하고 멋진 사업 아이디어를 만날 때마다 리오넬을 떠올린다.

그가 그립다.

폴카가 흐르는 엘리베이터

밀워키에 있는 컨벤션 센터의 엘리베이터 옆에는 아래와 같은 표지판이 붙어 있다.

"폴카를 들으려면 버튼을 누르세요!"

별로 큰 비용을 들이지 않고도 이 표지판은 평범한 것을 인상적인 것으로 바꾸어 놓았다. 버튼을 누르면 엘리베이터를 타는 내내 폴카를 들을 수 있다.

RPB

우리는 얼마나 놀라운 세상에 살고 있는가! 빛의 속도로 퍼져 나가는 정보. 주요 질병의 치료법과 치료제. 비행기. 모두에게는 아니지만 대다수에게 공급되는 식량. 파테 맛이 나는 고양이 사료.

불평을 하는 게 이상할 정도다. 하지만 문제는 거의 대부분이 형편없다는 것이다! 물론 나날이 나아지고는 있다. 그래, 기적이라고 할 정도로.

하지만 그것이 최선일까?

스타벅스 한 잔이나 시리얼 한 그릇이라면 몰라도 그 밖의 것들은 아직도 노력이 많이 필요하다.

카누의 무게를 절반으로 줄일 수는 없을까? 비행기에 타려고 한 시간이나 기다릴 필요가 있을까? 소프트웨어는 지금의 절반 가격에 속도는 두 배로 빨라져야 한다.

키보드 배열은 어떤가? 사람들은 한 세기 전에 키보드를 내놓은 후 그 정도면 괜찮다고 결정해 버리고는 거기서 멈췄다! 망할 놈의 손목터널 증후군(손목을 과도하게 사용하여 신경이 손상됨으로써 나타나는 통증과 손 저림 등의 증상—옮긴이) 같으니라고.

이 주제에 대해서는 몇 장에 걸쳐 다루어도 부족하다고 생각하지만, 문제의 핵심을 두 가지로 정리하면 다음과 같다.

1. 인간은 문제에 대한 올바른 해결책이 아니라 적당한 해결책을 얻을 때까지만 문제에 매달린다.

2 올바른 해결책이 아니라 값싸고 적당한 해결책이 시장에 더 통하는 경우가 종종 있다.

참으로 우울한 이야기가 아닐 수 없다. 정녕 우리는 비능률적인 제품과 못 미더운 컴퓨터, 잠깐 쓰다가 고장나 버리는 신상품을 사용해야 하고 서비스에는 바가지를 쓸 운명이란 말인가?

나는 그렇게 생각하지 않는다. 나는 웹의 개방성과 글로벌 경쟁이라는 초경쟁적 환경이 동시에 두 개의 정반대되는 결과를 낳고 있다고 생각한다. 그 하나는 할인 판매자들을 비롯한 많은 판매자들이 대량으로 팔고 싶어 하는 허접한 초저가 상품이다. 다른 하나는 끊임없이 더 나은 것을 추구하는 태도RPB, Relentless Pursuit of Better이다. RPB는 '적당하다'의 반대말이다. 그것은 어이없게도 엔지니어들의 평범함을 체계화한 잭 웰치의 식스 시그마 같은 것이 아니다. 그것은 진보를 전제로 법칙을 완전히 바꾸고자 하는 일관된 자세이다.

제트블루의 CEO인 데이비드 닐먼David Neeleman이 최근 자신의 항공사 운영 방식에 관해 이야기한 적이 있다. 제트블루는 어느 모로 보나 꽤 괜찮은 항공사다. 미국에서는 타의 추종을 불허하고 있지 않은가. 하지만 데이비드 닐먼은 여기에 안주할 생각이 꿈에도 없다. 그는 자사 모든 항공기의 화장실 세 개 중 하나는 여성 전용으로 돌리겠다고 선언했다. 이 얼마나 멋진 아이디어인가. 그렇게 하는 데에는 비용도 얼마 들지 않는다. 시간도 얼마 걸리지 않는다. 그러면서도 RPB적인 방식이다.

나는 그에게 매일 운항하는 뉴욕-플로리다 간 항공편의 2만여 좌석 요금을 인상하지 않는 이유가 무어냐고 물었다. 좌석당 10달러만 올리면 연간 1,100만 달러를 더 벌 수 있는데! 단 한 명의 고객도 잃지 않으면서 말이다.

그는 이렇게 대답했다.

"그건 언제든 할 수 있는 일입니다. 지금 당장은 좀 덜 받는 것이 우리를 집중하게 해 주고 목마르게 해 주며 효율성 있게 해 줍니다."

아마존의 금색 상자

며칠 전 아마존은 나를 미소짓게 만들었다. 페이지 상단에 전혀 요란 떨지 않고 작은 금색 박스를 하나 올려놓았기 때문이다.

그 박스를 클릭하면 오늘의 특별 제안 상품을 볼 수 있다. 당신은 그것을 즉석에서 살 수도 있고 그냥 지나쳐서 다음 상자(하루에 다섯 개의 상자가 제공된다)로 갈 수도 있다.

나는 거기에 혹하고 말았다. 그래서 다섯 개의 상자를 모두 열어 보았다. 그리고 생각했다. 내일도 들어가 봐야지!

중요한 것은 그런 제안이 정직하고 적절해야 한다는 점이다. 돈을 크게 절약할 수 있도록 해 주지 못한다면 그건 특별 제안도 아니다. 그리고 내가 관심 있는 물건이 아니라면 쓰레기일 뿐이다. 단순히 요란한 판촉 행사에 지나지 않는 것으로는 통하지 않는다. 특별 제안은 정말로 특별해야 한다.

고무적인 것은, 이것이 일단 효과를 거두기 시작하면(아마도 그럴 것이다) 상품 생산자들이 돈을 싸 들고서라도 참여한다는 것이다. 내 생각에는 그럴 경우 아마존은 만족을 모르는 우리 소비자들에게 그 돈의 일부를 넘겨줄 것이다.

하나만 더. 나라면 사람들이 이 특별 제안 상품을 원치 않을 경우 친구에게 이메일로 보낼 수 있도록 하겠다.

추신. 나는 방문을 그만뒀다. 제안은 그다지 '현실적'이지 않았다. 적절하지도 못했고 크게 싸지도 않았다. 이유가 뭐냐고? 생산업자와 유통업자들이 이 프로그램을 이해하지 못했기 때문이다. 그들도 프라이스클럽(Price Club. 대형 할인점—옮긴이)이나 우트닷컴(Woot.com. 하루에 한 가지 상품만 판매하는 인터넷 쇼핑몰—옮긴이) 정도는 이해한다. 하지만 수천 개의 미세한 커뮤니티에 특별한 가치를 제공하는 일에 관해서 이야기하기 시작하면 입을 닫고 만다.

매춘

어째서 우리는 마케터들이 아이디어 바이러스 전파 과정을 무시하고 돈을 써서 우리 삶에 침투하려 하면 그토록 짜증이 나는 것일까?

진정한 바이러스 마케팅을 포기한 자동차 산업의 거대 마케팅 엔진은 이제 가능한 한 빨리 가짜 아이디어 바이러스를 만들어 내기 위해 노력하고 있다.

이마에 '사이언(Scion. 도요타의 자동차 브랜드)'이라는 문신을 새긴 사람과 마주친다면 기분이 묘할 것이다. 그가 돈을 받고 그 짓을 한다는 사실을 알게 되면 속았다는 느낌이 들겠지. 나만 그런지는 모르겠지만, 그 유명한 혼다의 TV 광고 '코그 무비(Cog Movie. 컴퓨터 그래픽이나 화면 조작 없이, 바닥에 늘어놓은 자동차 부품들이 도미노처럼 연쇄 반응을 일으키게 만들어 큰 인기를 끈 혼다의 광고—옮긴이)'나 BMW 광고 영화와 이런 눈속임 광고는 어마어마한 차이가 있다고 생각한다. 혼다 코그 무비의 경우, 이 자동차 회사는 사람들이 이야기할 만한 무언가를 만들어 냈다. 그러나 사이언의 경우에는 돈을 주고 대화를 샀을 뿐이다.

그게 어째서 우리를 짜증나게 하는 걸까? 그건 틀림없이 너무나도 의도적이라고 느껴지기 때문일 것이다. 또한 달갑지 않은 강요, 권력의 과시를 상징하기 때문일 것이다. 이것은 사실상 스팸이라고 해도 과언이 아니다.

현재까지 5천5백만에 달하는 다운로드 횟수를 기록하고 있는 BMW 광고는 어느 모로 보나 성공적이다. 사이언이 이 정도 파장을 일으킬 만한 소문내기용 문신을 돈으로 살 수 있을 것이라고 상상하기는 어렵다. 퍼미션 마케팅을 데이트에 비유한다면 이런 식으로 대화를 돈 주고 사는 것은 매춘이나 다를 바 없다.

추신. bzzagent.com은 어떤가? 그렇다, 이들도 돈을 받고 대화의 시작을 도와준다. 그러나 그들의 사업 모델의 핵심은 스니저(sneezer. '재채기를 하는 사람'이라는 뜻으로 여기서는 '참지 못하고 입소문, 또는 아이디어 바이러스를 퍼뜨리는 사람'이라는 뜻으로 쓰임—옮긴이)들에게 직접 돈을 주지는 않는다는 것이다. 스니저들은 대가 없이 일한다. 입소문 광고가 먹히기 위해서는 반드시 그래야만 하기 때문이다.

그래 봤자 종이 한 장 차이 아니냐고? 당신 말이 맞다. 하지만 그 점은 데이트도 마찬가지다. 선을 넘지 않으면서 리마커블한 것을 만들어 내는 데에서 바로 마법이 시작되는 것이다. 돈을 주고 사는 대화가 아니라 정말로 사람들이 이야기할 만한 것을 말이다.

프로빈스타운의 헬멧 이론

어제 나는 사소한 깨달음을 얻었다. 아니, 깨달음이라기보다는 통찰이라고나 할까.

프로빈스타운에서 자전거를 타던 중 나는 아내에게 "우리를 지나친 커플들은 모두 두 사람의 헬멧 착용 습관이 같다"고 말했다. 둘 다 헬멧을 썼거나, 둘 다 쓰지 않았거나.

처음에는 이러한 공통된 습관이 미묘한 진화론적 신호라고 생각했다. '사람들은 헬멧에 관해 자신과 유사한 감각을 지닌 사람에게 끌리는 것이 분명하다. 당신이 어리석은 데어데블(Daredevil. 시력을 잃은 대신 다른 모든 감각이 초인적으로 발달한 동명의 만화 주인공 ─ 옮긴이)이라면 미래의 배필에게서도 자신과 같은 특성을 감지할 수 있을 것이다. 그래서 둘이 함께 자전거 대여점에 들어섰을 때, 브라보, 당신네 둘은 헬멧에 관해 똑같은 선택을 하게 된다.'라고 말이다.

하지만 매장에서 좀 더 조사를 해 본(잠시 지켜보고 매니저에게 물어보기도 한) 결과, 그것은 사이비 이론임이 드러났다.

사실은 이렇다. A라는 커플이 대여점 카운터 앞에 서면 담당 직원이 "헬멧은 필요하지 않으세요? 하나에 1달러인데요."라고 말한다. 그러면 한 명이 대답을 하려다가 데이트 상대를 힐끗 쳐다본다. 이때부터 은근한 힘겨루기가 시작된다.

대개는 한 사람이 "아뇨, 필요 없을 것 같네요."라고 대답하면 필요하다고 말하려던 상대는 주눅이 들어 "저도요."라고 말하고 만다. 가끔 그 반대의 결과가 생기기도 한다. "네, 우린 헬멧을 꼭 쓰고 타죠."라고 한 명이 말하면 상대방도 덩달아 동의한다.

그래서?

이게 바로 당신의 제품과 서비스에 매일같이 벌어지는 일이라는 거다. 당신이 증권을 팔든 컨설팅을 팔든 장난감 또는 모텔 방을 팔든, 이때가 바로 결정적인 순간이다. 한 명이 망설이면 다른 한 명이 주도권을 잡고 결정을 내린다. 10억분의 1초도 안 되는 순간에 당신이 이제껏 해 온 마케팅과 광고와 영업이 결판나는 것이다.

그렇다면 우리는 어떻게 해야 할까?

글쎄, 자전거 헬멧처럼 값싸고 기본적인 제품의 경우 해답은 비교적 간단하다. 나라면 동료 집단을 압박해서 여세를 몰겠다. "자, 헬멧 두 개입니다." 직원은 이렇게 말하며 자전거를 대여하러 온 두 사람에게 헬멧을 건넨다. "대여료는 하나에 1달러밖에 안 하고요, 대부분의 손님들이 헬멧을 착용하시죠. 현명한 결정이에요."

이제 두 명 다 헬멧을 쥐고 있으므로 헬멧 착용 찬성 쪽이 상황을 주도하기가 수월해진다. 그녀가 할 일은 헬멧을 써 보는 것뿐이고 (자연스럽게) 논쟁은 거기서 끝이다. 점원은 헬멧 이론을 자신에게 유리한 방향으로 이용했다.

200만 달러짜리 컨설팅 계약을 따 낼 때도 똑같은 사고가 작용한다. 회의 전에 구매 위원회의 개개인과 접촉하고, 우려되는 부분에 관해 그들 각자가 당신에게 유리한 방향으로 해석하도록 하며, 그들이 가장 좋아하는 사례나 특성을 알아내어 그와 관련된 정보를 위원회에 제공한다는 아이디어는 헬멧을 건네주는 행위와 전혀 다를 바 없다. 구성원 각자가 "난 그렇게 생각하지 않아"보다 "물론. 안 될 거 없잖아?"라고 말하게 된다면, 당신은 프로빈스타운의 헬멧 이론을 당신에게 유리하게 적용한 것이다. 이렇게 가능성이 높아진 상황에서는 조금만 분발하면 큰 효과를 누릴 수 있다.

근접 효과

자기 출판사의 책이 같은 주제를 다룬 경쟁 출판사의 책 바로 옆에 놓인 것을 보고 크게 당황하는 출판업자가 있을까?

사실, 책은 무역 박람회나 슈퍼마켓, 선술집에 한 종류만 덩그러니 놓여 있는 것보다는 경쟁 서적들로 가득한 서점에 있는 것이 훨씬 잘 팔린다. 혹시 몰랐던 건 아니겠지?

그러면 블로그는 어떨까? 이제 블로그는 그 수가 얼마 안 되었던 몇 년 전에 비해 훨씬 많이 읽힌다. 수백만 개의 블로그를 검색할 수 있는 '테크노라티 Technorati' 사이트를 방문하는 사람들은 이베이 같은 곳에 링크된 블로그에 우연히 들어가는 사람들보다 블로그들을 발견하고 읽게 될 가능성이 훨씬 높다.

참치는 어떨까? 참치 역시 그보다 훨씬 작은 물고기들 옆에 놓여 생선 가게에서 가장 잘 팔리는 생선이다.

손님을 가장한 경쟁 상품 조사원과 RFP(Request for Proposal. 제안 요청서)를 남발하는 기업들, 그리고 스토리를 들어주려 하지 않는 구매 담당자들에게 완전히 지쳐 버린 마케터들은 경쟁사만 없어도 상황이 훨씬 나을 것이라고 믿는 경우가 많다.

그러나 사실 근접 효과는 당신에게 유리하게 작용할 때가 많다. 특히 당신의 제품이나 서비스가 남들보다 특별할 때 더 그렇다. 근접 효과는 소비자들에게 신뢰를 준다. 또한 특별한 카테고리가 없었던 상품에 새로운 카테고리를 부여해 준다. 그것은 당신으로 하여금 나머지 것들과는 전혀 다른 차별성을 팔 수 있도록 해 준다.

술집에서는 애써 술을 마시라고 할 필요가 없다. 손님들이 이미 술을 원하고 있기 때문이다. 다만 당신이 할 일은 당신의 보드카에 다른 회사의 것보다 더 나은 스토리가 있다는 것을 알리는 것뿐이다.

온라인에서는 이 같은 효과가 더 두드러진다. 검색 엔진은 다양한 검색 결과를 제시해서 선택의 여지를 많이 주면 줄수록 가치 있어지는데, 그것은 당신과 당신 경쟁자의 근접성이 사용자의 주목을 끄는 결과를 낳고, 그럼으로써 당신과 당신의 경쟁자 모두에게 이익이 되기 때문이다.

보랏빛에 관한 몇 가지 Q&A

나는 어제 사운드뷰 Soundview 사가 주최하는 전화 세미나에 초청받았다. 막판에 질문 세례를 받았는데 미처 답하지 못한 것들을 여기에 싣는다.

Q 서비스 산업, 예를 들어 모기지 금융 같은 분야에서는 보랏빛 소를 어떤 방식으로 활용할 수 있는가?

A 자신의 비즈니스를 차별화할 도구를 갖춘 중개인이 많지 않은 것 같다. 다시 말해 모기지 금융 자체가 예전만큼 리마커블한 기회가 아니라는 얘기다.

당신이 하는 일의 핵심 사항이 구현된 일련의 리마커블한 요소를 제시하고 거기에 사람들이 충분히 이야기할 만한 가치를 더할 수 있으면 당신은 성공할 것이다.

예를 들어 항공 마일리지는 비행 그 자체와는 아무 관련도 없는 사항이지만 항공사 선택에 전적으로 영향을 미친다. 그렇다고 마일리지 제도를 운영하라는 뜻이 아니라, 일차원적인 방법으로는 해결하기 어렵다는 뜻이다.

Q 구직자에게 해 주고 싶은 조언이 있다면? 당신 같으면 잠재적 고용주에게 스스로를 마케팅하기 위해 보랏빛 소 방식을 어떻게 이용하겠는가?

A 가장 명심해야 할 점은 최후의 순간에 갑자기 보랏빛 소로 돌변하기는 힘들다는 사실이다. 일자리를 찾기 전에 이미 보랏빛 소가 되어 있어야 한다. 즉, 현재의 일자리에서(내부자를 대상으로 한 구인에 추천을 받을 수 있도록), 현재의 고객들에게도(청탁하지 않은 구직 기회를 얻을 수 있도록) 리마커블하게 일해야 함을 의미한다. 소비자와 고객, 직장 동료들을 리마커블한 방식으로 대하는 사람들치고 실직 상태에 오래 머무르는 경우가 거의 없다.

다음으로 명심해야 할 점은, 이력서를 천 장쯤 출력해서 전형적인 구직 방법인 집단 면접에 스스로를 밀어 넣고 싶은 유혹을 떨쳐야 한다는 것이다. 그런 방법으로는 성공할 수 없다. 잘해 봤자 그저 그렇고 그런 일자리를 얻을 뿐이다. 대신 오타쿠 기질이 있는 사람들이나 아주 특별한 이들을 물색 중인 곳에 집중하라. 당신이 정말로 그런 유형의 사람이라면 성공할 것이다. 그러나 대개는 평범한 사람이 자신이 사실은 리마커블하다고 설득하기 위해 필사적으로 애를 쓰는데, 이럴 경우 추천서가(이력서에 붙어 있을걸!) 그들의 주장이 모순이라는 것을 폭로하기 때문에 일자리를 구하는 데 실패한다.

이것을 한마디로 정리하기가 쉽지는 않지만, 굳이 해 본다면 다음과 같다.

- 리마커블해지라.
- 진심으로 당신의 이야기를 듣고 싶어 하는 사람들을 중심으로 네트워크를 구축하라.
- 그러면 당신이 찾는 일자리를 얻게 될 것이다.

행운을 빈다!

Q 기존의 대형 브랜드가 리마커블해지려면 어떻게 해야 하는가? 허시나 아메리칸 익스프레스, 맥스웰 하우스 같은 브랜드들은 제품을 대량 생산하고 쉴 틈 없이 공장을 돌리며 수많은 종업원을 고용하고 있다. 이런 기업들은 어떻게 해야 계속해서 성장할 수 있을까?

A 글쎄, 희소식은 그런 대형 브랜드들은 난관을 극복하고 자사의 쇠락해 가는 브랜드를 대체할 새로운 소를 만들어 낼 만한 자금 동원 능력과 시장 지배력을 지녔다는 것이다. 성장을 원한다면 기존의 브랜드와는 다른 궤도상에 있는 무언가를 창조할 방법을 알아내야 한다.

문제는 리마커블과 퍼미션 마케팅을 옹호하는 이들을 승진시키고 보상해 줄 배짱을 지닌 조직이 극히 드물다는 것이다. 그 이유는 두 전략 모두 마케터가 전지전능하지 않다는 (올바른) 전제에서 출발하기 때문이다. 힘 있는 브랜드들은 대개 자신들이 대화를 주도할 수 있으며 평범한 물건을 평범한 사람들에게 팔 수 있다고 주장한다. 맥스웰 하우스는 스타벅스가 되었어야 한다. 프록터 & 갬블은 메소드(Method. 식물성 천연 원료를 사용한 친환경 세제 메이커-옮긴이)가 되었어야 한다. 아메리칸 익스프레스는 페이팔(PayPal. 온라인 결제 서비스-옮긴이)이 되었어야 한다.

따라서 내가 그들의 전담 광고 대행사라면, 나는 케케묵은 제품을 위해 더 많은 광고를 퍼붓는 것 이상의 무언가를 하도록 그들에게 요구할 것이다. 즉, 광고뿐 아니라 새로운 제품 개발에 힘쓰도록 할 것이다. 광고 회사들은 이를 제대로 하는 방법을 알고 있다.

Q 나는 양질의 콘텐츠를 무기로 지난 몇 년간 시장을 주도해 온 첨단 기술 관련 잡지 출판사에서 일한다. 이제 이 시장이 포화 상태에 이르러 구독률을 계속 올리기가 몹시 힘들다. 점점 많은 경쟁 업체들이 우리의 수준을 따라오는 이 상황에 대해 당신의 의견은 어떠한가? 우리의 수준 높은 제품을 더욱 리마커블에게 만들기 위해 우리가 해야 할 일은 무엇인가?

A 훌륭한 질문이다! 내 대답은 '양질'이라는 단어를 끊임없이 재정의해야 한다는 것이다. 시작 단계에서는 '양질'이 '리마커블'과 같은 의미를 지닌다. 하지만 시간이 지날수록 '양질'은 '정해진 한도 내에서 스펙에 맞추는 지루한 것'을 의미하게 된다.

나라면 당신 조직의 '양질'을 "고객과 사용자들이 기꺼이 이야기하고자 하는 새롭고 참신한 보랏빛 소"로 재정의할 것이다. 『롤링 스톤』—예나 지금이나 다들 '양질'의 저널리즘으로 평가하는—은 현재 진부함의 덫에 빠져 있다.

Q 당신은 스니저들을 어떻게 찾아내는가? 할인 혜택이 스니저들을 찾는 데 도움이 된다고 생각하는가?

A 나는 사실 그들이 당신을 찾아낸다고 생각한다. 그들이 당신을 찾아낼 수 있는 이유는 그들이 출몰하는 곳에 당신이 나타나기 때문이다. 만일 당신이 스니저들을 자연스럽게 유혹할 만한 상품을 내놓지 못한다면 그러기가 참으로 어려운 일이나, 일반적으로 훌륭한 마케터들은 워낙 영리해서 제대로 된 연결 고리를 찾아낼 것이다. 스타벅스는 매우 저렴한 임대료에도 불구하고 사우스다코타 같은 시골에 1호점을 열지 않았다. 애플이 매장을 여는 데에도 같은 사고방식이 적용된다. 소프트웨어 업계 종사자들은 슬래시닷에 올린 글 하나가 『타임』지 광고 열 개보다 더 가치 있다는 것을 알고 있으며, 스티븐 스필버그는 SF 관련 행사에 나가기를 주저하지 않는다.

CD가 18달러인 이유

외부 환경의 변화로부터 집중 포격을 받고 있는 산업의 경우(나는 음악, 도서, 항공, 제약, IT, 전자 통신 등이 그런 업종이라고 생각한다), 유서 깊은 기업들의 여유 자금은 품질 향상으로 곧장 이어지지 않는다. 그런 돈은 대개 현상 유지 비용으로 들어간다.

바로 그렇기 때문에 CD는 18달러이고 제트블루는 미국 최고의 항공사인 것이다.

친절한 티백

나는 차를 많이 마신다. 특히 허브차를. 종류도 각양각색이다. 그러다 문득 거의 모든 차의 포장지에 차를 만드는 방법이 적혀 있다는 생각이 떠올랐다.

차 만드는 방법을 모르는 사람 있으면 나와 보라지. 설사 모른다고 해도 포장지에서 그걸 찾아내겠다고 생각하는 사람이 있을까? 혹시 거기에 방법이 나와 있지 않다면 요리책을 뒤져 보는 사람도 있을까?

그런 데다 신경 쓸 틈이 없다. 낭비는 금물이다.

유능한 마케터가 알고 있는 것들

"고딘은 유능한 마케터가 알고 있는 사실들을 강화해 준다."

『뉴욕 타임스』

와! 나는 우쭐해졌다. 나는 유능한 마케터들이 아는 사실들을 내가 알고 있다고 확신하지 못했었다. 하지만 이제 보니 아는 것 같기도 하다. 어쨌든 권위 있는 신문이 그렇다고 했으니까. 하지만 당신도 나나 내가 아는 다른 사람들과 같다면(즉 마케팅에 대해 알아야 할 모든 것을 아직 알아내지 못했다면) 다음의 리스트가 좋은 출발점이 될 것이다.

- 허락을 얻은 개인적이고 적절한 광고는 언제나 스팸메일보다 낫다.
- 약속을 만들고 그것을 지키는 것은 브랜드를 구축하는 탁월한 방법 중 하나이다.
- 중요 고객은 일반 고객의 몇 배의 가치를 지닌다.
- 시장을 점유하는 것보다 고객의 지갑을 점유하는 것이 더 쉽고, 더 수익성 있으며, 궁극적으로 더 효과적인 성공의 수단이다.
- 마케팅은 제품이 완성되기 전에 시작된다.
- 광고는 하나의 징후이자 전략에 불과하다. 마케팅은 그것을 훨씬 뛰어넘는 것이다.
- 저가 정책은 상품을 판매하는 뛰어난 방법이다. 그러나 그것은 마케팅이 아니라 하나의 능률일 뿐이다.
- 당신이 좋든 싫든, 시장에서는 대화가 이루어지게 되어 있다. 좋은 마케팅은 올바른 종류의 대화를 조장한다.
- 리마커블한 제품은 대화를 부추긴다.
- 마케팅이란 당신의 직원들이 전화를 받는 방식이며, 당신이 보내는 청구서의 디자인이며, 당신 회사의 반품 정책이다.
- 모든 사람을 속일 수는 없다. 저들이 일단 당신의 속임수를 눈치채면 그것을 떠들어 댈 것이다.
- 매년 고정된 예산으로 마케팅을 하는 당신은 마케팅을 비용으로

간주한다. 훌륭한 마케터들은 그것을 투자로 여긴다.
- 사람들은 필요한 것을 사지 않는다. 단지 원하는 것을 살 뿐이다.
- 당신은 상황을 장악하지 못했다. 잠재 고객들은 당신에게 관심이 없다.
- 사람들이 원하는 것은, 자신이 좋아하는 것을 사면서 얻는 정서적인 보너스다.
- 기업 간 B2B 마케팅은 자사가 구매하는 것에 대신 돈을 지불할 기업을 보유한 소비자를 대상으로 한 마케팅일 뿐이다.
- 소비자를 방해하는 전통적인 방식(TV 광고, 무역 박람회장, 스팸메일)들은 비용 대비 효율성을 점차 상실해 가고 있다. 한편 아이디어를 퍼뜨리는 새로운 방식들(블로그, 승인에 기반을 둔 RSS, 소비자 팬 클럽)은 그 효과가 빠르게 입증되고 있다.
- 소득 수준과 상관없이 사람은 누구나 인간의 기본적인 욕구를 충족시켜 주겠다고 약속하고 그것을 이행하는 마케팅에 반응한다.
- 좋은 마케터는 스토리를 이야기한다.
- 사람들은 이기적이고, 게으르고, 무지하고, 성급하다. 여기에 착안하라. 놀라운 것을 발견할 수 있을 것이다.
- 통하는 마케팅이란 사람들의 주목을 이끌어 내는 마케팅이다.
- 효과적인 스토리는 그 스토리를 듣는 사람의 세계관에 부합하는 스토리이다.
- 당신 스스로 고객을 선택하라. 스토리를 전달하는 당신의 능력에 해가 되는 고객은 과감히 버려라.
- 모두를 위한 제품은 아무에게도 통하지 않는다.
- 진정성 있는 스토리를 실천하고 호흡하는 것은 말 많은 세상에

서 살아남는 최선의 방법이다.
- 마케터는 자신의 제품이 일으키는 부작용에도 책임을 져야 한다.
- 소비자에게 그들이 믿는 스토리를 상기시키는 것은 매우 강력하고 효율적인 방법이다.
- 좋은 마케터들은 늘 효과를 측정한다.
- 마케팅은 응급조치가 아니다. 그것은 아주 오래전에 시작되어 여전히 끝나지 않는, 매우 계획적이고도 사려 깊은 행위이다.
- 한 명의 실망한 고객은 열 명의 만족스러운 고객만큼 큰 의미를 지닌다.

무엇을 해야 할지 아는 것과 그것을 실천하는 것은 많이, 아주 많이 다르다.

아이러니한 사실 하나. 나에게 영감을 준 『뉴욕 타임스』의 글이 너무 자주 오해를 받는 관계로, 그들이 저 글을 쓴 의도가 결코 좋은 것이 아니었음을 밝혀야 할 것 같다. 당신이나 내게는 좋아 보일지 몰라도 저들은 그런 뜻으로 쓴 게 아니다. 그리고 이 리스트는 『뉴욕 타임스』에는 실리지 않았으며, 그들의 악의에 찬 시도에 영감을 받은 것이다. 이상.

회사를 성공으로 이끈 여섯 가지 결정

마음을 편히 가져라. 그렇게 열심히 일하지 마라. 조금만 쉬었다 하라. 자, 자, 그만!

이것이 상사나 부하 직원 모두에게 훌륭한 조언인 이유를 이해시키려면 하와이 호놀룰루에 있는 칼리히 팔라마 공공 도서관Kalihi-Palama Public Library 이야기부터 꺼내야 할 것 같다.

칼리히 팔라마 공공 도서관은 오후 5시에 문을 닫는다. 무언가를 조사하는 방법이래 봤자 사람들에게 물어보는 것이 고작이었던 수년 전(웹이 존재하지도 않았던 시절 말이다)에는 이것이 나를 비롯한 미 동부에 사는 사람들에게 중요한 문제였다. 왜냐고? 그 시절에는 뉴욕 시간으로 밤 10시까지 남아서 보고서를 쓰는 일이 다반사였기 때문이다. 그 시간, 하와이에 있는 도서관은 아직 열려 있었다(뉴욕과 하와이의 시차는 여섯시간이다—옮긴이). 거기에 전화를 걸면 사서는 아무리 이상한 질문이라도 친절하게 대답해 준다.

오늘날 신경제의 제일 못마땅한 부산물은 수면·가족·개인 시간을 거의 완벽하게 경시한다는 점이다. 기업 공개를 향해 행군하는 마초 기업들은 밤새워 일하고 사무실에서 샤워하는 생활을 견뎌 내면서도 행복해하는 자기네 충성스러운 고용인 부대를 자랑스러워한다.

내 첫 제품을 시장에 내놓기 위해 열심히 일하던 약 20년 전, 40명으로 이루어진 우리 팀은 한 달가량을 사무실에서 기거하다시피 했다. 우리는 바닥에서 잠을 잤고(그나마 잠을 잔 날은) 가끔 샤워할 때에나 자리를 비웠다. 내 기억이 옳다면 그나마도 어쩌다 한 번씩이나 가능했다.

우리는 마감을 지켰고(아주 간신히. 우리는 마지막 제품 100개를 출고하기 위해 UPS 직원을 샴페인으로 매수해야만 했다), 회사를 지켰다. 나는 우리가 그 미친 듯한 헌신에 대해 느꼈던 자부심을 기억한다. 밤늦게까지 함께하며 키워 온 동지애는 오늘날까지도 여전하다.

하지만 그로 인해 나는 여자친구를 잃을 뻔했고(결국 그녀와 결혼했으니 얼마나 다행인지 모르겠다) 내 건강마저 희생해야 했다. 그 뒤 한 6개월은 앓아누웠던 것 같다.

만일 당신이 지금 이해나 동의의 뜻으로 고개를 끄덕이고 있다면, 여기서 잠시 이야기를 나눠 볼 필요가 있다. 성공과 근무 시간 사이에는 아무런 상관관계도 없다. 거대 기업이나 강대국, 또는 막대한 수익을 올리는 작은 회사를 운영하는 사람들은 모두 당신보다 적게 일한다. 이제는 광기를 접고 당신 내부의 시계를 다시 설정할 때다.

내 생각에 불면증은 우리가 농촌을 떠났던 시절에 시작된 것 같다. 그전에 우리는 일 년에 몇 주 정도는 경작지에서 오랜 시간을 보내야 했다. 추수를 하지 않으면 곡식이 말라 죽기 때문이었다. 그러나 수확할 곡식에는 한계가 있고, 이주 노동자들을 더 투입하여 오랜 시간 일을 시킨다고 하여 수확량이 한없이 늘어나지는 않았다. 얼마 안 가 수확할 옥수수는 바닥나게 마련이었다.

그러나 공장이나 광산은 달랐다. 그런 종류의 육체노동에는 매우 단순한 법칙이 적용된다. "많이 일할수록 많이 얻는다." 우리는 땀 흘려 일했고, 땀을 많이 흘리면 흘릴수록 얻어지는 것도 많았다. 심지어는 스스로 땀 흘릴 필요조차 없이 직원들에게 오래 일을 시키기만 하면 주머니에 돈이 들어왔다.

그러니 전 세계 노동자들이 단합해 일어난 것도 당연하다. 그들은 경영자가 점점 많은 것을 가져가는 반면 자신들은 그렇지 못하다는 사실을 깨달았다. 그리하여 주당 노동 40시간이라는 결론에 도달했다.

그러다 갑자기 신경제, 창조적 기업가, 프리랜서, 자유 계약자, 신제품 출시 속도, 시장 선도 효과, 기업 공개, 승자 독식의 세계가 되었다. 노동자들의 소원은 이루어졌다. 그들은 자신들이 주인인 양 느끼게 되었고, 모든 것은 원점으로 돌아갔다.

소원을 빌 때는 조심해야 한다. 그것이 이루어질지도 모르기 때문이다. 당신의 이메일을 체크해 보라. 어떤 사람은 자정, 또는 새벽 4시에도 메시지를 보낸다. 내 친한 친구 한 명은 언제나 내가 있는 뉴욕 시간으로 오전 9시에 직장에서 내게 전화를 한다. 뭐, 문제는 없다. 그녀가 캘리포니아에 산다는 점만 빼곤(뉴욕이 오전 9시일 때 캘리포니아는 오전 6시이다—옮긴이). 최초의 매킨토시 팀은 최고의 마사지와 음식을 제공받았을지는 몰라도 1년도 넘게 개같이 일했다.

실리콘 밸리에 있는 어떤 회사는 중요한 전략 회의를 종종 오후 6시에 잡는다. 물론 직원들 대부분이 늦게 오기 때문에 회의는 7시 반이나 8시쯤 시작되는 것이 다반사다. 그 회의로 인해 몇 가지 일이 발생한다. 첫째, 회의에는 정말로 헌신적인 강경파만 모습을 드러낸다. 별로 관심이 없는 나머지 사람들은 그 시간에 집에서 요리를 하며 가족과 함께 지낸다. 진정한 충성파는 여전히 근무 중인데도 말이다. 둘째, 모두가 피곤에 절어 비틀거리는 상태로는 분석적인 사고가 나오기 힘들다. 세 번째이자 가장 중요한 점은, 끝까지 남은 사람들마저도 집 생각이 나기 시작할 때이므로 정말로 어처구니없거나 극히 중요한 결정이 아니라면 반대 의견을 낼 사람이 별로 없다는 것이다!

심지어 당신은 근무 중이 아닐 때에도 회사에 매여 있다. 택시를 타면 PDA를 이용해 이메일을 체크한다. 휴가에 가족을 차에 태우고 그랜드 캐니언으로 향할 때에도 운전 중에 통화를 할 수 있도록 헤드

세트를 챙긴다.

 한동안은 이 모든 일이 당연한 듯 보였다. 근무 시간이 길어질수록 회사는 잘 돌아가는 것처럼 보였고, 그럴수록 회사의 성공은 가까워 보였다.

 자, 그러나 이제 나스닥의 열기는 식었고 우리는 어쩌면, 정말로 어쩌면 신경제가 신제품 출시 속도와 시장 선도 효과, 기업 공개, 승자 독식의 사고방식을 선호하지 않을지도 모르며 이런 식의 직업윤리를 재평가해야 할 때가 왔다는 사실을 눈치 채게 되었다. 하지만 아이러니하게도 나스닥의 급락은 우리로 하여금 근면 성실의 신화에 도전하도록 하기는커녕 대다수 사람들이 겁에 질려 현명하게 행동하지 못하게 만들었다.

 현명한 행동? 그렇다. 1년 혹은 5년 전에 현명한 결정을 내린 회사들은 여전히 번영을 누리고 있다. 주가는 좀 하락했을지 몰라도 여전히 제 길을 걷고 있다.

 아아, 그러나 올바른 결정을 내리지 못한 회사들이 선택한 전략은 한 걸음 뒤로 물러나 다시 한번 최선의 선택을 내리는 게 아니라, 한층 더 열심히 일하는 것이었다. 자기들이 잘못된 일에 힘을 쏟고 있을지도 모른다는 사실은 무시한 채!

 어떤 사람들은 자신의 상사, 상사의 상사, 혹은 월 가가 "네, 우리는 자중하면서 한층 더 열심히 일할 겁니다."라는 말을 듣고 싶어 한다고 생각한다. 틀렸다! 문제는 그들이 "과거의 실수로부터 새로운 것을 배웠습니다. 이제는 우리를 원하는 목적지로 인도할 현명한 결정을 내렸습니다."라고 말하지 않는다는 것이다.

 광산이나 공장에서 일하는 것과 지금 당신이 하는 일 사이에는 엄청난 차이가 있다. 옛날에 사람들은 물건을 만들었다. 이제 당신은 물건을 만들지 않는다. 당신은 결정을 내린다.

여기서 중요한 점은 더 오래 일한다고 해서 더 나은 결정을 내릴 수 있는 것이 아니라는 사실이다. 오래 일한다고 해서 더 나은 사업 개발 계획이 나오는 것이 아니며 더 나은 세일즈 구호가 만들어지는 것도 아니고 더 멋진 인터페이스를 고안해 내는 것도 아니다.

자, 이제 현실을 직시하자. 지금과 같이 끝없이 달리는 노동 문화는 어려운 결정을 피하기 위한 핑계에 지나지 않는다.

당신이 지난번 업무 마감 시한에 도달했을 때를 한 번 생각해 보라. 참으로 이상한 점은 당신이 어떻게 해서든 그 마감 시한을 지켰다는 것이다. 비록 겨우겨우였지만. 자, 마감 날짜가 그 하루 뒤였다고 생각해 보자. 당신은 여전히 그 날짜를 지켰을 것이고, 결과물은 거기서 거기였을 것이다. 그리고 여전히 '겨우겨우' 해냈을 것이다.

다음과 같은 말이 생각난다. 낡은 격언이긴 하지만 신경제에도 여전히 해당되는 말이다.

"일의 양은 거기에 할당된 시간을 채우기 위해 늘어난다."

매일 12시간을 업무에 할당한다면 당신은 매일 12시간을 일하며 보내게 될 것이다. 그렇다고 더욱 많은 결정을 내렸을까? 더 나은 결정을 내렸을까?

잠시 역사 공부를 좀 해 보자. 지난 10년간 있었던 성공 스토리를 다섯 개만 떠올려 보라. 시스코Cisco, 팜Palm, 야후!, 스타벅스, 그리고 제트블루.

그러면 그 회사들을 성공으로 이끈 각각의 중요한 결정을 여섯 개씩 나열해 보라. 그 평범한 회사들을 성공 기업으로 변모시킨 결정을 여섯 개나 꼽을 수 있는가? 아마 그렇지 않을 것이다!

그러한 결정과 관련해 이 기업들이 행한 여타의 일들은 모두 그 주석에 불과하다. 물론 개중에는 그러한 결정을 유효하게 만든 중요한 활동들도 있었을 것이다. 하지만 그것이 성공의 핵심은 아니다. 전략가인 게리 하멜Gary Hamel이 말했듯이, 앞으로는 비즈니스 모델을 혁신하는 것이야말로 성공의 핵심 요소가 될 것이다.

그리고 그것은 단순히 화려한 기업 전략 같은 것이 아니다. 훌륭한 프로그래머들은 소프트웨어 프로젝트 성공 여부의 80퍼센트는 시스템 구축 기간 중 첫 4주 동안 내려지는 결정에 달렸다는 사실을 안다. 그 기간에 제대로만 한다면 프로젝트의 나머지 부분에서는 힘든 싸움을 할 필요가 없는 것이다.

명성이 높고 고소득을 올리는 성공한 변호사 가운데 아무나 붙잡고 물어보라. 아마도 그들의 성공 비결이 중요한 재판 전날 밤에 밤새도록 일에 매달리는 것이 아님을 알게 될 것이다. 진짜 비결은 문제의 핵심을 파악하고 그에 따라 어떻게 행동할 것인지를 결정하는 것이다.

이제 당신의 회사에 대해 생각해 보자. 밤샘 근무를 하고, 그것을 지원하고, 그에 대한 계획을 세우고, 거기에 사람들을 끌어들이느라 정작 중요한 결정을 내리는 데 써야 할 시간이 부족하지는 않은가?

미래를 내다보라. 앞으로 2년 뒤 회사의 역사를 기록할 때, 과연 어떤 결정이 가장 중요한 역할을 했다는 평가를 받을까? 회사를 성공으로 이끈 가장 중요한 순간은 언제였을까?

당신은 바로 그런 결정에 시간을 투자해야 한다. 결정을 제대로 내리는 것은 103번째 이메일에 답장을 보내거나 프로그램을 마지막으로 손질하는 것보다 훨씬 중요하다.

1950년대 리더스 다이제스트Reader's Digest 사의 릴라 윌리스Lila Wallace
는 각 사무실을 돌아다니며 이렇게 말하곤 했다.

"멋진 날이에요. 불을 끄고 그만 퇴근하세요."

그게 오후 4시에 일어난 일이다! 만일 당신이 일주일에 한 번 오후 4시에 사무실을 나선다면 그다음 날에는 훨씬 좋은 결정을 내릴 수 있을 것이다. 집으로 가라. 가족과 저녁을 즐겨라. 당신이 한 일에 만족할 것이다.

내가 하고 싶은 말은 이것이다.

"현재 당신이 그 회사에서 잘리지 않는 유일한 방법이 하루 종일 죽어라 일하는 것이라면, 이봐, 차라리 해고를 당하지 그래."

당신이 그럴 정도로 똑똑하다면 당신의 현명함에 보상해 줄 일자리들이 저 밖에 널려 있다.

고객 존중과 풀러브러시맨

'풀러브러시(1900년대 초반에 설립되어 헤어브러시를 비롯한 각종 브러시를 방문 판매한 기업. 그들의 활발한 방문 판매 활동은 1930~1940년대에 하나의 문화 아이콘이 되어 각종 코미디나 영화 등의 소재가 되었다—옮긴이)' 맨들은 자신이 무슨 일을 하는지 잘 알고 있었다. 그 옛날, 풀러의 방문 판매에는 한 가지 기본 원칙이 있었다.

"초인종을 울리고 나면 한두 발짝 뒤로 물러설 것. 그래야 집을 지키던 여자들이 낯선 사람의 방문에 겁먹지 않고 현관문을 열어 줄 것이다."

　이는 단순한 판매 술책이 아니라 하나의 전략이었다. 문간에 발부터 들이밀라고 배운 경쟁사의 영업 사원과는 대조적으로 상대를 존중함으로써 회사를 키울 수 있도록 고안된 전략.

　풀러브러시맨이 오늘날의 텔레마케터나 스팸메일 발송자가 되어 살기 위해 애쓴다고 생각해 보라. 3분이나 버틸 수 있을까? 그는 고객의 시간을 강제로 빼앗을 만큼 이기적이지도 악착같지도 못할 것이다. 부끄럽게도 우리는 기업을 성장시키기 위한 전투를 치러 오면서 우리의 고객들을 존중하는 법을 잊어버렸다.

　우리는 그들을—우리의 고객들을—화나게 하고 있다. 가능한 한 많은 돈을 가능한 한 빨리 벌어들이려는 치열한 경쟁 속에서 우리는 사람과 자원을 최대한 빨리 이용하는 법을 터득했다. 그러나 한편으로 우리는 고객을 존중으로 대한다는 것이 무슨 의미인지를 잊어버린 것 같다. 우리는 주주도, 직원도, 정부도 존중하지 않는다.

　이제 우리에겐 시간이 얼마 남지 않았다. 그리고 아이러니하게도, 풀러브러시맨의 그 낡아 빠진 전략이야말로 우리가 이 상황을 완전히 뒤집을 수 있는 최선책일지 모른다.

　놀랄 만한 사실 하나는, 존중에는 비용이 전혀 들지 않는다는 것이다. 초인종을 누르고 나서 두 발짝 물러설 것. 이것은 공짜일뿐더러 잘하면 돈을 벌어다 줄 수도 있는 전략이다. 전 세계를 향해 스팸메일을 쏘는 대신, 당신의 이야기를 듣고 싶어 하는 사람들에게 이야기를 들려주라. 그것은 예의 바른 행동일 뿐 아니라 이익을 가져다주는 행동이기도 하다. 사람들은 누구나 존중받고 싶어 한다. 이것은 불변의 진리이다. 까놓고 말해, 우리가 사람들을 존중으로 대할수록, 그들이 우리가 원하는 대로 행동할 가능성이 커진다.

상대방을 존중으로 대하는 방식이 구시대적이라고 비판할 사람도 있을지 모른다. '기업 윤리'라는 말 자체가 모순 어법일지도 모른다. '존중하는 마케팅'도 마찬가지 아닐까? 이익을 취하기 위해서 저녁 식사 중인 사람에게 전화를 걸거나 깨알 같은 글씨가 적힌 안내문으로 그들을 속일 필요가 정녕 없는 것일까?

한번은 옷가게 앞을 지나가는데 "모든 정장 299달러(부터)"라는 표지판이 걸려 있었다. 괄호 안의 글자는 매우 작게 적혀 있었다. 그들은 당신을 속여 일단 가게로 끌어들인 다음 당신이 실수로 천 달러짜리 정장을 사 주길 바랐던 것이다. 그런 식으로 이익을 얼마나 남길 수 있을까?

나는 사람을 존중하는 것이야말로 오래도록 이익을 남기는 유일한 방법이라고 믿는다. 낡고 근시안적인 방식으로는 이익을 남기기 어렵다는 증거가 도처에서 나타나고 있다. 사람들은 티보(TiVo. 디지털 영상 녹화기의 상표명으로, 광고를 건너뛰며 프로그램을 시청할 수 있는 기능이 있다—옮긴이)와 텔레재퍼(Telezapper. 자동 전화로부터 걸려 온 전화일 경우 마치 서비스가 중지된 번호인 것처럼 착신음을 내보내 텔레마케터의 컴퓨터 시스템이 전화를 끊고 발신 번호 목록에서 해당 번호를 삭제하도록 유도하는 기기—옮긴이)로 마케팅의 공격을 피한다. 미 연방 통상 위원회FTC가 통화 금지 목록 제도(Do Not Call List. 통화를 피하고 싶은 텔레마케터의 번호를 등록하면 그 업체는 31일 안에 신청자의 전화번호를 자신들이 '전화를 걸어서는 안 되는 번호 목록'에 등록하도록 한 법률—옮긴이)를 시행하기 시작한 첫날에는 초당 12명 이상이 신청하기도 했다. 소비자들은 이제 탐욕이 아니라 존중으로 자신들을 대하는 상인에게 지갑을 연다.

소비자들의 신뢰를 얻어 내기 위해 꽤 많은 비용을 투자해야 한다는 사실을 이해한 마케터도 있지만, 대부분은 좋았던 예전 시절로 두 발짝 물러서고 싶어 하지 않는다. 그러나 그들은 옳지 않은 싸움을 하고 있다. 그들은 광고를 건너뛰게 해 주는 티보를 고소하고, 스팸 필터를 통과할 수 있는 메일 제목을 지어낸다. 또한 통화 금지 목록 제도를 저지하기 위해 의회에 로비를 벌인다.

그러나 기업이 스팸메일을 보내는 것은 자신들이 소비자를 존중하지 않는다는 사실을 명백히 드러내는 행위에 불과하다. 항공사의 깨알같이 쓴 안내문에 숨겨 둔 내용들은 소비자의 지능을 무시하는 것과 다름없다. 기만과 무시에 의해서만 살아남을 수 있는 사업을 운영하는 것은 우리의 권리가 아니다. 우리의 권리는 우리가 막다른 길에 다다랐음을 깨닫고 좀 더 존중할 줄 아는 사업을 운영하는 것이다.

바야흐로 농사를 짓기 위해 숲을 다 태워 버리는 마케터들은 망하는 시대가 왔다. 소비자들은 점점 똑똑하고 빈틈없고 약아져 간다. 소비자들은 마케터들이 자신의 시간과 관심과 돈을 훔쳐 가도록 가만히 앉아 있지만은 않는다. 스스로에게 다음과 같은 간단한 질문을 던져 보라. 소비자들이 모두 다 정보에 밝아진다면 우리에게는 잘된 일일까, 그렇지 않을까? 그 대답이 긍정적이지만은 않은 기업도 많을 것이다. 맥도널드는 식물성 원료로만 이루어진 감자튀김에 쇠고기 맛을 슬쩍 첨가했다가 혼쭐이 났다. 케이마트는 소비자를 업신여기며 "이 봐요, 이렇게 싼 값에 뭘 더 바라?"라는 식으로 했다가 파산했다.

카를 마르크스(이런, 마케팅 책에서는 처음으로 언급되는 이름 아닐까?)는 아주 단순한 질문을 던졌다.

"누가 이익을 얻는가?"

이것이야말로 핵심적인 질문이다. 소비자를 이롭게 하기 위해 일하는 회사들은 새롭게 등장한 까다로운 고객들을 존중으로 대하는 데에도 어려움이 없다. 이는 봉사하기 위해 애쓰는 마케터들에게 당연한 부산물이다. 한편, 고객을 속이고 지배하려 드는 자들은 모든 것을 잃게 될 것이다.

WWWD

월트 디즈니가 사망한 이후, 월트 디즈니 사에는 몇 가지 변화가 일어났다. 월트 디즈니는 뛰어난 틈새 사냥꾼이었다. 그는 삶이라는 연속체에서 틈새를 찾아내고 거기에 모든 것을 걸어 이윤을 남긴(그것도 세 번씩이나) 몇 안 되는 사람 중 하나였다.

틈새란 무엇일까? 그것은 인간의 '삶의 규칙'이라는 구조물에 생긴 커다란 균열이다. 그것은 게임에 근본적으로 변화가 일어나는 것이며, 그로 인해 한 무더기의 새로운 패자와 한 줌의 새로운 승자가 생겨난다.

사업에서 크게 성공한 사람들은 대부분 자신이 우연히 발견한 틈새를 기반으로 사업을 구축한 사람들이다. 그리고 그런 일은 대개 한 번으로 그친다. 왜냐하면 어떤 사람들은 성공을 이룩하고 나면 '나는 천부적인 재능을 지녔기 때문에 어디에서든 틈새를 발견할 수 있어'라고 믿는 어리석음에 빠지기 때문이다. 그러나 디즈니는 달랐다. 그는 진짜로 천부적인 사람이었고, 세 번씩이나 틈새를 찾아냈다.

첫 번째로 그는 영화가 엔터테인먼트의 세계를 바꾸어 놓을 거라는 사실을 일찌감치 간파했다. 머지않아 가족 오락물에 대한 수요가 폭발할 것임을 알아차린 디즈니는 애니메이션 영화 개발에 뛰어들어 〈백설 공주와 일곱 난쟁이〉(1937)로 그 형식을 완성했다. 이 영화는 앞으로 눈부신 성장을 거듭하여 새로운 시장을 지배하게 될 거대 조직의 탄생을 알리는 신호탄이었다.

운이 좋아 적절한 순간에 틈새를 포착한 사람들과는 달리, 디즈니는 자신을 천재라고 단언하는 우를 범하지 않았고, 결코 스톡옵션을 차지하지도, 긴장을 늦추지도 않았다. 대신 그는 또 다른 틈새, 자신이 기회로 바꿀 수 있는 법칙의 변화를 찾아 나섰다.

두 번째 틈새는 자동차 모양으로 다가왔다. 디즈니는 자동차가 미국인들의 여가 방식을 바꿔 놓을 것임을 깨달았다. 그는 전략적인 위치에 세운 호화로운 테마 파크가 가족 여행에 혁신을 가져올 것이라고 믿었다. 그가 옳았다. 1955년 캘리포니아에서 문을 연 디즈니랜드를 시작으로 그는 틈새를 이용한 또 하나의 거대한 조직을 구축했고, 이후로 그 조직은 테마 파크 산업을 지배하게 되었다.

일단 틈새를 파악한 디즈니는 세 번째 기회를 포착했다. 그것은 바로 TV였다. 당시 사람들은 TV를 단순히 집에서 보는 영화 또는 화면이 딸린 라디오 정도로 여겼지만, 디즈니는 그 속에서 완전히 새로운 매체를 발견했다. 그는 '미키마우스 클럽'과 같은 자산을 이용해 이 새로운 시장에 무수한 콘텐츠를 제공할 세 번째 조직의 설립에 착수했다.

월트 디즈니는 엄청난 기회를 발견하고 그 기회를 자기 것으로 만드는 데 조직의 모든 역량을 동원함으로써 세 번의 성공을 거두었다. 그는 자신의 명확한 비전을 불굴의 목적의식과 결합한 사람이었다.

하지만 불행하게도, 그가 세상을 떠난 후 그의 회사는 전처럼 틈새를 갈망하는 모습을 보여 주지 못했다. 모름지기 틈새 사냥꾼이라면 WWWD What Would Walt Do를 좌우명으로 삼아야 했다.—월트라면 어떻게 했을까?

나는 종종, 월트가 인터넷 시대에 살았더라면 그것으로 무엇을 했을까 생각하곤 한다. 또는 케이블 TV와 홈쇼핑, 홈비디오와 DVD의 시대에 살았더라면?

디즈니 외에 내가 좋아하는 틈새 사냥꾼으로는 스티브 잡스를 꼽을 수 있다. 그에 대해서는 이미 잘 알려져 있지만, 그의 성공적인 틈새 사냥 중 몇 가지는 한 번 더 살펴볼 가치가 있다. 그중 세 가지를 소개한다.

첫째로 그는 퍼스널 컴퓨터가 산업 현장에서뿐 아니라 가정에서도 유용하게 사용될 것이라는 점을 깨닫고, 애플 I과 애플 II를 개발하기에 적합한 인재를 찾아냈다. 당시에는 그가 얼마나 뛰어난 인물인가를 다룬 기사 한 줄 찾을 수 없었지만, 사실상 그는 오늘날 존재하는 모든 데스크톱 컴퓨터의 앞길을 열어 준 사람이다.

잡스가 발견한 두 번째 틈새는 그다지 명료한 것이 아니었기에 더 포착하기 어려운 것이었다. 그는 제록스 스타(Xerox Star. 제록스 사가 1981년에 내놓은 최초의 상업용 컴퓨터)에 사용된 그래픽 유저 인터페이스가 컴퓨터 작동 방식을 완전히 바꾸어 놓을 것을 알아차리고 엄청난 위험을 감수하며 맥Mac을 출시했다. 기업들은 대부분 이런 그의 오만을 비웃었다. 한번 운이 좋았다고 저렇게 좁은 틈새에 모든 것을 걸려고 하다니! 물론 지금 우리는 그래픽 유저 인터페이스가 어떻게 되었는지 잘 알고 있다.

잡스의 세 번째 틈새는 디즈니라도 덤벼들었을 만한 것이었다. 잡스는 컴퓨터가 애니메이션 영화의 제작 방식에 혁명을 일으킬 것이라고 내다보았다. 〈토이 스토리Toy Story〉와 〈벅스 라이프A Bug's Life〉의 제작사인 픽사Pixar는 그가 그런 틈새에 건 모험이었다.

놀라운 점은 누구나 그런 틈새를 발견하여 엄청난 성공을 거둘 수 있었다는 사실이다. 잡스는 할리우드에 아는 사람조차 없었다. 사실 그럴 필요도 없었다. 그의 성공은 연줄이나 명성, 자금 동원 능력과는 무관했다. 오히려 애플 II를 파는 회사의 일원이라는 사실은 그가 맥을 내놓는 데에 방해가 되었다. 왜냐하면 회사 주주와 종업원들이 수년간 그의 아이디어에 반대했기 때문이다. 잡스가 성공을 거둘 수 있었던 것은 다른 모든 틈새 사냥꾼들과 마찬가지로 기회를 포착한 순간 거기에 모든 것을 걸었기 때문이다.

우리 어머니도 틈새 사냥꾼이었다(아마 여러분들은 처음 듣는 이야기겠지). 어머니는 두 개의 틈새를 발견하고 그것을 이용했다. 그 실행 방식은 다소 무미건조했을지 몰라도 틈새의 범위만큼은 디즈니의 것보다 컸을지도 모르겠다. 먼저 어머니는 사회가 여성에게 직장으로 복귀할 것을 허용하는 것을 넘어 권장하게 될 것이라는 사실을 수십 년 전에 간파했다. 그런데 여성들 중에는 돈을 벌기 위해 취업을 원하는 사람도 있었지만 개중에는 정신적 자극과 사회적 상호 작용을 위해 취업하고 싶어 하는 여성도 있었다.

어머니는 이러한 틈새가 만들어 낸 기회를 이용해 당신이 운영하고 있는 뉴욕 주 버펄로의 녹스 아트 갤러리Albright-Knox Art Gallery 내의 비영리 기념품 숍에 정규 직원과 자원 봉사자들을 모집했다. 교육 수준은 매우 높으면서 매우 적은 임금을 받고 일하는 이 의욕 넘치는 직원들은 이직률이 극히 낮았을 뿐 아니라 물건을 슬쩍하는 경우도 없었고 거기에 탁월한 고객 서비스 기술까지 보여 주었다.

어머니는 박물관 숍을 비롯한 유사 매장의 직원 채용 및 매장 운영 방식 혁신에서 선두 주자였다. 매일같이 엽서나 몇 장 파는 작은 가게에 만족하지 못하던 이런 종류의 매장 소유주들은 어머니와 같은 방식으로 자신의 가게를 수익성 있는 어엿한 기업으로 변모시킬 수 있었다.

다음으로 어머니는 소매 상거래에 혁신을 가져올 틈새를 발견했다. 어머니는, 꼭 필요한 물건만 사는 시대는 가고 재미로 쇼핑을 하는 시대가 왔다는 것을 눈치 챘다. TV에 싫증난 사람들에게 멋진 경험을 선사하는 박물관 기념품 숍은 놀라운 수익 사업으로 탈바꿈했다. 이와 같은 틈새들을 발견하고 그것을 이용함으로써 어머니는 당신이 속한 업계의 마케팅 공식을 근본적으로 변화시켰던 것이다.

우리 어머니가 이 두 개의 틈새를 최초로 인식한 사람이었을까? 아니, 그랬을 리 없다. 하지만 어머니는 그것을 실행에 옮긴 선구자였다. 어머니는 그 일을 추호의 망설임도 없이 자신 있게 해냈다.

그렇다면 어째서 모두들 이렇게 하지 않는 것일까? 디즈니와 잡스와 우리 어머니가 성공적인 틈새 사냥꾼이 될 수 있다면, 당신이나 당신의 동료들이라고 못할 이유가 없지 않은가? 기업들이 틈새를 붙잡지 못하도록 가로막는 것은 무엇일까? 어째서 맥스웰 하우스같이 유력한 커피 회사가 성인들이 시간과 돈을 소비하는 방식에서 틈새를 내다보지 못한 걸까(당신 같으면 술을 마시지 않을 때나 아침나절에 여유 시간을 보내야 할 때는 어떻게 하겠는가)? 스타벅스라는 신생 기업은 어떻게 그런 틈새를 발견할 수 있었던 걸까? 점점 많은 업계에서 새로

창업한 회사들이 보수적인 시장 선도 기업을 따라잡고 더 나아가 무너뜨리는 광경이 목격되고 있다.

왜 시장을 만족시키는 다양한 방식이 전개되기도 전에 회사들은 무너져야 하는 것일까? 왜 기존 주자들은 바로 눈앞에 있는 틈새를 보지도 못하고 거기 뛰어들지도 않는 것일까? 그들이 망설이는 이유 중 하나는 줌 할 줄 모르기 때문이다. 성공한 거대 기업들은 변화라는 개념을 중심으로 조직되어 있지 않으며, 사업 방식을 바꾸고자 하는 직원들에게 그 결과에 대한 보상을 해 주지도 않는다. 그들에게 변화란 나쁜 것이고, 변화란 곧 악이며, 두려움의 대상일 뿐이다. 변화에 대처하느라고 이미 충분히 곤란한데 틈새까지 보라고? 그런 건 꿈도 꾸지 말라니까!

하지만 틈새란 '대처하는 것'이 아니다. 틈새는 어디서 튀어나오는 것이 아니라 틈새 사냥꾼이 그것을 발견하고 낚아채서 활용해 주길 기다리고 있을 뿐이다. 줌을 거부하고 상황에 대처하기에 급급한 기업들은 틈새를 발견해서 이익을 얻는 데에 뒤처질 수밖에 없다.

이미 자리 잡은 기업들이 당면한 문제는 틈새와 마주쳤을 때 선택을 해야 한다는 것이다. 그들이 고객과 직원, 주주를 동시에 만족시킬 수는 없다. 그래서 선택의 문제에 부딪혔을 때 대부분의 기업은 그저 "어쩌면……"이라고 얼버무린다. 그러고 나서 가만히 앉아 기다린다. 그들은 틈새가 조용히 사라지기를 바랄 뿐이다. 그들은 말한다. 그 틈새에 뛰어든 신생 기업은 과대평가되었고 과대 선전되었으며 필시 망할 것이라고.

물론 가끔은 보수파가 옳을 때도 있다. 가끔은 틈새가 진짜 틈새가 아닐 때도 있다. 그러나 디즈니와 스티브 잡스와 우리 어머니가 보여 주었듯, 잠재적 기회를 잘 이용한다면 당신은 진정한 틈새를 발견할 수 있을 것이다(벤처 캐피털 커뮤니티는 '인터넷'이라는 것에서 그런 기회를 발견했다). 그리고 다른 누군가가 차지하기 전에 그것을 손에 넣을 수도 있을 것이다.

월트 디즈니와 스티브 잡스, 우리 어머니는 틈새 찾기의 비밀을 공유한 사람들이다. 어머니는 그 비밀을 내게 가르쳐 주었다. 이제 나는 그 비밀을, 아니 그 책임을 당신에게 전한다. 자, 틈새를 찾아 출발!

링톤 매거진

일부 계층에서는 음원 구매 비용 중 휴대 전화 벨소리가 큰 비중을 차지하는 것으로 나타났다. 더 신기한 것은, 벨소리에 돈을 쓰는 것도 모자라 그와 관련된 잡지까지 구독한다는 사실이다.

『링톤 매거진 The Ringtone Magazine』이 바로 그런 잡지다.

이 문제에 관해서는 여러 가지 이견이 있겠지만, 여기서 한 가지 확실한 것은 사람들은 결국 필요한 것이 아니라 사고 싶은 것을 산다는 사실이다!

RSS

지금 주위에 컴퓨터가 있다면 잠깐 이 책을 내려놓고 구글에 들어가 'RSS'를 검색해 보라. 몇 분만 투자하여 RSS가 무엇인지 읽어 보기 바란다. 아, 천천히들 하시길. 난 시간이 많으니까.

만일 당신이 어떤 프로젝트나 브랜드(또는 심지어 교회도)를 운영하고 있다면 한번쯤 귀 기울여 볼 만한 RSS의 선구적 사례들을 소개하려 한다.

첫 번째는 마이크로블로그microblog에 대한 아이디어다. 에드 브레네거(Ed Brenegar. 리더십과 비전에 관한 전문가―옮긴이)는 소규모 집단이 입소문을 이해할 수 있도록 해 달라는 요청을 받자 그것을 위한 블로그를 만들었다. 기본 아이디어는 이렇다. 당신에게 정기적으로 소식을 듣고 싶어 하는 소규모(혹은 대규모) 집단을 발견하게 되면 RSS 연결 방식으로 자신의 블로그에 그들을 연결해 놓고 필요한 정보를 지속적으로 발신한다. 나도 한 초등학교의 뮤지컬 연출을 그런 식으로 도와준 적이 있다. 블로그를 만들어 놓고 리허설 일정과 사진 등 뮤지컬에 관한 정보를 학부모들이 계속 받아 볼 수 있도록 한 것이다.

블로그 활동이 반드시 익명의 타인들을 향해 이야기하는 것만을 의미하지는 않는다.

두 번째 아이디어는 베이스캠프HQ닷컴 BasecampHQ.com 이 하고 있는 일이다. 이것은 일종의 프로젝트 관리 소프트웨어로, 어떤 일이 일어났을 때 통보를 받아야 하는 사람들에게 RSS를 이용해 알려 주는 프로그램이다. 통보가 없는 나머지 시간에는 무시하고 편안하게 살아도 되는 것이다.

RSS는 이메일과 비슷하지만, 스팸이 없고 정보를 거를 수 있으며 활용 가능한 매체가 훨씬 광범위하고 무엇보다 자신이 원하는 형식으로 정보를 받아 볼 수 있다는 장점이 있다. 이러한 아이디어들은 포드캐스팅을 탄생시켰으며, 앞으로 우리를 여러 갈래의 새로운 방향으로 이끌게 될 것이다.

규칙을 바꾸는 자가 승리한다

시장의 선두 주자들은 규칙을 만든다. 그들은 시장이 따라야 할 제도와 규약, 표준을 세운다. 이러한 시장 선두 주자는 교회일 수도, 정당일 수도, 비영리 조직일 수도 있다.

그리고 이러한 규칙들을 따라 좇아갈 때 당신이 패배할 것은 거의 확실하다.

사실 그들이 규칙을 세우는 것도 바로 그 때문이다. 그들은 자신들보다 규모가 작은 신생 경쟁자들을 계속적으로 이길 수 있는 게임을 만들어 낸다.

이에 대한 대응책은 명백하긴 하지만 한편으로는 두려운 것이다.

"규칙을 바꿔라."

신출내기와 약소 주자들이 유리해지는 것은 규칙이 바뀔 때뿐이다. 정말 안전한 일은 위험하게 느껴지는 법이다. 왜냐하면 전혀 새로운 가정 아래 게임을 진행해야 하기 때문이다. 그러나 성장하고 싶다면 당신에게 가장 안전한 길은 게임의 규칙을 완전히 바꾸는 것이다.

안전한 것은 위험하다

지난주에 나는 두 번이나 고등 교육과 충돌을 일으켰다.

첫 번째는 뉴욕에서 강연을 할 때 일어났다. 그 강연에는 하버드 경영대학원 학생들이 여럿 참가했는데, 그들은 마케팅과 마케팅의 유망한 미래에 관심이 있어서 온 학생들이었다(그렇게 듣긴 했는데, 내 생각에는 모리 루빈이라는 요리사가 만든 훌륭한 점심이 제공된다는 소리를 듣고 온 게 아닐까 싶다).

하여간 그 학생들은 마케팅 관련 구직에 대해 나의 조언을 듣고 싶다고 했다. 내 의견("작은 회사에 들어가고, 단순히 의견만 제시하는 것이 아니라 실수도 하면서 뭔가를 실제로 해 볼 수 있는 직장을 구하라……")을 어느 정도 이야기했을 때, 한 여학생이 이렇게 말했다.

"맞는 말씀이라고는 생각해요. 하지만 그런 회사들은 학교에 와서 면접을 보지 않잖아요."

그런 회사들은 학교에 와서 면접을 보지 않아요, 라. 흐음, MBA를 따기 위해 10만 달러의 현금과 15만 달러의 기회비용을 기꺼이 썼다는 학생이 하는 말이라니…….

두 번째 충돌은 오늘 예일 대학교에서 일어났다. 눈부시게 아름다운 교정을 운전하던 도중 아시아 연구 센터를 지나치게 되었는데, 그걸 보자 내 대학 시절(물론 예일보다는 시시한 학교였지만)이 떠올랐다. 나는 그때 안내 책자를 훑어보며 '원하면 무엇이든 배울 수 있겠구나' 하고 생각했다. 선택할 수 있는 것은 수업뿐이 아니었다. 사업을 시작할 수도, 저항 운동 조직을 만들 수도 있었고 학교 밖의 초라한 방에서 자취를 하는 것도 자유였다. 정말로 뭐든지 할 수 있었다. 이렇게 스스로 선택할 수 있는 능력은 엄청난 선물이었다.

그러나 내 급우들은 대부분 선택을 거부했다. 그들은 대학교를 고등학교의 연장처럼 여겼다. 그들은 가장 인기 있는 강의를 듣고, A학점을 받을 만큼만 공부했으며, 교수들의 눈 밖에 나거나 미지라는 불확실성과 마주치지 않으려 노력했다. 그들은 하루에 여섯 시간씩 도서관에 앉아 교과서를 읽었다.

대학의 가장 좋은 점은 원하면 어떤 사람이라도 될 수 있다는 것이지만 학생들은 언제나 해야 한다고 생각되는 일만 한다.

이제 당신은 대학을 졸업했지만 달라진 것은 아무것도 없다. 직장에서 생각보다 더 많은 자유가 보장되어도(이봐, 근무 중에 이 책을 읽고 있다는 거, 다 안다고!) 사람들은 대개 그 자유를 오직 A학점을 얻는 데에만 활용한다.

여전히 고등학교 시절에 머물러 있는 사람들과 일하고 있는가? 학교를 찾아오는 회사와만 면접을 보겠다고? 상사를 만족시키기에만 급급하는 중역?

수업을 제끼고 프랑스 문학 세미나에 참석하라. 학교 밖으로 나가 면접을 보라. 안전한 것은 위험하다.

야후!의 세일즈맨은 어떻게 할까?

세일즈를 잘하는 쉬운 방법 하나. 사람들이 사고 싶어 할 만한 것을 팔아라.

1998년 처음으로 야후!를 방문했을 때, 나는 흥분되어 있었다. 나는 평생 미디어를 팔아 왔다. 때론 실패했고, 때론 간신히 성공을 거두기도 했다. 내 분야의 다른 이들과 비교한다면 비교적 잘하는 축에 속했지만, 그것도 쉬운 일은 아니었다.

그런데 야후! 사람들은 달랐다. 나와 내 직원들은 그 시장에서 백만 달러어치를 팔려면 몇 개월, 심지어 몇 년이 걸렸는데 야후!의 세일즈맨들은 매주 500만 또는 천만 달러짜리 거래를 성사시켰다. 그들은 영업의 비밀을 아는 사람들이었으며, 넘치는 재능에다 고도로 훈련까지 받았고 의욕도 넘쳤다. 밖에서 지켜보는 내게는 그렇게 보였다. 그들은 우리를 참담하게 만들었고 나는 그들이 어떻게 그럴 수 있는지 알고 싶었다.

그래서 나는 야후!에 내 회사를 팔아 치웠고, 정신을 차리고 보니 어느새 야후!에서 일하고 있었다. 그리고 드디어 세일즈 방문에 동참하게 되었다. 나는 기대감으로 온몸이 떨리는 것을 느꼈다.

결말이 어떻게 되었는지는 대충 짐작이 가시겠지. 내 생전 그렇게 서투른 세일즈 프레젠테이션은 본 적이 없다. 그 형편없는 파워포인트하며. 카리스마도 없고 설득력도 없는 영업 사원은 맞은편 벽을 바라보며 슬라이드에 씌어 있는 글자를 큰 소리로 읽어 댈 뿐이었다. 프레젠테이션 말미에 그는 수표도 받는다느니 하는 말을 웅얼거렸다. 몇 분 후, 고객은 우리에게 400만 달러를 건넸다.

세상에나!

정말 좋은 물건은 저절로 팔리는 것 같다. 그것은 어떤 자동차 영업소는 고객들이 줄을 서는데 어떤 곳은 유령의 집처럼 텅 비는 이유를 설명해 준다.

영업의 힘이 과대평가되는 것도 문제지만, 더 중요한 것은 좋은 물건을 만들어 내는 일이 포함된 진정한 마케팅이 필요하다는 사실이다.

최고의 거짓말은 진실이다

홀든 콜필드(J. D. 샐린저의 소설 『호밀밭의 파수꾼』의 주인공 – 옮긴이)는 정말로 작가가 묘사한 모든 모험과 고뇌를 직접 체험했을까? 물론 아니겠지. 홀든 콜필드는 실존 인물이 아니니까. 『호밀밭의 파수꾼』은 지어낸 이야기일 뿐이다.

그렇다면 소설과 거짓말의 차이는 무엇일까? 스토리텔링은 거짓말일까?

우리가 생각하는 소설과 거짓말의 차이점은 아마도 소설가는 적어도 그 이야기가 진짜인 척하지 않는다는 것 아닌가 싶다. 그들은 우리를 속이려 들지 않는다. 왜냐하면 그들이 쓰는 소설이라는 것은 이미 허구라는 타이틀을 달고 태어나기 때문이다. 그들에게는 나쁜 의도가 없고, 그것은 거짓말도 아니다.

내게 오는 이메일과 사람들의 블로그 글들로 판단컨대, 어떤 사람들은 '거짓말쟁이'라는 말을 견디기 힘들어하는 것 같다. '거짓말쟁이'는 우리를 화나게 하는 단어다.

『마케터는 새빨간 거짓말쟁이』를 쓸 때, 나는 진실한 거짓말도 있다는 걸 납득시키기 위해 애썼다.

어떤 사람들(대개는 귀찮아서 그 책을 다 읽지도 않은 이들)은 내가 그 책에서 사람들에게 거짓말하고 속이고 기만하고 얼마 남지 않은 윤리의식조차 포기하라고 말한다고 생각한다. 결코 그렇지 않다! 오히려 그 반대다.

내 이야기의 요점은 첫째, 당신이 원하든 원치 않든, 당신은 스토리를 말하고 있다는 것이다. 당신은 소설가이고 영화감독이고 우화작가이다.

누구에게든 완전한 진실을 전달하는 것은 불가능하기에, 우리는 선택을 통해 스토리를 전달한다. 당신의 블로그가 멋지게 디자인되어 있다면 그것도 당신이 말하는 스토리의 일부다. 당신의 블로그가 엉망이라면, 그 또한 당신의 스토리이다. 두 스토리 모두 언어로 표현되지는 않았지만 그 역시 스토리임에는 틀림없다. 마케터인 우리는 그러한 사실을 인식하고 그에 따라 행동해야 한다. 우리의 경쟁자는 분명 그렇게 하고 있을 것이다.

다음으로 내가 이야기하고 싶었던 것은, 진정성 없고 일관되지 않으며 공허한 스토리를 말하는 것은 잘못된 일일 뿐 아니라 바보 같은 짓이라는 거다. 최고의 거짓말은 바로 진실이다! 청중이 당신이 하는 일에 관해 더 많은 것을 알게 되더라도 실망하지 않는다는 점에서 이것은 분명한 사실이다.

새틴 쿠션을 상상해 봐!

당신이 지루해할까 봐 살짝 걱정이 되기는 하지만, 나는 오늘 CD베이비에서 보내온 주문 확인서를 보고 당신도 이걸 읽고 싶어 할지 모른다는 생각이 들었다. 아마존의 따분하고 재미없는 주문 확인서(혹시 읽어 본 적이 있긴 하신가?)와는 전혀 다른 것이었다.

약간의 창의성이 당신의 브랜드를 엄청나게 키울 수도 있다.

고객님의 CD는 저희 CD베이비 선반에서 깨끗이 살균된 멸균 장갑을 낀 손으로 조심스럽게 꺼내어져 새틴 쿠션 위에 놓였습니다.

저희 50명의 팀은 고객님의 CD를 가능하면 최상의 상태로 보내 드리기 위해 우편으로 보내기 전에 꼼꼼하게 점검하고 닦았습니다.

일본에서 온 우리의 포장 전문가가 촛불 아래서 CD를 값비싼 고급 금장 박스에 넣을 때 좌중은 숨을 죽였습니다.

그다음 저희는 멋진 축하 의식을 치르고 나서 전원이 우체국까지 거리를 행진했답니다. 6월 18일 화요일 오늘, CD는 포틀랜드 마을 전체가 '좋은 여행하시길'이라며 손을 흔드는 가운데 CD베이비 전용 제트기에 올라 고객님을 향해 출발했습니다.

CD베이비에서의 쇼핑이 행복한 시간이셨길 희망합니다. 저희는 정말로 즐거웠습니다. 고객님의 사진은 '올해의 고객'으로 저희 벽에 걸려 있습니다. 저희는 모두 지쳐 있긴 하지만 고객님이 하루빨리 CD베이비닷컴에 다시 들르시길 고대하고 있습니다!

희소성과 가치

황금 덩어리와 소금 덩어리, 둘 중 어떤 게 더 가치 있을까? 역사를 되돌아보면 소금을 선택한 이들도 많았다. 황금도 좋지만, 사람은 소금 없이는 살 수 없다. 소금이 금보다 귀했던 시절에는 소금이 화폐 대신으로 쓰이기도 했다(심지어 '봉급salary'이라는 단어는 '소금'이라는 뜻의 라틴 어와 관련이 있다).

물론 오늘날 소금은 가치가 별로 없다. 소금 덩어리와 황금 덩어리 중에서 택하라고 한다면 당신은 당연히 황금을 택할 것이다. 왜냐하면 이제는 황금이 훨씬 희귀하니까.

희소성은 가치와 직결된다.

오늘날 우리에게 중요한 여러 가지 것—깨끗한 물과 자유 시간, 숨 쉴 수 있는 공기, 오존층, 정직한 리더십 등—이 점차 바닥을 드러내고 있음은 신도 아실 것이다. 동시에 우리는 거의 모든 비즈니스에 직접적으로 영향을 미칠 그 어떤 것에 대해서도 걱정해야 한다. 바로 희소성이 바닥을 드러내고 있다는 사실이다.

희소성은 곧 우리 경제의 초석이다. 이익을 남길 수 있는 유일한 방법은 희귀한 무언가로 장사를 하는 것이다. 음악 및 영화 산업이 인터넷에서 다운로드받는 것을 그토록 두려워하는 이유도 바로 그 때문이다. 다운로드 행위는 실질적으로 공급을 무한대로 만들고, 그렇게 되면 음악 및 영화계의 거대 기업이 만들어 파는 상품이 동네 꼬마들이 만들어 파는 진흙 과자만큼밖에 가치가 없어지게 된다.

어떤 것이 성공을 거두었을 때 물불 가리지 않고 그것을 모방하려는 움직임은 점차로 거세어지며 빨라지고 있다. 지난주 내 사무실에서 열린 세미나에 왔던 한 여성은 자신의 모기지 중개 사업을 개선할 수 있는 방법을 필사적으로 모색하고 있었다. 나는 그녀에게 사업을 접고 다른 일을 해 보라고 제안함으로써 그녀의 하루를 망쳐 놓았다. 20년 전만 해도 모기지 상품은 대개 현지 은행에서 거래되었다.

이제는 **작은 것**이 **큰 것**이다

그리고 은행들은 '모기지 심사'를 업무에서 제외함으로써 스스로 쇠락의 씨앗을 심었다. 그들이 모기지 신청을 자동화하자 누구나 그것을 할 수 있게 되었다. 모기지 브로커들은 낮은 비용과 빠른 처리 능력을 내세워 사업을 뺏어가 버렸다. 오늘날 우리가 선택할 수 있는 브로커들은 셀 수 없이 많고, 그들은 모두 본질적으로 같은 서비스를 제공한다. 그 결과, 희소성도 수익도 사라졌다.

이것이 단지 모조품에 관한 이야기가 아님을 명심하기 바란다. 오늘날 미국에서 개업한 변호사만 해도 50만 명이 넘는데, 또 다른 12만 5천 명이 로스쿨에 재학 중이다. 현직 변호사들이 더 많은 변호사들을 위해 더 많은 일을 만들어 내고 있다는 말을 믿는다손 치더라도, 그렇게 많은 숫자로는 도저히 희귀한 존재가 될 수 없다.

의사나 웹 사이트, 티셔츠 가게, 초밥집, CD롬 제조업체도 마찬가지다. 잘 알려진 생수 브랜드만 해도 백여 개나 된다. 누군가 맨해튼에 고급 아이스크림 가게를 하나 열면 곧장 여섯 개가 새로 생긴다.

원격 조작이 가능한 디지털 상품의 경우(음악을 포함해) 더욱이 원본을 복제할 수 있는 제3자가 승리할 가능성이 더 크다. 당신이 파는 것과 똑같은 물건을 다른 누군가가 그 반값에 판다면 당신이 처음 만든 사람이고 인간성이 좋고 서비스를 좀 더 잘해 준다고 해서 버틸 수 있을까?

빠르게 성장하고 있는 유럽의 의류 브랜드 '자라Zara'는 오리지널 신상품이 고급 백화점에 도착하기도 전에 복제된다. 진짜가 갑자기 복제품으로 전락하고 마는 것이다.

자, 이런 판국에 당신은 희소성의 부족을 어떻게 극복할 것인가. 글쎄, 최악의 전략은 투덜대며 한탄하는 것 아닐까? 저작권법이니

공정 거래니, 또는 지금의 위치에 도달하기 위해 얼마나 노력했는지를 늘어놓는 것 말이다. '푸념하기'는 그 어떤 것에 대한 대처법으로도 적합지 않다. 그보다는 우선 당신이 이 사업에서 벌어들이는 이익의 대부분이 곧 사라질 것임을 인정하는 것이 순서이다. 당신이 아마존이나 월마트처럼 가격 경쟁력을 갖추지 못했다면, 더 잃을 게 없는 누군가가 거의 비슷한 제품을 훨씬 싼 가격에 내놓을 것이다.

그렇다면 요즘 세상에 도대체 희귀한 것은 무엇일까? 존중, 정직, 올바른 판단력, 신뢰로 귀결되는 오랜 관계. 그러나 이런 것들은 가격 경쟁과 맞닥뜨릴 경우 충성심을 보장해 주지 않는다. 그러므로 나는 거기에다가 다음과 같은 것을 추가하겠다.

고객이 진정 사고 싶어 하는 것에 대한 통찰력만 제외하고 모든 것을 아웃소싱함으로써 상식을 초월하는 저비용 구조를 구축하라.

지루한 것은 다른 누군가가 당신보다 더 싸고 빠르게 만들도록 내버려 두라.

당신의 제품이 지루하다면 당신의 경쟁자가 나서기 전에 직접 그것을 폐기 처분하라.

결국 정말로 희소한 것은 그런 종류의 용기이며, 그것이야말로 당신이 시장에 내놓을 수 있는 자산이다.

인터넷에서 성공하는 비결

돈도 아니고 훌륭한 프로그램도 아니라면, 앞으로 인터넷에서의 성공을 결정하는 것은 도대체 무엇일까?

1 **집요함** 이것이야말로 확실한 승리의 요인이다. 끈기와 집중력과 일관성. 우리는 이것이 어떻게 아마존을 성공시켰는지, 그리고 관심의 분산이 어떻게 AOL과 여타 기업에 타격을 주었는지 목격한 바 있다. 시장이 휴지기에 들어서고 이것이 길어질 조짐을 보이는 지금, 이는 더더욱 중요한 요소가 되었다.

2 **타협에 대한 저항** 요즘에는 무엇이든 너무나 빨리 할 수 있고 비전문가도 끼어들기 쉽기 때문에 중간 지점에서 타협하고 무난한 것에 안주하고 싶은 유혹이 생긴다. 다시 보랏빛 소로 돌아가라.

3 **하지 않아야 할 것은 하지 않기** 2번과 다소 비슷하다. 가서 아마존 페이지를 한번 보라. 그곳에서는 웹 검색과 도서 내용 검색, 새 물품과 중고 물품 주문 등을 할 수 있다. 당신도 할 수 있는 것은 다 해 보고 싶은 유혹에 시달릴 것이다. 하지만 그런 전략은 아마존에는 통할지 몰라도 당신에게는 통하지 않는다. 잘나가는 신생 인터넷 업체들은 자기네들이 하지 않아야 할 것은 무엇인지를 가슴 깊이 새겨 놓고 있다.

4 **세 걸음 앞서려는 욕망** 한 걸음 앞서기는 쉽다. 그러나 그것으로는 충분치 않다. 고작 한 걸음 앞서는 것으로는 제대로 시작해 보지도 못하고 실패할 것이다. 두 걸음이라면 웬만큼 구미가 당긴다. 두 걸음 앞선다는 것은 당신이 제시하는 것의 가능성을 모든 사람이 이해한다는 뜻이다. 그것은 곧 즉시 자금을 모을 수 있다는 의미이기도 하다. 그러나 두 걸음으로는 곤란하다. 왜냐하면 정말로 영리한 자들은 세 걸음 앞서 나가기 때문이다. 그들이야 말로 선구자이며 개척자다. 다음 세대를 여는 사람들이다. 세 걸음 앞선 것은 그렇지 않은 것보다 팔기도 어렵고 만들어 내기도

어려우며 장모님한테 이해시키기도 힘들지만, 충분히 해 볼 만한 일이다.

5 할 만한 가치가 있는 일 하기 정신 차리시길. 당신이 열심히 한다는 이유만으로 당신의 서비스로 갈아탈 사람은 아무도 없다. 약간 더 나은 것은 아무짝에도 쓸모가 없다.

6 사람과 사람 연결하기 몇 번이나 이야기하는 것이지만, 사람들을 서로 연결해 주는 것이야말로 온라인에서 살아남을 수 있는 길이다. 어떤 이들은 그것이 기술에 관한 문제라고 생각하지만 실은 그렇지 않다.

7 수익 구조를 갖추고 출발하기 애드워즈 AdWords 없는 구글은 생각할 수도 없다. 따라서 애드워즈는 '구글'이라는 경험의 일부이다. 구글은 "여러분, 우리는 이걸 해야만 해요. 안 그러면 망하거든요."라고 말하지 않는다. 대신 "이것은 구글의 서비스를 더욱 향상시킵니다."라고 말한다. 온라인 서비스를 구축하고 운영하는 데에 비용이 얼마 안 든다는 점을 감안할 때, 당신이 요금을 부과하는 이유가 단지 수익을 창출하기 위한 것뿐이라면 곤란하다. 요금을 부과하는 것은 저항과 선택력의 저하를 가져오고, 그렇게 되면 당신은 실패할 수밖에 없다. 핫메일 설립자들은 이 점을 지나쳤다. 출발할 당시 그들은 좀 더 도움이 되는 형태의 광고를 구축하지 못했고, 그 후로도 그것은 불가능했다.

8 대형 파트너에게 기대지 않기 매일같이 야후! 홈페이지에 뜨거나 블로거닷컴에 고정적으로 붙어 있거나 매일 밤 폭스 TV에 나올 수 있다면 물론 좋겠지. 하지만 그건 복권에 당첨되는 거나 마찬가지다. 계획이 아니라 희망 사항일 뿐이다.

9 **전문가 무시하기** 나를 포함해서. 내가 그렇게 똑똑하면 바로 달려가서 당신의 사업을 번창시키게?

10 **약속 지키기** 인터넷이 기존의 비즈니스 법칙을 완전히 무용지물로 만든 것은 아니다. 그리고 '약속 지키기'는 지난 400년 동안 우리가 배운 것들 중에서도 단연 최고의 법칙이다. 한번 내뱉은 말은 반드시 지켜라. 그러면 나머지는 훨씬 쉬워진다.

이기적인 와이파이와 할로윈의 면도날

내가 이런 생각을 한 것은 오래전부터이지만, 『뉴욕 타임스』의 유언비어성 기사 하나가 나를 자극해 이렇게 글로 쓰게 만들었다. 『뉴욕 타임스』는 와이파이 WiFi가 네트워크를 보유한 사람과 그것을 이용하는 사람 모두에게 얼마나 위험한지에 대해 경각심을 불러일으키려고 애썼다.

미국 북동부를 여행하는 동안 나는 내 맥 컴퓨터가 얼마나 많은 와이파이 네트워크를 포착하는지, 그리고 거기에 얼마나 많은 암호가 걸려 있는지를 보고 깜짝 놀랐다. 가령 병원 대기실에서 기다리는 동안만 해도 네트워크 다섯 개를 발견했다. 그리고 그것들 모두가 닫혀 있었다.

도대체 왜 이렇게 귀찮은 짓을 하는가?

내 말은, 광고 회사나 화장품 회사를 방문하여 앉아 있는 동안에도 그들의 네트워크에 접속하는 게 불가능하다는 소리다. 어떤 사무실 앞에 앉아 있을 때에는 네트워크가 18개나 잡혔지만 전부 암호가 걸려 있었다. 단 하나의 예외도 없이!

그건 마치 텔레비전을 켜 놓고는 다른 사람들이 그걸 보지 못하도록 블라인드를 치는 것과 같다. 더 심하게 표현하자면 사과파이를 만들어 놓고 그 냄새를 맡으려고 하는 사람에게 코마개를 씌우는 것이나 다름없다.

로비나 대기실, 사무실 창밖 거리의 와이파이 네트워크를 낯선 이들에게 열어 놓는다고 해서 컴퓨터의 보안이 위협받는 것은 아니다. 그런 정도라면 다른 종류의 보완책이 필요하다. 그런다고 해서 네트워크의 성능이 떨어지는 것도 아니다(성능이 떨어지면 그 즉시 나를 욕하면서 다시 암호를 걸면 되잖아). 만일 당신이 의료 기록이나 국회의원의 불법 행위 같은 초특급 기밀을 취급하고 있다면 어차피 와이파이 네트워크를 이용하지는 않을 것이다.

그런데 급기야는 영향력 있는 『타임스』까지 온갖 종류의 소아 성애자들과 자동차 폭파범들, 심지어 그래피티를 하거나 거리에 침을 뱉는 사람들이 우리의 보안 네트워크에 뚫린 이런 구멍을 이용해 나쁜 짓을 할 거라는 긴급 경고를 하기에 이르렀다. 이 기사는 무시무시한 '데이터 도둑'이 주제라서 독자들은 그런 사람들이 네트워크를 통해 데이터를 훔치고 있다고 착각하기 쉽지만 실상은 그렇지 않다. 그들은 그저 FBI를 피해 숨어 다닐 뿐이다. 그러나 모두가 안절부절못하며 네트워크를 걸어 잠근다면 진짜 데이터 도둑들은 훔친 신용 카드 하나를 들고 와이파이가 설치된 스타벅스에 갈 것이다!

할로윈의 사과에 면도날 따위는 없었다(미국에서는 나쁜 사람들이 할로윈데이에 아이들에게 주는 사과에 면도날이나 독극물을 넣는다는 도시 괴담이 있었다―옮긴이). 다 지어낸 이야기일 뿐이다. 누군가는 『타임스』나 그 독자들에게 말해 주어야 한다. 익명성을 유지하고 싶다면 킹코스(Kinko's. 복사 및 출력, 컴퓨터 대여 등 사무 관련 서비스를 제공하는 업체-옮긴이)나 브라이언트 파크(Bryant Park. 뉴욕 시에 있는 공원-옮긴이), 또는 도서관에나 가라고. 전 국민에게 겁을 줘서 와이파이 네트워크를 닫게 할 필요는 없지 않은가.

건초 더미에서 바늘 찾기

지난달, 여름 인턴 채용 공고를 여러 차례 띄웠다. 거기서 나는 지원자들에게 자신의 배경과 목표를 기술한 세 쪽짜리 PDF를 보내 달라고 요구하면서 최대한 자신을 부각시키고 자기주장을 펼칠 것을 권장했다.

구직자에게 이것은 꿈의 기회 아닌가. 일련의 통계 숫자가 적힌 한 장짜리 이력서로 평가받는 대신 자신에 대해 조금이나마 표현할 수 있는 기회이니 말이다.

그럼에도 지원자의 절반가량은 이력서만 보냈다. 달랑 이력서 한 장만.

또한 20퍼센트는 "여기 이력서를 첨부합니다."가 적혀 있는 글의 전부였다.

하도 치이다 보니 이렇게 된 것일 수도 있다. 이 세상 시스템의 대부분은 사람들이 규칙을 따르고 자신을 조직에 끼워 맞추며 튀지 않도록 하기 위해 생긴 것이다. 하지만 이렇게 된 좀 더 큰 이유는 사람들이 인생에서, 또는 직장을 구할 때나 마케팅을 할 때, 무엇이 진정으로 통하는가에 대해 잘못된 인식을 가지고 있기 때문이 아닌가 싶다.

 사람들은 대부분, 바늘을 아주 날카롭게 갈아 놓기만 하면 자기장에 이끌려 건초더미에서 튀어나와 그것이 가야 할 곳으로 가게 된다고 믿나 보다. 만일 좋은 일자리를 못 구하거나 영업 실적을 올리지 못하거나 멋진 데이트를 성사시키지 못하면 그건 그럴 만한 인물이 못 되기 때문이지. 그래서 우리는 바늘을 갈고닦는 데에만 많은 시간을 보낸다.

 하지만 몇몇 성공한 사람을 만나 본 나는 그들이 성공한 이유가 꼭 그럴 만한 인물이어서만은 아니라고 장담할 수 있게 되었다.

 평범하기만 한 학력과 경력을 늘어놓는 평범한 이력서가 어떻게 좋은 일자리를 가져다줄 수 있을까?

 "이봐, 빌! 평범한 학벌에 정말 보기 드물게 평범한 이력을 지닌 이 평범한 사람 좀 보게! 참으로 싸게 먹힐 것 같지 않은가?"

 당신이라면 그런 식으로 사람을 채용하겠는가?

 사람들은 결국 당신에 관해 단 한 가지를 평가할 뿐이다. 당신을 선택했을 때(당신을 고용하거나 함께 일하거나 데이트하고, 당신의 제품이나 서비스를 사용하고, 당신에게 무언가를 배울 때) 자신들이 느낄 기분.

 당신은 사람들에게 어떤 기분을 느끼게 하는가? 그들의 기분을 더 나아지게 할 수 있는가? 그들이 갈구하던 감정을 만들어 낼 수 있는가?

 우리가 더 날카로운 바늘이 되는 데에만 급급하는 한 우리는 길을 잃고 말 것이다. 왜냐고? 소비자들은 자석을 가지고 다니지 않기 때문이다. 가장 날카로운 바늘이 건초더미에서 저절로 튀어나오는 경우는 거의 없기 때문이다.

나는 결국 네 명의 인턴사원을 뽑았다. 그중에는 12개국어를 하는 사람도 있다. 내가 그 사람을 고용한 이유는 그 때문이 아니다. 우리가 하는 일에 타갈로그 어(필리핀의 지역 언어-옮긴이)는 필요 없지 않은가. 하지만 그것은 일종의 공짜 선물이었다. 그건 그에게 흥미를 갖게 만든, 그를 고용하는 것이 기분 좋게 느껴지도록 만든 여러 요소 중 하나다.

당신의 공짜 선물은 무엇인가?

지름길

어제 한 마케팅 전문지와 인터뷰를 했다. 그 잡지의 독자 수는 수십만에 이르는데, 대부분 DM 마케팅에 종사하는 사람들이다.

"이메일 마케팅의 내용을 어떻게 구성하십니까?"

기자가 물었다. 그녀는 내 대답을 좋아하지 않았다.

나는 그녀에게 1단계는 이메일 뉴스레터를 통해 사람들이 정말로 읽고 싶어 할 만한 것을 제공하는 것이라고 답했다. 2단계는 당신이 사람들에게 주려는 만큼만 약속하는 것이고, 3단계는 너무나도 리마커블해서 사람들이 공유하고 싶어 할 만한 콘텐츠를 만들어 내는 것이라고 했다. 그리고 만일 서두르지 않고 약속을 지킨다면 정말로 가치 있는 것을 구축하게 될 것이라고 설명해 주었다.

그녀는 지름길을 알고 싶어 했다.

최소한 세 번은 지름길이 무엇이냐고 물었다. 급할 때는 어떻게 해야 하는지 물었다. 무엇보다, 메시지가 흥미를 끌지 못할 때는 어떻게 하느냐고 물었다.

미국의 마케터들은 반복할 시간은 넘쳐 나도 그걸 제대로 할 시간은 별로 없나 보다.

만일 지름길이라는 게 있었다면 우리보다 머리가 좋은 사람들이 벌써 찾아냈을 것이다. 그런 건 없다. 유감스럽지만.

짧을수록 좋은 것

얼마 전 공항에 갔을 때, 모든 안내 방송이 "모두 주목하시기 바랍니다."(볼륨을 한껏 키우고)로 시작된다는 걸 깨달았다. 때로는 이 말을 두 번이나 반복했다.

큰 소리로 말하기 시작한 순간 이미 주목받기 시작했음에도 말이다. 주목을 받고 싶다고 선언한다고 해서 주목을 더 많이 받게 되는 것은 아니다. 오히려 그 반대라고나 할까.

'주목'은 쓸데없는 말이고, '모두'라는 말 또한 마찬가지다. 어차피 공항 전체에 방송되고 있잖아?

이런 이야기를 꺼내는 것은 당신을 공항 관계자와 마찬가지로 멍청이라고 생각해서가 아니다. 그보다는 당신도 어느 날 블로그에 글을 쓰거나 편지 혹은 이메일을 써야 할 상황에 놓이면 어떻게 해서든 앞에 놓인 공백을 메워야 한다고 생각하게 될 것이기 때문이다.

제발 그러지 마시길.

짧은 문장이 잘 읽힌다.

긴 문장은 잘 읽히지 않는다.

말이 나온 김에, 짧은 단어가 긴 단어보다 낫다.

이제는
작은 것이 큰 것이다

작은 것의 위력을 깨달았다면 이제 당신은 무엇을 하겠는가?

"네, 물론입니다. 이제부터는 작은 게 큰 거예요."라고 인정하는 것과 그것을 실행하는 것은 별개의 문제다.

지난 6년 동안 나는 단 한 명의 직원만을 고용했다. 바로 나 자신이다. 그리고 이것은 나의 직업 생활을 전혀 예상치 못했던 방향으로 바꾸어 놓았다. 가장 큰 변화는 다음과 같다.

1 '흥미로운' 프로젝트의 종류가 완전히 달라졌다. 이제는 회사 전체를 먹여 살릴 만큼 전략적이거나 대규모이거나 수익성이 높을 필요가 없다. 그저 말 그대로 흥미롭거나 재미있거나 내 독자에게 이롭기만 하면 된다.

2 '위험'의 개념도 달라졌다. 나는 전자책 e-book을 쓰고 남들이 정신 나갔다고 말하는 방식으로 출판한 다음 그게 어떻게 되는지 가만히 지켜볼 수 있게 되었다. 반신반의하는 사업 모델로 닷컴 기업을 세운 다음 어떻게 되는지 지켜볼 수도 있다. 들어가는 비용이 대규모 조직에 비하면 새 발의 피나 다름없기 때문에 아무런 제한도 받지 않고 해 보고 싶은 대로 할 수 있게 되었다.

이게 작은 회사는 작은 일만 한다는 뜻이냐고? 절대 그렇지 않다.

나는 디자인과 노동력을 적극적으로 아웃소싱하는 방법으로 거물들과 경쟁하는 한 도급업자를 알고 있다.

대기업을 박차고 나와, 자신이 즐길 수 있고 수익성이 높은 일만 맡음으로써 수입을 세 배로 늘린, 길 건너 사무실의 건축가는 또 어떤가?

아니면 대형 로펌을 떠난 결과 일은 반으로 줄었지만 난생처음으로 자기 일을 정말로 즐기게 된 변호사는?

내 친한 친구 한 명은 다니던 가정용품 판매 회사를 그만두고 지금은, 자기는 개발만 하고 다른 사람 소유의 공장에 위탁해서 상품을 제작한다. 그는 그것을 위험하기는 해도 혁신적인 상품을 애타게 찾는 소매업자들에게 판매하고 있다. 그녀가 건 것은 자신의 시간뿐이다.

롱테일 법칙이 암시하는 것 중 하나는, 어떤 것이 통할지 아무도 모른다는 것이다. 제품을 만들어 내놓기는 쉽지만 그 결과를 예측하기는 어렵다. 제품을 내놓을 때마다 전 재산을 걸 필요가 없다면, 좀 더 자주, 내키는 대로 제품을 출시할 수 있을 것이고 그렇게 되면 성공의 가능성은 어마어마하게 커질 것이다.

자, 내 생각에 공감한다면 이제 어떻게 할 것인가?

모든 걸 그만두라.

기계 사들이기를 그만둘 것이며, 톱니바퀴 이론이나 조직에 자신을 끼워 맞추려는 생각, '큰 것이 좋은 것이다' 식의 사고방식을 버려라.

규모를 키우는 것이 당신에게 기쁨을 주지 못한다면 키우지 말라.

과감하게 직원들을 프리랜서로 만들라.

그렇게 하기가 겁난다면 우선 주말에라도 시도해 보라.

올바른 모델을 골라 리마커블해지라.

이제는
작은 것이 큰 것이라니까!

옛날에는 크기가 중요했다. 크다는 것은 규모의 경제를 의미했다.

예전 사람들, 특히 남자들, 그중에서도 해병대 출신들은 큰 회사의 CEO가 되고 싶어 했다. 『포천』지 선정 500대 기업은 결국 한밑천 잡으러 들어가는 회사였다.

크다는 것은 권력과 이윤과 성장을 의미했다. 크다는 것은 공급을 지배하고 시장을 지배한다는 뜻이었다.

거기에는 그럴 만한 이유가 있었다. 가치라는 것이 큰 조직에 적합한 방식으로 부가되었기 때문이다. 가치는 효율적인 공정과 광범위한 유통, 대규모 연구 개발 인력에 의해 증가했다. 가치는 수백 명의 대기 인력과 아홉 자리 수의 TV 광고 예산에서 나왔다. 가치는 막대한 영업력에서 비롯되었다.

물론 가치를 더한 것은 큰 조직만이 아니다. 대형 항공기는 더욱 빠르고 효율적이기 때문에 소형 비행기보다 나았다. 큰 빌딩은 통신 설비가 갖춰져 있고 도심지 공간을 더욱 효율적으로 이용했기에 작은 건물보다 나았다. 대형 컴퓨터는 동시에 더 많은 사용자의 일을 처리할 수 있었다.

'크고 빠르게'는 신생 기업들의 목표였다. 왜냐하면 큰 기업은 주식을 공개할 수 있고, 그럼으로써 자금을 더 많이 확보하여 한층 빠르게 성장할 수 있기 때문이었다. 대기업들은 대형 회계 법인에 감사를 맡겼다. 신뢰할 수 있기 때문이었다. 목적에 맞는 변호사를 구하려면 대형 로펌에 가야 했다. 그곳에서는 원스톱 쇼핑이 가능하기 때문이었다.

그러다 작은 사건이 하나 터졌다.

앤더슨(큰 회사)의 감사를 받던 엔론(큰 회사)이 망했다(그것도 크게). 세계 무역 센터가 테러 공격의 표적이 되었다. 네트워크(큰) TV의 광고가 붕괴되고 있다는 것은 당신도 느낄 것이다. 아메리칸 에어라인(큰 회사)은 제트블루("작게 생각하라")에 완패했고, 『보잉보잉』(직원 4명)은 『뉴요커』(직원 수백 명)보다 100배는 빠른 속도로 독자 수를 늘려 가고 있다.

대형 컴퓨터는 바보 같다. 전력만 많이 잡아먹을 뿐, 네트워크로 잘 연결된 델Dell PC(적어도 야후!와 구글 사람들은 이 PC를 사용한다)보다 능률이 떨어진다. 대형 카세트 라디오는 조그마한 아이팟 셔플로 대체되고 있다. (하긴, 대형 스크린 TV는 큰 것이 좋겠군. 예외 없는 규칙은 없다는 말을 증명하는 사례라고나 할까.)

나는 이 글을, 부모들이 자녀를 지켜보면서 웹서핑을 할 수 있도록 무료 와이파이를 제공하는 스케이트보드 공원에서 노트북으로 쓰고 있다. 이 공원이 와이파이를 무료로 제공하는 이유는 당연히 공원 소유주가 그것을 원했기 때문인데, 거기에 소요된 것은 단 몇 분의 시간과 50달러의 비용뿐이었다. 거창한 회의나 기업 정책, 타당성 조사 같은 것은 필요 없었다. 그저 실행했을 뿐이다.

오늘날 작은 회사가 큰 회사보다 더 많은 수익을 올리는 경우는 흔하다. 작은 교회가 세계적인 교회보다도 빨리 성장한다. 작은 제트기는 큰 비행기보다 훨씬 빠르다.

직원이 18명에 불과한 크레이그스리스트(Craigslist. 부동산·구인·구직 정보를 다루는 미국의 생활 정보 사이트—옮긴이)는 몇몇 조사에 의하면 미국에서 네 번째로 방문자 수가 많은 사이트다. 이 회사의 일부는 이베이(종업원 4천 명 이상)의 소유인데, 이베이는 앞으로도 계속 크레이그스리스트와 한배를 타고 싶어 한다. 자사의 방문자 수 증가율이 크레이그스리스트에 미치지 못하기 때문일 것이다.

작다는 것은 설립자가 언제라도 중요한 결정을 빠르게 내릴 수 있음을 의미한다.

작다는 것은 당신의 경쟁자가 비즈니스 모델을 변화시킬 때 당신 역시 재빨리 변화할 수 있는 융통성을 가졌다는 의미이다.

작다는 것은 블로그에서 진실을 말할 수 있다는 뜻이다.

작다는 것은 고객이 보낸 이메일에 답장을 할 수 있다는 뜻이다.

작다는 것은 제조나 선적, 청구, 포장처럼 지루하고 사소한 일을 바깥으로 돌리고, 당신은 그렇게 비축한 힘을 리마커블한 것을 발명하거나 스토리를 들려주는 데에 쓸 수 있다는 뜻이다.

작은 로펌이나 회계 법인, 광고 회사는 크기가 아닌 능력으로 성공한다.

작은 식당의 주인들은 당신의 이름을 부르며 인사를 건넨다.

작은 벤처 펀드는 자금을 굴리기 위해 거창하지만 나쁜 아이디어에 투자할 필요가 없다. 그들은 작지만 좋은 아이디어를 가진 회사에 조금씩 투자한다.

작은 교회에는 당신이 앓아누웠을 때 병문안 와 주는 목사가 있다.

크레이그스리스트의 우두머리가 되는 것이 나을까, 아니면 UPS의 우두머리가 되는 것이 나을까?

작은 것을 운영하는 사람들이 크게 생각한다면, 그 작은 것은 장차 큰 것이 될 것이다.

무얼 기다리는가. 작은 것을 취하라. 그리고 크게 생각하라.

리틀미스매치닷컴

나는 리틀미스매치닷컴 LittleMissmatch.com 이라는 사이트를 아주 좋아한다.

거기에 가면 10대 소녀들이 신는 짝짝이 양말을 판다. 네 개의 카테고리에 수백 종류가 있어 좀처럼 겹치는 일이 없다. 그리고 짝짝이로만 판다. 한 쌍으로는 살 수 없다.

이게 얼마나 간단한 일인지, 그리고 얼마나 리마커블한 아이디어인지 생각해 보라. 얼마나 많은 양말 마케터들이 이걸 생각해 냈지만 겁을 집어먹고 포기했을지 상상해 보라. 양말을 리마커블한 수집품으로 변모시키는 것이 얼마나 간단하고 만족스러운지, 성공 가능성이 얼마나 큰지 생각해 보라.

내게 맞는 사이즈도 팔면 좋을 텐데.

하지만 왜 양말 따위에 관심을 두어야 할까? 당신은 중요한 것을 만들거나 커다란 회사와 거래하고, 공장을 운영하거나 무형의 무언가를 다루는 사람인데 말이다.

바로 그렇기 때문에 관심을 두어야 하는 것이다. 양말은 지금까지 이윤도 낮고 사람들의 관심도 별로 끌지 못하는 일용품에 불과했다.

그렇지만 리틀미스매치닷컴은 패션을 창출함으로써 이를 바꿔 놓았다. 당신도 바로 그렇게 할 수 있지 않을까?

으깬 감자 맛 탄산음료

"실상은 이렇습니다. 소비자들은 우리 음료를 필요로 하지 않아요."

『패스트 컴퍼니 Fast Company』의 웹 사이트에 게재된 인터뷰 기사에서 '존스 소다 Jones Soda'의 설립자이자 CEO인 피터 반 스토크 Peter van Stolk 는 이렇게 말했다.

그는 그것이야말로 자신을 한층 성숙한 마케터로 만들어 준 통찰력이었다고 말한다. 그는 계속해서 말했다.

"고객에게 '당신에게는 내가 필요합니다'라고 말하는 순간, 우리는 고객의 말에 귀를 기울이지 않게 됩니다. 고객의 말을 귀담아들을 때는 '사실 당신은 내가 필요하지 않습니다'라고 말할 때입니다."

소이 럭 클럽

뉴욕에서 내가 제일 좋아하는 장소인 소이 럭 클럽(Soy Luck Club. 그리니치에 있는 카페로 유기농 재료로 만든 음식과 콩 음료 등을 주로 판다—옮긴이)이 얼마 전 아침 식사 클럽을 만들겠다는 계획을 발표했다. 40달러 정도만 내면 한 달 동안 매일 아침을 먹게 해 준다는 것이다. 클럽의 이름은 '그랩 앤드 고Grab and Go'인데, 가게 주인 비비안이 회원권을 100장만 팔 수 있다면 대형 홈런이 될 것이다. 4천 달러를 가지고 통밀 베이글과 자몽을 대량으로 싸게 구입할 수 있을 뿐 아니라 충성심 높은 고객 집단까지 확보하게 되니 말이다. 무엇보다 희소식은 그녀가 자신의 제품에 맞는 고객을 찾는 대신 고객에게 맞는 제품을 찾기 시작했다는 점이다.

커피 클럽을 운영하는 새로운 카페 체인은 어떨까? 일정한 가입비를 내면, 커피를 사 마실 때마다 와이파이를 무료로 사용하고 커피를 무제한 리필해 주는 거다. 아마도 매출이 늘어나는 동시에, 손님들은 다른 데서 커피를 마실 때마다 본전 생각이 날 것이다.

매몰 비용(Sunk Cost. 이미 투입되어 회수가 불가능한 비용—옮긴이)은 무시하라고들 말한다. 하지만 사람들은 사실 거기에 무척 연연한다.

지금 당장 시작하라, 서둘러!

말단의 위치에 있는 사람은 무슨 일에서건 나쁜 패만 뽑는 것 같다. 무슨 일이 일어나면 화살은 결국 열심히 일하는 말단 근로자에게 돌아온다.

나는 지난주에 오랜 친구인 짐과 점심을 함께했다. 거의 2년 만에 만나는 자리라 그동안 못했던 이야기를 열심히 주고받았다. 식사는 훌륭했다. 하지만 그것만 빼고는 모든 게 우울한 자리였다.

짐은 뉴욕에 있는 대기업에서 일한다. 나이는 50세이고, 그 좋은 자리에서 일할 수 있는 기간이 아직 25년이나 남았다. 그런데 그는 자기 일을 싫어한다. 그에게는 참 힘든 상황이었다. 그의 일은 우리가 2년 전 만났을 때와 조금도 달라진 것이 없었다. 그는 자신이 과연 얼마나 더 일을 해야 은퇴할 여유가 생길까 생각하며 하루하루를 보낸다. 그리고 그 날짜는 주식 시장의 붕괴 덕분에 나날이 멀어지고 있다.

5년 전만 해도 짐의 회사는 누구나 부러워하는 꿈의 직장이었다. 하지만 이제는 바로 그 직장이 덫으로만 보인다.

신경제의 가장 큰 거짓말은 실제로 기업가가 되지 않고도 누구나 그와 같은 삶을 살 수 있다고 말하는 것이다.

우리는 조직에 속함으로써 얻을 수 있는 이득—직업의 안정성, 급여, 휴가, 일이 잘못되었을 경우 상사에게 책임을 돌릴 수 있는 안전장치—에는 반드시 조직의 빠른 성장을 위한 개인의 희생과, 조직 밖에서 개인이 이룰 수 있는 일이 아무것도 없다는 것을 깨달았을 때 느끼는 황당함이 따르게 마련이라는 말을 그대로 믿었다.

우리는 새로운 상품을 개발하거나 새로운 팀을 만들고자 하는 스물여덟 살짜리 청년을 치켜세웠다. 우리는 스톡옵션으로 한 재산 마련한 운 좋은(그러나 진취적이지도 않고 별다른 기술도 없는) 중간 관리자들을 부러워했다. 그런 사람들은 자신이 양쪽 세계에서 가장 좋은 점만 취하고 있다는 생각에 도취되어 스스로를 '사내 기업가'라고 불렀다.

과연 그럴까? 내 생각에는 틀려도 한참 틀린 것 같다. 우리는 두 가지 중요한 사실을 놓쳤다.

첫 번째는 대기업이 근본적으로 불완전하다는 것이다. 대기업이 대기업인 이유는 과거에 사업을 잘했기 때문이다. 그들은 기존의 제품을 만들어 파는 데 능숙하기 때문에 경쟁사보다 더 빠르게, 그리고 더 값싸게 물건을 만들 수(팔 수도) 있었다.

문제는 세상이 변할 때(그리고 지금은 그 어느 때보다 세상이 빠르게 변하고 있다)는 예전에 사업을 잘한 것이 아무 소용도 없다는 점이다. 아니, 오히려 불리하다. 오늘날 대기업들은 모두 어려움에 빠져 있다. 자신들이 구축해 놓은 기반 시설이 쓸모없어져 가기 때문이다. 펭귄은 추운 날씨를 좋아한다. 날씨가 따뜻해지면 펭귄은 문제에 직면한다. 특정 환경에 맞게 잘 조정된 시스템은 새로운 환경에서는 적응하기 힘든 법이다.

두 번째는 주식 시장이 이미 오래전에 붕괴되었다는 사실이다. 주식 시장은 군중 심리를 이용한 엄청난 사기극으로, 그것은 당신이 방금 산 주식을 당신보다 더 비싼 값에 되사 갈 바보가 항상 존재한다는 가설에 기반을 두고 있다.

이 사기극의 핵심은, 대기업은 앞으로도 계속해서 성장하고 발전할 것이라는 생각을 투자자들이 받아들이는 것이다. 물론, 예전에는 이런 가정이 옳았다. 그러나 오늘날과 같이 혼란스러운 세상에서는 그것이 틀렸음이 매일같이 입증되고 있다.

우리가 겪고 있는 바닥시세는 이러한 두 가지 개념의 직접적 결과이며, 그것은 갈수록 명확히 드러나고 있다. 대기업이 과거의 사업을 보완해 가며 연 20퍼센트의 성장을 영원히 지속하는 것은 불가능한 일임에도 주식 시장은 그러한 사실에 귀 기울이려 하지 않았다. 그래서 대기업들은 회계 법인들의 협조하에 자사의 실적을 속였다.

엄청난 경제 팽창을 누리며 거기에 들떠 있는 사이에 우리는 줄곧 이러한 중요한 사실을 놓쳐 왔다. 그리고 이제 그 대가를 치르고 있다.

얼마 전 나는 내 아들을 데리고 스티브 잡스가 연례 기조연설을 하는 뉴욕 맥월드 엑스포MacWorld Expo에 다녀왔다. 아들 녀석은 강단을 휘몰아치는 스티브의 에너지와 통찰력과 열정에 놀라워하며 몇 시간 동안 꼼짝도 않고 경청했다. 내 말은, 스티브가 마치 그곳의 주인인 양 행동했다는 뜻이다.

그렇다. 그는 그곳의 주인이다. 그리고 그것이야말로 우리가 지난 몇 년간 겪었던 혼돈에서 배울 수 있는 가장 중요한 교훈이라고 생각한다.

애플은 정기적으로 놀라운 신제품들을 발표한다. '아이팟'이나 '닷맥(.Mac. 애플의 유료 웹 서비스로 2008년 7월부터는 모바일미 서비스로 대체되었다—옮긴이)', 또는 '파이널 컷 프로(Final Cut Pro. 디지털 영상 데이터 편집 시스템—옮긴이)'의 마법을 대기업이 혁신 제품이랍시고 내놓은 더없이 진부한 것들과 비교해 보라. 다른 테크놀로지 기업들은 수익성 높은 독점 상품이 되길 바라며 새로운 서비스를 발표하지만 애플은 자신들이 자부심을 느낄 만한 것들을 발표한다.

스티브는 주가에 연연하지 않는다. 또, 현재의 기반을 최대한으로 이용하려고도, 판매업자를 기쁘게 해 주려고도 하지 않는다. 다만 그는 자신이 믿음을 가진 제품을 만들 뿐이다. 그의 전설은 여전히 계속되고 있고, 그것은 그의 자아와 우리 욕구의 행복한 일치라고 할 수 있다.

물론 애플이라고 항상 성공하는 것은 아니다. 그들 역시 때로는 흥미롭지도 않고 수익성도 없는 제품을 만들어 실패하기도 했다. 그럼에도 지난 30년간 그들은 그 모든 손실을 만회할 수 있는 제품을 만들어 왔다. 그런 의미에서 스티브는 영웅이며 수많은 이들의 삶의 모델이다.

모든 사람이 스티브와 같은 배짱이 있다면 세상이 어떻게 되었을까? 또는 이 글을 읽고 있는 사람들 모두가 자신의 일(1년에 2천 시간씩 50년을 일한다면 수십만 시간 동안 하는 일이다)의 핵심이 그저 그런 물건을 기계적으로 쏟아내는 것이 되어서는 안 된다는 사실을 깨닫는다면? 이제부터라도 물건 만들기를 그만두고 '차이' 만들기에 나선다면?

기술 혁명의 부산물 중 하나가 공장의 소멸이라는 사실은 결코 우연이 아니다. 휴대 전화에서 이메일, 킹코스, 태국으로의 아웃소싱에 이르기까지 누구나 이용할 수 있는 기반 시설들이 널려 있는 마당에 큰 회사를 세워야 할 이유가 있을까? 큰 회사라고 작은 회사보다 수익성이 높지도 않을뿐더러, 작은 회사는 불쑥 나타나 차별화된 전략으로 승부하다가 어느 날 눈물 한 방울 떨구지 않고 미련 없이 사라졌다가는 나중에 또 다른 곳에서 다시 등장할 수도 있다.

하지만 이런 사실을 아직도 받아들이지 못하는 사람이 많다. 우리는 『Inc』(미국의 경제 월간지―옮긴이)가 아니라 『타임』지나 『포브스』를 읽는 부모 밑에서 자랐다. 우리의 역할 모델은 무언가를 성취하지 못하면 파산해 버릴 거라는 사명을 신으로부터 부여받은 미친 기업가들이 아니었다. 따라서 우리는 자신이 그런 사람들과는 다르다고 생각한다. '왜 세상은 우리를 조용히 쉽게 놔두지 않는 걸까?'

아아, 하지만 세상은 결코 조용해지지 않을 것이다. 안정을 추구하는 마음을 이해 못하는 바는 아니지만, 무어의 법칙과 세계화, 경쟁 욕구로 가득한 세상에서 그것은 이룰 수 없는 꿈이다. 은퇴를 향한 여정의 3분의 2 지점에 와 있건만, 유감스럽게도 세상은 미쳐 돌아가고 있다.

하루아침에 망해 버린 닷컴 회사들에는 한 가지 공통점이 있으니, 그것은 바로 돈을 써 가며 스스로를 외부의 변화로부터 고립시키려고 애썼다는 사실이다. 그들은 돈을 주고 성공과 규모, 안정을 사려고 했다. 하지만 그건 불가능한 일이다. 아무리 큰 기업이라 해도.

남의 밑에서 일하는 한, 안정된 직업이란 없다. 또한 당신의 회사가 공개 기업인 한, 당신의 미래는 다른 사람들, 그것도 당신보다 덜 똑똑할지도 모르는 사람들의 손에 달려 있다. 남의 지시를 따르는 한, 당신은 남들과는 다른 인생과 직업을 영위할 당신의 운명을 실현하지 못할 것이다.

나는 당신이 자기 자신을 위한 무언가를 하기를 바란다. 정말 부탁이다. 시간도 그리 많이 걸리지 않을뿐더러 무척 즐거울 것이다.

사업을 시작하는 데 반드시 좋은 아이디어가 필요한 것은 아니다. 아이디어는 남의 것을 빌릴 수도 있다. 다른 고장, 다른 나라, 다른 업계의 누군가가 하고 있는 일을 찾아내 보라. 일단 한 걸음을 내딛고 나면 최초의 아이디어는 다른 것으로 대체될 것이 분명하다. 현명한 사업가들은 애초의 사업 계획에 연연하지 않는다. 당신의 하루하루는 성공을 향해 다가갈 것이며, 계획을 변경하는 것 또한 계획의 일부라는 사실을 깨닫게 될 것이다.

이 방법의 장점은 자신이 그 일을 할 수 있을 만큼 현명하고 의욕적이며 집중력이 있음을 깨닫게 된다는 것이다. 자신이 무언가를 운영할 수 있는 사람이라는 결론을 내리고 나면 그 전에 남의 밑에서 해 왔던 일들이 그리 만족스럽지 않았음을 깨닫게 된다.

지금 당장 회사를 그만둬라(음, 사실 지금 당장 그만둘 필요는 없다. 그러기로 결정만 하면 된다. 기반 시설이 불필요한 경제의 큰 장점 중 하나는 남는 시간을 활용해 새로운 일을 시작할 수 있다는 것이다. 이베이도 그랬잖아?). 어리석고 위험천만하며 분별없는 일은 그만 하시길(지금 당신의 일자리는 세 가지 모두에 해당된다). 남의 회사를 위해 일하는 짓은 이제 그만두고 사람들의 기억에 남을 만한 무언가를 구축하라.

현장에서 일하는 사람과 의사 결정을 내리는 사람이 일치하는 조직은 결국 성공할 확률이 높다. 미국 기업들이 저지른 죄악들은 모두 (환경 파괴에서 분식 회계까지) 결국 익명성이 보장되는 관료 제도 때문이라고 할 수 있다. 그러나 당신이 기업가라면 모든 것은 당신의 결정, 당신의 정책, 당신의 노력, 당신의 사업이다. 익명성에 묻혀 있을 수 없으며 빠르고 정직하지 않다면 살아남을 수 없다. 책임을 다른 사람에게 미룰 수도 없다.

두려운가? 그렇다면 다른 방법도 있다. 잘리지 않기 위해 상사가 시키는 일이라면 뭐든지 하고, 회사가 언제 인원을 감축할지 몰라 전전긍긍하며 AT&T나 모토롤라, 아델피아(Adelphia. 미국의 통신업체)에 다닐 수도 있다.

그런 것과 비교하면 작더라도 자기 사업을 하는 것이 훨씬 안전해 보인다.

회원 가입

칵테일파티장에 서서 "그런데 당신 직업이 뭐죠?"라는 질문에 "네,

제 직업은 사람들을 속여서 돈을 받아 내는 겁니다!"라고 대답하는 사람의 모습은 상상이 잘 안 갈 것이다.

얼마 전 나는 지금까지 사용하던 레지스터닷컴 register.com 을 다른 도메인 등록 서비스 업체로 바꿨다. 그런데 그 과정에서 보니 레지스터닷컴은 아주 교묘한 방법으로 사람들을 혼란시키고 있었다. 사용 업체를 바꾸고 싶다고 통고하자 그들은 서비스 해지를 확인하는 안내문을 보내 주었다. 이건 물론 훌륭한 안전 조치다.

그 안내문은 자기네들의 서비스가 얼마나 뛰어난가를 설명하는 긴 문장으로 시작되었다. 그 끝에 링크가 달려 있는데, 그것은 얼핏 보기에는 해지를 승인하는 내용처럼 보이지만 자세히 보니 그게 아니었다. 사실은 해지를 거부한다는 내용이었다! 그 아래 문장을 좀 더 읽어 내려가면 그제야 승인 링크가 나온다. 그것도 며칠 안에 클릭하지 않으면 무효가 되고 만다.

링크만 클릭하면 모든 절차를 마친 것으로 생각할지 모르지만 거기서 중단하면 사용 해지는 승인되지 않는다. 또 다른 창을 열어 체크 박스에 표시를 한 다음 '확인'을 클릭해야 한다. 마침내 끝났다고 생각하고 창을 닫기 쉽지만, 그랬다가는 '해지'는 결코 승인되지 않는다. 또 다른 창으로 건너가 한 번 더 확인해야 하는 것이다(클릭 한 번이면 족할 것을 자그마치 네 번이나 클릭하고 새 창을 세 개나 열었다).

회원 가입 요구, 그만두라고 할 때까지 편지 보내기 등의 비즈니스 모델들이 온라인 영역에 침투함에 따라, 앞으로 이런 일을 얼마나 많이 당하게 될지 두려울 정도다. 약 15년 전, 내가 프로디지(Prodigy. 회원들에게 뉴스, 날씨, 쇼핑, 게임 등을 제공하는 온라인 서비스—옮긴이)를 위한 최초의 온라인 프로젝트에 착수했을 때, 프로디지의 최고 고객은 월 10달러의 요금을 내고 서비스를 한 번도 이용하지 않는 고객이라는 얘기가 있었다. 만일 누군가가 신용 카드로 프로디지에 가입하고 나서 그 사실을 까맣게 잊어버린다면, 자신에게 매월 요금이 청구된다는 사실을 알아차리기까지 수년이 걸릴지도 모른다. 당시에는 그것이 훌륭한 전략처럼 보였을지 모르지만, 결코 장기적인 전략이 될 수 없다는 사실이 이제는 명백해졌다.

쌍방 간에 돈과 시간을 절약하게 해 주는 '회원 가입'이라는 아이디어는 사업을 운영하는 가장 간단한 방법 중 하나다. 그러나 사람들을 거래에 끌어들이기 위해 그들을 속여야만 한다면, 그건 전략이라고 부를 수도 없다.

농담입니다

이쯤에서 농담이 나올 거라고 기대하는가?

우리는 어느 시점에서 농담을 기대하면 좋을지를 배우면서 자랐다. 어떤 장소나 시간이 농담하기에 적당하다고 느껴지면 우리는 그 다음에 무엇이 나올지 알아차리고 기다린다.

그런데 웹이 그러한 상황을 변화시키고 있다. 내가 그것을 알게 된 것은 지난주 내 휴가 공지 이메일을 보낸 후였다.

그 내용은 이랬다.

저를 찾을 일이 있으면, 식량 사태 해결을 위해 며칠 동안 UN에 있을 예정이니 전화 212-355-4165번으로 연락하시기 바랍니다. 그 후에는 중국 정부에 효과적인 커뮤니케이션 법을 컨설팅해 주러 베이징에 갈 것입니다.

그리고 주말은 캘리포니아 비벌리 힐스의 힐튼 호텔에서 지낼 예정입니다. 스티븐(킹)이 슬럼프에 빠져 글을 못 쓰고 있다고 저보고 와서 좀 도와달라고 했거든요.

나는 이 글이 극도로 자기 과시적인 사람들이 사용하는 휴가 공지 메일에 대한 재미있는 패러디라고만 생각했다. 사실 나는 중국이 아니라 코스타리카에 갔었다. 그런데 이 내용을 사실이라고 생각한 사람들이 너무 많아 깜짝 놀랐다.

이 메일을 받은 사람들이 나를 매우 높이 평가해서, 내가 정말로 UN에 가서 식량 사태를 해결할 것이라고 생각했을 수도 있다. 그러나 그보다는 우리가 늘 이메일 휴가 공지를 사실일 거라고 한 치의 의심도 없이 믿어 버리기 때문일 가능성이 더 크다. 비밀 번호를 알아내려는 해커들의 피싱 메일에 그렇게 쉽게 걸려드는 것도 똑같은 이유 때문이다.

이 밖에 우리가 무작정 진짜라고 믿는 것에 또 무엇이 있을까? 또한 농담인지 사기인지는 어떻게 구별할까?

테크노라티

당신은 다른 사람이 당신을 어떻게 생각하는지 궁금한가? 당신이 운영하는 가게의 탈의실이나 식당 로비에 몰래 도청기를 숨겨 놓을 수 있다면 다른 사람들이 뭐라 말하는지 듣고 싶은가?

그렇다면 테크노라티(Technorati.com, 블로그 검색 엔진—옮긴이)에 들어가서 당신의 이름이나 브랜드, 책 제목 등을 검색해 보라. 수백만 개의 블로그가 당신에 대해 뭐라고 하는지 당장 알 수 있다. 참으로 든든한 도청 장치랄까.

물론 블로고스피어(blogosphere, 커뮤니티나 소셜 네트워크 역할을 하는 모든 블로그의 집합을 가리킴—옮긴이)가 언제나 옳은 것은 아니다. 그렇지만 거기에는 엄청난 양의 피드백이 들어 있고, 그중 많은 수가 매우 구체적이다.

오늘 테크노라티는 자기네 사이트에 등록된 블로그 수가 3천만 개를 넘어섰다고 발표했다. 그중에서 허섭스레기를 걸러 낼 수만 있다면, 우리는 이것을 통해 판단의 기준이 될 만한 적절한 통찰력을 얻을 수 있을 것이다.

익숙해진, 너무나 익숙해진

어느 이른 아침, 나는 미니애폴리스 공항 외곽에 위치한 메리엇 호텔에서 운동을 하고 있었다. 다행스럽게도 체육관이 텅 비어 있었기 때문에 나는 두 대의 텔레비전(두 개의 서로 다른 채널이 왕왕대고 있었다)을 끄고 운동에 몰입했다.

15분쯤 후, 중역으로 보이는(티셔츠만 입었는데도 어째서 그렇게 보이는지에 대해서는 여러분의 상상에 맡기겠다) 은발의 사나이가 들어오더니 내 옆으로 와서는 머리 위로 손을 뻗어 CNN 채널을 켜고 러닝머신에 오르는 것이었다.

정반대의 상황을 한 번 생각해 보라. 당신이 CNN을 보고 있는데 내가 걸어 들어와서 묻지도 않고 꺼 버린다면 어떨 것 같은가? 있을 수도 없는 일 아닐까?

이제 미디어의 공습은 하나의 일상이 되어 버렸다. 우리는 TV나 컴퓨터의 백색소음(white noise. 일정한 주파수 스펙트럼을 가진 소음—옮긴이)에 무척 익숙하며, TV나 컴퓨터 없이 산다는 것은 생각할 수도 없다. 동시에 또 한 가지 분명한 것은 거기에 주목하는 사람 또한 없다는 사실이다(특히 광고의 경우). 그냥 거기에 있을 뿐인 것이다.

내가 처음으로 TV를 보기 시작한 1966년의 TV 프로그램들이 얼마나 특별했는지 지금도 기억이 난다. 사람들은 너나 할 것 없이 TV 광고를 모조리 외우다시피 했고, 모두들 똑같은 프로그램을 시청했다. 〈배트맨〉의 몇몇 에피소드는 마치 어제 본 듯 생생하게 떠오른다. 그러나 어제 체육관에서 본 CNN 방송은 무슨 내용이었는지 전혀 생각나지 않는다.

한 가지만 더. 어느 연구에 의하면, 티보TiVo 디지털 비디오 녹화기를 소유한 사람들의 80퍼센트가 광고를 모두 건너뛴다고 한다.

그들은 신경 쓰지 않으며, 그럴 필요도 없다

나는 여행을 좋아하지 않는다.

아무리 그렇다 해도 지난번 여행은 정말 상상을 초월했다. 신경제의 "우리는 신경 쓰지 않는다. 그럴 필요가 없으니까." 주의 덕분이었다. 각 분야마다 이윤을 짜내느라고 뛰어난 사람을 채용하고 훈련시킬 여유는 없나 보다. 그리고 경쟁은 각 분야의 선두 주자들에게 해를 끼칠 만큼 치열하지 않은가 보다.

그날 나는 꽤 여유 있게 JFK 공항에 도착했다. 그것이 얼마나 다행이었는지 모른다. 가 보니 여객 터미널 옆 주차장이 폐쇄되어 있었기 때문이다. 표지판은 태평스럽게도 "단기 주차장으로 가시오."라고 되어 있었다. 나보고 그 비싼 요금을 내란 말이야?

게다가 주차장에서 여객 터미널로 가는 버스를 30분이나 기다려야 했다. 공항버스는 필요한 수의 절반밖에 운행되지 않았는데, 그 이유는 제대로 운영할 만한 여유가 없어서가 아니라 그런 데에 신경 쓸 필요가 없었기 때문이다.

가까스로 아메리칸 에어라인(이미 오래전에 성공을 포기해 버린 항공사다) 카운터에 도착해 보니 30명이나 줄을 서서 기다리고 있었다. 아! 저기 비즈니스 클래스 카운터가 따로 있잖아? 내가 그쪽으로 다가가려 했을 때 한 여직원이 나를 막아서며 말했다.

"줄 끝에 가서 서세요."

"하지만 저기 비즈니스 클래스 표지판이 있는데요."

"알아요. 하지만 저희는 그렇게 하지 않습니다."

줄을 서서 기다린 10분 동안, 나는 나처럼 행동하는 사람을 10명 이상 보았다. 교통 안전국이나 아메리칸 에어라인은 그 표지판을 없애야 한다는 생각이 떠오르지도 않나 보다. 그들은 신경 쓰지 않는다. 그럴 필요가 없으니까.

마침내 나는 비행기에 탔다. 그 비행기는 10년 이상 인테리어를 바꾸지 않은 것 같았다. 항공 요금은 제트블루보다 10배나 비싸면서 리마커블한 구석이라고는 단 한 군데도 없어 보였다. 놀랍게도 나는 예전 비행에서 만났던 승무원들을 알아보았다. 좋은 사람들이었다. 충분한 잠재력을 지닌. 그러나 그들은 이제 신경 쓰지 않는다. 경영진이 아주 오래전에 모든 걸 포기해 버렸기 때문이다.

샌프란시스코 공항에 내린 나는 에이비스^{AVIS} 카운터로 다가갔다. 카운터에는 두 명의 직원이 앉아 있었고 손님은 나밖에 없었다. 그들은 내가 서류를 작성하면서 실수를 하자 좋아 죽겠다는 듯이 낄낄거리며 웃었다(진짜다. 꾸며 낸 얘기가 아니라니까!). 아마 그날 일어난 일 중 제일 신나는 일이었던 모양이다. 잠시 후 내가 신용 카드(직불 카드가 아니다)를 내밀자 직불 카드는 받지 않는다며 서로 낄낄거리더니 직불 카드냐 아니냐를 놓고 나와 맹렬히 입씨름을 벌였다.

그들은 신경 쓰지 않으며, 그럴 필요도 없다.

성화 봉송 주자

나는 올림픽을 좋아해 본 적이 없다. 올림픽의 화려하다는 볼거리들이 내게는 대부분 진부하고 불쾌하다. 얼티미트프리스비(Ultimate Frisbee. 7명으로 구성된 두 팀이 서로 플라스틱 원반을 던져 주고받으며 상대편 엔드 라인에서 원반을 잡으면 득점하는 경기—옮긴이)를 정식 종목에 포함시키지 않는 것도 용서할 수 없다. 그러면서 컬링(curling: 얼음판 위에서 납작한 돌을 막대기로 미끄러뜨려 표적에 넣는 경기—옮긴이)을 그렇게 대접하는 이유가 도대체 뭐람.

그러나 단 한 가지, 올림픽에서 나를 매혹시키는 것이 있다면 그건 바로 올림픽의 시작을 알리는 성화 봉송이다. 고대 로마(그리스였나?

늘 헷갈린단 말이지)의 전설에 따르면, 성화 봉송은 하나의 불꽃을 한 지점에서 다른 지점으로, 가급적이면 먼 곳으로 옮기는 것에서 유래되었다고 한다.

올림픽의 여느 순간들과 달리 성화 봉송은 우리를 오직 한 사람, 하나의 사건에 주목하게 만든다. 거기에는 다양한 이벤트도, 눈이 핑핑 돌아가는 서커스도 없다. 한 명의 주자와 하나의 불꽃이 있을 뿐이다. 그 주자가 쓰러지면 이만저만 큰일이 아니다. 그녀가 성화를 다음 주자에게 전하지 못하면 구경꾼들과 앞뒤 주자들은 모두 실망한다.

직업에 종사하는 사람들이 변화에 직면했을 때, 또는 직업 생활의 갖가지 도전에 직면했을 때 그들이 어떤 선택을 할 것이냐를 결정짓는 하나의 맥락이 있다면 그것은 바로 그들이 성화 봉송 주자냐 아니냐 하는 것이다.

지난 몇 달간 나는 친구들과 함께 미국 동부 연안에서 가장 큰 인터넷 벤처 기업 중 한 곳에서 일했다. 기업가들은 벤처 캐피털리스트들이 투자할 곳을 결정하는 방식을 수수께끼로 여긴다. 그들은 벤처 캐피털 회사들이 누구에게는 엄청난 돈을 주고 누구에게는 돈을 주지 않을지를 어떻게 결정하는지 죽도록 알고 싶어 한다. 그러나 그 해답은 놀라울 정도로 간단하다.

벤처 캐피털 회사들이 투자할 사업가를 찾을 때, 그들은 대단한 아이디어나 신용을 보고 결정하는 것이 아니다. 그들이 원하는 것은 사업가가 그 아이디어를 위해 끝까지 성화를 들고 뛸 것인가, 아이디어가 계속 전달되어 사업이 최종 목적지에 도착하게 될 것인가에 대한 확신이다.

실리콘 밸리의 탁월한 신생 기업들, 심지어 모두가 실패할 것이라고 예견했지만 결국 큰 성공을 일구어 낸 기업들은 모두 성화 봉송 주자에 의해 운영되는 곳이다. 실리콘 밸리의 기업을 여타의 기업들과 구분 짓는 한 가지 요소가 있다면, 그것은 첨단 기술이나 교통, 또는 근처에 얼마나 괜찮은 이탈리안 레스토랑이 있느냐가 아니라 바로 기업 문화가 아닐까 싶다. 실리콘 밸리는 성화 주자들, 다시 말해 기꺼이 책임지고 불꽃을 나르려는 사람들로 넘쳐 난다.

이제 우리 사회의 가장 큰 간극은 고객이나 투자자, 기업에 대한 성화 주자로서의 책임을 받아들이는 사람들과 그저 자리나 지키려는 사람들 간에 벌어진 틈이다.

내가 이야기를 나누어 본 사람들 중 다수가 자신이 '책임자가 된다면 어떻게 할지에 대해 동경하는 투로 말하곤 했다. 그들에게 들려줄 소식이 하나 있다. 만일 그들이 기꺼이 책임을 지려고 한다면 사람들은 그들을 책임자의 자리에 앉힐 것이다! 새로운 사업의 성화를 나를 만큼 용감하고 열정적이며 재능 있는 사람들이 엄청난 보상을 받는 것은 전적으로 타당한 일이라고 생각된다. 왜냐고? 세상에는 성화 주자가 많지 않으니까.

지난 10년 동안, 역사상 그 어느 때보다도 많은 돈이 신규 벤처 사업에 투자되었다. 그런데도 아직 마땅히 투자할 곳을 찾지 못하고 남아도는 돈이 어마어마하다. 이제 좋은 아이디어는 모두 바닥난 걸까? 그럴 리 없다. 나만 해도 캐비닛 서랍 하나가 근사한 아이디어로 가득 차 있다. 그중 몇 개는 아마 당신도 알고 있을 것이다. 그렇다면 이런 아이디어들을 실현할 엔지니어가 부족한 걸까? 그것도 아니다. 엔지니어들도 넘쳐 나기는 매한가지다.

우리가 새로운 경제로 이동하는 것을 방해하는 것이 돈이나 아이디어, 엔지니어의 부족이 아니라면 대체 뭘까? 그것은 당신 회사가 새로운 방식의 비즈니스로 전환하는 것을 가로막는 장애물과 똑같은 것이다. 바로, 자리에서 일어나 모두를 똑바로 쳐다보며 "제가 하겠습니다."라고 기꺼이 외치는 인물이 없다는 사실이다.

내가 성화 봉송 주자들을 구분하는 법은 이렇다.

첫째, 성화 주자들은 변명하지 않는다. 지금 우리가 누리고 있는 경제의 호시절은 영원히 지속되지 않을 것이며 언젠가는 벤처 자금도 바닥날 것이다. 그런 시련의 시기에는 가짜들이 본색을 드러내므로 그들을 구별해 낼 기회이기도 하다. 그 시기에 누군가를 고소하기 위해 입에 거품을 물고 변호사를 찾아다니는 기업가 부류는 자신의 문제에 대한 책임을 다른 사람에게 떠넘기기에 혈안이 될 것이다. 그러나 진정한 성화 주자들은 오르막에서나 내리막에서나 우아하고 맵시 있게 달린다.

둘째, 성화 주자들은 대개 군중을 매혹시킨다. 사람들은 기꺼이 책임지려는 자에게 마음을 빼앗기기 마련이다. 세상에는 자신의 짐을 리더의 등에 덧씌우려는 사람도 많지만, 그런 사람들도 성화 주자의 뒤는 기꺼이 따른다. 때로는 오르막뿐만 아니라 내리막에서도 성화 주자를 따를 만큼 충성심이 강하고 근면한 사람들도 많다.

셋째, 성화 주자들은 대개 자신들이 얼마나 훌륭한지, 자신의 역할이 얼마나 중요한지, 또는 자신의 과업이 얼마나 어려운 것인지를 알지 못한다. 부당한 요구를 하거나 온갖 특별 대우를 주장할 수도 있지만, 그들은 대부분 자신에게 주어진 과업을 기꺼이 처리한다.

넷째, 성화 봉송 주자들은 어느 길을 택할 것인가보다 전진 그 자체에 더 관심을 두는 경우가 많다. 그들이 해결책을 찾아 끝없는 전략 회의에만 매달리는 모습은 좀처럼 찾아보기가 힘들다. 그러기보다 그들은 길에 나서서 바위와 잡초를 헤치며 앞으로 앞으로 나아갈 것이다. 때로는 앞으로 나아가는 것이야말로 목적지에 도달하는 가장 좋은 방법임을 잘 알고 있기 때문이다.

다섯째이자 가장 중요한 특징은 진정한 성화 주자들은 임무가 끝날 때까지 멈추지 않는다는 것이다. 그들은 즐거움을 뒤로 미룰지언정 의무를 잊거나 기만하지 않는다.

당신은 성화 봉송 주자인가? 아마 그럴 것이다. 이제 당신의 도전 과제는 좋은 프로젝트, 좋은 과제, 좋은 순간을 찾아낸 후 그것을 실행하는 것이다. 당신이 그렇게 할 수 있다는 것을 증명하는 순간, 세상은 당신 앞에 길을 터 줄 것이다.

그놈의 전통!

지난주에 우리 가족은 브로드웨이 뮤지컬을 보러 갔다. 가끔 벌어지는 일이지만, 그날 스타는 출연하지 않았다. 대역 배우가 스타의 자리를 메웠고, 팸플릿에는 대역 배우의 출연을 알리는 쪽지가 끼워져 있었다.

조명이 꺼지고, 오케스트라가 연주를 시작하자 커튼이 올라갔다. 엑스트라 몇 명이 무대 위를 어슬렁거리더니 잠시 후 주연 배우가 등장했다.

관객들은 박수를 쳤다. 왜 그랬을까?

왜 관객은 대역 배우에게 박수를 보냈을까? 관객의 대부분은 오늘 대스타가 출연하지 않는다는 것을 알고 있었는데 말이다.

물론 예전에도 진 켈리나 오드리 헵번이 무대에 등장하면 그를 알아보고 탄성을 지르며 그토록 유명한 대스타가 자신들에게 시간을 내준 데 대해 고마워하곤 했다. 박수는 그런 감정의 자연스러운 부산물이었다.

하지만 저 배우는 우리가 보려 했던 배우도 아니고, 분명 최선을 다하긴 하겠지만 아직은 보여 준 것도 없다.

그런데 왜 박수를 치지? 그놈의 전통 때문이다!

우리 인생에는 선택해야 할 것들이 너무나도 많다. 소프트드링크, 휴대 전화, 항공사 할 것 없이 셀 수 없는 브랜드들이 포진해 있다. 사회적 선택도 마찬가지다. 언제 박수를 칠 것이며, 어떻게 인사를 할 것인지, 휴대 전화의 인사말은 무엇으로 할지…….

그러다 보니 결국 우리는 전통에 의지하게 되었다. 우리는 언제나 해 왔던 대로 행동한다. 그것이 쉽고 안전하기 때문이다.

자, 우리는 이 점에 주목해야 한다.

기존의 전통을 뒤엎는 아이디어나 제품을 마케팅하는 사람이라면 더더욱. 자전거 디자인이 됐든 선거인단 구성이 됐든, 사람들이 지금까지 해 오던 방식을 바꾼다는 것은 참으로 어려운 일이다. 그저 좀 나은 것만으로는 거의 도움이 되지 않는다. 사실, 새로운 것이 좀 더 낫다는 이유만으로 전통이 순식간에 바뀌는 경우는 거의 없다.

음성 사서함은 하나같이 "안녕하세요? 캐런의 음성 사서함입니다. 삐 소리가 나면 메시지를 남겨 주세요."라고 시작되지만, 그런 것에 주목하는 사람은 별로 없다. 하지만 무언가 크고 중요한 것을 이루기 위해 애쓰는 중이라면 그런 것들에 주목해야 한다. 왜냐하면 크고 중요한 것은 전통을 바꿈으로써 이룩되는 경우가 많기 때문이다. 당신의 혁신을 주축으로 한 새로운 전통을 창조할 수 있다면, 그것이 바로 당신이 크게 성공하는 순간이다.

인생을 위하여, 건배!

신뢰와 존중, 용기와 리더십

당신의 친구나 동료들이 마케터들처럼 행동한다면 어떻게 될까? 당신의 배우자가 당신의 개인 정보를 돈을 받고 아무에게나 팔아 버린다면? 당신의 상사가 획기적인 변화를 약속해 놓고도 이행하지 않는다면? 회사 동료들과 통화하기 위해 수화기를 붙들고 30분을 기다려야 한다면? 만일 당신이 좋아하고 믿었던 사람이 당신의 관심과 협조를 얻기 위해 어떤 약속을 해 놓고는 번번이 그 약속을 깨 버린다면?

마케터들이 늘 그러듯 자신에게 무례하게 구는 사람들과 일하려 드는 사람은 없을 것이다.

어째서 우리는 마케터를 그토록 싫어하는 걸까? 아니, 단순히 싫어하는 정도가 아니다. 무시하고 불신하기까지 한다. 만일 마케터가 우리에게 한 약속을 실제로 지킨다면 우리는 너무나 놀란 나머지 자신이 아는 모든 사람에게 그 사실을 소문낼 것이다.

나는 어제 어떤 회사로부터 전화 한 통을 받았다. 내 주문을 '확인' 하고 싶다는 것이었다. 그 회사에 다시 전화를 걸었을 때, 나는 그 회사가 지금껏 이름도 들어 본 적 없는 곳이었을뿐더러 내 주문을 확인하기 위해서가 아니라 신상품을 팔기 위한 낚시였다는 것을 알게 되었다.

이런 짓을 한다는 것은 마케터가 인간이길 포기한 것이나 마찬가지다. '소비자 주의 사항'과 법률 조항을 근거로 한 일련의 새로운 윤리가 형성되자, 마케터들은 시장의 치열한 경쟁에서 이기기 위해 자신들이 교묘하게 빠져나갈 수 있는 방법들을 찾아 나섰다. 그 결과 기업들은 가장 유지할 필요가 없는 가치로 '존중'을 꼽게 되었다. 서비스가 형편없는 비행기를 타 본 적이 있거나 이동 통신사의 끝날 것 같지 않은 통화 대기에 걸려 본 사람이라면 그게 어떤 느낌인지 잘 알 것이다. 어느 통신 회사 임원은 지난주 내게 이런 고백을 했다.

"일단 팔고 나면 다시는 고객에게 연락을 받고 싶지 않아요. 우리에게 연락을 한다는 건 나쁜 소식이니까요."

이봐요. 그것도 사업의 일부라고.

우리가 자주 듣는 몇 안 되는 성공적인 마케터들(너무 자주 들어서 진부하게 느껴질 정도라니까)은 여전히 고객들을 존중하는 자세를 유지하고 있다. 피델리티(Fidelity. 미국의 자산 운용 업체), 리츠 칼턴, 리눅스. 이들은 절대로 고객을 깔보는 법이 없다.

마법은 마케터가 신뢰와 존중을 겸비할 만큼 똑똑하고 용감할 때에만 발휘되는 법이다. 마케터들이 상점에서 나가는 고객의 짐을 감시하는 대신 고객들 스스로 현명한 결정을 내릴 것이라고 믿어 준다면 그들은 그 상점을 기억하게 될 것이다. 아아, 그러나 어찌된 일인지 고객과의 약속을 지키고 고객을 존중하는 기업은 소수에 불과하다.

하지만 이것은 동시에 아직 커다란 기회가 있다는 것을 의미하기도 한다. 만일 당신이 시장의 큰 부분을 차지하고 싶다면 고객을 이용하고 농간을 부리는 대신 그들에게 현실적이고도 정직하게 다가가야 한다. 당신에게 가장 큰 이익을 안겨 줄 고객은 속이기가 가장 어려운 고객, 바로 그 사람일 가능성이 많다. 명심하라. 똑똑한 마케터들은 고객을 친구처럼 존중하고 가족처럼 사랑한다.

아이러니한 사실 한 가지는, 마케터들이 상거래를 천박하게 만들면서 동시에 그들의 천박한 윤리관을 일반 대중에게도 퍼뜨리고 있다는 사실이다. 앞에서 나는 "당신의 친구와 동료들이 마케터들처럼 행동한다면 어떻게 될까?"라고 물었다. 그런데 이미 그런 일이 벌어지고 있는 것 같다.

서비스업 성공의 두 가지 비밀

1 책임을 진다.
2 작은 것까지 놓치지 않는다.

놀라운 점은 당연하게만 보이는 이 두 가지 법칙에 주목하는 사람이 별로 없으며, 이에 대해 완전히 무지한 사람들과 마주치는 일이 비일비재하다는 것이다.

계산대에서 돈을 훔치는 호텔 직원이나 술병을 내던지는 바텐더, 고객의 사무실 벽에 매직으로 그림을 그리는 컨설턴트를 보면 아마 당신은 깜짝 놀랄 것이다. 그러나 나는 "그건 내 일이 아닌데요.", "인터넷 서비스는 외주 업체에 맡긴 것이니 그쪽 잘못이에요."라는 식의 대답을 매일같이 듣는다. 소홀하게 취급되는 작은 일들이 사실은 더 중요하다.

전 세계 모든 잡지에 광고를 내도 데스크 직원 한 명의 형편없는 태도는 만회되지 않는다.

앨 야가네 수프

수프를 좋아하는가? 세계 최고의 수프는 뉴욕 웨스트 55번가에 있는 '수프 키친 인터내셔널 Soup Kitchen International'의 주인장 앨 야가네 Al Yaganeh가 만들어 주는 수프다. 잘 알려진 사건이지만, 코미디 프로그램 〈사인펠드 Seinfeld〉에서 앨이 '수프 나치 Nazi'로 패러디되는 모욕을 당한 뒤 그의 식당은 전보다 더 붐빈다. 30분이나 줄을 서서 기다리는(6달러짜리 수프 한 그릇 때문에 30분을 기다리다니!) 사람들 중에는 〈사인펠드〉를 보고 나서 거기에 나오는 유명 인사를 한번 보려고 온 얼간이들도 있다. 그 밖에 손님들은 추위에도 아랑곳 않고 진정 맛좋은 수프를 기다리는 단골들이다.

수백 명의 배고픈 사람들이 앨의 독특한 수프를 맛보기 위해 기다리는 동안, 수백 만 명의 사람들은 세계에서 가장 흔한 레스토랑에서 점심을 먹고 있을 것이다. 바로 맥도널드! 실제로 맥도널드는 매일 미국인 14명 중 한 명에게 한 끼를 제공한다.

일리노이 주(맥도널드 본사가 있는 곳이다)를 자동차로 달리다 보면 '진짜' 레스토랑이 하나도 없는 마을을 여러 곳 발견할 수 있다. 그런 마을에는 멋진 저녁을 보낼 만한 식당이 단 한 곳도 없다. 하디스와

피자헛, 그리고 당연하지만 맥도널드가 있을 뿐이다. 이는 스프링필드 근처 마을에만 국한된 현상이 아니다. 미국 전역에는 수천 개의 맥도널드 매장이 있을 뿐만 아니라, 아비스(Arby's. 패스트푸드 체인의 하나)나 서브웨이, T.G.I. 프라이데이즈를 비롯해 셀 수 없이 많은 체인점이 이름도 맛도 기억나지 않는 음식을 시간이 없는 사람들에게 제공하고 있다.

그게 어쨌다고. 그게 다 우리가 원했던 일 아니야? 많이 파는 게 잘못된 일인가?

글쎄. 역설적이게도, 당신이 유명해지면 당신의 인기는 떨어진다. 주요 공항에 그의 이름이 걸린 음식점들이 생기기도 전에 사람들은 월프갱 퍽(Wolfgang Puck. 미국에서 활동하는 요리사로 아카데미 시상식 파티 등 할리우드의 이벤트를 전담하는 것으로 유명하며 여러 개의 체인을 소유하고 있다—옮긴이)을 경외하지 않게 되었다.

도대체 무엇이 문제이기에 편재성은 경멸을 부르는 것일까?

성공한 기업가들은 확장을 할 것인가, 새로운 지점을 열 것인가, 프랜차이즈를 할 것인가, 라이선스를 줄 것인가를 놓고 중요한 선택을 해야 한다. 일단 성공 전략을 생각해 내고 나면 시장이 원하는 것을 공급함으로써 돈을 끌어들이는 것만이 합리적인 것처럼 보인다.

시장이 원하는 것을 주는데 뭐가 문제란 말인가? 많으면 많을수록 좋지 않을까?

그러나 문제는 있다. 특별하고 진정하며 유한했던 제품이 흔하고 보편적인 것으로 탈바꿈하는 순간, 그것을 사랑했던 사람들은 필연적으로 반감을 느끼게 된다.

"스타벅스도 예전 같지 않아."

당신을 성공으로 이끌어 준 유행 선도자들이 더는 당신이 진짜배기가 아니라는 냄새를 맡는 순간, 그들은 등을 돌리고 떠나간다.

어디서나 살 수 있고, 미디어가 떠들어 대며, 버스 한쪽 구석에 광고가 나붙는 상품은 얼핏 보면 성공한 것처럼 보이기도 한다. 그러나 그처럼 흔해지기 전, 그러니까 그 상품이나 그 상품을 만든 사람이 돈만 바라는 것처럼 보이지 않았을 때, 그것은 좀 더 생생하고 특별하며 진짜처럼 보였었다.

만일 당신이 운 좋게도 무언가 특별한 것을 만들어 냈다면, 이제 당신은 진짜로 선택을 해야 한다. 특별하다는 사실이 당신에게 얼마만큼 중요한지, 당신이 만들어 낸 특별한 경험에 당신 자신을 얼마나 결부시킬 것인지를. 무엇보다 당신은 자신이 하루 종일 무엇을 하고 싶은지 결정해야 한다. 우리 중에는 '오늘의 특가 상품'을 가져다 미친 듯이 팔아야만 행복해지는 사람이 있는가 하면 또 어떤 사람은 자신과 제품 사이를 연결해 주는 좀 더 끈끈한 관계를 만들어 내고 싶어 한다. 앨의 가게에서 수프를 살 일이 있다면, 그의 눈을 한번 들여다보라. 내 말이 무슨 뜻인지 알게 될 것이다.

동사와 명사

이번 주 내 사무실에서는 좋은 세미나가 두 번이나 열렸다. 멋진 이들이 참석했을 뿐 아니라, 사물에 대해 이야기하는 새로운 방식을 내게 일깨워 준 세미나였다.

그 가운데에는 명사와 동사에 관한 이야기도 있었다.

'투자'는 명사이다. '투자하기'는 동사이다.
'페인트'는 명사이다. '페인트칠하기'는 동사이다.
'선물'은 명사이다. '선물하기'는 동사이다.

사람들은 명사보다 동사에 관심을 더 많이 가진다. 사람들은 움직이고, 발생하고, 변화하는 것들에 흥미를 더 많이 느낀다. 사람들은 경험이나 사건, 사물이 주는 느낌에 더 많이 끌린다.

명사는 그저 거기 가만히 있을 뿐인 무생물 덩어리이다. 하지만 동사는 욕구와 욕망과 소망을 나타낸다.

당신의 웹 사이트는 명사인가 동사인가?

당신의 경영 스타일이나 당신이 제공하는 서비스는 어떤가?

다음에 찾아올 커다란 흐름은 명사를 동사로 바꾸는 일이 될 것이다.

감시 카메라

로드니 킹을 구타하는 비디오테이프가 LA 폭동을 일으킨 지 12년이 지났다. 12년이라는 세월 동안 비디오카메라를 보유한 가정의 비율은 엄청나게 증가했다. 주위에서 일어난 일을 모조리 녹화하는 회사나 길거리의 숫자도 급격하게 늘어났다.

뜬금없는 얘기일지 모르지만, 오늘 나는 디너파티 준비를 위해 맨해튼에 있는 첼시마켓의 바닷가재 코너에 들렀다. 거기서 나는 무게가 6파운드쯤 되는 바닷가재를 골랐다. 그 가게에서는 6파운드 이상의 커다란 가재는 파운드당 8.95달러에, 6파운드 이하짜리는 파운드당 9.95달러에 판매하고 있었다.

공교롭게도 내가 고른 바닷가재의 무게는 5.97파운드였다(지어낸 얘기가 아니다). 간발의 차이로 6파운드에 못 미친 것이다. 플랑크톤 한 마리만 더 먹였더라면 6파운드가 넘었을 텐데.

카운터의 남자가 9.95달러를 입력하여 계산하기 시작했다. 내가 가격에 대해 항의하자 그는 어깨를 으쓱하더니 "6파운드가 안 되는데요."라고 말했다.

그의 동료 직원 두 명도 다가와서는 뭐가 문제냐는 듯이 싱긋 웃으며 똑같은 말을 반복했다. 나는 1페니짜리 동전 두 개를 저울에 올려 6파운드가 되게 만들었지만, 그들은 꿈쩍도 하지 않았다.

그때 두 가지 의문이 떠올랐다. '가게 주인은 이들이 이런 식으로 행동하길 바랄까?' '만약 이 장면을 녹화 중이라면 이들은 어떻게 행동했을까?'

물론 나는 최상의 동기는 자발성이라고 믿는다. 사람들에게 올바른 행동이 어떤 것인가를 가르치는 것은 두려움에 마지못해 행동하도록 위협하는 것보다 훨씬 효과적이다.

그러나 아무도 지켜보는 이가 없을 때 사람들은 다르게 행동한다는 사실 또한 나는 알고 있다.

화가 난 소비자들이 내게 보내는 메일이 날이 갈수록 늘고 있다. 그래서는 안 되는 사람들에게 의도적인 푸대접을 받고 열 받은 고객들이다.

'주인들'의 숫자가 감소함에 따라(대형 체인 아울렛, 독점 통신 업체, 거대 미디어 체인의 숫자가 계속 늘어남으로써) 우리 마음에 들게 행동하는 사람들을 찾기는 점점 어려워지고 있다.

그들의 행동이 녹화된다면 어떤 반응을 보일지 궁금하다.

무엇이 아이디어를 바이러스로 만드는가

아이디어가 퍼져 나가려면 '보내고' '받아들이는' 과정이 필요하다. 아이디어를 보내기 위한 조건은 다음과 같다.

1 아이디어를 이해한다.
2 아이디어가 퍼지길 바란다.
3 아이디어를 퍼뜨림으로써 자신들의 힘(명성, 소득, 우정 등)이나 마음의 평화가 증대될 것이라고 믿는다.
4 아이디어를 퍼뜨리는 데 드는 노력이 그로 인한 이익보다 훨씬 적다.

아이디어를 받아들이기 위한 조건은 다음과 같다.

1 첫인상이 강해 더 알고 싶어진다.
2 새로운 아이디어를 받아들이는 데 밑바탕이 되는 아이디어를 이미 이해하고 있다.
3 시간을 기꺼이 투자할 정도로 아이디어 발신자를 신뢰하거나 존경한다.

이는 온라인상에서 아이디어가 어떻게 그렇게 빨리 퍼지는지, 그리고 그 대다수가 왜 그렇게 가벼운지를 설명해 준다. '니체'는 이해하기도 어렵고 위험 부담도 크기 때문에(남들에게 바보 같은 소리로 들리거나, 친구들에게 바보가 된 듯한 기분을 느끼도록 만들기 쉬우므로) 기꺼이 시간을 투자할 만한 사람들 사이에서만 천천히 퍼져 나간다. 반면 누마누마(Numa Numa. 미국의 한 청년이 〈드라고스테아 딘 테이〉라는 곡에 립싱크를 하면서 춤을 춘 동영상 제목으로, 인터넷에 공개되어 크게 인기를 끌었다―옮긴이)는 유독성 폐기물이 유출되듯 엄청난 속도로 퍼져 나갔다. 이해하기 쉽고 적당히 유쾌하며 공유하기도 쉬웠기 때문이다.

아이디어는 발신자가 그것을 중요하게 여긴다고 해서 퍼져 나가는 것이 아니라는 점에 주목하라.

또한 아이디어 전파의 핵심 요소는 그것을 담고 있는 캡슐이라는 점에도 주목해야 한다. 만일 삼키기 쉽고 매력적이며 흠이 없는 캡슐에 담겼다면 출발이 좀 더 유리할 것이다.

하워드 딘(Howard Dean. 2004년 미 대선의 민주당 후보로, 선거 운동 초반에 인터넷을 적극 활용해 돌풍을 일으킨 바 있다―옮긴이)의 아이디어가 초기에 퍼져 나갈 수 있었던 것은 그가 주장한 정책들의 경제적 결과 때문이 아니라 위에서 열거한 요인들 덕분이었다. 아이디어가 제시된 방법 역시 아이디어를 퍼뜨린 사람들의 세계관과 일치했다.

iPod처럼 시각적으로 매력 있는 개념은 다른 개념들보다 빨리 퍼져 나가는 경향이 있다. 사진과 짤막한 농담이 온라인에서 다른 것들보다 빨리 퍼지는 이유는 퍼뜨릴 만한 가치가 있는지 확인하는 데 아주 조금만 투자하면 되기 때문이다.

모닝콜을 위한 모닝콜

강연을 하기 위해 플로리다에 있는 웨스틴 호텔에 머무른 적이 있다.

그곳의 직원들은 언제나 교과서처럼, 그러니까 자연스럽게 배어나온 행동이 아니라 교육받은 대로 움직였다. 가장 대표적인 사례를 하나 들어 볼까? 내가 모닝콜을 부탁하자 직원은 기계적으로 "모닝콜 15분 뒤에 확인 전화를 한 번 더 드릴까요?"라고 물어봤다. 나는 괜찮다고 했다. 한 시간 후, 내가 모닝콜 시간을 바꾸고 싶다고 전화를 하자 그들은 똑같은 질문을 했다. 이번에도 나는 괜찮다고 대답했다.

그리고 오늘 아침, 여행을 할 때면 으레 그렇듯 나는 예정보다 한 시간 일찍 일어났다. 방을 나서기 전, 옆방 사람들이 모닝콜 소리에 깨지 않도록 내 모닝콜을 취소하려고 전화를 걸었다. 이번에도 변함없이, 호텔 직원은 이렇게 물었다.

"모닝콜 확인 전화도 취소해 드릴까요?"

이미 일어나서 모닝콜을 취소하고 있는 사람이 15분 뒤의 확인 전화가 대체 왜 필요하단 말인가? 더구나 애초에 확인 전화는 필요 없다고 했는데 말이다. 물론 호텔의 지침서에는 그렇게 대응하라고 적혀 있을 것이다. 따라서 직원들도 실수를 반복한 것이고.

그게 더 어려운 일이라는 건 나도 알지만, 모든 대화를 정해진 대본에 따라 하는 것보다는 스스로 생각하고 판단할 줄 아는 사람을 고용하는 것이 장기적으로는 훨씬 나은 전략이다. 대본대로만 하는 것이 전략이라면 차라리 자동 시스템을 설치하는 것이 어떨까.

장벽, 절벽, 그리고 벽돌

잠재 고객이나 고객, 학생이나 직원들로 하여금 새로운 단계를 거치도록 시도할 때마다 당신은 그들을 잃을 위험을 감수해야 한다. 각 단계마다 적어도 몇 명씩은 잃어버리게 된다. 때로는 백 명 중 단 몇 명만을 잃을 때도 있지만, 그보다 훨씬 많이 잃을 때도 있다.

우리는 전체 인원 중에서 큰 비율을 잃는 단계, 즉 '장벽'을 찾아내고 측정하는 것을 잊어버릴 때가 너무 많다. 만일 그런 단계를 제거할 수만 있다면, 수많은 사람을 잃지 않을 수도 있을 것이다.

컴퓨터에 소프트웨어를 설치하던 중, 나는 애플의 제품 등록 요청을 받았다. 5단계까지 가자 그들은 제품 종류뿐 아니라 '마케팅 파트 번호'까지 입력하라고 했다.

나는 등록을 그만뒀다.

제품을 등록함으로써 받는 이익(그런 게 있을지 의심스럽지만)에 비해 그 번호를 찾아내는 데 들어가는 수고가 너무 컸기 때문이다. 그럼 안녕히.

이렇게 되면 애플의 마케팅 담당자는 고객 데이터를 '완벽하게' 알게 되기는커녕 아무런 데이터도 얻지 못하게 된다. 이것이야말로 장벽, 즉 엄청난 수의 사람들이 과정을 포기해 버리는 지점이다.

사람들이 삼각법을 배울 때에도, 당신의 회사에 지원할 때에도, 당신의 신제품에 관한 광고를 읽을지 말지 망설일 때에도 이와 똑같은 일이 일어난다. 각 단계를 넘을 때마다 이익을 얻을 가능성이 높아지고 그것이 너무 어렵지만 않다면 사용자는 장애물을 넘을 것이다. 그러나 그것이 너무 어렵거나, 시간이 너무 오래 걸리거나, 얻을 것이 적다면 사람들은 멈추고 말 것이다.

웹 디자이너

2003년경, 오래전의 동료(1990년 프로디지의 온라인 게임 '거츠'에서 함께 일했을 만큼 오래전이었다. 그러니 당신이 온라인에 오랫동안 몸담았다는 말은 마시길!)와 우연히 마주친 적이 있다. 수전은 재능이 매우 뛰어난 웹 디자이너였다. 그리고 대부분의 웹 디자이너들과 마찬가지로 그녀의 고객들은 "아, 이런, 웹 사이트가 있어야겠어. 만들어 줄 사람을 찾아 봐!"의 패닉 단계와 "아니야, 경제가 바닥이니 비용을 절감해야 해!" 단계의 사이에 끼여 있었다. 좋은 일감을 찾기가 힘들 때였다.

나는 그녀에게 웹 디자이너에게 적합한 새로운 틈새시장에 관해 조언해 주기로 약속했다. 다음은 내가 조언해 준 내용이다.

수전에게

2년 안에 기업들은 검색 엔진 광고와 애드워즈, 키워드를 비롯해 낯선 자들을 클릭하게 만들어 자기네 사이트로 넘어오도록 하는 기발한 방법에 매년 약 50억 달러를 소비하게 될 겁니다. (주목: 내 예상은 옳았다!)

웹 사이트가 이제 공식적인 다이렉트 마케팅 비즈니스의 하나로 자리 잡았다는 증거죠. 그러나 동시에 이런 유의 기업들은 올바른 형태의 방문 자 유입("팝업 광고에 속았지롱"이나 "비키니 사진에 넘어갔지" 같은 종류가 아닌)을 정착시키는 데 공격적으로 돈을 쓰고 있음에도 실패를 거듭하고 있습니 다. 애써 끌어 온 방문자들을 제대로 활용하지 못하기 때문입니다.

광고주 가운데 정기적으로 성과를 측정하는 이들은 10퍼센트 미만입니 다. 그 결과 방문자들은 웹 사이트를 금방 떠나 버리고 맙니다. 웹 페이지에서 제공하는 내용이 별로이거나 자신이 클릭한 광고와 내용이 다르기 때문이죠. 이 얼마나 엄청난 낭비입니까.

트래픽닷컴Traffick.com을 운영하는 앤드루 굿맨Andrew Goodman 같은 사람들은 이 점을 잘 알고 있습니다. 그들은 웹 사이트를 테스트하고, 결과를 측정하고, 끊임없이 발전시키는 것이야말로 다이렉트 마케팅의 성공 비결이라는 점을 깨달았지요. 영원히 지속되는 비결이란 없습니다. 그것은 하나의 과정이지 사건이 아닙니다.

그렇다면 과연 누가 그 일을 해야 할까요? 아마도 차세대 웹 디자이너들이 그런 일을 하게 될 거라고 생각합니다. 이런 방식으로 말이죠. 우선 당신은 가망 고객에게 이렇게 말합니다.

"당신을 위한 4쪽짜리 수익 엔진을 구축해 드리겠습니다. 당신은 애드워즈 등 정기적으로 시도하고 측정할 수 있는 미디어를 통해 목표 고객들을 사이트에 끌어들입니다. 그러면 저는 그 낯선 방문자를 친구로 만들 수 있도록(그리고 만일 당신의 제품이 훌륭하고 당신의 대응이 적절하다면 그 친구들을 고객으로 만들 수 있도록) 4쪽짜리 웹 사이트를 정기적이고도 지속적으로 조정하고 재설계하겠습니다."

요점은, 일 년에 한 번씩 400쪽짜리 웹 사이트를 재정비하는 것보다 4쪽짜리 제품 제안 사이트를 끊임없이 평가하고 발전시키고 재설계하는 편이 더 싸게 먹힌다는 것입니다. 더 효과적이리라는 것은 두말할 필요도 없지요. 그러기 위해서는 인내심이 필요합니다. 자만심도 버려야 하고요. 창의적인 자세로 새로운 것을 시도하고, 어떤 것이 통하는지 측정하고, 이를 끊임없이 반복하려는 마음가짐을 가져야 합니다.

다이렉트 마케팅과 관련해 좋은 소식 하나는, 그것이 통할 때 당신이 금세 알아차릴 수 있다는 점입니다. 새로운 고객 확보에 매우 유리하겠지요.

. 미래는 숙련된 디자이너와 재능 있는 카피라이터, 인내심 있고 정직하고 존중할 줄 아는 고객 및 마케터들의 것입니다.

부디 건투하시길!

당신은 2000년대에 무엇을 했는가

시간이 지나고 나면 모든 것이 확연해지는 법이다. 사람들은 벌써 1990년대를 뒤돌아보며 그때 조금만 더 용기가 있었더라면 하는 생각을 한다. 2000년대도 거의 다 지나갔다. 당신은 2011년에 지난 10년간을 돌아보며 스스로에게 뭐라고 이야기할 것인가?

당신이 종이에 적어 욕실 거울에 붙여 놓아야 할 질문이 하나 있다. 이 질문이 앞으로 15년 후에 대한 당신의 불안을 덜어 줄지도 모를 일이다.

금리가 50년래에 최저를 기록하고, 범죄율이 제로에 가까우며, 뛰어난 고용인들이 좋은 일자리를 찾아다니고, 컴퓨터 덕에 제품 개발과 마케팅이 손쉬워지고, 훌륭한 아이디어에 관한 새로운 소식이 전무하다시피 했을 때, 당신은 무엇을 했는가?

많은 사람이 이 질문에 "나는 기다리고 불평하고 걱정하고 그저 바라기만 하다가 시간을 다 보냈다."라고 대답해야 할 것 같다. 왜냐하면 그게 바로 요즘 벌어지는 일들이니까. 하지만 다행스럽게도 모두가 다 그런 나쁜 선택을 할 것 같지는 않다.

당신의 회사가 경제가 회복되길 기다리는 동안 리복Reebok은 여행자들을 위한 매우 멋지고 가벼운 스니커즈인 '트래블 트레이너스Travel Trainers'를 출시했다. 이 제품은 일본에서 날개 돋친 듯 팔려 나가고 있다. 심지어 공항에는 이 신발을 파는 자동판매기까지 있다!

디트로이트의 자동차 회사들이 SUV에 대한 나쁜 평판(SUV는 그들에게 가장 높은 수익률을 안겨 주는 제품이다)과 유가에 관해 불평하는 동안 혼다는 SUV와 모양은 비슷하지만 연비는 두 배나 좋은 자동차를 만드느라 바쁜 나날을 보냈다. 그 결과 탄생한 혼다의 '파일럿Pilot'은 인기가 높아 대기 예약자 명단이 있을 정도다. 물론 도요타도 '프리우스'로 승승장구하고 있다.

모두가 아프리카의 빈곤 문제에 대해 걱정만 하고 있는 사이 '킥스타트KickStart'라는 소규모 신생 단체는 실제 행동에 나섰다. 이 단체의 제품이 일구어 내는 새로운 수익은 케냐 GDP 전체의 0.5퍼센트를 차지한다. 어떻게 한 것일까? 킥스타트는 스테어마스터(StairMaster, 계단밟기식 운동 기구—옮긴이)처럼 생긴 75달러짜리 장비를 제조한다. 물론 그것은 운동 기구가 아니다. 킥스타트에서 이 장비를 구입한 자급농들은 이것을 이용해 농지에 물을 댄다. 그 결과 생산량이 늘어나 잉여 농산물을 판매하게 됨으로써 자급농에서 벗어나는 것이다. 아프리카 농민들은 이 장비를 사용한 첫해에 예년의 세 배에 달하는 수입을 올렸다.

당신이 무언가 엄청난 것을 시작할 수 있도록 영감이 떠오르길 기다리는 동안 수많은 다른 기업가들은 사람들의 불확실성을 이용해 진정으로 리마커블한 회사를 세웠다. 수익성 높은 웹 비즈니스나 급성장하는 PR 회사들은 대개 소자본으로 시작했고, 예상보다 일찍 수익을 거두기 시작했다. 웹이 죽었다고들 하지만 과연 그럴까? 장소와 주제에 상관없이 어떤 회의라도 열 수 있도록 도와주는 '미트업닷컴Meetup.com'에 가서 그렇게 말해 보시지. 미트업닷컴에 등록된 사용자 수는 20만을 넘어섰고, 지금도 꾸준히 늘어나고 있다.

어쩌면 당신은 이미 '1990년대에 나는 무엇을 했나'라고 묻는 질문을 거울에 붙여 놓았을지도 모르겠다. 당신이 가장 후회하는 것은 무엇인가? 무언가를 시작하거나, 어딘가에 합류하거나, 투자하거나, 구축했더라면 좋았을걸, 하면서 후회하는가? 시도라도 했더라면 좋았을걸, 하고 생각하는 희망 사항이 남아 있는가? 되돌아보니 1990년대도 참 좋은 시절이었다. 그런데도 수많은 사람들이 기회를 놓쳤다. 이유가 뭘까? 그것은 안주하고, 기회를 건너뛰고, 제안을 거절할 이유를 언제라도 발견할 수 있기 때문이다. 그러나 돌이켜보면 우리가 "노"라고 말했던 이유는 기억해 내기 어렵고, "예스"라고 했어야 한다고 후회하기는 쉽다.

내 요점은, 여전히 기회로 가득 찬 세상에 우리가 살고 있다는 것이다. 사실 우리에게는 기회 이상의 것, 즉 의무가 있다. 위대한 일을 하는 데 시간을 보내야 할 의무. 중요한 아이디어를 찾아내고 공유할 의무. 자기 자신과 주변 사람들로 하여금 감사와 통찰력과 영감을 발현하도록 자극할 의무. 뛰어난 인물이 되어 위험을 무릅쓰고 세상을 더욱 나은 곳으로 만들 의무.

세상이 미쳐 돌아간다고 생각하는가? 아마도 그럴 것이다. 하지만 학교에서 민방공 훈련을 받거나 스리마일 섬 사고(1979년 미국 펜실베이니아 주 스리마일 섬 원자력 발전소에서 발생한 원자로 사고—옮긴이)와 러브 운하 사건(미국 미시간 주의 러브 운하에 한 화학 회사가 유독성 폐기물을 매립하는 바람에 토지가 오염되어 미국 역사상 최초로 환경 재난 지역으로 선포된 사건-옮긴이)의 공포를 겪던 시절에도 사람들은 그렇게 생각했다.

그러므로 이제 이 시대가 얼마나 미쳐 있는가를 생각할 것이 아니라 이 미친 시대가 요구하는 것이 과연 무엇인가를 생각하기 시작하라. 언제나 그렇듯, 사업을 하기에 이보다 나쁠 때는 없었다. 사업은 망하고, 당신은 좌절하고, 우리의 꿈은 무기력해질 것이 확실해 보인다. 바로 그렇기 때문에 새로운 것을 시도하기에 이보다 적합한 때가 없는 것이다. 당신의 경쟁자는 너무나도 두려운 나머지 생산성 높은 새로운 장비에 투자하지 못하고 있다. 당신은 선택해야 한다. 사실 당신은 매일매일 선택을 다시 할 수 있다. 낙관론을 선택하기에, 행동을 선택하기에, 우월해지기를 선택하기에 너무 늦은 때란 결코 없다. 단 몇 초면 된다, 결정을 내리는 데에는.

이제 당신은 앞으로 다가올 모든 것을 바꿀 수 있는 힘을 얻게 될 것이다. 그렇게 되는 방법은 간단하다. 그저 당신 자신에게, 그리고 동료들에게 오늘날 모든 조직과 모든 개인이 자문해야 할 질문 하나를 던지는 것뿐이다.

"왜 리마커블해지지 않는가?"

기분 좋은 상상

상상해 보라.

하드 드라이브 공간이 공짜라면,

어디에서나 와이파이를 사용할 수 있다면,
인터넷 속도가 10배, 또는 100배 빨라진다면,
모든 사람이 디지털 카메라를 가지고 있다면,
모든 사람이 작고 값싼 노트북을 들고 다닌다면,
매일 쏟아져 나오는 신제품 수가 지금의 다섯 배로 늘어난다면,
월마트의 매출이 세 배로 오른다면,
출시된 지 5년이 지난 제품은 무조건 반값에 판매된다면,
정년이 지금보다 5년 더 높아진다면,

당신은 어쩔 것인가?

진짜와 가짜 구분하기

누가 진짜고 누가 가짜인지 구분하는 데 사용되는 단서들이 모두 소용없어지는 것 같다.

예전에는 '진짜' 책과 자비로 출판되는 책이 있었다. 진짜 책들은 돈을 주고 사서 읽을 만한 가치가 있었지만 자비 출판 서적들은 허영심의 산물이었다. 오늘날, 가장 훌륭한 책이나 블로그 중에는 저자가 직접 만든 것이 적지 않다.

다단계 마케팅이라 하면 왠지 오싹한 느낌이 있었다. 그 주요 품목도 비타민이나 화장품 정도였다. 오늘날, 자동차 회사나 심지어 의사들까지도 손님을 추천해 준 데 대해 현금이나 서비스로 보상하는 일이 드물지 않다.

얼마 전 공화당은 자신들을 위해 모금하는 웹 사이트에 30퍼센트의 수수료를 지급하겠다고 발표했다. 이런 종류의 술책은 햇병아리 기업, 또는 소규모 시민 단체들이나 사용할 법한 것이었다.

잘 맞는 고급 정장은 당신이 성공한 유력 인사로서 곧 큰 건을 터뜨릴 거라고 암시하는 훌륭한 단서였다. 그러나 오늘날 당신의 잠재 파트너는 터틀넥 셔츠와 청바지 차림으로 나타날지도 모른다.

핫메일 계정은 익명성의 표상으로 그것을 사용하는 사람은 언제 사라질지 모른다는 느낌을 주었다. 사람들은 자신과 관계있는 인물들이 포드닷컴 ford.com처럼 안정적인 이메일 주소를 갖길 원했다. 오늘날 유력 인사들은 지메일(핫메일 2.0과 별다를 바 없는)을 선호한다. 유명 인사나 중역들은 모두 지메일 계정을 가지고 있다.

맨해튼에 본사를 두는 것은 진정한 성공의 상징이었다. 엠파이어 스테이트 빌딩의 우편함을 사고파는 일까지 있었다. 오늘날, 매우 적극적이고 책임감 있는 회사들이 콜로라도나 두바이, 싱가포르에서 나오고 있다.

예전에는 유명 회사들의 훌륭한 웹 사이트들을 레이저피시Razorfish나 오거닉Organic, 사이언트Scient 등이 디자인하는 것이 일반적이었다. 그 웹 사이트들은 거창하고 화려하고 비싸고 복잡했다. 요즘에는 성공적인 기업들이 300달러밖에 안 들인 한 페이지짜리 홈페이지를 갖는 경우도 흔하다.

예전에는 광고란 모름지기 『뉴욕 타임스』에 실리는 값비싼 전면 광고 정도는 되어야 명함을 내밀 수 있었다. 오늘날에는 텍스트만으로 이루어진 구글의 애드워즈가 가장 제값을 하는 광고인 듯하다.

예전에는 기업의 주식을 공개해 그것이 뉴욕 증권 거래소에서 거래되면 기업의 영속성과 윤리를 상징하는 것으로 여겼다. 엔론과 유나이티드와 제록스 사건이 있은 후, 오늘날 사업을 함께하기에 가장 좋은 회사로 꼽히는 것은 알려지지 않은 비공개 기업들이다.

그렇다면 이제 우리는 좋은 것과 나쁜 것을 어떻게 구분할 수 있을까? 더는 회사 로고가 인쇄된 편지지를 쓰지도 않고, 정장을 입지도 않고(정장을 사 본 적조차 없을지도 모른다), 작은 임대 사무실(혹은 거실)에서 일하고, 심플한 웹 사이트를 운영하고, 광고는 애드워즈에만 하고, PBX(Private Branch Exchange. 사설 교환기) 대신 자동 응답기를 쓰고, 프런트에 안내원이나 조각상도 없는 세상에서, 도대체 어떻게 구분을 하란 말인가?

쓸데없는 비용과 상징체계를 벗겨 냄으로써, 이제 우리는 바닥(여기서 '바닥'은 부정적인 의미가 아니라 '본모습 그대로'를 뜻한다) 경쟁에 돌입한 것 아닐까? 더는 대형 출판사에서 최고의 책이 출간될 것이라고도, 유명 잡지에 최고의 기사가 실릴 것이라고도 기대하지 않는다. 이제 더는 이력서가 간단하거나 웹 사이트가 단순하다고 해서 능력이 부족할 것이라고 넘겨짚을 수도 없다.

10년 전에는 기업을 공개해 자금을 확보하려는 회사를 위한 간편하고 잘 짜인 일련의 절차 같은 것이 있었다. 그것은 스탠퍼드에서 학창 시절을 보낸 후 실력 있는 벤처 자본가와 점심 식사를 하는 것으로 시작되었다. 만나야 할 사람과 가야 할 곳이 정해져 있었다. 작가들에게도 영업 사원에게도, 비영리 단체의 관리자나 교사, 그 밖의 거의 모든 사람에게도 표준화된 과정이 있었다. 하지만 오늘날에는 그러한 절차를 뛰어넘는 것이야말로 원하는 것을 얻는 최선의 방법인 것 같다.

이쯤에서 여러분은 내가 이 모든 현상을 이해할 수 있는 깜짝 놀랄 만한 통찰력을 제시할 것이라고 기대할지도 모르겠다. 하지만 내가 내놓을 수 있는 통찰력이란 그저 혼돈의 시대가 눈앞에 다가왔다는 것뿐이다.

뒤죽박죽의 시대에 온 것을 환영한다. 바야흐로 큰 것이 작은 것과 만나는 순간이 왔다. 앞으로 우리는 일시적인 것과 영원한 것, 진짜와 가짜가 나란히 존재하는 모습을 보게 될 것이다. 당분간 세상은 대단히 혼란스러울 것이다. 우리는 속아 넘어가고, 시간을 허비하고, 그 어느 때보다도 회의적이 될 것이다.

그러나 머지않아 우리는 혼돈의 강을 건너 저쪽 편에 다다를 것이다. 물론 저쪽 편이 어떤 곳인지 확실히 알 수는 없지만, 적어도 고객과 유권자를 존중하며 정직하게 대하는 사람들이 승자가 되는 곳이라는 것만은 확신한다. 신뢰와 존중, 이 두 가지에 대해서만은 우리가 아직 다른 지름길을 발견하지 못했기 때문이다.

왜 라 니?

비행기에서 내 오른쪽에 앉은 여자는 가늘고 날카로운 대못을 여러 개 가지고 있었다. 그중 두 개는 길이가 20센티미터나 되었다. '뜨개바늘'이라고 불리는 그 대못들은 기내 반입이 허용된다. 반면 왼쪽에 앉은 남자는 손톱깎이를 빼앗겼다며 투덜거리고 있었다.

뉴욕 라과르디아 LaGuardia 공항에서는 운동화까지 엑스선 투시 검사를 한다.

호텔 측은 자기네 체육관이 공사 중이라며 나를 길 아래쪽에 있는 헬스클럽으로 보냈다. 그 헬스클럽은 내 이름과 주소, 연락처를 기입하지 않으면 시설을 이용할 수 없다고 으르렁거렸다. 이유는? 보험 규정 때문이란다. 당신의 자동차 수리 장면을 직접 볼 수 없거나 레스토랑의 주방에 들어갈 수 없는 것도 이런 식의 이유일 것이다.

내 주치의의 진료실에는 팩스가 없다.

뉴욕 주 정부는 인터넷 와인 구매를 법으로 금지했다.

일선에 있는 사람들이 "왜?"라는 질문에 대답할 수 없다면, 그들에게 무엇을 시킬 것인가?

대부분의 관료 조직은 "왜"라는 질문이 피라미드 꼭대기를 향해 올라가는 것을 달가워하지 않는다. 그들은 일선에 있는 사람들에게 최초이자 유일한 방어선이 될 것을 독려한다. "그게 우리의 방침입니다." "죄송합니다만 저도 어쩔 수 없습니다." "보험 규정 때문에요, 선생님." 아마도 목표는 고객(질문자)을 쫓아 버리는 것이겠지.

그렇다. 그들은 당신이 사라져 주길 바란다.

도대체 이게 말이나 되는가? 당신의 사업을 발전시키는 가장 저렴하면서도 효율적인 방법은 "왜"라는 질문에 대답하는 것이다! 그들을 쫓아 버릴 것이 아니라 포용해야 한다.

적어도 이런 식으로 말이다.

"글쎄요, 그 이유는 저도 잘 모르겠습니다. 하지만 오늘 안으로 꼭 알아보겠습니다."

우트닷컴과 에지

우트닷컴 woot.com 은 하루에 한 가지 물품만 판매함으로써 완전히 극단 edge 으로 갔다. 이것은 품목 취급의 극단적인 방식으로(아마존의 1백만 분의 1), 고객의 흥미를 유발하여 입소문을 퍼뜨리게 하는 데 매우 효과적이다. 그날의 유일한 상품이라니, 이보다 더 훌륭하고도 돈이 안 드는 아이디어가 어디 있을까.

우트닷컴의 두 번째 현명한 행동은 RSS를 지원한다는 것이다. 즉 당신은 그들의 사이트에 매일 가 볼 필요가 없다. RSS에 등록만 해 두면 되니까. 난 정말 구독 기반 사업이 좋다.

적절한 단어가 정책에 미치는 영향

2004년, 사회 보장 제도를 개선하려는 시도는 두 개의 단어를 중심으로 이루어졌다.

둘 중 '민영화'라는 단어는 실패한 것 같다. 민영화하려는 자들은 이제 그것을 그런 이름으로 부르지 않는다.

반면 '개혁'은 여전히 잘나가고 있다. 개혁은 논쟁의 근거를 마련해 준다는 점에서 아주 훌륭한 단어이다. 기존의 무언가가 잘못되었다고 가정하기 때문이다. 잘못된 것을 바로잡겠다는데 어떻게 반대를 하겠는가?

적절한 단어가 미치는 영향을 과소평가하지 말라.

노동 계급

최근 뉴욕에서 열린 한 컨퍼런스의 발표에 의하면, 미국인 중 약 9천만 명이 노동 계급에 속하는 것으로 추정된다고 한다. 성인 세 명 중 한 명꼴이다.

그들은 '노동 계급'이란 자신의 행동, 즉 목표와 시간, 결과물에 대한 통제권이 거의 없는 환경에서 일하는 노동자라고 정의했다.

당신은 아마도 계산대 출납원이나 수위, 프레스공 등을 떠올릴 것이다. 시키는 일만 하는 시간제 근로자들 말이다.

하지만 그들이 '블루칼라'라는 표현을 사용하지 않았다는 점에 주목하라. 화이트칼라 직업군 중 많은 수가 현재 노동 계급에 편입되고 있다. 여러 요인이 복합적으로 작용한 까닭이다. 업무의 컴퓨터화, 즉각적인 평가와 측정, 경쟁의 가속화, 거대 기업으로 합병 등.

내 생각을 말해 볼까?

우리(당신과 나)는 모두 화이트칼라의 지적 기능을 축소시킨 공범이다. 모두 우리 책임이다.

오랜 세월 동안 책임질 줄 아는 인습 타파주의자였으며 높은 생산성과 새로운 기회를 추구하는 개인주의자였던 미국의 근로자들이 지금은 그저 명령이나 기다릴 뿐이다.

나는 '노동 계급'이라는 말이 사회 경제적 묘사가 아니라 일종의 정신 상태라고 생각한다.

포 장

20년이 넘도록 나쁜 습관 하나를 유지해 왔다. 나는 CD를 산다. 일주일에 겨우 한두 장에 불과하지만 시간이 지나면 그것도 꽤 양이 많아진다. 그래서 지난주, 나는 천 장이 넘는 CD 컬렉션을 내다 버렸다.

음, 그러니까 진짜로 CD를 내다 버린 건 아니다. CD 케이스를 버린 것뿐이다. CD 300개가 들어가는 CD 체인저가 있으면, CD 케이스보다 훨씬 쉽게 CD를 보관할 수 있다.

나는 벗겨 낸 CD 케이스들을 한데 모아(1톤은 될 것이다) 폐기물 수집상이 가져갈 수 있도록 집 밖에 내놓았다.

그런 일이 있은 후 문득 의문이 들었다. 대체 왜들 그리 포장을 중시하는 것일까?

내가 생각해 낸 답은 이렇다. 사람들은 포장에 정서적인 기억을 곧잘 갖다 붙인다. 그 안에 들어 있는 물건이 미묘한 것일 때에는 더욱 그렇다. 웨딩드레스를 돈 주고 보관해 본 사람이라면 내 말이 무슨 뜻인지 알 것이다. 다시는 그 웨딩드레스를 입을 일도 없고 그렇다고 당신의 아이들이 그걸 입고 싶어 할 리도 없건만, 당신은 그것을 소중하게 보관한다. 그 이유는 그것이 일종의 포장이기 때문이다. 웨딩드레스는 평생에 단 한 번뿐인 소중하고 로맨틱한 개인적 경험을 둘러싼 포장이다. 웨딩케이크도 이미 오래전에 다 먹어서 없어진 지금, 웨딩드레스는 당신에게 남겨진 그때의 유일한 실체이다. 그것은 당신의 결혼식을 둘러싼 포장지이자, 따뜻하고 아스라한 기억의 물리적 표현이다.

예전에는 거의 모든 것이 모종의 포장지에 싸여 있었다. 포장은 브랜드의 일부이자 제품의 일부였다.

우리 경제가 계속해서 디지털화되어 가면서 사람들은 제품과 서비스를 포장과 분리하기 시작했다.

음악계야말로 이와 관련해 큰 문제에 봉착해 있다. CD 케이스와 합성수지 디스크를 빼 버린다면 정말로 음악에만 14달러나 되는 값을 매길 수 있을까? 냅스터 Napster 의 등장이 큰 위협이었던 이유는 음악에 얼마나 여러 겹의 포장이 따라오는지, 그러한 포장의 가치가 얼마나 별 볼일 없는지를 그들이 확연하게 보여 주었기 때문이다.

하지만 이것은 비단 CD 업계만의 문제가 아니다. 출판업계 또한 상당한 진통을 겪고 있다. 작가들이 종이와 커버를 포기하고 책값을 4달러나 1달러, 혹은 0달러로 매겨도 여전히 수익을 거두게 되자 출판사들이 동요를 일으키는 것도 당연했다. 결국 출판이라는 것도 포장 사업의 일환이기 때문이다. 만일 포장이 쓰레기 매립장에나 가야 할 신세가 된다면 출판이라는 포장 사업에 종사하는 사람들은 모두 자신들이 매일 하는 일의 의미를 파악하기가 어려울 것이다.

그나마 이것은 이해하기 쉬운 예에 속한다. 휴대 전화는 어떤가? 휴대 전화는 대체가 불가능한 유용한 물건일까, 아니면 대화와 데이터 교환처럼 진짜 가치 있는 것들을 둘러싼 포장일 뿐일까?

실리콘 밸리에 새로 생겨난 텔미 네트워크 주식회사 Tellme Networks Inc. 는 후자에 걸고 있다. 800-555-TELL에 전화를 걸면 컴퓨터와 아주 재미있는 대화를 나눌 수 있다. 또 주식이나 날씨 정보를 검색해 주기도 하고 항공사에 대신 전화를 걸어 주기도 한다. 그것도 무료로.

텔미는 당신이 어떤 전화기를 사용하건 개의치 않는다. 전화기 가격은 점점 내려가겠지만 텔미는, 제대로만 한다면, 그 가치가 갈수록 높아질 것이다. 몇 년 안에 휴대 전화기는 거의 무료에 가까워질 것이다. 가치 없는 포장으로 전락한다는 얘기다. 반면 휴대 전화를 이용해 할 수 있는 일들은 엄청난 가치를 지닌 시장임에 틀림없다.

그런데 우리가 몇몇 전통적인 포장지를 포기하는 동안, 어떤 기업들은 더더욱 포장에 집착해 왔다. 그들은 자신들의 사업이 전적으로 포장과 관련되었다는 사실을 깨달았다. 그래서 티셔츠에서 비누, 차, 심지어 컴퓨터 워크스테이션에 이르는 모든 상품을 우리에게 내재된 미적 감각을 충족시킬 수 있는 포장에 담아 내놓는다. 우리가 팜(Palm. PDA 기종) IIIe를 가진 사람 앞에서 팜 V를 꺼낼 때 느끼는 쾌감은 가히 비이성적이라고 할 수 있다. 그러한 감정은 최신 또는 최고의 것을 가짐으로써 얻는 감각적 기쁨에서 비롯된다. 그것은 그만한 가치가 있으며 팜도 그 점을 잘 알고 있다.

컨퍼런스에 한번 가 보라. 컨퍼런스 자체와는 관계없는 포장—유니폼과 인테리어, 분위기—이 컨퍼런스를 한결 중요하고 재미있는 것으로 느끼게 해 준다.

요즘 같은 이메일과 팩스 시대에 서류를 보내는 데 페덱스 봉투가 정말로 필요할까? 서명을 받아야 할 원본 서류가 아니라면 거의 그렇지 않을 것이다. 그럼에도 기업들은 여전히 페덱스를 이용한다. 이유가 뭘까? 그것은 문서를 페덱스 봉투에 넣어 보내면 읽힐 가능성이 커지기 때문이다.

그렇다면 이러한 상황에서 위험에 처하는 것은 누구일까? 포장지와 내용물 사이의, 점점 커져만 가는 간극 때문에 생존을 위협받는 것은 어떤 기업들일까? 내 생각에는 극단edge으로 가기를 주저하는 기업들이 그 대상이 될 것 같다.

당신의 선택을 재고하게 할 만한 두 가지 아이디어를 소개하겠다.

만일 당신의 회사가 내용물을 만드는 회사라면 가능한 한 빨리 포장 산업에서 빠져나오라. 전자책을 제공한다면 독자 수는 극적으로 늘어날 것이다. 현재까지 내 책 『아이디어 바이러스』를 읽은 독자는 2백만 명이 넘는데, 그것은 내가 책값을 비싸게 만드는 물리적 요소들을 모두 제거했기 때문이다. 와인 업계에 종사하는 사람이라면, 그리고 그 와인이 좋은 평가를 받고 있고 많은 추종자를 거느렸다면, 화려한 와인 병과 주류 판매점을 생략하고 고객에게 특별한 빈티지로 다가가야 할 시점이다. 병을 팔 것이 아니라 와인을 팔아라!

만일 당신이 포장 업계에 종사하고 있다면, 좀 더 잘하도록 노력하라! 맥주는 아름답고 딸 때 소리도 근사한 병에 담겨야 한다. 포장지는 화장품을, 고객 서비스는 노드스트롬(Nordstrom. 미국의 백화점 체인-옮긴이)을, 순수한 섹시함은 애플을 닮도록 노력하라. 자신들이 포장 사업에 종사하고 있다는 사실을 인정하길 두려워하는 회사들이 너무도 많다. 그들은 생산 시설에는 기꺼이 거액을 투자하지만 그만한 돈을 사용자 경험에 투자하는 것은 너무 느슨한 지출이라고 생각한다. 그렇다면 두 가지 실험을 해 보자. 『뉴욕 타임스』의 한 면을 가로세로 각 5센티미터 조각으로 오려 낸 다음 친구에게 내밀어 보라. 신기하게도 그 친구는 그 조각이 무엇인지 정확히 알아맞힐 것이다. 또 다른 친구에게 눈을 감으라고 한 다음 메르세데스 벤츠에 태우고 문을 닫아 보라. 신기하게도 그 친구 역시 자기가 어떤 종류의 차에 타고 있는지 정확하게 알아맞힐 것이다. 언뜻 생각하기에는 두 실험 모두 실제 제품과는 무관해 보이지만 실은 그런 느낌들이 그 제품의 전부라고 할 수 있다. 우리가 『뉴욕 타임스』에서 느끼는 시각적·감각적 느낌은 거기 실린 기사를 해석하는 방식에 영향을 미친다. 메르세데스 벤츠의 문이 닫힐 때 주는 느낌은 대부분의 운전자들에게 그 차의 가속력만큼이나 중요하다.

지난주에 나는 뉴욕 주 사라낙 레이크의 한 슈퍼마켓에 들렀다. 그곳은 전국에 꽤 고급 시장을 보유한 대형 체인의 매장이었다. 하지만 그곳만은 예외였다. 조명은 초라했고 진열도 그다지 잘되어 있지 않았다. 내가 바보 같은 충동구매(슈퍼마켓 입장에서는 유익한 구매)에 빠지지 않으리라는 사실을 깨닫는 데에는 5분이 채 걸리지 않았다.

당연하게도, 이 슈퍼마켓은 다른 모든 슈퍼마켓들과 마찬가지로 포장에 지나지 않는다. 슈퍼마켓은 식품을 담는 커다란 박스, 즉 기업들이 만든 포장 상품을 그것을 살 소비자들에게 전달하기 위해 고안된 포장이다. 그리고 이 매장의 매니저가 그런 포장을 좀 더 매력적으로 보이려는 노력을 그만둠으로써 이들은 자기네가 얻을 수 있는 큰 이윤을 포기한 것이나 마찬가지다. 제품과 영업 인력, 심지어 부동산(매장 건물)까지 준비하는 그 모든 수고를 거치고도 사용자에게 기쁨을 안겨 주는 마무리를 하지 못하다니 얼마나 아까운 일인가!

한편 웹은 포장 종사자들을 보호해 주던 덮개에 구멍을 냈다. 웹에서는 바스락거리는 소리를 들을 수도, 조명을 쬐거나 가죽 냄새를 맡을 수도, 잘생긴 영업 사원의 열정 가득한 목소리를 들을 수도 없다. 엔지니어들의 보복이라고 할 수 있는 웹에서는 섹시함과 포장이 아니라 내용과 유용성만으로 승부한다.

자, 그렇다면 이제 어떻게 할 것인가? 나라면 다음과 같이 하겠다.

1 웹 사이트는 신선하고 단순하며 우아하게 만든다. 하지만 포장이 주는 기쁨과 경이로움을 흉내 내지는 않는다. 대신 불필요한 것들은 절대 싣지 않는다. 컨설팅 펌들의 웹 사이트를 들여다보면 웹에서 너무 많은 것을 보여 주려 한다는 걸 알 수 있다. 내가 필요로 하는 잠재 고객의 관심만 얻으면 된다. 거기서 멈춘다.
2 나의 포장술을 돋보이게 할 도구들을 이용할 만한 사람들에게 허락을 얻는다. 예를 들어 가까운 자동차 경주장에서 최신형 BMW를 무료로 시운전할 수 있는 티켓을 보내거나 그들로 하여금 나의 유능한 고객 서비스 담당자들에게 전화하도록 만든다.
3 아주 값싸거나 공짜인 독특한 유인 상품을 만들어 나의 제품을 경험하게 만든다. 버츠 비(Burt's Bees. 미국의 천연 화장품 메이커—옮긴이)는 드럭스토어닷컴drugstore.com과 손을 잡고, 그 사이트에서 제품을 구매한 고객들에게 자사의 립크림 열 팩과 스킨 크림을 무료로 나눠 준다. 그렇게 제공한 제품들이 깊은 인상을 남긴다면 나의 노력은 충분한 대가를 거둔 셈이다. 일단 버츠 제품을 경험하고 나면 흠뻑 빠져들어 이후로는 그것을 사는 데에 아낌없이 돈을 쓸지도 모를 일 아닌가.

이러한 시도들이 실패했을 때, 당신이 마지막으로 선택할 수 있는 방법이 하나 더 있다. 포장 사업에서 완전히 빠져나오는 것이다. 그리고 더 나은 것을 만드는 일에 다시 헌신하라. 포장 사업이 재미있고 섹시하며 미디어 친화적인 것은 사실이다. 하지만 사람들에게 진정 더 나은 무언가를 내놓는다면 장기적으로 볼 때 적어도 굶주리지는 않게 될 것이다. 프로이트가 말했듯, 시가는 시가일 뿐이다. 시가의 셀로판지 껍질에 대해 두 번 생각하는 사람은 없다.

야크털 깎기

최근 나는 MIT 미디어랩에 의해 컴퓨터 용어로 완전히 자리 잡은 '야크털 깎기'라는 용어를 친구인 조이 이토에게 듣게 되었다. 올해 내가 새로 알게 된 용어들 중 가장 마음에 드는 것이었다.

좀 비전문적인 정의이긴 하지만, 내 방식대로 약간 확대 해석해서 이 용어를 한 번 설명해 보겠다.

야크털 깎기는 우리가 무언가 해야 할 일을 발견했을 때 발생할 수 있는 여러 단계의 일들 중 맨 마지막 단계이다.

"오늘은 세차를 해야지."

"이런, 겨울에 터진 호스가 아직도 그대로군. 홈디포Home Depot에서 새로 하나 사야겠는걸."

"그런데 홈디포는 타판 지 다리Tappan Zee Bridge 건너에 있잖아. 이지패스(E-ZPass, 전자 요금 징수 장치—옮긴이)가 없으면 너무 불편한데."

"아, 맞다! 옆집에서 이지패스를 빌리면 되겠구나."

"하지만 밥은 내 아들 녀석이 빌려 간 베개를 돌려주기 전에는 이지패스를 빌려 주지 않을 거야."

"베갯속이 빠져나왔고 그걸 채워 넣자니 야크털이 필요하기 때문에 아직 돌려주지 못했지."

그러다 정신을 차려 보니 당신은 어느새 동물원에서 야크털을 깎고 있는 것이다. 세차를 하기 위해서 말이다.

야크털 깎기 현상을 남들보다 유난히 자주 경험하는 사람들이 있다. 특히 여러 사람이 한꺼번에 개입될 때 사태는 심각해진다. 한 사람이 팔을 걷어붙이고 털을 깎으려고 나서는 것만으로도 충분히 끔찍한데 수많은 사람이 한꺼번에 나선다면 어떤 일이 벌어질까?

바로 그렇기 때문에 1인 기업과 소규모 조직이 일을 제대로 해낼 가능성이 더 높은 것이다. 그들에게는 털을 깎을 야크가 별로 없다.

그렇다면 어떻게 해야 할까?

호스를 사러 홈디포에 가지 말 것.

기회를 포착했다면 즉시 시작하라. 그런 다음 피드백을 구하라. 그들의 말에 귀 기울이라. 그것을 몇 번이고 반복하라.

전자 발자국

모든 사람의 인생이 공개 기록으로 남는 지금, 추천서는 별 의미가 없다.

내 여동생(유능한 매니저이자 팀 리더인)은 지금 새 일자리를 찾고 있다. 며칠 전 그녀가 자기 이력서를 보여 주었다. 그 맨 마지막 줄에는 거의 모든 이력서에 등장하는, 하지만 이제는 별 의미가 없는 네 단어가 작은 글씨로 적혀 있었다.

"요청 시 추천서 제출"

다른 구직자들과 마찬가지로 내 동생도 회사가 관심을 표명하면 자신에 대한 엄선된 의견을 제공할 용의가 있다는 것이다. 문제는 그게 더는 의미가 없다는 것이다.

이유? 당신에 대한 추천서는 공개를 원하건 원하지 않건 언제 어디서나 찾을 수 있기 때문이다.

어딜 가건, 우리는 전자 발자국을 남긴다. 이피니언스닷컴에 불만 사항을 올리거나 아마존에 리뷰를 쓰거나 뉴스그룹에 댓글을 달면 당신의 의견은 세상 모든 사람과 영원히 공유된다. 집을 사건, 신용카드 대금을 연체하건, 직업을 바꾸건, 그 모든 기록은 온라인에 남아 모두에게 공개된다.

오늘날, 인적 사항을 확인하는 데 드는 비용은 예전과는 비교할 수 없을 정도로 낮다. 사립 탐정들도 더는 발로 뛰지 않는다. 단지 번호 몇 개만 입력하면, 짜잔! 데이터가 곧바로 튀어나온다. 그것도 당신이 상상하는 것 이상으로 많은 데이터가.

물론 흔적을 남기는 것은 개인만이 아니다. 조직은 그보다 훨씬 큰 과제에 직면해 있다. 내게 몇 건의 강연을 부탁했던 한 회사의 경우를 보자. 그들이 내게 지불한 계약금 중 수표 석 장이 부도 처리되어 되돌아왔다. 전화도 걸어 보고 메일도 보내 보고 협의도 해 봤지만 결국은 변호사를 고용해야 했다. 그들은 끝까지 약속된 금액을 지불하지 않았다. 예전 같으면 거기서 끝이겠지. 하지만 요즘에는 온라인에 기록이 남는다. 구글에서 그 회사 이름을 검색하면 내 블로그에 이르게 될 것이고, 그러면 그 회사와 거래해야 할지에 대해 다시 생각해 보게 될 것이다.

당신이 식당을 운영한다면 당신의 고객들은 자가트(Zagat. 도시별 레스토랑 정보지)에 점수를 매길 것이다. 만일 당신이 정치가라면 모든 잠재 유권자는 잠재적인 온라인 정치 전문가이다.

이러한 상황에 이르면 사람들은 편집증에 사로잡히게 된다. 모든 고객이 잠재적 브랜드 파괴자인 것만 같다. 그러나 고객들은 동시에 잠재적인 브랜드 구축자이기도 하다. 그들은 어느 날 느닷없이 플래닛피드백이나 이피니언스닷컴에 예기치 못했던 브랜드—예를 들어 '칠리스' 같은—에 대해 칭찬의 글을 올린다.

이런 식이다.

"색다른 서비스나 합리적인 가격을 찾으신다면 칠리스가 어떨까요? 제 생각에 칠리스는 그런 것을 모두 갖추고 있는 것 같아요. 저는 통옥수수와 으깬 감자를 곁들인 치킨 프라이드 스테이크를 먹었는데요, 치킨 프라이드 스테이크는 크기가 접시만 했고, 더구나 블랙 앵거스 고기로 만들었더라고요."

와우!

이제 한 가지는 분명해졌다. 추천서는 바로 당신 자신이라는 사실. 친구가 내게 어떤 연극이 별로라고 하면 나는 그것을 보러 가지 않을 것이다. 친구 한 명의 추천이 잔디 관리 서비스나 휴양지에 관한 내 선택을 좌우할 수 있다. 내 책을 출판한 출판업자가 방금 내게 어떤 작가 후보에 대해 묻는 이메일을 보내왔다. 내가 그 작가와 나의 관계를 확인해 주지 않는다면, 그는 계약하지 못할 것이다.

이제 그 누구도 과거에서 벗어날 수 없다. 가격을 마음대로 이랬다저랬다 할 수도 없다. 인터넷 아카이브(Internet Archive. 디지털 자료를 보존하기 위해 설립된 비영리 단체—옮긴이)의 웨이백 머신(Wayback Machine. 인터넷 아카이브가 만든 디지털 타임캡슐—옮긴이)에 가격에 관한 자료가 영원히 저장되어 있을지도 모르기 때문이다. 조금만 주의

하면 부하 직원을 학대한 전력이 있는 매니저를 고용할 일도 없을 것이다. 소송 자료가 고스란히 기록으로 남아 있기 때문이다.

자, 그렇다면 우리는 어떻게 해야 할까? 과거의 말과 행동이 우리를 뒤쫓아 와 괴롭힐까 봐 안절부절못하고 공포에 떨면서 살아야 하나? 나는 그렇게 생각하지 않는다. 이건 모든 조직과 개인이 손만 뻗치면 이용할 수 있는 눈부신 기회다. 다가오는 미래를 당신의 과거를 창조하는 데 사용하라. 지금 당장. 당신의 말이 당신에게 불리하게도 유리하게도 작용할 수 있음을 염두에 두고 확실하게 당신의 목소리를 내며 살라. 고객 한 명 한 명이 모두 추천장으로 바뀔 수 있다는 생각으로 그들을 대하라. 거래업자들 모두를 언젠가 당신을 추천할 사람으로 대하라. 때가 되면 당신이 뿌린 씨앗을 거두게 될 것이다.

생생하고 긍정적인 자취를 남기고 싶은 사람들에게는 블로그나 뉴스그룹, 전문 조직, 그 외 모든 것이 완벽한 수단이 될 수 있다. 새로운 도구를 이용할 것인가 아니면 새로운 도구의 희생양이 될 것인가는 당신의 선택에 달렸다.

무한 채널의 시대

30년 전, TV 비즈니스 종사자들은 3개의 채널 외에는 생각할 수도 없었다. 케이블이란 그저 신화에 불과했다. 거대 방송사들이 케이블 방송을 그토록 형편없이 시작한 것도 바로 그 때문이었다. 그들은 케이블이 성공은커녕 그 근처에도 갈 수 없으리라 믿었던 것이다.

그러나 알다시피, 최초의 케이블 채널 스무 개는 성공을 거두었다.

그것도 수십억 달러에 이르는 엄청난 성공이었다.

그리고 10여 년 후, TV 비즈니스는 완전히 새로운 국면에 접어들었다. 그들은 자기네들이 자연수만큼이나 많은 네트워크를 구축했으며 더는 불가능하다고 믿는다.

글쎄, 과연 그럴까? 티보TiVo가 자바와 TCP/IP를 갖추게 되어 채널이 백만 개로 늘어난대도?

현재 TV 비즈니스에 종사하는 사람들은 그런 상황을 상상도 못한다. 그들은 A&E 네트워크(여러 개의 케이블·위성 TV 채널을 소유한 미국의 미디어 그룹—옮긴이) 같은 것이 스무 개 넘게 존재하는 세상, 모형 비행기 만들기 프로그램만 방영하는 채널이 있는 세상을 상상하지 못한다.

하지만 XM과 시리어스(둘 다 위성 라디오 업체로 2008년 합병하여 시리어스 XM으로 재탄생했다—옮긴이), 인터넷은 라디오 방송의 수를 백 배로 증가시켰다.

또한 『뉴욕 타임스』는 미국에서만 연간 17만 5천 권의 책이 출간된다고 보도했다. 그리고 그 수는 계속 증가하고 있다.

5년 전 100여 개에 불과했던 블로그는 현재 3천만 개에 달한다.

모든 분야에서 채널의 수가 계속 늘어나고 있다. 한편 '좋은' 채널, 즉 고정 이용자가 많고 이용자층이 폭넓은 붙박이 채널은 점점 줄어들고 있다. PR 수단으로 이용하기에 좋은 신문은 손에 꼽을 정도이다. 진열 공간으로서 중요한 의미를 갖는 소매점은 몇 개 안 된다. 그렇다. 무언가를 세상에 내놓기는 쉽다. 하지만 유통만 잘 시키면 성공할 것이라는 생각은 버려야 한다.

이제 인쇄기를 가졌다는 것은 대단한 일이 아니다. 베드 배스 & 비욘드(Bed Bath & Beyond. 미국의 가구·생활용품 체인—옮긴이)의 구매 담당자를 안다는 것 역시 마찬가지다.

추억의 페이머스 초콜릿 웨이퍼

그 옛날, 맥도널드는 말할 것도 없이 '보랏빛 소'였다. 그들은 리마커블했다. 독보적인 존재였다.

어째서?

그들은 똑같은 음식을 전국 각지에 공급했다. 아무도 그런 적은 없었다.

그들은 전국을 대상으로 광고를 했다. 아무도 그런 적은 없었다.

그들은 전 국민의 입맛에 맞는 몇 개의 대중적인 메뉴로 승부했다. 아무도 그런 적은 없었다.

그들은 적은 돈으로 빨리 먹을 수 있는 식사 경험을 제공했다. 아무도 그런 적은 없었다.

문제는, 규칙이 계속해서 변한다는 것이다. 오늘의 보랏빛 소가 내일의 미친 소가 될 수도 있다.

리마커블한 상태를 유지한다는 것은 참 어려운 일이다. 우연히 그런 일이 일어나리라고 기대하는 것은 무리다. 더 진화하는 방법을 발견하든지, 서서히 사라져 가는 것을 속수무책으로 지켜보든지, 둘 중 하나다.

나는 페이머스(Famous. 나비스코 사의 과자 브랜드) 초콜릿 웨이퍼(wafer. 흔히 웨하스로 불리는 과자 종류—옮긴이)와 크림을 가지고 제브러 케이크를 만들다가 이런 생각을 하게 되었다. 분명히 이 케이크는 옛 추억을 떠올리게 만드는 훌륭한 디저트다. 하지만 그렇다고 이 브랜드의 관리자가 되고 싶지는 않다. 더는 이 브랜드를 성장시키는 것이 불가능하기 때문이다. 페이머스 초콜릿 웨이퍼가 누리던 영광의 시절은 오래전에 지나가 버렸고, 아무리 기다려도 그 시절은 되돌아오지 않는다. 페이머스? 더는 페이머스(유명)하지 않다.

특별 보너스,
2개의 e-book!

**243달러의 가치가 있는 무료 전자책 두 권을
충실한 독자인 여러분을 위해
공짜로 싣는다!**

BONUS 1

똑 똑!
웹사이트 설계, 어떻게 할 것인가

당신이 웹 사이트에 대해 알고 있다고 생각하는 것들은 거의 다 틀렸다. 웹 디자인이나 웹 전략에 관한 기존의 지식들은 대개 비용과 시간이 많이 들면서도 비효율적인 것들이다.

나는 그 모든 것을 바로잡기 위해 이 글을 썼다.

만일 당신이 웹 사이트와 관련해 골머리를 앓고 있지 않거나 그 문제를 해결하는 데 관심이 없다면 이 섹션을 읽는 것은 시간 낭비다. 그렇지 않고 구글 애드워즈 등의 광고 기법을 통해 잠재 고객이나 고객, 기부자, 학생 또는 사용자 등과 연결될 방법을 찾아내려고 노력 중이라면 아마도 여기서 쓸모 있는 정보를 꽤 얻을 것이다.

이 글에서 나는 몇 가지 중요한(그렇지만 간과되고 있는) 아이디어를 규명하고 그 아이디어를 실행하도록 당신을 설득할 것이다. 나는 당신이 겪고 있는 문제(만일 그런 것이 있다면)가 정보의 부족 때문이라고는 생각하지 않는다. 문제는 정보가 너무 많다는 것이다! 더는 장황

한 책이나 유능한 컨설턴트가 필요 없다. 지금 당신에게 필요한 것은 무언가(단 한 가지의 것)를 해야 한다는 사실을 확실히 깨닫는 일이다. 그런 다음에는 그것을 실천할 의지가 필요하다.

쓸데없는 말은 그만 집어치우고 본론으로 들어가자.

큰 그림 : 웹사이트가 하는 일

★ 큰 그림 1

웹 사이트는 아래 두 가지 일을 해야 한다. 최소한 둘 중 하나는 해야 한다.

- 낯선 이를 친구로, 친구를 고객으로 만든다.
- 사람들이 당신이 들려주는 스토리를 믿게끔 설득할 수 있는 일관된 목소리를 낸다.

★ 큰 그림 2

웹 사이트가 할 수 있는 일은 다음 네 가지이다.

- 클릭을 통해 당신이 목표하는 곳으로 이동하도록 한다.
- 클릭을 통해 당신이 그에게 이메일이나 전화를 할 수 있도록 허락하게 만든다.
- 클릭을 통해 무언가를 구매하게 만든다.
- 클릭하거나 블로그에 포스팅하거나 친구에게 전화하거나 만나

이제는 작은 것이 큰 것이다

서 소문을 퍼뜨리도록 만든다.

이게 다. 웹 사이트가 이 이상을 시도하는 것은 시간과 돈, 더 나아가 집중력의 낭비일 뿐이다.

자, 우리는 이제 큰 그림 1에서 시작한다. 왜냐하면 그게 최우선이니까.

목적이 뭡니까?

어떤 남자가 판매 제안을 위해 방문했다. 잠시 후 구매 담당자는 이렇게 말했다.

"지금 저에게 뭔가를 팔려고 그러시는 겁니까?"

세일즈맨은 주저주저하다가 더듬거리며 말했다.

"아, 아뇨, 물론 아닙니다······. 저는 그, 그저 이야기를 좀 나누려고······."

당연히, 구매 담당자는 화를 내며 말했다.

"뭘 팔러 온 게 아니라면 당장 나가요. 시간만 낭비하게 만들지 말고."

때로는 자신이 무언가를 팔려고 애쓰고 있다는 사실을 받아들이기 힘들 수도 있다. 그것이 일종의 제품이든, 서비스든, 아니면 아이디어이든. 아니면 당신은 모교를 위한 기금을 마련하거나 매 맞는 여성에게 쉼터를 제공하기 위해 모금을 하고 있을지도 모른다. 어쨌든 당신은 지금 웹 사이트를 이용해 무언가를 하려는 것이다. 그게 아니라면 당장 여기서 나가라.

그래, 무슨 일을 하고 싶은가? 나머지 팀원도 그것을 확실히 알고 있는가?

웹 페이지는 스타벅스와는 다르다. 웹 페이지는 일련의 과정 중 한 단계에 불과하다. 당신 집 앞 층계의 각 계단은 자신들의 존재 이유가 당신을 올라가거나 내려가도록 하는 것임을 이해하고 있다(계단이 이해라는 걸 할 수 있을지는 모르겠지만). 건축가에게 각 계단의 목적이 무어냐고 묻는다면 그는 망설이지 않고 대답할 것이다. 말하나 마나, 목적은 당신을 다음 칸으로 보내 주는 것이다. 그뿐이다.

그렇다면 웹 페이지의 목적은 뭘까? 어디다 쓰는 거지?

답은 무척 간단해 보인다. 과연 그럴까? 아니, 그렇지가 않다. 대답이 간단하지 않은 이유는 대개의 웹 페이지가 세 가지, 또는 여섯 가지, 혹은 백 가지가 넘는 일을 하도록 설계되어 있어 어정쩡한 것이 되어 버렸기 때문이다. HTML은 막강한 도구지만, 그것이 할 수 있는 일은 전부 다 해야만 한다고 생각하는 사람들 때문에 끊임없이 오용되고 있다.

자, 잠시 마음을 가라앉히고 단 한 가지 일만 하는 웹 페이지를 가졌다고 상상해 보라. 그리고 그 웹 페이지가 단 한 가지 일만 하는 또 다른 페이지로 연결된다고 상상해 보자.

머지않아(가능한 빠른 시일 내) 당신의 웹 페이지는 사람들로 하여금 당신이 그토록 바랐던 일을 하게 만들 것이다. 애초에 당신이 웹 사이트를 만든 목적 그대로 말이다.

트래픽을
사 라

심지어 두 살짜리 어린아이도 "똑똑" "누구십니까"로 이어지는 문답 놀이의 원리를 알고 있다. 당신은 늘 일정한 대사로 시작하고 그에 대해 늘 응답을 얻는다. 구조적이고 예측 가능한 방식으로. 당신은 또 거기에 대답한다. 그러면 그다음에는 결정적인 대사가 돌아온다. 이것은 일종의 단계적 프로세스로, 이러한 단계적 사고는 당신이 원하는 것을 얻게 해 주는 과정을 구축하는 데에도 이용될 수 있다.

"똑똑" 문답놀이는 매우 직설적이다. 먼저 당신은 "똑똑"이라는 말로 이제부터 놀이를 할 거라는 사실을 알린다. 상대는 당신을 무시하든지, 아니면 "누구세요?"라는 말로 놀이에 참여하기로 했음을 알린다. 이후 이어지는 대화는 아주 단순하다. 상대방은 간혹 당신의 말에 미소를 짓기도 할 것이다.

자, 그럼 이번에는 당신이 돈을 써서 사람들을 당신의 사이트로 끌어들이고 있다고 가정해 보자. 아무리 바보라도 비용을 들이면 방문자를 끌어들일 수는 있다. 그리고 그 결과가 좋다면 돈을 더 써서 방문자를 더 끌어들일 수도 있다. 상사가 방문자 수를 두 배로 늘리라고 하면 그렇게 할 수도 있다. 만일 당신이 남보다 먼저 시작했다든지 검색 엔진에서 유리한 위치를 차지해서 방문자를 공짜로 끌어들이고 있다면 그것은 일종의 천연자원이라고 할 수 있다. 하지만 텍사스의 석유처럼 천연자원은 언젠가는 고갈되고 만다. 그러므로 나는 당신에게 "재생 가능한 방문자 흐름을 돈을 들여 구축하라"고 권한다.

자, 그럼 이제 돈을 주고 방문자를 사는 조금 현명한 방법을 알아

보자.

구글에 대해 한 번도 들어 보지 못한 사람은 별로 없겠지만, 그들이 어떻게 해서 매년 수십억 달러를 벌어들이는지 이해하는 사람은 많지 않다. 그들은 검색 결과 밑에 뜨는 작은 박스로 돈을 번다.

구글은 이를 '애드워즈AdWords' 프로그램이라고 부른다. 유사한 프로그램을 제공하는 다른 사이트들이 있지만, 애드워즈의 규모가 제일 크기 때문에 그것을 예로 들어 설명하겠다. 그것을 거래하는 과정은 꽤나 우아하다.

- 당신의 제품을 설명해 줄 수 있는 단어나 어구를 고른다(때로는 키워드로 사용하고 싶지 않은 단어를 선택하게 되기도 한다).
- 짤막한 제목과 더불어 제품에 대해 무언가를 약속하는 문장을 쓴다.
- 그 광고를 한 번 클릭하도록 하는 데(그래서 당신이 원하는 페이지로 끌어들이는 데)에 얼마를 지불할 것인가를 계산한다.
- 그렇게 해서 하루에 몇 명을 끌어들일지 결정한다.

이제 다 됐다. http://adwords.google.com에 가서 당신의 정보를 입력하기만 하면 된다.

예를 들어 당신은 구글로부터 '플로리다의 은퇴자용 주택' 광고를 클릭당 1.2달러에 구매할 수 있다. 하루에 천 명까지 돈을 지불하기로 했을 때, 실제 방문자 수는 당신이 생각했던 것보다 더 적을 가능성이 높다. 다음과 같은 이유들 때문이다.

- 구글의 트래픽이 충분치 않다(당신이 신청한 문구를 검색한 사람들만 당신의 광고를 보게 되는 데다가 구글 같은 사이트는 워낙 방대해서 어떤 것은 오히려 찾기가 어렵다).
- 검색 리스트의 맨 위에 뜰 정도로 액수를 많이 부르지 않았다.
- 사람들이 당신의 광고를 싫어해서 클릭을 하지 않는다. 만일 당신의 광고가 정말로 형편없다면 구글은 그 사실을 당신에게 통보한 뒤 광고를 빼 버릴 것이다. 효과 없는 광고를 실었다고 광고주를 자르는 미디어 회사라니.

애드워즈 광고를 효과적으로 작성하는 기술이 하나 있다. 당신이 클릭당 1달러를 구글에 지불하기로 했다고 치자.

당신이 유도한 페이지에 도달한 사람들 중 20퍼센트가 당신의 이야기를 읽고 클릭하여 다음 단계로 넘어간다면 확률적으로 볼 때 그러한 유효 클릭 한 번을 얻기 위해서는 5달러가 든다.

다시 말해 한 명을 두 번째 단계로 끌어들이기 위해 당신은 5달러를 쓴 것이다.

두 번째 단계에서 당신은 방문자에게 특정 정보를 요구하게 된다. 예를 들어 신용 카드 번호 같은 것들. 이런 것을 요구했을 때, 당신의 바람대로 행동하는 이들은 실제로 5퍼센트 남짓이다. 따라서 한 명을 세 번째 단계까지 끌어들이기 위해서는 확률적으로 100달러(헉!)가 필요한 것이다. 판매 한 건당 100달러.

그나마 좋은 소식은 이들 중 일부가 친구들에게 이야기를 퍼뜨린다면 당신이 추가 비용 없이 추가 고객을 얻을 수 있다는 사실이다. 그 고객은 공짜다. 평균적으로 고객 한 명이 입소문을 통해 친구 두 명을 데리고 온다고 치면 당신이 판매 한 건당 지불할 비용은 33.33…… 달러다.

따라서 당신이 온라인 마케팅과 웹 전략을 사용한 결과는 약 33달러에 신규 고객 한 명을 확보하는 것이다.

첫 페이지를 한층 효과적으로 만든다면 어떨까?

첫 페이지를 방문한 사람들의 20퍼센트가 아니라 50퍼센트가 다음 단계로 넘어간다면?

두 번째 페이지를 보는 사람들의 5퍼센트가 아니라 10퍼센트를 유혹할 수 있다면?

마지막으로, 친구에게 추천하기 도구가 두 명이 아니라 세 명의 친구를 데려올 수 있다면?

이제 계산해 보자. 한 명을 두 번째 단계까지 보내는 데 드는 비용은 2달러이다. 그를 판매에까지 이르게 하는 비용은 20달러이다.

그가 세 명을 입소문으로 불러와 총 네 명의 고객을 얻는다면 결국 한 명당 총비용은 5달러가 된다.

와우.

방금 당신은 금전적 손해를 불러오는 프로젝트를 돈을 벌어오는 프로젝트로 바꿔 놓았다.

신규 고객 한 명당 얼마씩 손해를 본다면 당신의 사업은 발전할 가망이 없지만, 신규 고객 한 명당 일정 금액을 번다면 그 돈으로 다시 금 고객을 '살 수 있는' 막대한 돈을 얻을 수 있다. 이렇게 되면 마케팅은 투자가 된다.

축하한다. 당신은 영웅이다!

이런 단계에 들어서게 되면 당신은 고객을 획득하는 다양한 방법을 사용할 수 있게 된다. 야후! 등 다른 사이트에서도 클릭당 지불 광고를 구매할 수 있고 광고 네트워크를 통해 당신의 광고를 다른 사이트에 게재하게 만들 수도 있다. 또 블로그 광고나 버스 외벽 광고를 시도할 수도 있다. 클릭당 비용을 측정하고 그 클릭이 가져오는 이익이 비용을 초과하는 한 당신은 승자다.

무언가를 '팔려는' 사람이 아닐 경우에도 주목할 필요가 있다. 이러한 분석이 지불 금액을 기준으로 이루어졌다고 해서 당신에게는 해당되지 않는다고 생각하면 곤란하다. 가령 당신이 어떤 대학교의 웹 사이트를 개발 중이며, 거기에 학생들이 교육 과정 목록을 온라인으로 볼 수 있는 프로그램을 집어넣기로 했다고 치자. 여기에도 똑같은 공식이 적용된다.

물론 학생들이 당신에게 현금을 돌려주지는 않는다. 그러나 각 단계를 넘어서는 방문자들의 비율을 늘리고 싶다는 생각에는 차이가 없다. 재미있긴 하지만 관련이 없는 링크를 올린다면 사람들은 그 링크를 따라가다 길을 잃을 것이며, 그것은 당신에게 시간과 비용의 낭비일 뿐이다. 좋은 웹 사이트란 최대한 많은 사람들로 하여금 애초에 당신이 목표한 것을 하도록 만드는 사이트다.

이를 위해 가장 중요한 첫 번째 규칙을 알려 주겠다.

당신의 사이트를 낯선 이가 당신의 광고를 클릭하는 데서 시작해 만족한 고객이 친구 열 명에게 당신에 대해 이야기하는 데에 이르는 일련의 연속적 단계로 인식하라. 그 가운데 가장 비효율적인 단계를 찾아내어 그것을 더 효율적으로 만드는 데에 당신의 모든 에너지를 쏟아 부으라. 모든 단계를 측정하라!

이 주제에 대해서는 할 말이 무궁무진하지만 일단 다음 단계로 넘어가자. 제2단계의 주제는 '설득'이다.

방문자의 기대에 맞는 스토리를 들려주라

이번 섹션에 관련된 사례는 http://sethgodin.typepad.com/photos/knockknock/index.html에서 찾아볼 수 있다. 여기서는 두 가지 사례만 소개하겠다.

〈그림 1〉과〈그림 2〉를 살펴보자.

누가 보더라도 두 사이트는 서로 다른 것을 판매하고 있다. 한 사이트는 당신의 가장 소중한 자산(인 집)을 담보로 잡히고 수십만 달러를 빚지라고 한다. 반면 다른 사이트는 당신에게 90달러짜리 스웨터를 팔고 싶어 한다.

웹 페이지의 목적이 대화를 이끌어 내는 것임을 깨닫고 나면 그것을 의인화하는 것이 별로 이상하지 않을 것이다. 첫 번째 페이지가 사람이라면 그것은 어떤 옷을 입고 있을까? 술집에서 만난다면 그에

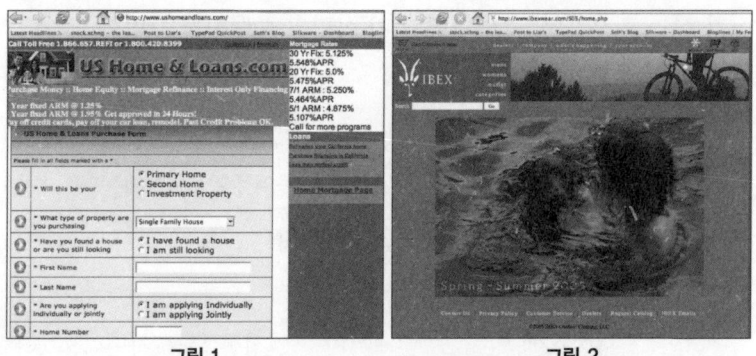

그림 1   그림 2

이제는 **작은 것이 큰 것**이다

게 말을 걸 수 있을까? 은행에서라면?

두 번째 페이지는 어떤가? 거기서 인간적인 매력을 발견할 수 있는가?

모든 웹 페이지는 평등한 조건 아래 창조된다. 인치당 72픽셀에 한정된 색깔, 똑같은 사이즈. 〈그림 1〉이나 〈그림 2〉나 픽셀을 채우는 데 드는 비용은 크게 차이가 없다. 그럼에도 두 페이지는 전혀 다른 스토리를 말하고 있다.

사람들이 어떤 결정을 내릴 때 의존하는 온갖 단서가 온라인에서는 쓸모가 없다. 냄새도, 촉감도, 방향 감각도 없다. 약간의 소리가 있을 뿐이다. 따라서 우리는 서체나 색상, 혹은 사진처럼 미묘한 단서에 집중하게 된다. 그러니 이것들이 얼마나 중요한지는 아무리 강조해도 지나치지 않을 것이다.

그간 첨단 기술 분야 종사자들이 사람들에게 온갖 근사한 웹 기능을 갖추게 하려고 애써 온 것에 대해 나는 그들이 옳았음을 인정하지 않을 수 없다. 적어도 약간은 말이다. 그것은 그러한 기능들이 우리들 중 일부에게 신호를 보내기 때문이다. 만일 내가 첨단 기술을 이해하는 회사, 자사가 첨단 기술에 관심이 얼마나 많은지 신호를 보내고자 하는 회사를 찾고 있다면 초기 화면의 플래시가 그러한 스토리를 들려주는 훌륭한 수단일 것이다.

하지만 문제는 똑같은 스토리가 모든 사람에게 통하는 것은 아니라는 점이다. 의류 회사인 아이벡스Ibex가 들려주는 스토리는 모기지론 회사가 들려주는 스토리와는 달라야 한다.

자, 이제 두 번째 규칙을 말할 차례다.

당신의 웹 사이트에 있는 모든 페이지는 일정한 톤을 지닌다. 그러한 톤이 방문자의 기대와 어긋나서는 안 된다. 만일 그것이 방문자의 기대와 어긋날 경우, 사람들은 당신에 대해 오해하게 되고 최악의 경우 빠져나가 버린다.

아래 사진은 오픈소스 RSS 리더기에 관한 (지금은 폐지된) 사이트다. 이 사이트의 목적은 첨단 기술 분야 전문가들과 얼리어답터들, 미디어 종사자들을 끌어들이는 것이다. 문제는 이것이 전혀 다른 종류의 사이트로 느껴진다는 것이다.

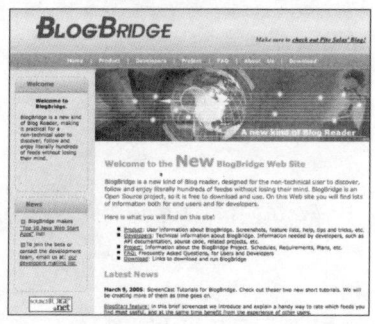

이 사이트와 아래 사진의 사이트를 비교해 보라. 픽셀 수는 같지만 그 느낌은 전혀 다르다.

여기서 우리가 부딪히는 또 하나의 문제는, 어떤 이에게는 적당하다고 느껴지는 표현이 또 다른 이에게는 지나친 것으로 느껴질 수도

있다는 점이다. 방문자가 어떠한 세계관을 가지고 있을지 예측할 길은 없으며, 특정인이 무엇을 받아들일지 예측할 길 또한 없다.

따라서 이는 세 번째 원칙으로 이어진다.

당신은 선택을 해야만 한다. 모두를 만족시킬 수는 없다. 그런 것은 시도조차 하지 말아야 한다. 그랬다가는 아무도 만족시키지 못할 것이다. 대신, 누가 최고의 청중인지 생각해 보고 그 집단의 심장부에 직접 다가가라. 그 밖의 다른 사람들은 모두 무시하라.

최고의 청중은 어떤 집단인가? 최고의 청중은 다음 세 가지 요소를 갖추어야 한다.

1 크다.
2 애드워즈 광고를 클릭하거나 그 밖의 방법으로 당신을 찾아낼 가능성이 있다.
3 당신의 메시지에 반응할 것으로 예상된다.

3번에 해당되지 않는다면 나머지 두 요소를 갖추었더라도 소용없다. 2번과 3번이 없다면 1번은 중요하지 않다. 그러나 이 세 가지에 모두 부합한다면, 즉 광고를 클릭할 정도로 관심이 많고, 당신이 들려주는 이야기에 반응할 정도로 공통의 관심사를 가진 대규모 청중을 발견할 수 있다면, 그들이 바로 당신이 원하는 청중이다.

다르게 취급하라

당신의 사이트를 처음 방문한 사람들은 고정 방문객들과는 전혀 다른 도전 상대이다. 당신의 사이트를 다시 방문하는 사람들은 이미 당신이 누구인지, 그 사이트에서 무엇을 얻을 수 있는지 알고 있다. 방문객들은 당신을 신뢰하고, 무언가 특별한 것을 찾아 되돌아온다.

반면 새로운 방문자들은 첫인상을 수집하느라 바쁘다. 그런데 왜 양쪽 모두에게 똑같은 정보를 제공하는가? 왜 똑같은 것을 제안하는가? 왜 똑같은 어조로 말하는가?

좋은 소식은 쿠키(웹 사이트가 방문자의 컴퓨터에 기록을 남기는 것을 말함—옮긴이)를 설정해 정기 방문자들에게는 조금 다른 것을 보여 주는 일이 기술적으로 별로 어렵지 않다는 점이다.

이제 새로운 지식으로 무장했으니 여러분은 각각의 상대에게 어울리는 방식으로 이야기를 들려주는 데에 어려움이 없을 것이다.

기술에 관한 근거 없는 신화가 당신의 마케팅을 함부로 바꾸도록 내버려 두지 말라. 그렇다. 당신은 재방문자들에게 신규 방문자와는 다른 페이지들을 보여 줄 수 있다. 아니, 그렇게 해야만 한다.

단상: 웹 사이트에 왁스칠을 하라

당신의 회사는 수많은 웹 페이지를 갖고 있을 것이다. 원한다면 그 컬렉션을 당신네 '웹 사이트'라고 불러도 좋다. 하지만 사실상 그것은 서로 연결된 수많은 웹 페이지일 뿐이다.

만일 당신의 웹 사이트가 좀 더 큰 이익을 낳고, 좀 더 효과적이길 바란다면 이러한 인식은 매우 중요하다.

누군가를 당신의 웹 사이트로 보낼 때, 초기 화면으로 보내서는 안 된다. 아니, 초기 화면 같은 것은 만들지도 마라!

당신의 사이트로 들어가는 입구는 당신이 원하는 만큼 얼마든지 만들 수 있다. 나는 이런 페이지들을 '착륙 페이지'라고 부른다.

착륙 페이지는 당신의 광고와 연결된 곳이다. 당신이 음반을 판매하고 있고, '캐롤 킹 전집 세일'이라는 광고를 게재했다면 그 광고는 홈페이지 초기 화면으로 연결되어서는 안 된다. 광고와 부합하는 특정한 페이지로 연결되게 해 놓아야 한다.

이런 걸 일일이 말해 줘야 하다니!

일단 이런 관점에서 웹 페이지들을 보면 내 말이 무슨 뜻인지 충분히 이해가 갈 것이다. '똑똑 문답놀이'에서 질문에 맞지 않는 엉뚱한 대답을 해서는 안 되듯이, 당신의 광고와 당신의 마케팅, 당신의 착륙 페이지 간에도 상호 연결성이 있어야 한다.

우리는 웹 사이트를 일종의 피라미드 형태로 이해하는 데 길들여져 있다. 즉 맨 꼭대기에 초기 화면이 있고, 아래로 내려갈수록 점점 선택 사항이 광범위해지는 것이 보편화되어 있다.

하지만 나는 웹 사이트를, 고객 한 명 한 명이 모두 다르듯 제각기

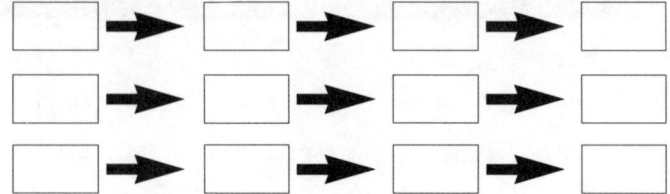

다른 일련의 과정으로 본다.

사이트를 재방문한 고객들은 자신의 과거 행동에 근거하여 특별히 선택된 페이지를 만나도록 해야 한다.

'차고 문 개폐기'를 찾아 애드워즈를 클릭한 고객은 차고 문 개폐기에 대해 안내하는 페이지를 만나야 한다. 어째서 이곳을 방문했는지 새삼 설명해 달라고 요구하는 초기 화면이 아니라.

그래서 나보고 어떡하란 말입니까? 당신이 답을 모르는데 잠재 고객이 답을 알 턱이 있는가?

각 단계마다 당신은 하나의 입장만 취하면 된다. "가장 현명한 행동은 이곳을 클릭하는 겁니다. 그것이 당신의 문제를 해결하는 최선의 방법입니다."라는 입장을(그렇다고 곧이곧대로 그렇게 말하지는 말고). 미국 볼링 협회American Bowling Congress는 볼이 중앙으로 흐르도록 왁스칠을 한 레인이 발견될 경우 300점을 감점한다. 그것은 공정하지 않기 때문이다.

그러나 왁스칠을 한 웹 사이트는 당신이나 당신의 사이트를 방문한 사람 모두에게 공정하다. 물론 고객을 원하는 곳으로 데려가기 위해 따라오기 쉬운 단계를 만들어 놓는다고 해서 모두가 그 길로 따라오는 것은 아니다. 그러나 고객을 위해 왁스칠을 잘해 놓는다면 적어도 더 많은 사람이 그 길을 따라올 것만은 분명하다.

사족 : 검색 엔진 최적화

당신, 또는 당신 팀의 검색 엔진 최적화(search engine optimization. 줄

여서 SEO)에 기꺼이 참여할 회사가 적어도 수십 개는 된다. SEO는 구글을 비롯한 검색 엔진들이 웹 여기저기에 보내는 스파이더(spider. 웹 페이지 자동 검색 프로그램)들을 당신의 사이트로 유도하는 기술이다. 유능한 SEO 회사는 웹 사이트를 변화시켜 올바른 인바운드 링크(inbound link. 다른 사이트에서 자신의 사이트로 들어오는 링크)와 아웃바운드 링크(outbound link. 자신의 사이트에서 다른 사이트로 나가는 링크)를 얻을 수 있도록 해 줌으로써 사이트의 검색 순위를 변화시킬 수 있다.

이것이 왜 중요할까?

구글을 검색하는 사람들 중 애드워즈 광고를 훑어보는 사람은 약 15퍼센트에 불과하다. 또한, 검색 결과를 두 번째 또는 세 번째 페이지까지 보는 사람은 전체의 30퍼센트도 채 안 된다. 말하자면 '플로리다의 은퇴자용 주택'을 검색 창에 쳐 넣은 사람들은 대개 상위 대여섯 개의 결과 중에서 하나를 선택하며, 그런 다음 아무 데로나 가버린다는 얘기다.

만일 당신이 159만 개의 결과 가운데 여덟 번째에 있다면, 당신은 실패할 것이 뻔하다.

과거에 나는 SEO를 좋아하지 않았는데, 그 주된 이유는 사용자들이 그것을 오용하기 때문이었다. 그들은 재미없고 지루하며 자화자찬 일색인 웹 사이트를 만들어 놓고 구글 검색 결과의 상위에 올려놓아 빛을 보려고 애썼다. 웬 쓸데없는 짓인지. 그건 마치 초등학교 2학년짜리가 손을 흔들면서 선생님이 지명해 주길 기다리는 것과 마찬가지다. 막상 선생님이 지명을 하면 대답도 못할 거면서 말이다.

오직 올바른 종류의 최적화—첫 번째 클릭이 판매로 연결되고, 첫 번째 클릭이 고객을 만족시켜 주는—를 실행할 때에만 SEO 투자는 보상받을 수 있다.

테스트와 평가

사람들은 내가 이 부분에 대해 얘기하면 무척 싫어한다. 미안하지만 할 말은 해야겠다.

웹 페이지는 늘 변화를 주어야 한다. 심지어 매일매일.

웹 페이지를 통한 제안의 내용과 그 방식에도 변화를 주어야 한다. 그런 다음 결과를 지켜봐야 한다. 때로는 점점 좋은 결과가 나타나기도 한다. 그렇다면 잘된 일이다. 앞으로도 그런 식으로 하면 된다. 하지만 때로는 나쁜 결과를 얻기도 한다. 그 또한 잘된 일이다. 어떻게 하면 잘 안 되는지를 발견했으니까.

웹 페이지에 계속해서 변화를 준다면, 제대로 시작했지만 잠깐 정체에 빠진 것뿐이라고 생각하는 경쟁자들은 모두 물리칠 수 있다.

사람들은 왜 이 과정을 싫어할까? 귀찮을 것 같기 때문이다. 사실은, 실패하면 더 귀찮아진다. 사이트를 계속해서 업데이트할 수 있는 것은 즐거운 일이다.

시스템을 진화시키라. 그러면 승리할 것이다.

진화란 단순한 개념이다. 여러 차례의 반#무작위적 교배, 그리고 패권을 가리기 위한 갑작스러운 전투. 적자適者는 승리하여 번성하고 패자는 사라진다.

웹 페이지도 마찬가지 방식으로 진화한다. 현재의 표준을 뛰어넘어라. 서로 완전히 다른 여러 개의 착륙 페이지를 만들어 그중 어떤 제안, 어떤 스토리, 어떤 서체, 어떤 색상, 어떤 가격이 통하는지 지켜보라.

그 밖에 말해 주고 싶은 세 가지

선택은 나쁜 것이다. 그동안 수많은 연구를 통해, 사람들은 선택의 범위가 너무 넓으면 도망친다는 사실이 입증되었다. 또한 선택은 사람을 불행하게 만든다. 사람들은 자신의 선택에 늘 후회하기 때문이다.

웹 사이트 방문자에게 지나치게 많은 선택 사항을 한꺼번에 제시하는 경우가 많은데, 브로드밴드의 세상에서 사용자가 클릭을 한 번 하는 데에 드는 비용은 예전과 비교할 수 없이 낮은 만큼, 선택 사항을 여러 개로 쪼개어 그것을 스무고개처럼 제시하라. "자, 다음 스물다섯 가지 중 하나를 선택하세요."가 아니라 우선 서너 개의 큰 카테고리를 제시하고, 그런 다음 한 번 클릭할 때마다 최종 선택으로 좁혀 갈 수 있는 세분화된 카테고리를 제시하라("남성복을 찾으십니까, 여성복을 찾으십니까?"……).

접촉은 좋은 것이다. 당신이 웹 사이트를 운영하는 것은 고객과 상호 작용을 원하기 때문일 것이다. 전화번호와 이메일 주소를 공개하라. 사람과 직접 접촉할 수 있는 것을! 모든 페이지에서 그것을 볼 수 있도록 하라!

막다른 페이지와 에러 페이지를 제거하라. 사이트에 일단 검색 창을 설치했다면 설사 일치하는 항목이 없다 해도 검색 결과를 보여 주어야 한다. 또한 "죄송합니다"라고만 할 뿐 검색자의 수고에 대해 아무것도 돌아오지 않도록 하는 것보다는 할인권을 주거나 특가 상품을 제안하거나 최소한 재미있는 농담이라도 들려주는 것이 좋다.

사람들에게 어떤 일을 억지로 시킬 수는 없지만 그것을 좀 더 쉽게 하도록 만들 수는 있다. 당신의 고객이 친구들에게 당신 사이트를 추천하고 싶어졌을 때 좀 더 쉽게 하도록 할 방법이 있는가? 대개의 사람들은 마케터가 멋대로 만들어 놓은 추천 도구를 거들떠보지도 않지만, 그들도 가끔은 추천하고 싶을 때가 있는 법이다. 그럴 때 쉽게 추천할 수 있는 방법을 만들어 놓는다면 그런 일이 조금은 더 자주 일어날 것이다.

마지막으로, 웹 사이트 구축과 관련해 아무리 강조해도 지나치지 않은 것이 하나 있다.

웹 사이트를 가진 회사들이 내게 털어놓는 불만은 자기네 웹 사이트가 도무지 제값을 하지 못한다는 것이다. 내가 보기에 그들은 가망이 없다. 애드워즈와 배너 광고, 심지어 웹 사이트를 홍보하는 열기구까지 샀지만, 그런 식으로 방문자를 급격히 늘릴 수는 있어도 그것을 가치 있는 것으로 전환할 수는 없다. 그 이유가 뭘까?

그것은 그 웹 사이트를 마케터가 아닌 엔지니어나 충직한 신봉자가 만들었기 때문이다.

좋은 마케터들은 웹 페이지가 진실을 내비치는 창문이 아님을 이해하고 있다. 그것은 문학이 아니라 또 하나의 유용한 마케팅 도구다.

마케팅 도구로서의 웹 페이지는 방문자를 한 장소에서 다른 장소로 이동시키고 낯선 이에서 친구로 변화시키기 위해 존재한다. 그러지 못하면, 클릭 한두 번으로 들어왔다가 그냥 나가 버린다. 똑똑.

당신의 웹 사이트에 있는 페이지 하나하나에 던져 보아야 할 세 가지 질문이 있다.

1 누가 여기에 들어오는가?
2 그들이 무엇을 하길 바라는가?
3 그들이 2번을 하도록, 설득력 있는 스토리를 들려줄 수 있는가?

3번을 해낼 수 없다면 애써 웹 페이지를 구축할 필요도 없다. 앞으로 한 걸음 내디디라. 약속을 하고 그 약속을 지키라. 테스트하고 평가하라.

BONUS 2
누구세요?
블로그 운영에 관하여

웹을 지탱하던 것들이 거의 모두 사라지고 있다. 그것도 아주 빠른 속도로.

혼란스럽다고? 나도 마찬가지다. 규칙도 바뀌고, 모든 게 새로워졌으니까.

전문가들은 몇 년마다 한 번씩 세상에 나와 말한다. 이번에는 정말 다르다. 모든 규칙이 바뀌었으니 거물들은 조심하라.

가만있자, 그런 일이 마지막으로 일어난 때가 언제더라? 7년 전이었나? 우리는 음반업계가 무너지고, 정치가 돌이킬 수 없을 만큼 변하고, 제트블루가 델타에 완승을 거두고, 아마존이 현실 세계의 상인들에게 불안감을 심어 주고, 아, 그리고 TV 네트워크가 무너지는 광경을 목격했다.

자, 이제 그런 일이 또다시 일어나고 있다. 하지만 이번만큼은 당신도 준비가 되어 있겠지? 내가 이 글을 쓰는 이유는 당신에게 몇 가지 간단한 규칙들을 알려 주기 위해서다. 그 규칙을 알게 되면 어떤 것들이 위기에 처했고 그것은 어떻게 작용하는지가 유리알처럼 투명하게 들여다보일 것이다.

내 약속이 마음에 드는가?

어쩌면 당신은 알아야 할 모든 것을 이미 다 알고 있을지도 모른다. 하지만 내 짐작에 당신과 당신의 팀은 그러한 원칙들을 따르는 일에 모든 에너지와 역량을 집중하고 있지는 않은 것 같다. 그게 바로 내가 이 글을 쓰는 이유다.

우리는 먼저 세 개의 기본 가정에서 시작해, 온라인에서 일어나는 거의 모든 일에 적용될 수 있는 몇 가지 규칙을 살펴볼 것이다.

여기, 당신이 완수해야 할 몇 가지 과제가 있다.

- 주류 미디어가 사멸해 가는 이유와 그 과정을 이해하라.
- 당신이 웹에 대해 근본적으로 다르게 접근해야 하는 이유를 알아내라.
- 단순히 전술을 바꾸는 것만으로는 안 된다는 사실을 받아들이라. 당신이 하는 일과 당신의 정체성 역시 바뀌어야 한다는 사실을 인정하라.
- 이 모든 일에 돈도 시간도 별로 들지 않음을 인식하라. 가장 어려운 부분은 이를 제대로 실천할 의지를 발견하는 것이다.

이 과제들에 대해서는 설명이 필요 없을 것이다. 자, 그럼 이제 시작해 보자.

첫 번째 진실:
소음

매일 8만 개의 새로운 블로그가 탄생한다.

스타벅스에는 1만 9천 종류의 음료가 있다.

오레오에는 열아홉 가지 맛이 있다.

미국에는 172개의 프로 스포츠 팀이 있다.

2004년 9월 28일 구글에서 '포드캐스트'를 검색했을 때 24개의 검색 결과가 떴다. 이 글을 쓰고 있는 지금, 그 수는 1천 7백만 개에 달한다.

우리 주위의 소음은 이제 폭발할 지경에 이르렀다. 그럼에도 우리는 그 사실을 잘 느끼지 못하고 산다. 하지만 이 모든 소리가 갑자기 사라지고, 세 개의 TV 채널과 세 개의 자동차 회사, 여섯 개의 라디오 방송국, 두 종류의 빨래용 세제, 두 종류의 신문만 존재하는 세상으로 보내어진다면, 당신은 아마도 당신의 정신을 빼앗을 무언가를 찾아 헤맬 것이다. 소음에 익숙하다고 해서 그것이 존재하지 않는 것은 아니다.

그리고 그 소음이 모든 것을 바꾸어 놓고 있다.

당신이 어떤 회사에 지원할 때, 다른 사람 천 명도 거기에 지원한다.

당신이 판매 중인 리스트를 검토할 때 다른 사람 천 명도 그것을 검토한다.

당신이 이베이에서 그릴드 치즈 샌드위치를 사기 위해 입찰할 때, 다른 사람 천 명도 그 입찰에 참가한다.

이제는 **작은 것**이 **큰 것**이다

당신이 자신의 블로그나 웹 사이트에 사람들이 들러 주길 바랄 때, 다른 사람 백만(천만, 아니 10억!) 명도 똑같은 것을 바란다.

내가 아무리 이렇게 말해도 당신은 그것을 진심으로 받아들이지 않는다. 자신만은 완전히 다른 세상, 사람들이 자신에게 특별히 신경 쓸 거라고 기대되는 세상에 살고 있다고 믿는다. 그리고 그 믿음은 거의 확신에 가깝다. 당신의 상사는 당신이 소음에 대해 이야기하면 고개를 끄덕이다가도 고개만 돌리면 1969년 방식으로 물건을 만들고 마케팅한다.

사실, 아무도 당신에게 신경 쓰지 않는다. 당신의 존재조차 모른다.

두 번째 진실: 품질

가슴을 치며 서구 문명의 쇠락을 통탄하기는 쉽다.

'최고의 품질'이라는 간판을 지나칠 때마다 나는 그 뻔한 거짓말에 진력이 난다.

절차가 복잡한 음성 사서함을 확인하거나 막혀서 나오지 않는 오일 분무기를 내던질 때마다 나는 탄식하며 고개를 가로젓는다.

하지만 사실은 많은 것이 예전보다 나아지고(그리고 저렴해지고) 있다. 우리는 전보다 좋은 음식을 먹고, 가치 있는 정보를 무료로 접하고, 먼 곳에 자주 전화할 수 있다. 어쨌든 대부분은 전보다 나아졌으며 그렇지 못한 것은 저렴해지기라도 했다.

이러한 경향이 가장 뚜렷이 드러나는 분야는 바로 온라인 콘텐츠다. 20년 전, 아니 10년 전만 해도 그런 것은 존재하지 않았다. 도서관에서 책을 뒤지든 서점에서 돈을 내고 책을 사든, 그런 정보는 구할 수가 없었다.

그 결과, 사람들은 놀라울 만큼 까다로워졌다. 사람들은 사고, 보고, 읽는 모든 것에 까다로워졌다. 소음으로 가득하고 좋은 것이 흘러넘치는 세상에서 웬만하면 구하기 쉽고 값싸며 친숙한 것을 고르려고 하지만, 자신이 특별히 의미를 두는 것에 대해서는 지구 끝까지라도 쫓아가서 최고의 것을 구하려고 한다.

세 번째 진실:
이기심

블로그를 트렌드로 만들기 시작한 이상주의자들은 몇 가지 아이디어를 이용해 블로그를 번창시켰다. 첫 번째 아이디어는 블로그를 아무런 조건 없이 서로 링크한다는 것이었다. 그 결과 관심 있는 포스트는 자기 블로그에 링크해 둘 수 있게 되었다.

또한 그들은 '블로그롤blogroll'이라는 것을 고안해 냈는데, 이것은 관심이 가는 블로그의 목록을 자기 블로그에 올려 두는 장치이다. 별것 아닌 것같이 보이는 이 아이디어는 그러나 엄청난 파장을 몰고 왔다. 구글이 교차 링크를 사용함으로써 이 블로그들에 높은 순위를 부여했기 때문이다. 관대함이 보상을 받게 된 것이다.

당신이 링크를 많이 걸면 걸수록 당신의 블로그도 많이 링크된다. 많은 곳에 링크되면 될수록 구글 순위 또한 높아진다. 이것은 방문자가 많아짐을 의미하며 이러한 선순환은 계속된다.

그러나 블로거들은 이기심을 버려도 블로그 독자들은 여전히 이기적이다. 생각해 보면 그들은(우리들 또한) 선택권이 별로 없다. 읽을 것은 많은데 시간은 얼마 없으니 이기적이 되는 것도 당연하다. 그 결과, 우리는 우리의 짧은 목록에 무엇을 포함할지에 대해 매우 엄격해졌다. 나와 관계없는 게시물을 너무 자주 올리는 블로그는 RSS 리더에서 가차없이 삭제된다. 우리는 언제라도 사이트에서 빠져나갈 태세를 갖추고 마우스 버튼을 만지작거린다.

보잉보잉이 온라인에서 가장 인기 있는 블로그 중 하나가 된 데에는 그럴 만한 이유가 있다. 보잉보잉은 웃기고 재미있기 때문에 모두가 즐겨 읽으며, 나 또한 자주 읽는다. 그런데 좀 전에 보니 새 포스트가 자그마치 125개나 올라와 있다. 그래서 이 글을 잠시 멈추고 보잉보잉을 계속 구독할 가치가 있는지 살펴보려 한다. 언젠가는 그렇지 않은 날이 올지도 모른다.

여기서 잠깐!
몇 가지 용어 소개

블로그란 아무런 기술적인 노하우가 없는 사람이라도 게시물을 만들고 업데이트할 수 있도록 똑똑한 제작 소프트웨어를 갖춰 놓은 하나의 웹 페이지다.

웹 페이지를 블로그로 만드는 핵심 요소(블로그 소프트웨어를 제외하고)는 다음과 같다.

1 시간이 표시되는 글 토막
2 역시간순으로 나열된 게시물

블로그는 시간순으로 나열되는데, 가장 최근 것이 제일 위에 올라온다.

늘 그런 것은 아니지만 때로는 방문자가 남긴 댓글, 다른 블로그들을 링크한 블로그롤, 자료나 과거 게시물을 검색하는 도구, 자기소개 등이 포함된 블로그도 있다. 얼마 전까지만 해도 블로그는 개인이 운영하는 것이 일반적이었다. 그러나 요즘에는 팀 블로그나 조직이 운영하는 블로그도 심심찮게 볼 수 있다.

전형적인 인기 블로그를 알고 싶은가? 그렇다면 버즈머신닷컴 buzzmachine.com을 방문해서 제프 자비스(Jeff Jarvis)가 미디어 및 그 밖의 주제들에 관해 하는 이야기를 한번 들어 보라.

RSS는 블로그(또는 웹 사이트)의 업데이트 사실을 알려 주는 시스템이다. 매우 중요한 용어이니 잘 알아 두시도록! 나는 RSS라는 기술 자체에는 별 흥미가 없지만 그것이 의미하는 바에는 관심이 많다.

RSS를 사용하면 RSS를 지원하는 웹 사이트는 모두 구독할 수 있다. 이는 곧, 일단 RSS 리더기를 갖게 되면(마이 야후!와 파이어폭스, 사파리에서 찾아볼 수 있으며, 좀 있으면 모든 브라우저가 그것을 갖추게 될 것이다) 자신이 고른 수십 수백 개 블로그의 포스트를 앉아서 받아 보게 된다는 의미이다.

이건 정말 엄청난 일이다. 소음 문제를 완전히 해소해 주기 때문이다.

당신의 피드(feed. RSS가 전하는 내용을 이렇게 부른다)가 일단 내 리더기에 들어오면, 그것은 내가 들어내기 전까지는 거기에 그대로 남는다. 이것은 곧, 당신이 유리한 위치를 차지했다는 것을 뜻한다. 주목을 받았다는 의미니까.

전 세계에 2천만 개의 블로그가 있고, 내 RSS 리더기에 불과 32개의 블로그가 등록되어 있다면, 생각해 보라. 어떤 블로그가 먼저 읽히겠는가?

포드캐스팅은 당신이 생각하는 것과는 좀 다를지도 모른다. 예를 들어 포드캐스팅은 아이팟과는 특별한 관련이 없다. 포드캐스트는 RSS 피드가 있는 사운드 파일이다.

그렇다면 피드가 있는 사운드 파일이란 어떤 의미일까?

그동안에도 웹에는 사운드 파일이 존재해 왔다(내 생각에 그 첫 번째 사례는 아주 오래전 벤 앤드 제리 Ben & Jerry's 웹 사이트였던 것 같다. 그 사이트에 가면 소가 음매 하고 우는 소리를 들을 수 있었다. 이런, 또 옆길로 샜군!).

사운드 파일은 브라우징을 할 수 없었기 때문에 찾아내기가 힘들었다. 설사 찾는다 해도 너무 힘들고 오래 걸렸다.

데이브 와이너 Dave Winer가 사운드 파일에 RSS를 걸자는 아이디어를 내놓았을 때, 그것은 가히 혁명과도 같았다. RSS 리더기만 있으면 오디오 파일을 구독할 수 있다니!

신문 배달이 신문 업계를 바꾸어 놓았듯, 이것은 음원을 발표하는 방식을 완전히 바꾸어 놓았다.

이제는 밖으로 달려 나가 들어 줄 청취자를 찾는 대신, 포드캐스트가 구독자 한 명 한 명에게 자동으로 새로운 음악이 나왔음을 알려준다. 아이튠즈를 이용하는 구독자들은 배터리를 충전하고 동기화하기만 한다면 아이팟으로 당신의 포드캐스트를 들을 수 있다.

아이튠즈에 RSS 스트림을 설정하기도 쉬워졌으므로 출근길마다 돈 아이머스(Don Imus, 미국의 라디오 쇼 진행자—옮긴이)가 들려주는 음악을 듣는 대신 자신이 듣고 싶은 것을 마음껏 들을 수도 있게 되었다.

라디오는 공식적으로 사망한 것이나 다름없다. 특히나 자동차 안에서도 무선 인터넷 접속이 가능해진 마당에는 말이다.

직장에서 자신의 컴퓨터로, 혹은 체육관에서 리오 MP3로 포드캐스트를 청취하는 3백만의 청취자를 거느린 포드캐스터가 있다면 그녀가 얼마나 큰 영향력을 행사할 지 한번 상상해 보라.

★ 몇 가지 더

원래 '핑 ping'은 우리와는 무관한 기술 용어지만, 진화를 거듭한 결과 "누군가에게 아이디어를 일깨우거나 요구하다"라는 의미로도 쓰이게 되었다. "존에게 핑해서 그가 뭐라는지 봐야겠어." 또는 "이걸 핑해 줘서 고마워요. 블로그에 올릴게요." 등등.

'트랙백 trackback'은 당신의 블로그에 대해 언급한 블로그를 당신의 블로그에 자동으로 링크해 주는 장치이다. 이것은 블로그와 블로그를 연결해 주는 일종의 접합제라고 할 수 있다. 트랙백을 설정해 두면 사람들이 당신에 대해 뭐라고 말하는지 알 수 있다.

'IRC Internet Relay Chatting'는 개방형 채팅룸이다. 채팅방을 열어 블로그 독자들끼리, 또는 당신과 대화를 나누도록 할 수 있다.

세 종류의 블로그

세상에는 두 종류의 인간이 있다고 생각한다. 세상에 두 종류의 인간이 있다고 믿는 사람들과 그렇지 않은 사람들. 하지만 블로그에는 세 종류가 있다.

먼저 블로그를 만든 사람을 위한, 블로그를 만든 사람에 의한, 블로그를 만든 사람에 대한 블로그가 있다. 그것을 고양이 블로그$^{Cat Blog}$라고 부른다. 이런 종류의 블로그는 당신의 고양이나 데이트에 관한 고민, 상사, 그 밖에 나누고 싶은 모든 주제에 관한 일종의 공개 일기장이다. 이런 블로그를 소유한 사람들 대다수는 남들이 그것을 읽어 주길 바라지도 요구하지도 않는다.

만일 당신이 고양이 블로그를 운영하고 있다면 그러한 사실을 인정하고, 그 많은 독자들은 다 어디에 가 있을까 고민하지 말기 바란다. 아, 이 책이 그들에게는 전혀 쓸모가 없겠구나. 그들은 자신이 원하는 것은 이미 다 가졌을 테니!

다음으로 제한된 범위 안의 사람들끼리 의사소통을 하기 위한 블로그가 있다. 이것을 보스 블로그$^{Boss\ Blog}$라 부른다. 보스 블로그는 탁월한 커뮤니케이션 도구다. 나도 한 초등학교의 뮤지컬을 제작할 때 이것을 사용해 보았다. 그 덕분에 나는 프로젝트에 관심이 많은 학부모들에게 지속적으로 소식을 전할 수 있었고, 학부모들 역시 진행 상황을 손쉽게 알 수 있었다.

프로젝트 및 기타 활동을 하는 데에 보스 블로그를 사용해 본 적이 없다면 한번 시도해 볼 것을 권한다. 사실 보스 블로거들에게는 이런 글이 필요 없는 것이, 그들은 이미 자신의 블로그를 읽어야 할 사람이 누구인지도 알고, 그들과 접촉을 취할 방법과 그들이 자신의 블로그에 들어오게 만들 수단도 확보해 놓고 있다.

세 번째는 블로그라고 했을 때 대부분이 머릿속에 떠올리는 바로 그것이다. '인스타펀디트^{InstaPundit}', '스코블라이저^{Scobleizer}', '조이 이

토의 블로그Joi Ito's' 같은 것들이 여기에 속한다. 그중에는 개인이 운영하는 것도 있고 아이디어 공유나 의견 개진을 위해 조직이 운영하는 것도 있다. 이런 블로그들은 마케팅과 저널리즘, 아이디어 전파의 양상을 완전히 바꿔 놓았다. 나는 이들을 '바이러스 블로그viral blog'라고 부르고 싶다. 그 이유는 이 블로그들의 목적이 아이디어를 퍼뜨리는 것이기 때문이다. 블로거는 자신의 아이디어를 널리 퍼뜨리기 위해 시간과 에너지를 투자한다. 왜냐고? 이유는 수없이 많다. 컨설팅 거리를 찾아서, 선거 결과에 영향을 미치기 위해, 신규 고객을 찾기 위해, 기존 고객을 안심시키기 위해 등등.

바이러스 블로그의 이면에 숨겨진 공식은 참으로 놀라울 정도다. 한 달에 20달러의 비용으로 수백 수천의 청중에게 다가간다! 게다가 좋은 아이디어로 가득한 바이러스 블로그는 원본을 읽어 본 적조차 없는 수백만 명에게까지 영향을 미친다. 예를 들어 크리스 앤더슨은 자신의 '롱테일' 아이디어를 블로그에 올렸는데, 이 용어에 대한 구글의 검색 결과는 현재 104만 건에 달한다.

이 글은 바이러스 블로거들을 위한 것이다. 어떻게 하면 당신의 아이디어를 더 멀리, 더 넓게 전파하고 더 큰 영향력을 미칠 수 있을지에 관한 것이다.

만일 당신이 낯선 이들을 위한 글을 쓰고 있다면, 그것은 바로 당신이 바이러스 블로그를 운영하고 있다는 의미다. 첫 번째 원칙. 되도록 간결하라.

그림과 색조, 디자인, 인터페이스를 활용하여 요점을 전달하라. 사람들을 서서히 길들이라.

한편 동료들을 위해 글을 쓰고 있다면 당신은 보스 블로그를 운영하고 있는 것이다. 보스 블로그를 운영하고 있다는 것은 좀 더 강력한 게시물을 실을 수 있다는 의미다.

구체적으로 설명하라. 명확하게 쓰라. 지적이며 정확하게 쓰고 오해의 소지를 남기지 마라.

마케팅용 웹 사이트나 블로그, 브로슈어나 비즈니스 서신의 글들은 지나치게 긴 경향이 있다. 인사이드 베이스볼(inside baseball. 야구용어로, 번트, 도루 등 여러 가지 자잘한 전략으로 경기를 운영하는 방식-옮긴이)이 지나친 경우가 많다. 묻지도 않은 질문에 너무 미리 답한다. 이메일과 메모의 내용 또한 너무 모호하다.

키보드에 손을 올려놓기 전에 누구에게 쓰는 글인지 다시 한번 생각해 보라!

법칙 1: 당신이 누구인가가 아니라 무슨 말을 하는가가 중요하다

댄 래더(Dan Rather. 미 CBS의 간판 앵커였던 인물-옮긴이)를 기억하는가? 톰 브로코(Tom Brokaw. NBC의 간판 앵커)는? 『로스앤젤레스 타임스』나 '프록터 & 갬블'은?

예전에는 아이디어의 출처가 매우 중요했다. 주류 미디어 기업이나 『포천』지 선정 500대 기업에서 나온 아이디어는 널리 퍼질 가능성이 더 컸다. 미디어 기업에는 전파나 지면이 있었고, 대기업에는 광고를 살 돈이 있었기 때문이다.

대기업과 미디어 기업들은 사람들에게 SUV나 먼 나라의 전쟁 같은 것들을 팔 수 있었다. 그들은 사과에 들어 있는 알라(Alar. 식물 생장 조절 화학제—옮긴이)가 암을 일으킨다며 우리를 공포에 떨게 했고, MP3 플레이어로 우리를 들뜨게 했다. 한편 거창한 아이디어를 품고 있으나 주류 바깥에 존재하는 사람들을 우리는 이렇게 불렀다. "미치광이."

오늘날, 아무리 작은 블로그에 올린 아이디어라도 그것이 훌륭하기만 하면 퍼져 나갈 가능성이 높다. 실제로 요즘에는 주류 바깥에서 나오는 아이디어가 퍼져 나갈 가능성이 더 높은 것 같다.

최근에는 주류 바깥에서 나오는 아이디어에 즉각 의심의 눈초리를 보내는 경우는 별로 없다. 아니, 오히려 그런 아이디어를 신뢰하는 사람이 더 많다. 블로거들이 더는 아웃사이더가 아니다.

지금으로부터 100여 년 전, FCC연방 통신 위원회는 TV와 라디오라는 방송 매체의 독점 체제를 수립했다. 채널이 단 몇 개밖에 없던 시절에는 채널을 소유하는 것만으로도 엄청난 영향력을 행사할 수 있었다.

하지만 오늘날, 블로그는 수백만 개나 된다. 즉 블로그를 가졌다고 해서 자동적으로 힘을 얻게 되는 것은 아니다.

형편없는 블로그를 계속 읽을 독자는 아무도 없다. 심지어 좋은 블로그에서도 형편없는 포스팅은 읽지 않는다. 유명 블로그의 각 포스트에 달린 댓글 수를 세어 보라. 아주 적은 것부터 많은 것까지 편차가 클 것이다. 좋은 아이디어는 퍼져 나가고 그렇지 않은 것은 그냥 그 자리에 남는다.

★ **사족:** 여기서 '좋다'는 것은 품질이나 윤리, 수익성과는 관계가 없다. 내가 좋다고 말할 때, 그것은 사람의 마음을 끈다는 뜻이다. 내가 보는 '좋은 아이디어'란 널리 퍼져 나가는 아이디어다. 최소한

이번 섹션에서만큼은.

법칙 2: 사실, 당신이 무슨 말을 하는가는 중요하지 않다. 당신이 누구인가가 중요하다 |

법칙 1에서 내가 한 말을 기억하는가? 그건 사실이 아니다. 전에는 그랬지만 이제는 아니다. 전에는 블로그를 구독하는 사람도, 믿거나 신뢰하거나 헌신하는 사람도 없었기에 당신이 누구인가는 중요하지 않았다.

그러나 지금은 다르다. 그러니 내가 앞의 말을 취소하는 동안 잠시만 참아 주기 바란다.

닥 셜즈나 코리 닥터로(Cory Doctorow. 캐나다의 블로거이자 저널리스트이며 '보잉보잉'의 공동 에디터—옮긴이), 조슈아 미카 마셜(Joshua Micah Marshall. 미국의 유명한 정치 블로거—옮긴이)이 무슨 말을 할 때에는 당연히 누가 그 말을 했느냐가 중요하다. 그들은 우리 시대의 댄 래더다. 적어도 한동안은.

추종자를 거느린 블로거들은 신뢰와 영향력에서 유리한 위치에 있다. 그들은 많은 사람과 연결되어 있기 때문에 그들의 말 또한 빠르게 울려 퍼진다. 블로고스피어(그렇다. 정말로 이렇게 불린다)에서 우리가 배운 한 가지는 한번 울려 퍼진 아이디어는 또다시 울려 퍼진다는 것이다. 바꾸어 말하면, 밈(meme. 문화가 전달될 때 유전자처럼 복제 역할을 하는 중간 매개물. 사실상 모든 문화 현상이 이에 속한다—옮긴이)은 모두가 그것을 언급한다는 이유로 선택된다는 것이다.

따라서 추종 집단을 거느린 블로거들은 전파 가능성이 있는 아이디어를 퍼뜨릴 확률이 더욱 높고, 이는 '피라미드 꼭대기'라는 그들의 지위를 더욱 확고하게 해 준다. 적어도 한동안은.

하지만 만일 이들이 게을러지거나 어리석어지거나 이기적으로 변하면 청중은 달아날 것이다.

그런 경우 청중은 그들이 CBS에서 떠났을 때보다 더욱 빠른 속도로 도망칠 것이다. 일 년도 채 안 걸려서. 심지어 한두 달밖에 안 걸릴 때도 있다. 청중은 포스팅을 너무 자주 해서 따라가기가 어렵다는 이유로, 또는 너무 이기적이고 자기 자랑만 늘어놓는다는 이유로 RSS 피드를 끊어 버릴지도 모른다. 부웅! 그들은 가 버렸고, 다시는 돌아오지 않을 것이다.

전통적인 미디어 기업의 강자들은 청중이 나날이 줄어 가는 광경을 목격하고 있다. 그나마 그들의 청중은 시청 습관이 깊이 뿌리박힌 평생 고객들이라서 줄어드는 속도가 더디다. 블로그 독자들이 사라지는 것은 일순간이다.

그렇다, 사실, 누가 말했느냐가 중요하다. 파워 블로거들은 목소리가 크다.

두 법칙이 상충한다고? 사실은 그렇지 않다. 왜냐하면 통하는 아이디어도, 힘을 지닌 사람들도, 과거와는 그 종류가 다르기 때문이다.

사람들은 내 블로그에 자신의 블로그를 링크하거나 언급이라도 하면 성공은 따 놓은 당상일 거라고 믿으며 나를 찾는다. 저런, 그것은 사실이 아니다. 성공하는 길은, 멋진 글을 올리고 그것을 끊임없이 계속하는 것뿐이다. 누가 당신을 도와주는 건 그다음 문제다.

휴 맥리어드 Hugh MacLeod는 이를 증명하는 훌륭한 본보기다. 그의 게이핑보이드닷컴 gapingvoid.com은 문을 연 지 1년 남짓 되었지만 내 블로그보다 방문자가 훨씬 많다. 잡지에 칼럼을 연재하지도 않고, 거대 미디어의 도움을 받지 않고서도 말이다. 그가 한 일은 그저 쓰고 또 쓰고, 사람들이 자신의 말에 주목하도록 늘 주의를 환기했을 뿐이다.

법칙 3: "…를 겨냥해서", "…를 위해", "…에게"가 아니라 "…와 함께"로

블로그는 사회적이다. 거기에는 '인간'이 존재한다. 그 말은, 그동안 당신이 갈고 다듬은 글쓰기 기술이 블로그에서는 큰 도움이 되지 않을 거란 의미다. 독자들을 '겨냥'해서, 혹은 독자들 '에게' 글을 쓴다면, 그것은 당신이 독자들을 '나와는 다른 존재'라거나 '내가 좌지우지할 수 있는 존재'라고 생각한다는 사실을 확인시킬 뿐이다.

당연한 얘기지만, 그들은 '당신의' 독자가 아니다. 독자들은 그저 자기 자신일 뿐이다. 당신이 "그들은 나와 달라"라고 말하는 순간, 당신의 권력은 빛을 잃게 된다. '전지전능'이라는 속임수는 분장이나 편집이 가능한 텔레비전에서나 써먹던 수법이다. 블로그에서는 어림도 없다. 그들도 당신과 똑같은 사람들이기 때문이다.

그렇다면 블로그가 힘을 갖기 위해서는 어떻게 해야 하는가? 그러려면 우선 블로거가 허브hub의 중심이 되어야 한다. 의제를 설정함으로써 나머지 세상에 대해 영향력을 발휘해야 한다(적어도 자신의 블로그에서는).

최고의 블로그들은 질서와 혼란, 열정과 은밀함 사이에서 아슬아슬하게 줄타기를 한다. 누구나 자신의 사적인 얘기를 약간 지나치다

싶을 정도로 시시콜콜하게 늘어놓는 블로그에 가 본 적이 있을 것이다. 아니, 약간이 아니라 너무. 당신의 고양이가 무슨 수술을 받았는지 알고 싶지도, 알 필요도 없잖아? 그럼 안녕.

최고의 블로그는 대화를 시작하는 곳이다.

누구도 댄 래더가 되지는 못할 것이다. 앞으로 영원히. 그러나 독자는 당신이 무언가를 지지하고, 용기 내어 말하고, 새로운 아이디어와 도전적인 사고를 자신들의 삶 속에 불어넣어 주길 간절히 바란다.

이런 일들이 모든 사람을 위한 것이 될 수는 없다. 모든 사람이 당신이 제시한 주제의 토론장에 참여하고 싶어 하지도 않는다. 대중을 위한 미디어의 시대는 이미 오래전에 지나가 버렸다. 월터 크롱카이트(Walter Cronkite. 미국의 전설적인 앵커—옮긴이), 당신이 그립군요.

명심하시길. 나는 바쁘다. 그러니 나를 귀찮게 하거나 혼란스럽게 하거나 무시하면 나가 버리겠다.

법칙 4:
모두가 당신의 정체를 알고 있다

그 어떤 매체에서보다 온라인에서의 단서들은 모호하기 이를 데 없지만, 우리들이 좋은 것과 나쁜 것, 진짜와 가짜를 구분하는 데에 워낙 익숙해진 탓에 작은 힌트 하나라도 매우 중요한 구실을 하게 되었다.

어쩌면 당신은 블로그가 다 거기서 거기라고, 사람들이 당신을 어떻게 구별해 내겠느냐고 말할지 모르지만, 나는 그렇게 생각하지 않는다.

누리꾼들은 당신이 어떤 호스팅 업체를 이용하는지에 주목한다. 그들은 당신의 스카이프(Skype. 세계 최대의 인터넷 전화 서비스-옮긴이) 핸들(handle. 스카이프에서 통용되는 사용자 이름-옮긴이)이나 블로그 서체에 주목한다.

내 거실 저쪽 구석, 한 10미터쯤 떨어진 곳에 신문이 한 장 놓여 있다. 나는 그 신문이 『뉴욕 타임스』라는 것을 알아볼 수 있을 뿐만 아니라 '수요 레스토랑 리뷰' 섹션의 아래쪽 절반이라는 사실도 짐작할 수 있다.

문장 하나를 끝까지 읽기도 전에 웹 페이지를 박차고 나가 버린 적이 얼마나 많았는가? 혀에 피어싱을 한 의사에게 심장 수술을 맡길 사람은 없고, 고양이가 토해 놓은 것 같은 블로그에서 읽은 것을 믿을 사람도 없다.

인스턴트 메시지의 세상에서, 십 대들은 누가 진짜고 누가 가짜인지 귀신같이 알아맞힌다. 자신이 어떻게 그것을 구분하는지 알지도 못하면서 말이다. 어쩌면 상대방의 타이핑 속도나 단어 선택 때문인지도 모른다. 단서가 뭐든, 그들은 그것을 안다. 당신도 마찬가지다.

이것이 의미하는 바는 '온라인에서 사람들을 속이기란 현실 세계에서 그렇게 하는 것보다 훨씬 어렵다'는 것이다. 비싼 인테리어 전문가를 고용해 가게를 꾸미면 적어도 몇 년간은 그럴듯하게 보일 것이다. 하지만 온라인에서는 오랫동안 일관되게 진실한 모습을 보이지 않으면 사람들이 즉시 알아차린다. 그리고 떠나 버린다.

댓글에 대하여

블로그에는 반드시 댓글이 달려야 한다는 신념을 가진 사람들이 있다. 클루트레인 그룹이 말했듯, 웹 시장의 본질은 곧 대화니까.

맞다. 시장의 본질이 대화이지 마케팅의 본질이 대화는 아니다.

마케팅은 대화가 아니다. 마케팅은 대화를 시작하는 행위이긴 하지만 반드시 대화를 포함해야 하는 것은 아니다. 적어도 시작 단계에서는. 마케팅은 결국 한 개인, 혹은 집단이 어떤 관점을 받아들이느냐 마느냐의 문제다. 그 또는 그들이 제대로 받아들이면 그 아이디어는 퍼져 나간다.

블로그에 대화를 끌어들이는 것은 정말로 효과적인 전략이다. 그렇게 하면 사람들이 뭐라고 말하는지 쉽게 알 수 있고, 그에 따라 자신의 아이디어를 수정하여 좀 더 강력한 추진력을 얻을 수도 있다. 이는 독자에 대한 서비스이기도 한 것이, 아이디어의 바로 옆에서 대화가 이루어지도록 만들기 때문이다.

하지만 내 블로그에는 댓글란이 없다. 거기에는 두 가지 이유가 있다. 첫째, 좀 유치하게 들리겠지만, 나는 내 아이디어에 대한 분노에 찬 폭언을 읽고 싶지 않다. 그런 댓글들을 내 블로그에 둔다는 것은 트롤(다리 밑에 사는 성난 난쟁이들 말이다)의 공포 속에 살고 있는 것과 마찬가지여서 점점 글쓰기조차 어렵게 만든다. 둘째, 이건 좀 더 실질적인 이유인데, 이제는 누구나 블로그를 가진 세상이 되었기 때문이다. 그러니 내 아이디어에 대해 할 말이 있으면 굳이 내 블로그에 댓글을 달 것이 아니라 트랙백을 해서 당신 블로그에 올리면 되지 않겠는가. 당신의, 익명이 아닌 블로그에, 당신의 여러 다른 댓글들이 고스란히 실려 있는 당신의 블로그에 말이다.

이런 댓글은 좀 더 사려 깊을 가능성이 크다. 트랙백은 댓글을 단 당사자에 대해 더 큰 신뢰(그리고 높은 검색 순위)를 부여하며, 동시에 내 블로그를 당신 블로그의 독자들에게 소개하기도 한다.

이렇게 말하면 내가 대화를 무시하라고 하는 것으로 받아들이는 사람도 있을지 모르겠다. 내 뜻은 그게 아니다. 구글에 가서 제프 자비스 델Jeff Jarvis Dell을 검색해 보라(파워블로그인 제프 자비스가 델의 서비스 부족을 지속적으로 지적함으로써 델이 신뢰도에 커다란 타격을 받고 서비스 개선을 약속한 사건을 말한 것이다—옮긴이). 델이 어떤 식으로 대중 앞에서 타격을 입었는지 알 수 있을 것이다.

영향력 있는 블로거가 차분하지만 분명한 목소리로 델이 주문을 잘못 처리했다고 지적했다고 하자. 그러면 델은 값싸고도 손쉬운 기술을 이용해 자신들에게 할 말이 있는 개개의 블로거를 추적했어야 한다. 그런 다음 불만이 있는 고객들에게 다가가 그들을 진정시키는 한편, 만족스러워하는 고객에게는 다가가서 그들의 감정을 증폭시켰어야 한다. 기꺼이 시간을 들여 글을 올리는 사람들한테 교훈을 얻고, 그러한 교훈을 제품을(그리고 아이디어를) 개선하는 데에 활용했어야 옳다.

다음과 같은 고객 지원 시스템을 한 번 상상해 보라. 전화번호를 누르고 끝없이 기다리는 대신, 고객 자신의 블로그에 문제점을 써서 올리는 거다. 회사는 블로그 리더기나 RSS 추적 장치를 이용해 24시간, 모든 블로그를 검색한다. 그래서 글을 올린 지 몇 분 안에 고객의 불만 글을 찾아내고 곧바로 그 고객과 접촉을 시도한다. 혹은 그 고객의 블로그에 답변을 올린다.

만일 그들의 답변이나 해결 방안이 효과적이고 신속하다면 당신은 그에 대한 만족감을 블로그에 표현할 것이다. 이런 상호 작용은 모두 공개적으로 이루어지므로 만족감 역시 분명하게 드러날 것이다. 이러한 과정은 회사가 신규 고객을 확보하는 데에도 도움이 될 것이다.

상호 작용의 주도권을 회사에서 당신에게로 끌어 옴으로써 게임의 법칙이 달라지는 것이다. 어떤가?

블로그는 영화와 비슷하다

블로그는 오랜 기간 꾸준히 읽힐 때 영향력이 가장 커진다. 영화 필름 한 토막으로 아카데미상을 수상할 수 없듯이, 포스팅 하나로 세상을 바꿀 수는 없다.

내 친구 제리는 그것을 '물방울 마케팅drip marketing'이라고 부른다. 마치 고대의 물고문처럼, 한 방울씩 떨어지는 것이 쌓여 마침내 커다란 영향력을 발휘하게 되는 것이다. 블로그는 원하는 사람들에게 이야기를 들려줄 기회인 동시에, 당신의 이야기를 듣고 당신의 아이디어를 퍼뜨리고 당신에게 그 결과를 들려줄 청중을 불러 모을 기회이기도 하다.

RSS 덕분에 블로그는 당신을 참을성 있고 친절한 사람으로 만들어 주며, 자신의 첫인상에 대해 크게 걱정하지 않게 해 준다. 당신이 이미 독자들 대부분과 관계를 맺고 있기 때문이다. 다만, 당신이 약속을 깨는 순간 그 관계도 끝난다는 사실을 명심하기 바란다.

어떤 약속이냐고? 자, 『요리의 즐거움 Joy of Cooking』이라는 유명한 요리책에 나오는 요리를 해 보이기로 한 블로거가 있다. 그녀의 독자는 수천 명에 이른다. 그런데 어느 날 그녀가 갑자기 자신의 블로그를 통해 특정 커피 브랜드를 선전하고 나선다면 독자들은 순식간에 블로그를 떠나고 말 것이다. 약속이 다르기 때문이다.

자신에 관한 것이라면 무엇이든 늘어놓는 블로그도 있음 직하다. 자신의 회사, 자신의 고양이, 자신의 남자친구에 이르기까지. 사람들이 뭘 읽을지 누가 알겠어? 문제는, 무엇을 기대해도 좋을지, 애초에 확실히 밝혀야 한다는 것이다.

그래서?

결론적으로, 바이러스 블로그의 모든 게시물은 또 한 명의 RSS 구독자를 끌어 올 수 있도록 설계되어야 한다.

모든 게시물은 다른 블로그가 열성적으로 링크를 걸거나 인용하거나 퍼 갈 만큼 중요한 내용을 담도록 기획되어야 한다.

블로그의 모든 게시물은 당신이 읽히기를 바라서가 아니라 사람들이 그것을 읽고 싶어 한다는 이유로 읽혀야 한다.

보스 블로그

한 친구가 나더러 어도비 Adobe 의 새로운 블로그에 좀 가 보라고 했다. 그곳은 소프트웨어 개발자들이 각자 자신의 작업 내용과 신제품에 관해 시시콜콜히 늘어놓는 블로그였다. 나는 그곳에서 1분을 넘기지 못했다. 이런 곳에는 "아무나 오는 곳 아님!"이라는 경고문이라도 있어야 하는 거 아니야?

하지만 어도비가 기대하는 바가 이런 것이라면 문제는 없다. 다만 이 블로그가 어도비에게 새로운 고객을 데려다 주리라고는 상상조차 할 수 없다. 이런 내부 정보들을 읽고 '일러스트레이터(어도비 사에서 개발한 그래픽 편집 프로그램 — 옮긴이)'를 구매할 사람은 아무도 없을 것이다. 아니 인터넷 서핑을 하다가 우연히 들어와 둘러보는 사람조차 없을 것이다. 하지만 뭐, 괜찮다. 어도비가 여기에 과잉 투자만 하지 않는다면. 더욱이 그들이 이 블로그를 의사소통 과정 구축과 충성심 확보를 위한, 지극히 더디고 수익률 낮은 과정으로 이해하고 있다면 훌륭한 아이디어일 수도 있다.

즉, 어도비 블로그는 보스 블로그다. 즉, 회사가 핵심 고객들과 좀 더 직접적인 의사소통을 하기 위해 만든 블로그다.

나는 비슷한 목적을 가진 회사들이 어째서 보스 블로그를 만들지 않는지 이해할 수 없다. 퀴크(Quark. 전자 출판 전문 업체 — 옮긴이)는 고객들과 의사소통을 하지 않으려고 지난 10년간 자신들이 할 수 있는 모든 일을 했다. 그 결과 10년 동안 수백만 달러의 매출 손실을 입었다. 버라이존(Verizon. 미국의 정보 통신 업체)은 가장 수익성이 높은 고객들을 멀리하기 위해 비상한 노력을 하는 것처럼 보인다.

보스 블로그는 핵심 지지자들의 호감을 강화하는 데에는 탁월한 역할을 할 것이다. 그러나 보스 블로그를 바이러스 블로그와 혼동해서는 안 된다. 내부 정보로만 가득한 보스 블로그는 단 한 명의 신규 고객도 창출하지 못한다.

말하기와 듣기

마케팅은 사실상 두 가지로 구성되어 있다. 말하기와 듣기.

그럼에도 오랫동안 마케팅은 그중 하나에만 열을 올렸다. 말하기에만. 라디오나 TV 광고, 그리고 거리에 나붙은 포스터를 통해 사람들 '에게' 말하기. 제품 디자인이나 기능, 가격을 통해 사람들 '에게' 말하기.

쇼 비즈니스를 하고자 하는 사람들에게 마케팅은 참으로 매혹적인 분야였다. 매일같이 쇼를 펼칠 수 있으니까.

그런데 10~20년 전부터 듣기가 중요해졌다. 선택된 소수 그룹에 특별히 관심을 쏟는 몸값 비싼 마케터들과 포커스 그룹이 함께 쇼핑몰의 어둠침침한 방 안에서 쇼를 벌이기 시작한 것이다.

기업들은 귀 기울여 듣고 있다고 '말했지만' 실상은 자신들이 애당초 하고 싶었던 일을 포커스 그룹을 이용해 정당화하고 있을 뿐이었다. 가령 자동차 시장이 디트로이트에 연비가 높은 고급 자동차를 원한다고 말했을 때, 그 메시지를 무시하고 싶었던 디트로이트는 자신들이 듣고 싶은 말만 듣기 위해 포커스 집단을 가동했다.

그렇게 해서는 성공하지 못한다. 피드백이 재빨리 돌아오는 세상에서 당신이 시장을 무시할 수는 있겠지만 그런 식으로는 오래갈 수 없다. 지금 인터넷에서는 모든 것이 달라지고 있다. 말하기와 듣기도 예외가 아니다.

★ **말하기**

　일방통행적인 낡은 방식의 말하기는 소음에 묻혀 설 자리를 잃어 가고 있다.

　TV도 힘을 잃어 가고 있다.

　라디오도 힘을 잃어 가고 있다.

　신문과 잡지는 거의 죽어 간다.

　고객들은 언제나 당신을 무시한다.

　그러나 최고의 고객으로 하여금 친구들에게 당신에 관해 이야기하도록 만드는 방법은 뜨고 있다. 사람들이 이야기할 만큼 리마커블한 것을 만들어 내는 방법도 뜨고 있다.

　말하기 중에서도 가장 중요한 것은 스토리텔링이다. 위에서 아래로 향하는 지시나 명령이 아니라 공명하는 스토리, 진정성 있는 스토리, 퍼져 나가는 스토리 말이다.

★ **듣기**

　왜곡된 포커스 그룹은 힘을 잃어 가고 있다.

　여과되지 않은 블로그의 피드백이 뜨고 있다.

　콜 센터에 귀를 기울이는 것도 뜨고 있다.

　사용자의 의견을 반영하여 제품 혁신에 박차를 가하는 방법도 뜨고 있다.

　사용자가 곧 개발자인 오픈소스도 마찬가지다.

　불만을 표출하는 고객에게 직접 말을 거는 전략도 그렇다.

　클라이언트나 고객이 쉽게 말을 걸고 들을 수 있는 도구를 구축하게 해 주는 플랫폼은 미래의 대박 기술이다. 이베이는 사용자가 듣고 말할 수 있다는 점에서 브룩스브러더스(Brooks Brothers. 미국의 오래된 의류 브랜드-옮긴이)와는 다르다. 마이스페이스닷컴MySpace.com도 사용자가 말을 걸고 들을 수 있다는 점에서 MTV와 다르다.

  블로그는 당신의 말을 듣고 싶어 하는 사람들에게 말할 수 있게 해 주는 일종의 플랫폼이다. RSS는 당신의 아이디어를 분명하고도 집중적으로 전달할 수 있게 해 준다. 당신의 클라이언트나 당신 제품의 사용자, 고객들이 운영하는 블로그는 그들이 당신에게 응답하는 통로이다. 문제는 당신이 거기에 기꺼이 귀를 기울이고 거기서 들은 것을 실천에 옮기느냐이다.

그럼 이제 어떻게 할까?

만일 당신의 조직이 블로고스피어에 귀 기울이지 않는다면 머지않아 곤란에 처할 것이다. 교훈을 얻기는커녕 혼란스럽기만 할 것이다. 문제가 눈덩이처럼 불어나기 전에 그것을 해결하기는커녕 앉아서 눈사태를 기다리는 꼴이 될 것이다. 좋은 피드백을 증폭시키기는커녕 사라지는 뒷모습을 바라만 보게 될 것이다.

  자신의 브랜드와 경력과 영향력에 관심이 있다면, 이제는 블로그가 필요하다. 그러니 지금 당장 더 나은 블로그를 만드는 일에 뛰어들라.

  더 낫다는 것은 관습을 좇는 것과는 무관하다. 더 낫다는 것은 당신의 블로그롤(blogroll. 관심 블로그 목록)이 얼마나 표준화되어 있는지, 당신이 포스팅을 얼마나 자주 하며 트랙백을 얼마나 잘 관리하는

지와는 무관하다. 이런 것들은 모두 당신에게 진정으로 필요한 것을 구축하는 길 위에 놓인 잡동사니에 불과하다.

당신에게 진정 필요한 것은 헌신적인 구독자 집단, 당신이 스토리를 말할 때 그것을 지지해 줄 든든하고 영향력 있는 RSS 독자들이다. 당신의 글 중 어떤 것이 다른 블로그에 링크되고 언급되며 퍼져 나가는지 끊임없이 측정하라. 독자를 더 많이 얻는 방법이 무엇인지 끊임없이 연구하라.

그런 다음 시간이 지나면 독자들을 여행길로 안내하라. 당신이 알려 주고 싶었던 것들을 그들에게 알려 주라. 그러면 나머지는 알아서 굴러갈 것이다.

감사의 글

지난 6년 동안 거의 매일같이 글을 쓴 결과 이 책이 탄생했다. 내 블로그를 읽어 주는 독자들과 『패스트 컴퍼니Fast Company』의 칼럼을 읽거나 편집자에게 편지를 쓴 독자들, 자신의 블로그에 나에 대한 얘기를 올린 사람들, 편집자들과 에이전트들, 입소문 전문가들, 내가 이런 일로 생계를 유지할 수 있도록 해 준 소프트웨어 개발자들과 내 연설을 듣는 데에 시간을 할애해 준 모든 분들에게 일일이 감사를 드려야 할 것 같다. 그러잖아도 긴 책에 그 내용까지 더할 수가 없어 유감일 따름이다. 내가 누구에게 고맙다는 말을 하고 싶은지 본인들은 알 것이라 믿는다.

비록 주어진 공간이 충분치는 않지만 내가 여기서 꼭 언급하고 싶은 두 부류의 사람이 있다. 첫 번째는 '노No'라고 말하는 사람들이다. 창의성은 바로 이들에게서 나온다. 적어도 내 창의성은 그렇다. 사람들이 "절대로 안 될 거야"라고 말할 때, 그리고 사람들이 도와주지 않으려 할 때, 내게는 오히려 도전하려는 의욕과 흥미가 생긴다. 나는 내 가족과 에이전트, 편집자, 동업자, 벤처 자본가, 일류 광고주,

직원들, 상사, 출판업자, 건물주, 호텔 직원, 대변인실, 심지어 라과르디아 공항 보안 담당자에게까지 "안 된다"라는 말을 들었다. 당신의 대박 아이디어를 받아들이지 않는 사람들에게 저주를 퍼붓지 말고 오히려 감사하라. 그들이 없었다면 당신은 평범한 사람에 지나지 않았을 테니까.

'평범'이라는 것은 앨런 웨버Alan Webber와 빌 테일러Bill Taylor에게는 눈곱만큼도 해당되지 않는 말이다. 『패스트 컴퍼니』지의 공동 설립자인 이들은 나의 영웅이다. 그들은 세상을 변화시킬 움직임을 발견하고 기록했을 뿐 아니라 내 세계도 변화시켰다. 빌은 단 한 편의 글로, 그리고 앨런은 잡지사에 있는 동안 내 칼럼들을 일일이 편집함으로써. 그들이 떠났을 때 우리 마음에는 커다란 구멍이 남았다.

나를 완전히 바꾸어 놓은 여러분, 고맙습니다. 내가 당신들과 일하던 시절을 얼마나 그리워하는지, 아마 당신들은 모를 거예요.

이 책을 알렉스와 모에게 바친다.

It's about going to the edges

My friend Rich talks about how my friend Jack (and his ace Aaron) went all the way to the edge in delighting a customer.

It is patently stupid to send a Christmas card. Christmas cards are invisible. This is not. Link: "Hello World": How to GUARANTEE customer evangelism!.

Posted by Seth Godin on January 11, 2005 | Permalink | TrackBack (1)

The myth of the CMO

I feel sorry for Judy Verses. She's the Chief Marketing Officer of Verizon, a brand that is justifiably reviled by millions of people.

Is Verizon disdained, mistrusted and avoided because Judy's not doing a great job? Of course not. She's doing a great job.

The reason we hate Verizon is they act like a monopoly, have ridiculous policies, a lousy call center, a bad attitude, plenty of outbound phone spam and crazy pricing.

We hate Verizon because of all the things Judy doesn't get to influence or control.

The myth of the CMO is the C part. They don't get to be the chief of the stuff that is really what marketing is all about today. CAO, maybe (Chief Advertising Officer) but not CMO.

If I were the CMO of Verizon, I'd fix the cell centers. I'd fire people with a lousy attitude who aren't afraid to share it with a customer. I'd reward the great ones (like the installer who came to my new office last week) and figure out how to get every one of their thousands of people to understand that THEY are the marketing department. And I'd shut down the outbound phone spam center immediately.

Until that happens, the CEO is the CMO, no matter what the title says.

Thanks to Tim at reveries - cool news of the day for getting me thinking.

Posted by Seth Godin on January 11, 2005 | Permalink | TrackBack (18)

« December 2004 | Blog Home | February 2005 »

The myth of the CMO

I feel sorry for Judy Verses. She's the Chief Marketing Officer of Verizon, a brand that is justifiably reviled by millions of people.

Is Verizon disdained, mistrusted and avoided because Judy's not doing a great job? Of course not. She's doing a great job.

The reason we hate Verizon is they act like a monopoly, have ridiculous policies, a lousy call center, a bad attitude, plenty of outbound phone spam and crazy pricing.

We hate Verizon because of all the things Judy doesn't get to influence or control.

The myth of the CMO is the C part. They don't get to be the chief of the stuff that is really what marketing is all about today. CAO, maybe (Chief Advertising Officer) but not CMO.

If I were the CMO of Verizon, I'd fix the call centers. I'd fire people with a lousy attitude who aren't afraid to share it with a customer. I'd reward the great ones (like the installer who came to my new office last week) and figure out how to get every one of their thousands of people to understand that THEY are the marketing department. And I'd shut down the outbound phone spam center immediately.

Until that happens, the CEO is the CMO, no matter what the title says.

Thanks to Tim at reveries - cool news of the day for getting me thinking.

Posted by Seth Godin on January 11, 2005 | Permalink | TrackBack (10)

< December 2004 | Blog Home | February 2005 >

It's about going to the edges

My friend Rich talks about how my friend Jack (and his ace Aaron) went all the way to the edge in delighting a customer.

It is patently stupid to send a Christmas card. Christmas cards are invisible. This is not. Link: "Hello World" How to GUARANTEE customer evangelism!.

Posted by Seth Godin on January 11, 2005 | Permalink | TrackBack (1)

SMALL
IS THE NEW
BIG